民族文化研究叢書 166

조선중기 소설 속 이념형 인물의 양상과 서술기법 연구

民族文化研究叢書 166

조선중기 소설 속 이념형 인물의 양상과 서술기법 연구

유요문 지음

高麗大學校
民族文化研究院

이 책은 용운장학재단이 한국학 연구의 발전과 신진 연구자의 연구성과 확산을 위해 지원하는 〈용운 한국학 연구교수 지원사업〉에 의하여 출판되었습니다.

책머리에

이 책은 2021년 제출한 필사의 박사학위논문 「조선중기 소설 속 이념형 인물의 양상과 서술기법 연구」의 일부 내용을 수정하여 펴낸 것이다. 그러나 필자가 게을러 크게 마무리 짓지 못하였다. 이 책은 고전소설 속 서술기법들이 등장인물에 미치는 영향 관계를 시기별로 추적하여 고전소설의 전형성이 형성되는 과정에 대해 논증하는 것을 목적으로 삼고 있다. 그 제목에서도 알 수 있듯 이 글은 '조선중기'라는 시간성, '이념'이라는 개념어, '인물'이라는 구체적인 연구 대상, '서술기법'이라는 방법론이 조합되어 하나의 논의 안에 수렴되어 있는 것이 특징이다.

먼저 '이념'이라는 용어를 살펴보자. 여기에서의 이념은 유교 이념을 내면화 또는 체화함으로써 타의 모범이 되는 인물들, 그리고 유교 이념을 받아들이면서 삶의 방향성이 바뀐 인물들이 등장했을 때를 말한다. 이것은 소설의 주체를 탐구하는 것과도 맞닿아 있다. 이념성은 이념형 인물들의 행위나 발화를 통해서 드러나는 반성의 구조(윤리성)와 그리고 이념적인 인물을 보고 모범화하여 사회를 변화시키려는 공적 움직임(도덕성)을 말한다. 그래서 이 이념의 개념은 작가의 의도와 깊은 관련성을 맺는다. 이 글은 '이념'이 문학성을 저해시킨다는 기존의 편견과 달리, 그 개념을 새롭게 해석하고 고전소설에서의 능동적 성격과 중요성을 부각하고자 했다. 또한 초기 소설사에서 유교 이념에 대한 저항성을 찾으려 했던 노력들과도 그 생각을 달리한다. 오히려 초기 소설사부터 유교

이념을 강하게 유포하려던 방향성이 더 강하게 감지되고, 이것이 17세기 중엽 이후로 발현되었던 것이라는 것이 이 글의 주된 생각이다.

'이념'이라는 개념어를 토대로 '조선중기'라는 시간적 범주를 제한해 보았다. 그래서 16세기를 중심으로 15세기부터 17세기까지의 고전소설 텍스트를 다루었다. 기존 고전소설사(史)에서 16세기는 중요하게 여겨지지 않았다. 소설의 시작인 15세기와 본격 소설의 시대를 알린 17세기 중간에 '끼인' 모호한 시기로 인식되었기 때문이었다. 특히나 17세기에는 임진왜란과 병자호란이라는 외부적 요인으로 인해 고전소설사에 미친 영향이 컸다. 이 논문은 그 점을 인정하면서도, 이와는 별개로 고전소설 텍스트가 발현하는 이념성이 나름의 내재적 흐름을 보여주고 있다고 판단했다.

2장에서는 『소학(小學)』과 『태평광기상절(太平廣記詳節)』에서 나타난 서술기법을 탐색해보았다. 이들 텍스트는 15~17세기 무렵 당시 사상사, 특히 소설사에 많은 영향을 준 것으로, 이념성의 두 가지 방향을 잘 보여준다. 하나는 교화적 서술기법(공적 움직임, 도덕성)에 의한 것이고, 다른 하나는 반성적 서술기법(반성의 구조, 윤리성)에 의해 드러나는 이념성이다. 이 두 가지 틀이 전체 논의의 전제이자 핵심이라고 할 수 있다. 3장과 4장에서는 15세기와 16세기 일부 소설들을 다루었다. 『소학』에서 시작된 교화적 서술기법은 〈육신전〉과 〈오륜전전〉으로 이어지고, 『태평광기상절』에서 시작된 반성적 서술기법은 〈남염부주지〉와 〈천군전〉으로 이어지는 계보를 추적하였다. 이런 이분법적 흐름은 16세기 〈원생몽유록〉과 〈최생우진기〉에 다다랐을 때 합쳐지기 시작한다. 〈원생몽유록〉은 『소학』의 내용과 『태평광기상절』의 구조를, 〈최생우진기〉는 『소학』의 구조와 『태평광기상절』의 내용을 융합한 형태를 보여준다는 것이다. 이러한 현상을 교화적 차원에서의 모범 만들기와 반성적 차원에서의 변화와 깨달음이 적절히 배합된 것이라고 설명할 수 있겠다. 이것이 이 글 5장의 내용이다.

6장은 17세기 소설들에 대해 다루었다. 교화적 서술기법과 반성적 서술기법이 하나로 합쳐진 이후에 등장한 소설들은 열(烈)이나 효(孝)와 같은 교화적 차원으로 경도되는 경향이 포착되는데, 그 구체적인 사례가 바로 〈강도몽유록〉과 〈최척전〉이다. 더 나아가 〈사씨남정기〉와 〈창선감의록〉에 이르러서는 이런 흐름이 고착화되면서 서술기법의 '전형성'이 만들어졌다는 것이 논지의 핵심이며, 그 전형성의 한 사례가 바로 '선/악 구분'과 '개과천선(改過遷善) 화소'의 등장이라고 할 수 있다.

정리하자면 조선중기라는 시기에 우리 소설에서 유교 이념을 갖춘 전형적인 인물이 등장하기 시작했다. 그런데 그것은 우연의 산물이 아니다. 유교 이념이 전파되면서 등장인물을 통해 종교적 교리를 담아내던 서술기법이 등장인물의 탐색을 통해 재미를 자아내던 소설적 서술기법과 하나로 합쳐지는 과정에서 발생한 것이었다. 즉 고전소설 등장인물에 대한 서술기법의 '분절-심화-교직-완성'의 과정을 다룬 것이 이 논문의 내용을 함축한 것이라 하겠다. 그리고 소설사적 측면에서 16세기는 고전소설의 '전형성'이 확립되었던 토대이자, 이념성을 드러내는 서술기법들이 융합되어 새로운 형식과 내용을 지닌 작품을 산출한 역동적인 시기로 재평가할 수 있다는 점에서 이 논문의 의의를 설명할 수 있을 것이다.

연구자로서 부족한 역량에도 이 글이 나오기까지 수변의 노움을 참 많이 받았다. 이곳에 지면을 빌어 고마운 사람들에게 마음을 전하고 싶다.

가장 먼저 석사과정생 때의 수업 시간이 주마등처럼 스쳐 지나간다. 훌륭한 선생님들로부터 많은 가르침을 받았지만, 그중에서도 2014년 석사 3학기 박일용 선생님의 「조선 전기소설 연구」가 기억에 남는다. 공부에 대해 부족함이 많던 시기에 선생님의 학문적 열정에 감화받아 지금의 내가 존재하는 것이 아닌가 한다. 나 역시 노년에 박일용 선생님처럼 새로운 연구에 매진할 수 있는가를 물어본다면 답하기 힘들다. 부끄럽지 않도록 선생님의 열정을 모범으로 삼아 앞으로 나아가도록 하겠다. 박사과정 때에도 김현양 선생님의 수업을 통해 고전소설사의 흐름과 문제의식에 대해 가르침을 받고, 이것은 훗날 16세기 소설에 대해 관심 갖게 된 계기가 되었다. 최귀묵 선생님은 그간 한국 고전소설에 매몰되어 있던 나의 연구를 동아시아적으로 그 지평을 넓혀 주신 분이다. 동아시아의 다양한 책들을 섭렵하면서 시야를 확장해 나갈 수 있게 되었다. 송혁기 선생님과는 한문학 전반에 대한 연구사들을 검토할 수 있었고, 덕분에 한문학에 문외한이던 나에게 많은 가르침을 얻게 되었다. 한편 중문과 수업도 들은 적이 있는데 이때 최용철 선생님의 수업을 신청해 들었다가, 우연히 특강으로 오신 유춘동 선생님과도 인연을 맺게 되었다. 지금도 유춘동 선생님은 부족한 나를 물심양면으로 도움을 주신다. 작은 인연이었는데도 이처럼 생각해주시니 그 은혜에 감사를 드린다. 이 외에도 재밌는 수업들이 많았다. 덕분에 부족한 부분을 채우고 한 연구자로서 성장해 나갈 수 있었다. 아낌없이 가르침을 주신 선생님들께 그 감사와 영광을 돌린다.

다음으로 생각나는 것은 선배 및 동학들과 열정적인 토론을 했던 스터디들이다. 돌이켜보면 참으로 여러 스터디에 참여했었다. 특히 선후배들과 다양한 텍스트를 읽고 당당하게 자신들만의 주장을 개진했던 때가 생각난다. '근거 불충분'으로 대부분 사장(死藏)되어 논문에 실리지 못한 얘기들이지만, 그 자체로도 즐겁고 유쾌한 기억이다. 학문의 즐거움을 알려주고 외로운 연구자의 삶을 함께 걸어준 고려대학교 고전서사분과 선후배들에게 크나큰 감사를 올린다. 특히나 박사학위논문 작성

때 의지가 되었던 최빛나라, 정장순, 조은별, 최현민 동학에게도 고마움을 전한다.

한편 지금까지도 질정(叱正)을 마다하지 않고 후배들에게 큰 깨우침을 주고 있는 신호림 형과 정제호 형에게서는 연구 방법과 행정, 학회일까지 그들의 뒤에서 많은 것을 보고 배울 수 있었다. 다른 방 후배임에도 석사과정부터 지금까지 알뜰살뜰 모자란 후배를 생각해주어 고마울 따름이다. 나는 두 형처럼 '큰' 선배가 되지 못했다. 받은 것의 반만이라도 행동하여 후배들에게 좋은 선배가 되도록 노력하겠다.

석사 때 작은 인연으로 후배를 챙겨준 김성철 선배는 전성운, 김준형, 최윤희 선생님이 진행하는 스터디에 참여하도록 도움을 주었다. 그 스터디에서 선생님들의 고전소설에 대한 색다른 생각과 고민을 직접 보고 들을 수 있었다. 정말 좋은 경험이었다. 이와 같은 일은 민족문학사연구소 고전서사반에 나를 인도한 이종필 선배도 마찬가지다. 그때 연구소 선생님들이 주었던 코멘트들은 지금도 기억에 남는다. 당시 모자란 글을 아낌없이 봐준 김정녀, 탁원정, 엄기영, 최수현, 김인경, 윤정안, 공혜란, 이승은 선생님께도 감사의 말씀을 올린다. 지금도 이 모임은 매달 한 번 진행하고 있는데 고려대라는 울타리를 넘어 다른 대학의 고전소설 전공자 선생님들에게 배움의 기회를 얻고 있다. 감사하다.

상우(尙友)에서의 스터디도 기억에 남는다. 시민행성 시절부터 우응순 선생님에게 많은 지도를 받았다. 스터디를 이끈 신상환 형에게도 감사의 말을 전한다. 또 매주 충무로에서 김영죽 선생님과 『사기영선(史記英選)』 원전을 강독하면서 원전 해독의 기본이 무엇인지 배운 경험도 잊지 않고 있다. 함께 원전을 읽던 송대규, 박영재 동학에게도 감사의 인사를 올린다. 무엇보다 고어 시험 때 조교로 근무하다가 우연히 친석하면서 인연을 맺은 명사반의 남성우 선생님께 한문 외에도 삶을 살아가는

데 있어 큰 지침을 얻을 수 있었다. 이 외에도 언제부터인지 모르겠지만 지금도 함께 한문소설을 읽고 있는 유해인, 이길환, 석선영 동학, 전제회를 조직해 서양이론 스터디를 이끈 이송희, 유정란, 김태영, 신찬경 동학, 매일 아침 청한서당에서 사서삼경을 읽도록 도움 준 한문학과 동학들에게도 이 글은 많은 빚을 지고 있다. 더 많은 스터디들이 있었지만 모두 담을 수 없었다. 이 자리를 빌어 감사의 말을 전한다.

고려대 민족문화연구원에서의 경험은 지금도 계속되고 있다. 박사학위논문을 이 책으로 엮어 펴낼 수 있는 것도 민연에서 베푼 혜택이다. 무엇보다 이 공간에서 분과의 경계를 초월해 우수한 학자들과 인연을 맺고, 한국학의 최신 패러다임을 접할 수 있었으니 연구자로서는 큰 행운이라 하겠다. 국어국문학과 사람들은 모두 알겠지만, 이형대 원장님은 인문학 분야에서 보기 드문 호인(好人)이시다. 과정생 때부터 제자와 교수로 인연을 맺다가 원장님으로 모시게 되어 이 책이 발간될 수 있었으니, 이 책이 나오기까지는 이형대 선생님의 도움이 컸다. 2년을 모시면서 좋은 추억과 기억, 그리고 가르침을 받았다. 염치가 없지만 앞으로 인생의 멘토로서 많은 조언을 구하고자 한다. 고개 숙여 감사를 드린다. 오정록 부장님은 과정생 때도 보조연구원으로 몇 번 인사를 드린 적 있지만, 직접적인 인연은 박사논문을 집필할 때부터였다. 당시 오래도록 앉아 공부할 공간이 마땅치 않던 차에, 선뜻 민연에 공간을 마련해주어 마음 편히 글을 완성할 수 있었다. 따라서 이 글은 오 부장님의 지분도 어느 정도 있는 셈이다. 지금은 연구지원부에서 함께 합을 맞추며 다양한 난제(難題)들을 해결하고 있다. 인생의 선배이자, 형님으로 항상 든든하다.

민연 시절(지금도 나에게는 민연 시절이지만, 나는 민연에서 박사논문을 집필했을 때를 이렇게 부른다.)에 함께 박사논문을 썼던 형들도 떠오른다. 자기 집처럼 연구지원부에 머물며 새벽까지 공부하던 정하정 형, 도서관 일을 수행하면서 지정석에서 백과사전 같은 학위논문을 집필하고 있던 정용건 형, 그리고 같은 방에서 편집을 하며 꾸준함이란 무엇인가를 알려준 강성규 형, 현대문학 전공으로 얘기가 잘 통했던 박현익 형. 이들은 코로나 시기와 논문 집필 기간이 겹쳤을 때 함께 식사를 하며 고민을 털어놓을 수 있던, 동고동락(同苦同樂)하던 형제들이다. 형들에게서 엄태웅 선생님이 자주 언급하는 생활공동체이자 학문공동체가 무엇인지 실감할 수 있었다. 모두 감사하다.

한편 박사학위를 받고 한국학 연구교수가 되기 전까지 나는 21학점을 맡아 전국을 주유하던 보따리 장사꾼이었다. 당시 아들이 태어난 지 몇 달이 지나지 않았는데, 누군가가 자신이 누울 자리를 알아보고 세상에 나온다고 하였던가? 용운장학재단에서 지원한 연구교수 사업 덕분에 가족들과 함께 편안히 누울 자리를 얻을 수 있었고, 아이를 건강히 양육할 기회를 얻을 수 있게 되었다. 신진 연구자들을 발굴하고 지원을 아끼지 않는 용운장학재단 측에 감사의 마음을 드린다. 얼마 전 타계하신 조락교 이사장님께도 이 글을 헌정하며, 앞으로 착실히 연구자의 길을 걸어가겠다는 다짐을 전하고 싶다. 감사한 마음뿐이다.

논문을 직접 지도해주신 선생님들에게도 감사를 드려야 하겠다. 나는 장효현 선생님의 막내 제자로 들어왔다. 그래서 훌륭한 지도교수님과 선배들이 닦아 놓은 길을 살펴보면서 편히 걸어올 수 있었다. 특히나 장효현 선생님은 어린 제자의 어설픈 연구를 유심히 지켜본 후, 문제를 지적하지 않고 좋은 점만을 높이 평해주시니 그 믿음에 자신감도 생겨 지금에 이르지 않았나 싶다. 그 믿음에 보답하려면 아직도 많은 길을 걸어가야 한다.

소인호 선생님에게는 학생을 대하는 마음가짐을 처음으로 배웠다. 대학원에 입학해 처음으로 쓴 발표문을 선생님께 보내 검토를 받은 적이 있었다. 나중에 글쓰기 강사가 되어 학생들의 글들을 피드백하다가 문득 그 생각이 나 찾아보니, 그때 치기 어린 글을 발견함과 동시에 따뜻하게 코멘트를 달아주었던 선생님의 과분한 사랑이 담겨 있었다. 어설픈 글이었지만 그 관심과 사랑 덕분에 이렇게 성장할 수 있었던 것 같다. 무한한 감사를 드린다.

윤재민 선생님은 학문을 대하는 즐거움에 대해 가르쳐 주셨다. '소설'에 대한 정치(精緻)한 개념부터 내 논문의 구석구석까지 윤재민 선생님의 손이 거치지 않은 곳이 없다. 선생님은 기억나실지 모르겠지만, 내가 박사과정 때 고한연 월례발표회에서 발표할 기회가 있었다. 그때 선생님이 참석하셔서 지금 논문 중 일부가 된 〈육신전(六臣傳)〉 발표를 들으신 적이 있었다. 그때의 칭찬과 격려가 큰 도움이 되어 텍스트를 새롭게 보려고 지금도 노력하고 있다.

감사의 인사를 쓰고 탈고를 진행하던 중, 강상순 선생님께서 영면에 드셨다. 내가 민연의 연구교수로 오게 되었을 때 선생님께서는 아픈 몸을 이끌고 민연에 찾아오신 적이 있다. 그때 나에게 악수를 건네며 축하한다는 말을 건넨 일이 잊혀지질 않는다. 민연이라는 같은 공간에 있으면서 여쭤보고 싶은 것도 많고, 함께 연구하고 싶었던 것이 참 많았는데... 제자가 불초하여 그 시기가 늦은 것 같다. 마음이 참 무겁다. 죄송합니다, 선생님. 선생님의 가르침을 평생 깊게 새기며 학자로서 정진하겠습니다.

엄태웅 선생님은 내 인생에 있어 구원자요, 은인이시다. 쌓으면 무너지고를 반복하던 모래성처럼 논문 집필 기간은 참 힘들었다. 동시에 장효현 선생님이 정년 퇴임을 하시면서 그 복잡함은 가중되었다. 이때 엄태웅 선생님이 부임하며 자연스레 지도 문하로 들어가게 되었는데, 모래성은 단단한 벽돌집으로 변모했다. 모두 엄태웅 선생님의 올바른 인도와 지도 덕분이다. 지금도 어려울 때 선생님의 올바른 판단력을 믿고 인생의 멘토로 삼고 있다. 인생에서 든든한 분을 만날 수 있어 행운이다. 고맙습니다.

끝으로 가족에 대한 얘기를 적지 않을 수 없다. 아버지는 나와 같은 인문학자시다. 예전에는 그분을 이해하지 못했지만, 공부를 하게 되면서 점차 아버지를 이해할 수 있게 되었다. 그런 점에서 이 글은 아버지는 모르는 아버지와의 대화 과정에서 탄생한 것이라고도 부를 수 있겠다. 가정을 위해 언제나 희생하시는 어머니는 내가 잘못된 길로 향할 때마다 믿음을 갖고 현명하게 지켜봐주셨다. 그 사랑으로 인해 지금과 같은 바른 청년으로 자랄 수 있었다. 5살이나 차이 나는 누나 역시 철없고 까칠한 남동생 성격을 맞춰주느라 고생이 많았다. 글로나마 용서를 빈다. 이처럼 나의 가족은 그 시대 전형적인 가족상이지만, 각자의 위치에서 책임을 다했기에, 나는 우여곡절 없는 행복한 가족생활을 영위할 수 있었다. 개인적으로 커다란 복이다. 모두 감사하다.

또한 나는 염치불고(廉恥不顧)하고 처갓집 근처에 신혼살림을 마련했다. 부족한 나를 아들처럼 편히 대해주시고, 매일 아침마다 오셔서 손주의 어린이집 등하교를 도와주시며, 집안의 모든 대소사를 도맡아 해결해주시는 장모님과 장인어른께는 항상 죄송한 마음뿐이다. 내가 공부와 일에 집중하도록 집안의 편안 분위기를 항상 조성해주시니 두 분을 위해서라도 더욱 잘해야만 한다는 동기를 부여해 주신다. 그 무한한 사랑을 모두 갚을 수 없겠지만 앞으로 더 행복한 삶을 살아가는 것으로 보답해드리겠다.

인연이 존재한다고 믿지 않던 나였지만 지금의 아내를 만나 비로소 그것을 믿을 수 있게 되었다. 우리는 하고많은 로맨스 드라마의 주인공처럼 극적으로 만나지는 않았다. 그러나 비슷한 계열에서 비슷한 시기에 대학원 생활을 하였음에도 서로의 존재를 모르다가, 때가 되어 만나게 되었으니 이것은 운명이 아니면 무엇이라 표현할 수 있을까? 새삼 글을 쓰면서 만남에서부터 결혼까지, 그리고 사랑스러운 아이 지우가 태어나고 지금에 이르기까지, 우리 둘이 무척 숨 가쁘게 달려왔다는 것을 느낀다. 3년이라는 시간이 어떻게 지나갔는지 모를 정도로 말이다. 그동안 앞만 보고 달려왔다는 핑계로 나와 함께 옆에서 동반하고 있는 사람에게 신경을 쓰지 못했다. 반성한다. 이렇게 내가 성장할 수 있었던 것도 결혼 후 아내의 희생과 지지, 그리고 격려 덕분이라는 것을 잘 안다. 힘들 때 큰 의지가 되어주는 영혼의 반쪽 아내 이미진 씨, 고맙습니다. 그리고 사랑합니다. 막 두 돌이 지나 건강하게 자라고 있는 아들 지우, 지치고 힘들 때 덕분에 웃을 수 있고 힘을 낼 수 있단다. 고맙다. 많은 시간을 같이 있지 못해 미안한 마음이야. 앞으로 더 많은 추억을 쌓자꾸나. 가족과 함께할 모든 순간에 감사하며 행복한 미래를 걸어가고 싶다는 다짐을 글을 통해 전해 본다.

세상에 내놓기 부끄러운 글이기에 이처럼 장황하게 감사의 말만 늘어놓았다. 앞으로 꾸준한 연구로 이 부끄러움을 조금이나마 씻어내고자 한다. 끝으로 이 책을 출간하면서 수고를 기울여주신 보고사 김흥국 사장님 및 직원 선생님들께도 감사의 인사를 올린다.

2024년 겨울 기운이 아직 남은 3월
경기도 하남시 아내의 작업실에서
저자 씀

차례

제1장
서론

1. 연구 목적 및 연구사 검토

우리의 고전소설은 孝悌忠烈을 소재로 한 작품이나, 勸善懲惡 혹은 福善禍淫을 구조로 한 교훈적이고 이념적인 작품들이 대부분이다. 이러한 이념성은 일종의 고전소설에 나타난 '클리셰'(cliché)이기도 하다. 그래서 대부분의 사람들은 우리 고전소설의 주인공이 평면적으로 구성되었다는 편견을 갖기도 한다. 이것이 틀렸다고는 말할 수 없다. 분명 이러한 이념성의 클리셰가 작동하지만, 그 작동을 완성하기까지 오랜 기간 복잡다단한 단계를 거쳤다. 그렇기에 한국의 고전소설이 평면적이라고 단정하는 것은 옳지 못하다. 이처럼 이 논문이 이념성에 주목한 까닭은 바로 클리셰라고 부를 수 있는 지점까지의 복잡다단함을 보여주기 위해서이며, 동시에 우리가 왜 이런 이념성에 대한 이야기들이 많았는지에 대한 해답을 얻기 위해서다.

고전소설에 나타난 이념성은 연구 초기부터 근대 소설의 예술성과 대비되어 미성숙한 것으로 평가받기도 했다. 혹은 권선징악 일변도의 보잘것없는 것으로 치부되기도 했다. 이것은 근대의 시작점에 있으면서도 동시에 중세 문학을 연구한 김태준의 시각에서도 잘 드러나는 바이다.[1] 그는 모두 유학자의 소설에 대한 公罪論을 서술하면서 고전소설이 儒徒

들의 보수적 관점이 투영된 것으로 보았다. 특히 유교적 가치 척도에 의한 문학적 구성에 대해 몹시 부정적으로 바라보았는데, 그는 고전소설의 이념성에 대해 다음과 같은 종합적인 평가와 시각을 가지고 있다.

> 엄격한 유교의 가정과 허만한 道禪의 동산에서 자라난 소설인 만큼 그 근본 사상은 봉건적 忠孝大節과 더욱 편협하고 고루한 동양 原産의 윤리를 고조함에 있어서는 청교도와 같은 소극적·非보편적 주장으로써 숙명적 견해에 귀착하고 말았다.[2]

그의 말에 따르면 고전소설의 봉건성, 특히 '忠孝大節'로 대표되는 유교적 이념들은 근대의 시기와 전혀 맞지 않는, 그래서 非보편성을 띠고 있는 것들이다. 그리고 이런 이념성은 '윤리를 고조'시키는 대신 문학성을 저해시키는 효과를 낳는다. 이처럼 고전소설의 이념성은 소설의 예술성을 해치는 부정적인 것으로 인식되었음을 알 수 있다. 이러한 지점은 임화의 말에서도 반복된다. 임화는 개화기 때 구소설과 신소설을 대비하면서 신소설이 새로운 정신을 담을 수 있는 것이며 이것을 두고 "낡은 양식에 대한 새 정신의 지도적 지위"[3]라고 평하였다. 요컨대 임화는 고전소설의 지향점이 권선징악이나 복선화음에 지나지 않으며, 이러한 것은 근대를 살아가는 데 있어 아무런 가치가 없는 것이라고 본 것이다.

위 두 선학의 견해를 정리하자면, 기실 고전소설의 이념성이란 忠이나 孝 등 '유교적 가치'를 체화한 주제의식이 작품 전면에 흐르는 것을 뜻한다. 혹은 권선징악이나 복선화음과 같은 '낡은 양식' 구성이 플롯을

---

1) 김태준, 『증보조선소설사』, 박희병 校註, 한길사, 1997, 24면.

2) 위의 책, 26면.

3) 임규찬·한진일, 『임화 신문학사』, 한길사, 1993, 179면.

차지하는 것을 뜻하기도 한다. 그러나 김태준이나 임화의 언급과 달리 이념성은 긍정과 부정의 가치로 나눌 수 있는 성질이 아니다. 이념성은 당시를 살아가는 주체들에게는 당연시되었던 것이다.

예컨대 孝悌忠烈의 가치는 당시 가장 기본적이면서도 중요한 것으로 인식되었는데, 이를 어기면 당시의 기준에서는 사람의 기준에 미치지 못하는 존재가 된다. 이처럼 이념성은 삶의 기준점을 제공하고 당대 기준에 맞는 올바른 인간상을 제시하기도 한다. 다시 말해 지금의 관점에서 이해되지 않던 가치들일지라도 과거에는 당연하게 통용되던 가치일 수 있던 것이다. 이것은 고전소설에서도 통용될 수 있는 사례라고 볼 수 있다.

그런데 본래 고전소설에서의 이념성이란 유교적 가치만을 일컫진 않는다. 예를 들어 불교적 이념을 그 소재나 주제로 하여 서사화한다면 그것은 불교적 가치를 체화한 이야기라고 할 수 있다. 따라서 고전소설에 나타난 이념성의 하위 범주에는 다양한 이념들이 자리하고 있으며 유교적 이념 일방향으로 재단할 수 없는 부분들이 산재한다. 그럼에도 전형성을 갖춘 고전소설 작품들을 소급하여 그 이념성을 바라본다면 유교적 가치를 체화하고 있다는 점을 부정할 수는 없을 것이다.

결국 이 글에서 말하는 이념성이란 작품 속에서 저자가 가치 있다고 판단되는 것을 드러내기 위해 유교적 소재나 사유를 취하고 있는 것이다. 그래서 유교적 소재와 유교적 사유를 담아낸 작품을 대상으로 그 변화 과정을 살펴보고자 한다. 정리하면 조선이 그들만의 유교적 가치를 체화하기까지는 이전의 다양한 이념성과 만나 변화해 오면서 정착했다는 것이다. 그래서 이념성 중 유교적 가치를 체화한 이야기들을 중심으로 당대인들의 가치관을 형성해내는 작업들을 살필 필요가 제기된다.

이런 의미에서 위의 두 선학의 견해는 근대인의 시각으로 중세를 재단한 것임을 알려준다. 그간 고전소설에 나타난 이념성에 대한 연구들에서도 주로 부정적인 측면에 주목하여 왔다. 혹은 이런 이념성을 외면한 채 '소설'이 가지는 기능이 중세적인 가치들을 넘어서고 체제 전복을 위한 도구로 활용되었다는 것에 주목하기도 했다. 소설에 나타난 '욕망'에 주목하고 이것을 발견하려는 경우가 대표적인 것이라 하겠다. 물론 소설의 성질이 전복성과 무관하다는 것은 아니다. 다만 우리 고전소설을 바르게 이해하려면 이러한 특성과 다른 부분도 아울러 살펴보아야 한다. 이념성 중 사회에 도움을 주는 측면의 성질을 파악하는 것이 필요하다는 것이다. 즉 양쪽의 상황을 모두 알아내는 것이 중요해 보인다. 따라서 이 글은 소설의 이념성에 주목해 그것의 기능과 가치를 밝혀보고자 한다. 그럼으로써 우리 서사를 이해하는 척도가 넓어질 것으로 보인다.

이에 본 논문은 고전소설 작품 속에 나타난 등장인물들과 이들이 이념적 가치를 수행하는 모습을 탐색하고, 그 서술기법을 밝히는 것을 중심으로 범위를 한정하도록 하겠다. 소설에서의 등장인물은 작가의 의도, 즉 주제를 전달하는 매개로 기능한다. 동시에 등장인물의 발화나 행동들은 당시 사상이나 가치관에서 만들어진 것을 바탕으로 한다. 따라서 등장인물을 연구하는 일은 작품에서 유교적 소재나 구조가 등장한다는 표면적인 차원을 넘어서 그런 표피를 생성하기까지의 내재적 차원을 가늠할 수 있게 하는 도구로도 활용될 수 있다.

또한 이념성은 언제나 '教訓'을 바탕에 둔다. 돌려 말하자면 대부분의 이야기에는 교훈이 존재한다. 만약 이야기 안에 교훈이 존재하지 않는다면 그 이야기는 곧 사멸될 위기에 처하게 될 것이다.[4] 이것은 口碑傳承

---

4) 존 가드너는 예술(특히 이야기)에는 언제나 도덕성이 첨가되어 있으며, 좋은 예술작품을 만드는 작가는 이 도덕성을 잘 사용한다고 보았다. "Art, in sworn opposition to chaos, discovers by its process what it can say. That is art's morality." John

으로 현재까지 이어져온 설화의 생존력을 생각해보면 알 수 있다. 설화에서도 가장 중요한 위치를 차지하고 있는 것은 교훈이다. 설화는 오랜 기간 다양한 시기들에서 다양한 문화들과 접합하면서 전변해 왔는데, 그 중 인간의 삶에 필요하거나 가치 있는 것이라 판단되는 것들은 대부분 생존할 수 있었다.[5)]

이와 마찬가지로 우리의 고전소설 역시 교훈성과 이념성을 강하게 내포하고 있다. 아마도 이렇게 만들어지기 시작한 이유는 당시 삶을 살아가는 사람들에게 현대인이 이해할 수 없는 무엇인가를 제시했었기 때문일 것이다. 본 논문이 이념성을 대상으로 삼아 그 형성 과정을 추적하는 작업을 하는 것 역시 이러한 이유에 있다. 우리 고전소설의 정체성(identity)은 하루아침에 유교(특히 성리학)를 받아들임으로써 만들어진 것이 아니다. 교훈이 담긴 이야기를 매개로 유교적 가치의 전파를 부단하게 수행함으로써 이전 시기와는 다른 정체성을 가지게 된 것이다.

그런 의미에서 조선중기[6)]는 특별한 의미로 다가온다. 우리 고전소설

Gardner, *On Moral Fiction*, Basic Books; New York, 1978, p.14.

5) 이러한 까닭은 신경 과학에서 밝혔듯 우리의 뇌가 이야기를 통해 삶에 필요한 많은 정보를 받아들이고 생존하는 데 유리하게 진화해 왔기 때문이다. 예를 들면 어린 아이들이 무서운 이야기를 유난히 많이 듣고 싶어 하는 까닭 역시 이와 관련되어 있다. 무서운 이야기 속 위기를 간접적으로 경험함으로써 어린 아이는 현실에서 위기를 재현하는 일을 禁忌시하는 교훈을 얻을 수 있다. 이 금기란 종교적·사회적 합의의 결합물로 행동 기준을 제시하기도 한다. 그래서 교훈이 담긴 이야기는 인간의 신념까지 변화시킬 수 있는 힘이 담겨 있으며, 따라서 교훈과 이념성은 매우 밀접하게 붙어 다님을 알 수 있다. 조너선 갓셜, 『스토리텔링 애니멀』, 노승영 譯, 민음사, 2014, 21~40면.

6) 최근 사학계에서는 '조선중기론'에 대한 논의가 활발하게 이뤄지고 있다. 특히 조선중기론에서는 조선중기의 시작을 15세기 말에서 16세기 초로 보는데, 이는 이 시기를 조선 사회의 특성이 이전(15세기)과 달라지는 전환기로 이해하였기 때문이다. 특히 김성우는 국가 운영 체제와 지배 엘리트층(양반 사족)의 형성이라는 관점에서 16~17세기를 15세기와도 다르고 18세기와도 다른 동질의 시기로 묶음으로써 중기론을 적극

의 정체성을 형성하는 데 의미 있는 변화 및 노력이 이 시기에서 보이기 때문이다. 지금까지의 연구들에서는 우리 고전소설의 정체성을 17세기로부터 시작했다고 규정한 바가 많았다.[7] 바야흐로 17세기라는 시기는 조선 왕조에서 큰 변화가 있던 시기였기 때문이다. 壬辰倭亂(1592)과 丙子胡亂(1636)으로 대표되는 이 시기의 전쟁은 조선의 행정 시스템과 그들의 의식의 변화에 많은 영향을 끼쳤다는 것이 정설로 굳어졌다. 예를 들어 양란으로 인해 조선 후기 사회가 前期에 비해 배타적 모습을 취하고 있다는 주장이 그러하다. 고전소설에서도 이 흐름에 맞춰 역시 兩亂

지지했다. 김성우, 「사회경제사의 측면에서 본 조선중기」, 『대구사학』 46, 대구사학회, 1993. 조선중기론에 대한 연구사는 이후 김성우의 다른 연구에서 잘 정리된 바 있다. 김성우, 「연속된 두 시기로서의 16·17세기: '조선중기론'의 입장에서」, 『내일을 여는 역사』 24, 서해문집, 2006.

국문학계에서는 아직까지 조선중기에 대한 고찰이 비교적 적은 편이다. 예컨대 이종필(「조선중기 전란의 소설화 양상과 17세기 소설사」, 고려대학교 박사학위논문, 2013) 처럼 조선중기를 16세기의 이념적 지표가 17세기의 전란으로 인해 드러난다고 주장하는 경우도 있다. 하지만 이 글은 오히려 15세기 중반부터 17세기 말까지의 시기로 조선중기의 범위를 넓게 잡고자 한다. 다만 필자가 생각하기에 중요한 지점은 이종필의 문제의식처럼 16세기에 있다. 이때부터 조선 사회의 정체성과 방향성이 결정되었다고 생각한다. 따라서 추후 검토할 『소학』이나 『태평광기상절』과 같은 문화적 토대가 발휘되는 16세기를 그 시간적 배경으로 하여 그 전후한 시기의 작품들을 조망해보고자 한다. 필자는 사학계에서 진행한 논의와 시각을 적극적으로 받아들여 '조선중기'라는 시기를 '16세기를 전후한 시기', 즉 '15세기 중반부터 17세기 말까지의 시기'의 작품들을 검토하는 것을 목적으로 삼겠다. 이에 15세기를 前史적 양상이 드러나는 시기로 구분하고 16세기부터 본격적으로 우리 고전소설의 이념성이 발휘되는 시기로 이해하고자 한다. 한편 조선중기론과 16세기의 역사적 배경에 대해선 이 글의 3장 1절에서 더 자세히 소개하도록 하겠다.

7) 이러한 관점은 김태준이 『조선소설사』에서 17세기를 양란과 숙종대로 구분한 이후로 17세기가 소설사에서 전환기라는 시각은 지금까지 이어져 오고 있다. 최근 17세기의 위상에 대해 재고찰한 견해는 김종철의 연구를 참조하길 바란다. 김종철, 「고전소설사에서의 17세기 소설의 위상」, 성현경교수추모논총간행위원회 편, 『한국 고소설 연구의 쟁점과 전망』, 보고사, 2011, 134~138면.

으로 인한 서사의 갑작스러운 변화 양상을 '발견'하는 것에 집중되어 있었다. 그리고 여기에서 조선의 정체성이 만들어진 것으로 본 것이다. 즉 외재적 측면에서 서사의 변화를 조망하였다.

그러나 이러한 갑작스러운 변화 양상은 이념성이라는 측면에서 그 척도를 가늠했을 때 관련성이 적어 보인다. 필자의 견해로는 오히려 16세기부터 내재화되고 있던 이념성이 17세기에 비로소 정착되고 완성되었기 때문이다. 요컨대 16세기는 우리 고전소설의 모양새가 왜 이렇게 결정되었는지를 알려주는 중요한 단서가 될 수 있다. 따라서 16세기에 나타난 서사들의 이념성을 포착하는 작업은 17세기 이후 우리 고전소설의 방향이 어디로 향하게 되는지 그 이정표를 재구하는 작업이기도 하다. 그래서 이 논문은 16세기를 중요한 축으로 설정하고 그 이전 시기와 이후 시기의 이념형 인물의 변화 양상과 인물을 형상화하는 서술기법을 살펴봄으로써 그 소설사적 의미를 밝혀보고자 한다.

이에 작품에 나타난 등장인물의 양상을 분석하기에 앞서 2가지 층위에서 16세기 전후의 이념성 담론을 조망하도록 하겠다. 즉 작품과 관련된 주변 정황 자료들을 탐색함으로써 이념성에 대한 인식과 서술기법을 유형화하겠다는 것이다. 그래서 이 책에서는 『소학』과 『태평광기상절』의 서술기법을 추출함으로써 이러한 계획을 진행하고자 한다.[8)]

후술하겠지만 15세기에 조선에 들어온 『소학』과 『태평광기상절』은 16세기부터 본격적으로 문화적 영향력을 행사하던 텍스트들이었다. 『소

8) 이것은 일면 '서사관습(narrative convention)'이라고 부를 수 있겠다. 즉 작가는 그의 천재성의 발휘로 작품을 창조해내는 것이 아니라, 당대 문화에 침잠되어 있던 글쓰기 관습을 통해서 작품을 창조한다. 그리고 이러한 부분은 독자 역시 마찬가지라고 하겠다. 서사관습이 존재해야 받아들일 준비가 될 수 있는 것이다. 이에 대해선 다음의 책을 참조하길 바란다. 오탁번·이남호, 『서사문학의 이해』, 고려대학교출판부, 1999, 58~61면.

학』의 경우 남송시기 주희에 의해 편찬된 것이 15세기 조선에 들어와 별다른 영향력을 행사하지 못하고 있었다. 그러다가 16세기 기묘사림[9]의 대두와 함께 널리 보급되기에 이른다. 이들은 바로 『소학』의 '실천적

9) 필자는 16세기를 '훈구'와 '사림'의 대립 양상으로 보는 시각에 대해 유보적인 입장에 서있다. 그간 사학계에서 이태진, 이수건, 이병휴 등이 주장한 15세기의 훈척 정치, 16세기의 사림의 대두와 훈구 세력과의 대결, 17세기의 사림의 정권 주도기 및 붕당으로의 분화 등의 틀이 바로 이것이다. 그런데 서구 학계에서는 이러한 시각에 조금 회의적이었다. 에드워드 와그너(E. W. Wagner)와 마르티나 도이힐러(Martina Deuchler) 등의 학자는 사림이 정치 세력이기보다는 사회 개혁을 위해 윤리 실천에 앞장선 세력이라고 보았기 때문이다. 그들의 이러한 주장은 정두희가 훈구와 사림의 가문이나 인적 네트워크를 점검하고 이들을 다른 정치세력으로 분리할 수 없다는 연구 성과로 나타나기도 했다. 한편 최근 김범은 이분법적 도식에서 벗어나 훈구와 사림을 조금 유보적으로 사용할 것을 제안하였다. 최근 사학계 박사학위논문에서도 이러한 경향은 지속된다. 송웅섭은 성종 이후의 정치를 공론화 정치로 보고 정치세력으로서의 사림이 아닌 관료와 지식인이 공유한 도학적 공론으로 조선 사회를 조망한다. 윤인숙도 『소학』이 갖는 지성사적 의미를 찾아내고 16세기 정치 개혁 세력의 성향을 밝힘으로써 『소학』을 중심으로한 네트워크 그룹을 증명했다. 그는 이를 '소학실천자'라고 정의했다. 따라서 이 글은 사림이라는 용어는 사용하지만 이것을 조금 제한된 정의로 사용하고자 한다. 즉 사림을 정치 세력이라기보다 사회 개혁을 위해 투철한 윤리정신을 발휘한 세력 정도로 보고자 한다. 이에 사림과 정치적으로 대척점에 서 있는 '훈구'라는 용어는 사용하지 않았다. 만약 사용하더라도 그것은 훈구라는 용어에 대한 회의적 시각을 견지할 때만 사용하였음을 미리 밝혀둔다. 이태진, 『조선유교사회사론』, 지식산업사, 1989; 이수건, 『영남학파의 형성과 전개』, 일조각, 1995; 이병휴, 『조선전기 사림파의 현실인식과 대응』, 일조각, 1999; Edward W. Wagner, 「이조 사림문제에 관한 재검토」, 『전북사학』 4, 전북대사학회, 1980; 마르티나 도이힐러, 『한국사회의 유교적 변환』, 이훈상 譯, 아카넷, 2003; 정두희, 「조선전기 지배세력의 형성과 변천: 그 연구사적인 성과와 과제」, 주보돈 외, 『한국사 발전사론』, 일조각, 1992; 정두희, 『조선시대의 대간연구』, 일조각, 1994; 정두희, 『조광조』, 아카넷, 2001; 김범, 「조선 전기 '훈구·사림세력' 연구의 재검토」, 『한국사학보』 15, 고려사학회, 2003; 김범, 「조선왕조실록에 나타난 '훈구'의 용례와 그 분석」, 『동방학지』 134, 연세대학교 국학연구원, 2006; 김범, 『사화와 반정의 시대』, 역사비평사, 2007; 송웅섭, 「조선 성종대 공론정치의 형성」, 서울대학교 박사학위논문, 2011; 윤인숙, 「조선전기 사림의 사회경제적 구상과 소학운동」, 성균관대학교 박사학위논문, 2011; 윤인숙, 『조선 전기의 사림과 〈소학〉』, 역사비평사, 2016.

유교이념'에서 국정 운영의 원리와 이론적 틀을 획책했고 이를 통해 조선 사회 전체에 유교이념을 보급하고자 하였다. 즉 사림은 뚜렷한 철학적 이론을 기반으로 역사를 움직이는 주체로서 개인 및 사회의식 변혁운동을 주도했다는 것이다. 이런 영향은 문학의 자장에도 어느 정도 영향을 주었으리라 본다. 결론적으로 이 글은 『소학』에 나타난 서술기법을 살펴봄으로써 문학의 자장에 준 영향관계를 등장인물을 통해 살펴보고자 한다.

『태평광기상절』은 북송 시기에 편찬한 『태평광기』는 한반도에 오래 전부터 전래되어 문인들에게 읽혔다. 그러다 15세기 조선에서 成任이 『태평광기』의 방대한 양을 축소시켜 간행한 것이 『태평광기상절』이다. 이런 문학적 바탕에서 15~16세기에 다양한 허구적 서사체가 발전할 수 있었다. 특히 16세기에는 명종 때를 전후해 『태평광기』를 번역한 『太平廣記諺解』(멱남본, 연세대본은 『태평광긔』)가 출현했다. 이러한 점에서 당시 조선사회에 『태평광기』에 대한 관심이 많았음을 추정할 수 있다. 하지만 이것은 『소학』과 다르게 유교이념이 강력하게 드러난 자료가 아니다. 그리고 『소학』이 조선 전반에 행사한 영향력과 비교했을 때 그 정도 또한 낮다. 무엇보다 『태평광기상절』이 『태평광기』를 축약했다고 하지만 그 작품의 수가 많기에 현실적으로 모두 담아낼 수 없는 한계가 있다.

그럼에도 이 자료를 선택한 이유는 문학에서 추구하는 이념을 잘 드러내주는 자료라 판단했기 때문이다. 문학에서는 이야기가 주는 흥미를 추구하면서 발전해왔다. 그런데 이 흥미를 유발하는 것에는 여러 요인이 있겠지만 문학이 주는 교훈적 측면에서도 일어난다. 작품 속 한 인물이 어떠한 체험 후 변화하는 모습을 바라본 독자는 서사적 흥미를 얻게 되고 이를 통해 자신의 삶을 돌아볼 수 있게 된다.[10] 이처럼 문학에서의 이념성은 등장인물의 행위에서 얻어낼 수 있는 교훈성에 주목한다. 따라서 문학적 자장에 속한 교훈적 이야기들은 『태평광기』나 여타의 문학 텍스트의 영향력에 의해 언제나 존재하고 있었다. 다시 말해 『태평광기』의 보급과 함께 당시 고전소설의 다기한 서술기법이 산생했음은 부인할 수 없을 것 같다. 따라서 이 책은 바로 이 점에 주목하여 『태평광기상절』에 나타난 변화하는 등장인물에 대해 탐구하고자 한다.

그래서 문학에서의 교훈성을 담지한 서술기법을 알아보기 위해 『태평광기상절』의 작품들을 조사해야 할 필요가 있다. 이 『태평광기상절』의 교훈성이 조선의 유교와 만나면서 조선식으로 변화되는 지점이 15세기이고, 『소학』이나 여타 유교 담론들에 의해 더 심화되는 것이 16세기의 일이다. 정리하자면 문학적 교훈성이 실천적 유교이념과 만나면서 점차 유교적으로 이념화되어 가는 과정을 조사하는 것이 이 글의 목적이다. 그러므로 이들 2가지 층위를 통해 15세기부터 17세기까지 이념형 인물의 행위와 변화 양상을 더욱 정교하게 살펴볼 수 있으리라 기대한다.

위의 이론적 토대를 바탕으로 대표적인 예시들을 살펴볼 수 있다면 그것은 고전소설을 바라보는 시각의 한 부분을 새롭게 읽어낼 수 있는 가능성을 가지게 된다. 요컨대 위와 같은 이론적 틀은 우리 고전소설에 강하게 드러난 이념성의 원인을 밝힐 수 있는 하나의 방법으로 기능하게 된다는 것이다. 이런 지점에서 필자의 가설이 성공적으로 입증될 때 과거 조선의 주체들이 여러 방향의 가능성 중 왜 이런 가능성의 길을 택했고 그 失益은 무엇이었는지를 세세하게 밝혀낼 수 있으리라 기대한다. 특히나 작가를 중심으로 작품 분석에 집중했던 그간의 연구 경향에서 벗어나,[11] 조선중기의 문화적 역량과 파급력이 소설에 어떤 영향 관계에

10) 현대의 독자들이 〈데미안〉에서 얻는 흥미 역시 주인공 싱클레어가 수행하는 깨달음과 변화에서 오는 성장에 기반한 것이라 하겠다.

11) 필자가 작가 중심에서 벗어나자고 언급한 것은 '작가'를 해체시키려는 '작가(저자)의

놓여 있는지 밝힐 수 있게 된다. 그럼으로써 고전소설 작품을 새로운 측면에서 읽는 방법을 모색하여 고전소설의 문화적 연구의 중요성을 부각시킬 수 있으리라 본다.

지금까지의 내용을 정리하면서 이 연구의 필요성 및 기대효과를 다시 피력하고자 한다. 첫째, 이념성에 대한 부정적 시각을 재고할 수 있다. 지금까지 이념성은 중세의 낡은 틀로 인식되거나 혹은 소설의 전복적 성격과 모순되는 것으로 판단되었다. 그래서 기존 연구에서는 이것을 외면하는 경향이 컸다. 이러한 까닭에 고전소설에 나타나는 이념성을 세부적으로 살펴보는 작업은 이러한 편견과 오해를 넘어서기 위해 반드시 필요한 작업이라 생각한다. 이 연구를 통해 이념성으로 향하는 道程에서 우리 서사 내부에 치열한 攻防이 존재했음을 밝히고 이것이 부정성보다는 당시 조선인들에게 삶의 생존 과정이었음을 살피고자 한다.

둘째, 고전소설에 나타난 전형성의 원인을 재고할 수 있다. 기존 연구에서는 고전소설의 전형성 형성을 '전쟁'이라는 외재적 이유로 창출되었

죽음'을 의미하지 않는다. 오히려 작가를 모든 중심에 두고 텍스트를 획일적으로 분석한 그간의 태도를 반성하자는 측면에 더 가깝다. 요컨대 작가 개인이 전하고자 하는 메시지도 중요하지만 작가가 그러한 발언을 수행하기까지의 당대의 맥락을 조금 더 주목해보고자 한 것이다. 저자의 죽음에 대해선 80년대부터 유럽에서 많은 담론들이 오고갔는데 다음의 논문에서 잘 정리하고 있으니 참조하길 바란다. 최문규, 「낭만주의의 저자성-저자주체의 정립과 해체 사이에서」, 최문규 외, 『저자의 죽음인가, 저자의 부활인가?』, 한국문화사, 2015, 81~119면.

한편 이 글의 방법론은 최근 케임브리지대학에서 출발한 지성사적 접근에 일정 부분 영향을 받았다. 지성사적 접근이란 당대 맥락을 중심으로 대상으로 삼은 관념이 어떻게 발생되었는지를 계보학적으로 추적하는 연구 방법이라 할 수 있는데 포콕(J.G.A. Pocock)이나 스키너(Quentin Skinner)가 대표적이다. 이에 대해선 다음의 저서를 참조하길 바란다. 제임스 탈리 편, 『의미와 콘텍스트-퀜틴 스키너의 정치사상사 방법론과 비판』, 유종선 譯, 아르케, 1999; 리처드 왓모어 著, 『지성사란 무엇인가?』, 이우창 譯, 오월의봄, 2020.

다고 바라보았다. 그러나 외재적 요인과 함께 이미 그 전부터 그러한 '萌芽'가 내재적으로 자라나고 있었다는 것을 이번 연구를 통해 밝힐 계획이다.[12] 따라서 전형성의 형성 과정을 추적함으로써 당대인들이 이념에 경도되었던 원인을 밝힐 수 있고 또한 이에 따라 그들이 어떠한 사회를 갈망했는지를 알아볼 수 있길 기대한다. 아울러 조선인들이 만든 전형성은 전쟁이라는 요인에 반응하여 단숨에 변화한 것이 아닌, 조금 더 내부적이고 다채로운 요인이 작동했음을 밝히고자 한다.

셋째, 고전소설사에 대한 새로운 시각을 재고할 수 있다. 지금까지 소설사에서 16세기는 '묻혀진 문학사'라고 칭할 정도로 그 비중이 적었었다.[13] 하지만 앞서 말한 변화 요인을 16세기에 작동한 것으로 바라보았을 때 소설사적으로 17세기에 치중되어왔던 그간의 연구를 반성하고, 외면해왔던 16세기의 중요성에 대해서 성찰할 수 있다. 그럼으로써 16세기 서사에서 정한 방향성이 17세기 이후 조선의 서사들에게 큰 영향을 미치고 있음을 밝힐 수 있으리라 본다. 또한 16세기를 주목함으로써 당대인들이 서사를 창출할 때 생각보다 많은 고민의 흔적을 발견할 수 있으리라 생각한다.

넷째, 작품론에 대한 새로운 시각을 마련할 수 있다. 작품을 분석함에 있어 연구자는 종종 작품과 작가 상황의 유사성을 끌어와 설명하려는 경향이 있다. 물론 이러한 사실을 밝히는 것은 작품 이해를 돕는 데 많은 도움이 된다. 하지만 이렇게 된다면 작품의 다양한 면모를 해석할 수

---

12) 주의해야 할 점은 필자의 논의가 '내재적 발전론'과 관련되어 있다고 誤讀해서는 안 될 것이다. 내재적 발전론이 조선 내부에 내재하고 있던 '근대'를 발견하기 위한 방법론으로 활용되었다면 여기에서의 논의는 근대성보다는 오히려 중세성의 내면화 모습을 발견하는 것을 초점으로 둔다.

13) 민족문학사연구소 고전소설사연구반, 『묻혀진 문학사의 복원: 16세기 소설사』, 소명출판, 2007.

없다는 한계에 봉착하거나 똑같은 결론에 귀착하게 되고 만다. 그리고 더 나아가 작품의 이해를 돕는 것이 아니라 오히려 방해하게 된다. 예컨대 고전소설의 작가가 방외인이기 때문에 그의 작품 역시 현실에 부정적 태도를 견지하고 있을 것이라는 추정, 혹은 이 작품이 훈구와 사림의 대립 관계 속에서 파생되어 사림파 작가의 정치적 태도를 견지하고 있을 것이라는 추정 등을 들 수 있겠다. 따라서 작가의 차원을 넘어서 시대적 상황(특히 문화적 토대)에 입각해 작품을 해석할 필요가 제기된다. 이에 이 논문은 조선중기에 널리 보급된 『소학』과 『태평광기상절』 텍스트 속 등장인물의 발화와 행위, 그리고 기법적 측면을 중심으로 그 의미를 드러내도록 하겠다.

상기의 내용을 통해 봤을 때 필자의 생각으로는 그동안 우리의 고전소설 연구에서는 이념성이라는 주제가 조선후기를 관통했음에도 이것이 발생하게 된 원인을 집중적으로 살펴보지 않았던 것으로 보인다. 혹은 살피더라도 장르적 관점에서 그 동기를 산출했거나 피상적으로 전쟁에 의한 변화로만 단정했을 뿐이다. 이러한 까닭은 무엇보다 이념성이라는 것을 소설적(혹은 문학적)인 성격과 변별적인 것으로 인식하고 조화하지 못하는 이질적인 개념으로 바라보고 있었기 때문이라고 필자는 생각한다.[14] 필자는 이에 대한 반성의 차원에서 이념성을 조망해보고자 한다.[15]

---

14) 과도한 추정일 수 있지만 그 내면을 자세히 들여다본다면 이 같은 시각은 결국 '근대'로의 노정에서 이념성이 소거되어야만 하는 소설이 오히려 이념적 사유를 잘 담아내고 있었기 때문인 것으로 보인다. 그래서 재래 연구자들의 시각에서는 이것을 모순적인 것으로 보았고 따라서 우리 소설 연구에서 이러한 이념성을 외면한 결과로 나타났다고 필자는 생각한다.

15) 이에 대해선 역사철학분야의 미조구치 유조의 사유에도 영향을 받았다. 그는 "禮의 침투란 효제의 윤리를 근간으로 하는 가족·종족의 질서 체제 혹은 지주제적 질서와 결합한 향촌의 질서 체제를 의미하기도 한다. 따라서 그것은 일면 봉건적 질서 이데올로기의 침투이기도 하다. 그 때문에 民國 시기에는 '사람을 잡아먹는 예교'로서 타도의

당연하게도 필자의 이러한 문제의식과 관심은 그간의 연구 성과에 기반한 것이다. 90년대 초 이념성에 대한 연구가 전무한 상황에서 권선징악의 플롯에 대하여 진지한 성찰과 모색을 한 강재철[16]의 연구가 있다. 그는 우리 문학의 권선징악의 개념과 범주를 새롭게 설정하고 유교의 전통 아래에서 善·惡 인물의 성격을 논하였다. 그 결과 당시의 고소설은 先代의 정신을 계승하고 본성의 회복을 위한, 즉 교화의 관점에서 만들어진 것이며, 따라서 오늘날의 관점에서 접근하면 안 될 것을 제언했다.[17] 이와 같은 맥락으로 박상석[18]의 연구가 있다. 그는 고전소설에 나타난 선악을 대상으로 권선징악적 구조를 가지고 있는 작품을 '선악이야기의 서사규범'이라고 명명하였다. 그에게 있어서 권선징악적 구조란 인물, 주제, 구조론이 뒤섞여 있는 총체이다. 그 서사규범에서 인물론은 선악대립이 뚜렷한 것이고, 주제론은 선한 인물은 복을 받고 악한 인물은 징치를 당하는 것이며, 구조론은 선한 인물이 악인에 의해 위기를 당하지만 이것을 딛고 일어서는 질서회복의 규범 및 법칙을 가지고 있

목표가 되었다. 하지만 역사를 변증법적으로 보는 입장에 선다면, 그것은 어떤 체제의 발전과 완숙 과정을 보여주는 것으로서, 그 체제의 탄생기와 성립기에는 도리어 일정 정도 진보적 역할을 수행했다고 말할 수 있다."라고 하여 이 글의 관심사가 전형화되고 완성된 우리 고전소설의 이념성에 있는 것이 아니라 그것의 前 단계에 주요한 관심을 두고 있다. 즉 변증법적으로 볼 때 '正反'에 해당되는 역사를 고찰하고자 하는 것이다. 그럼으로써 '合'의 서사가 왜 그렇게 되었는지를 살펴볼 수 있으리라 본다. 따라서 이전의 일들을 알아봄으로써 그간 고전소설에 나타난 이념의 부정적 인식을 일정 부분 변화시킬 수 있으리라 본다. 미조구치 유조 외, 『중국의 예치시스템』, 동국대학교 동양사연구실 譯, 청계, 2004, 116면.

16) 강재철, 「권선징악 이론의 전통과 고전소설」, 인하대학교 박사학위논문, 1993. 이 논문은 이후 수정 및 보완을 거쳐 『권선징악 이론의 전통과 고소설의 비평적 성찰』(단국대학교출판부, 2012)이라는 책으로 출간된 바 있다. 앞으로 이처럼 단행본으로 재수록되었음을 표기한 경우에는 모두 후자를 인용의 기준으로 삼도록 하겠다.

17) 위의 책, 172면.

18) 박상석, 「고소설 선악이야기의 서사규범 연구」, 연세대학교 박사학위논문, 2011.

다. 그래서 박상석은 17세기 말부터 시작된 선악이야기의 서사규범이 20세기 초까지 유지되었다는 주장을 하였다.

이처럼 이념성을 긍정적으로 바라본 연구 시각은 필자의 관점 형성에 많은 도움을 주었다. 다만 권선징악 플롯이 도달하기까지의 다기한 문화적 토대를 조망하면서도 전체적인 소설사적 측면에서의 움직임을 조망하지 못한 점은 아쉬운 부분이다. 즉 권선징악 플롯으로 규정한 고소설만을 대상 삼았기 때문에 소설사 차원에서 권선징악 플롯이 어떠한 이유로 발생하였는지에 대해서는 고찰이 미흡했다고 하겠다.[19)]

권선징악이 아닌 '이념성'이라는 측면에 주목한 이유도 이러한 부분에 기인한다. 고전소설을 권선징악이라는 플롯적 측면에서만 바라본다면 그 이전의 소설들(특히 15~16세기)은 모두 무화되어 버리기 때문이다. 따라서 권선징악이라는 플롯이 도래하기까지 그 플롯에 영향을 줬던 유교적 이념성이 무엇인지에 대해 천착할 필요성이 생기게 된다. 한편으로

---

19) 한편 2014년 고소설학회에서는 『한국 고소설의 주인공론』이라는 편명으로 고소설의 주인공들을 4가지 양상으로 세분화한 바가 있다. '내면과 욕망을 성찰하는 주인공, 제도와 이념을 재현하는 주인공, 사회 비판적 상상을 매개하는 주인공, 역사 속에서 재구성된 주인공'이 그것이다. 이 책은 고소설의 등장인물을 분류하려는 작업과 비슷하지만 여러 면에서 다르다고 생각한다. 첫째는 각 연구자들의 단위 논문을 결합시킨 것이기 때문에 하나의 방법론으로 이들을 분류할 기준이 명확하지 않다는 점. 그래서 〈창선감의록〉의 화진의 경우는 내면과 욕망을 성찰하는 주인공으로 분류되어 있는데, 논의의 정합성을 차치하고서라도 그것이 함께 나열된 〈김현감호〉, 〈만복사저포기〉, 『기재기이』 등의 전기소설의 주인공의 성격과 얼마나 유사한지는 여기에서 고려되지 않았다. 둘째, 이념을 재현하는 주인공으로 〈사씨남정기〉부터 〈소현성록〉, 〈숙향전〉 등 17~18세기의 대표적이고 주요한 등장인물들을 담아내었지만 이들의 이념성이 어떤 이유에서 농실적인지 고찰하지 않았다. 그리고 오히려 이 책에서는 이들 등장인물들이 이념을 재현하는 것에서 그치는 것이 아니라 이념 재생산의 수단으로 활용되고 있는 과정을 추적하는 것에 더 관심이 있다. 따라서 이 책과 필자가 말하는 논의는 사뭇 다른 토대 위에서 작성되었다. 고소설학회 편, 『한국 고소설의 주인공론』, 보고사, 2014.

권선징악의 전형성이 당시의 사람들을 위한 '심성 교화 차원'에서 만들어진 것이라고 보았지만, 후술할 내용을 보면 알 수 있듯 이러한 것은 그처럼 단순하게 배태된 것이 아니었다. 이것은 오히려 당시 사람들의 수많은 고민의 흔적이라고 이해해야 할 것이 마땅하다.

다른 한편으로 살펴볼 연구는 이념성으로 경도되기 전 시기인 16세기와 소설사와 관련하여 이념을 어떻게 바라보고 있는지에 대한 것이다. 흔히 16세기 소설사를 조망할 때 16세기는 크게 두 가지 층위로 바라볼 수 있다. 하나는 문학을 이념(혹은 유가적 사유)을 전달하는 도구로 바라보는 관점인 '文以載道論'이다.[20] 이 관점에 따르면 16세기의 문학 작품들은 이념성(교훈적 내용)이 문학성(형식)보다 훨씬 중요하다는 결론에 다다르게 된다. 그래서 16세기의 작품들은 이념적으로 경도되었기 때문에 그 문학성이 앞뒤의 시기보다 낮게 평가되었다. 하지만 이렇게 보게 된다면 후에 더욱 이념성이 더욱 뚜렷하게 드러나는 17세기부터의 작품들은 어떻게 봐야 할 것인지 그 답을 해결할 수 없게 된다.

이를 타개하기 위해 앞선 문이재도론을 발전시킨 것이 두 번째 시각인데, 이 관점의 연구자들은 16세기를 이념성과 흥미성의 '교직'으로 바라본다.[21] 이 관점은 이념성(道)과 흥미성(文)의 이분법적 대립구도 속에

---

20) 김광순, 「조선조 유학자의 소설관」, 간행위원회 편, 『정규복박사 고희기념 논총: 한국고소설사의 시각』, 국학자료원, 1996.

21) 대표적인 논의로, 정출헌, 신상필, 장경남, 김현양을 들 수 있다. 정출헌, 「표기문자의 전환에 따른 고전소설 미학의 변이양상 연구」, 『민족문학사연구』 23, 2003, 166~200면; 신상필, 「『기재기이』의 성격과 위상」, 『민족문학사연구』 24, 민족문학사학회, 2004, 188~215면; 장경남, 「〈천군전〉으로 본 16세기 소설사의 한 경향」, 『민족문학사연구』 25, 민족문학사연구소, 2004, 87~111면; 김현양, 「16세기 소설사의 지향과 위상: 이념의 서사, 흥미의 서사, 욕망의 서사」, 『민족문학사연구』 25, 민족문학사학회, 2004, 12~37면.

한편 이들의 논의는 대체로 앞서 소개한 『묻혀진 문학사의 복원: 16세기 소설사』라는

서 조화를 그리는, 그러면서도 동시에 새로이 나타난 흥미성이 뒤의 시기에 중추를 이룬다는 것이 그 요점이다.[22] 이렇게 소설사를 그린다면 16세기는 흥미성을 새롭게 '발견'한 시기가 되며 따라서 이념성과 흥미성을 적절히 섞어서 실험해 볼 수 있는 시기가 된다. 그래서 이 '교직' 관점은 추후 태동될 '진정한 소설의 시기'인 17세기에 다양한 소설들이 탄생할 수 있는 계기를 만들어준다. 즉 교량적 위치를 점하게 된다는 점에서 16세기 소설의 의의를 찾는다. 그리고 최근까지도 이 관점은 가장 합당한 것이라고 평가받는다.

이처럼 조선 중기에 내재한 이념성을 밝히는 연구사에서 볼 수 있듯이 그 논의를 다루는 무게가 결코 가볍지 않아 보인다. 이들이 논의한 틀에 따르면 16세기는 몹시 역동적인 시기로 당대 이념성을 설명하는데 훌륭한 방법론을 제공한다고 할 수 있다. 이에 필자는 이들의 연구 성과를 받아들이면서도 몇 가지 지점에서 의문을 제기함으로써 이 책에서 말하고자 하는 이념성의 다른 측면을 타진해보고자 한다.[23]

단행본에 모두 들어가 있다. 따라서 이 단행본은 대체로 16세기 소설사가 이념과 흥미의 교직이었다는 주장을 따르는 논의들을 실었다고 하겠다.

22) 한편 이러한 시각은 헤겔적 변증법의 구도를 통해 소설사를 조망한다는 점에서 매우 흥미로운 착안이라고 생각한다. 헤겔적 변증법은 정반합으로 이루지는 논리인데, 흥미라는 正, 이념이라는 反이 서로 투쟁함으로써 화해의 산물로 교직이 나타나게 되었다는 것이 그것이다.

23) 재래의 연구들을 살펴보면 아직까지 단일 논문에서 이념성에 대해 하나의 방법론으로 다양한 소설 장르를 다룬 논의는 없었다고 생각한다. 또한 이념성 차원에서도 권선징악과 같은 플롯차원이나, 혹은 고전소설의 전형성을 띤 작품들을 추적하여 조선후기에 방점이 찍혀져 있던 것이 주지하는 사실이다. 필자는 '이념'이라는 키워드를 통해 조선중기를 중심으로 이들의 변화 양상을 추적함으로써 그 전형성이 나오기까지의 방법론을 고안하였다. 물론 조선 전기의 이념성에 대해 산발적으로 다룬 단위 논문들도 존재한다. 그러나 문제의식을 다루는 서론에서 이들을 모두 다루다면 자칫 논지의 조잡함을 피하기 어려울 것으로 생각한다. 따라서 서론에서는 기존의 연구 성과들 중 이념성과 관련한 거시적 담론들에 집중하여 이들을 개괄하고 그 방향성을 제시하

첫째, 선행 연구에서는 道(이념)와 文(문학)의 변별적 자질을 통해 그 둘을 대립시키고 있는데, 여기에는 이분법적 체계가 그 사고에 자리하고 있다고 보인다. 물론 도와 문의 교직이라는 점에서 이 둘의 조화를 염두에 두고 있지만, 이 역시 도와 문이라는 강박에서 벗어나 있다고 보기엔 힘들다. 결국 이념성은 언제나 문학성을 방해하는 존재로 그려지고 있는 것이다. 그리고 이러한 접근 방식은 소설에는 반드시 '흥미'가 내재되어 있을 것이라는 전제가 반영되어 있어 문제의 소지가 있다. 이념은 재미를 망치는 요소인 셈이다. 하지만 필자는 다르게 생각한다.

예컨대 〈오륜전전〉의 작가 낙서거사가 당시 국문으로 읽히고 있던 〈五倫全備記〉를 번안했을 때 그가 가장 크게 고려한 점은 흥미성을 중점적으로 둔 것이 아니었다. 오히려 그는 道의 전달을 우선순위에 두고 기존 국문소설에 존재한 통속적인 면을 거세했다. 그래서 오히려 흥미성보다 유교적 이념성이라는 주제 의식을 '어떤 방식으로, 그리고 효율적으로 형상화'하는가 하는 점을 중요시했다. 당대 맥락에서 봤을 때 그들이 느끼는 흥미성이란 부분이 오히려 이념적인 부분에서 나타날 가능성이 농후하다. 다시 말해 현대 연구자의 시각에서 본 흥미성과 당대 지식인들이 느낀 흥미성은 그 개념적 차이성이 짙다고 하겠다. 그러므로 이런 예시를 통해 볼 수 있듯 文이 흥미를 담보하고 있다는 전제는 조금 유보되어야 할 것이다.

따라서 이와 변별적인 시각이 필요하다고 판단된다. 이에 조현우[24]는 道와 文이 이분법적인 대립 관계가 아니라 애초부터 文이 표현의 수단으

는 것이 낫다고 판단했다. 이에 이념성에 대한 개별 작품 연구사 검토는 작품 분석을 시작하기 전에 더 세부적으로 하는 것으로 미루도록 하겠다.

24) 조현우, 「'文以載道'의 매체론적 이해」, 『동양한문학연구』 25, 동양한문학회, 2007, 353~374면.

로써 능동적으로 움직이고 있었으며, 따라서 어떤 내용이 담겨 있는가(載道)가 중요하지 않고 오히려 내용을 담기 위해 어떤 방법, 즉 매체를 택했는가(文以)를 중점적으로 봐야 한다고 역설한다. 요컨대 "道는 그 자체로 전달되는 것이 아니라 어떤 '매체'를 통해서만 형상화"[25]된다는 점이 중요하다는 것이다. 필자 역시 이러한 주장에 동의하는 바이며, 이를 토대로 논의를 전개해보도록 하겠다.

결국 소설 속에서 어떤 부분이 흥미로운 부분인지를 도출하는 작업에 방점을 찍기보다는 작가가 이념을 어떤 방식으로 전달하려고 노력했는지를 탐구하는 것이 중요해 보인다. 이를 통해 문과 도의 이분법적 강박에서 벗어나 이념성 내에서 소설의 새로운 측면을 바라볼 수 있는 단서를 제공할 수 있으리라 본다. 그리고 이로써 이념성은 문학성을 해치거나 방해하는 존재가 아닌, 언제나 공존해온 것으로 바라볼 수 있다. 이에 첫 번째 질문을 제기해 볼 수 있을 것이다. 이념성은 과연 문학성을 해치는 개념인가? 이념성이 흥미를 일으킬 수 있는 요소는 없는 것인가?

둘째, 재래의 연구에서는 고전소설의 이념성에 대해 '유교적 사상이 드러난 것' 정도의 피상적인 개념을 사용했던 것으로 보인다. 주지하듯 이것은 후대의 권선징악이나 복선화음 등과 연관해서 이것을 정의했던 것인데, 유교적 이념을 신봉하면 선으로 그려지고 보답을 받으며, 그것에 저항하면 악으로 그려지고 징치를 받는다는 것에서 기인한다. 물론 이러한 선행연구의 이념에 대한 정의는 잘못된 것이라고 볼 수 없다. 다만 이것을 다루는 근거에는 의문을 제기할 수밖에 없는 것이 필자의 견해이다. 다시 말해 이념성이 유교적인 사상이 드러난 것이라고 정의할 때 주인공의 행위에는 정확히 어떤 유교적 사상이 드러난 것인지를 조금

25) 위의 논문, 370면.

더 명시적인 근거를 토대로 이를 규명해야 할 것이다.

예를 들면 〈남염부주지〉와 〈오륜전전〉에 나타나는 유교적인 사상은 무엇인가? 이 둘은 동질적인 것인가? 라는 의문을 던졌을 때 재래의 연구에서는 이것에 대해 '이념성'이라는 단어로 치부하고 그 실질적 답을 주지 못한 것 같다. 분명 〈남염부주지〉에 드러나는 이념성과 〈오륜전전〉의 것은 변별적 자질을 갖추고 있어 보인다. 요컨대 전자가 유교적 철학이나 사상을 드러내는 작품이라면 후자는 유교적 가치나 실천과 같은, 즉 삼강오륜의 이념에 가까운 이념성이라고 하겠다. 따라서 지금까지의 연구들이 散在한 이념성을 한곳에 모아두고 처리했다고 필자는 생각한다. 이에 두 번째 문제를 제기할 수 있겠다. 고전소설을 다루면서 우리는 이념성이라는 것을 피상적으로 다루지는 않았는가? 이들을 나눌 수 있는 변별적 자질은 무엇인가? 혹은 후대에 나타난 이념성과는 어떠한 연관 관계가 있는가?

셋째, 선행 연구에서는 이념성이 드러난 고전소설 작품을 해석하면서 이것을 교화의 산물로 이해하고 있었다는 점이다. 이것은 이념을 지배층의 산물로 보고 그들의 사유를 피지배층에게 파급시키려는 효과로서만 생각했다는 것과 일맥상통한다. 그러나 조선중기에 출현한 소설들에 대해 교화서의 일종이거나 혹은 이념성이 과도하게 투여되어 문학성이 거세되었다고 치부해버리기엔 조금 과한 점이 있다. 요컨대 권선징악과 복선화음의 구조가 완비하게 된 소설들에는 다만 교화의 차원에서만 창작된 작품들이 아니었다는 것이 필자의 생각이다. 그리고 그것이 출현하기까지에는 다양한 소설적·역사적·문화적 맥락과 부딪히고 나서야 접변한 것으로 이해해야 한다. 따라서 사대부들이 자신들의 사유를 백성들에게 전이하려던 지난한 기한과 노력을 감안해서 함께 보아야 한다는 것이 이 글에서 발견해보고자 하는 부분이다. 그렇다면 세 번째 질문을 시도해봄 직하다. 우리 고전소설의 이념적 전형성이 완비되기까지의 소종래, 즉 조선중기에서의 소설들은 내적·외적으로 어떤 일들이 벌어지고 있었는가? 그리고 이념적 전형성 이전의 형태는 어떤 부뷰에서 다른가? 그리고 어떤 이유로 이러한 형태로 완성되었는가? 이것이 필자가 제기하는 세 번째 문제이다.

위의 문제의식을 바탕으로 논하고자 하는 바를 정리하면 다음과 같다. 교화를 목적으로 둔 실천적 유교이념과 철학을 통해 유교이념의 흥미를 끌어내려는 글쓰기는 분명 서로 다르다. 그러나 이들의 다른 차원의 영역들이 16세기를 지니면서 어떤 방식으로 서로 결합되는가, 그리고 그것이 어떻게 17세기 말의 이념적 전형성을 갖춘 서사로 배태되는가를 밝히는 것이 이 글의 목석이다. 따라서 필자는 계보학적 방법론을 통해 이들의 연관 관계를 살펴볼 예정이다.

위와 같은 관점에서 봤을 때, 방금 제기한 문제들에 대한 답변을 시도해 볼 수 있으리라 본다. 즉 이념성이 문학성과 대비되는 개념이 아니라 언제나 문학 내부에 잠재하고 있었던 것이며 따라서 이념성 자장 내에서 흥미의 요소를 발휘하고 있었다는 점, 그리고 이념성을 분류함으로써 이들의 글쓰기 형태가 우리 고전문학에 다양한 영향력을 행사하고 있었다는 점, 마지막으로 이념적 전형성을 완비하기 전 단계의 소종래를 살펴봄으로써 당시 조선인들이 왜 그런 형태의 이야기를 좋아하게 되었는지를 알 수 있게 해준다는 점 등에 대해 답변할 수 있을 것으로 기대한다. 그리고 이념적 글쓰기 담론과 소설의 변화가 어떤 인과관계에 놓여 있는지를 탐색하는 것, 바로 이것이 이 책에서 최종적으로 수행할 목표라고 정리할 수 있겠다.

2. 연구 대상 및 서술 방향

연구 대상을 확정하기 전 우선적으로 해결해야 할 것은, 소설에 대한 범주를 어디까지 세울 것인가에 대한 문제다. 논의되는 작품들의 경계를 분명하게 인식할 수 있기 때문이다. 주지하듯 '小說'에 대한 개념과 범주를 이론적으로 검토한 연구는 연구 초기부터 꾸준히 제기되어 왔다. 특히 이들 연구자들은 '廣義의 소설'과 '狹義의 소설'로 나누어 그 비중에 따라 소설을 정의했다.[26] 여기에서 광의의 소설은 稗說·稗官·野史·傳奇·雜說 등을 아우르는 넓은 범주를 일컬으며, 협의의 소설은 서구의 근대문학에서 탄생한 소설(novel)과의 친연성 속에서 일정 정도의 허구성을 갖춘 양식을 의미한다.[27]

이 글이 정의하는 소설은 좁은 의미에서의 소설에 近似하다. 다만 그

---

26) 대표적인 논의로는 다음과 같다. 최철, 「조선시대 소설의 범주에 관한 연구」, 『민족문화연구』 9, 고려대학교 민족문화연구소, 1975; 최웅, 「소설이란 용어의 개념에 대하여」, 『관악어문연구』 4, 서울대학교 국어국문학과, 1979; 조동일, 『한국소설의 이론』, 지식산업사, 1981.

27) 광의의 소설은 동양 문화권에서 본래 사용되었던 '小說'에서 기인한 바가 크다. 특히 동양 문화권에서 소설은 대체로 문인들이 형식에 맞춰 쓴 經史子集의 규범적 글쓰기와 달리 그러한 형식에 포섭될 수 없는 이야기체를 모두 소설이라고 보았다. 이러한 이유에서 동양권의 소설은 그 개념이 넓을 수밖에 없던 것이다. 그리고 이것은 지금에서 말하는 서사(narrative)에 가까운 면모가 있다. 따라서 탐색하고자 하는 대상 중 『소학』의 일화들이나 15세기의 〈육신전〉의 경우는 서사에 가깝다고 할 수 있다. 그러나 『소학』의 경우 조선시기 소설기법에 영향을 준 면모를 살펴보려고 하는 것일 뿐 그들 작품 하나하나를 모두 분석하는 것은 아니다. 따라서 『소학』은 전제에 해당되으로 소설이라는 범주와 무관하다. 〈육신전〉의 경우 소설로 보고자 하는 까닭은 작가의 문식성과 창작의도가 강하게 투영되어 있다고 보았기 때문이다. 물론 〈육신전〉을 '보고들은' 이야기로 작가인 남효온이 그대로 옮겨적을 가능성이 존재하지만, 그럼에도 후술할 내용을 보면 알 수 있듯 〈육신전〉은 뚜렷한 작가의 목적의식 아래에 창작된 허구의 이야기이다. 따라서 〈육신전〉은 협의의 소설 아래에 포괄할 수 있다.

소설은 서구 소설(novel)과의 친연성에 중점을 두기보다는 '작가의 의도성과 문식성이 발휘된 허구적 서사체'로 보고자 한다. 작가의 의도성과 문식성이란 작가가 사회적 존재이면서도 그것과 독립된 개성적인 존재로 어떤 주제를 구현·재현하기 위해 객관화(거리두기)하는 작업을 말한다.[28] 이렇게 정의할 때 '보고 들은 내용을 기록'하는 필기나 잡록류의 서사체들은 대부분 소설의 범위에 포함되지 않는다. 하지만 〈육신전〉의 경우는 조금 다르다. 이것은 남효온이라는 작자가 비록 사육신에 대한 이야기를 보고 듣고 기록했더라도 작자의 정치적·이념적 의도를 투영해 만들었기 때문에 소설의 범주에 들어올 수 있다. 이처럼 비록 필기·잡록류에 해당되더라도 이야기의 재료를 허구적으로 재구성하고 가공한 것들은 소설 창조 행위와 밀접하게 연관되어 있다.

앞서 소설에 대한 정의와 범주를 확인했다면 여기에 속한 작품들 중 이념성을 담아낸 소설을 찾아보도록 하겠다. 그럼으로써 필자가 탐색하려는 범위가 좁혀질 것으로 판단된다. 이를 위해선 추적하려는 이념적 전형성이 완비된 작품, 즉 〈사씨남정기〉와 〈창선감의록〉에 나타난 이념성과 관련한 작품들이 그것이다.[29] 이들을 기점으로 그 이전 시기에, 이

---

28) 이때 작가는 사회에서 합의된 언어를 활용해 당시 맥락 내에서 텍스트를 창출하게 된다. 따라서 작가는 개인적으로는 주체이면서 동시에 사회적으로 합의된 언어 범위를 사용하는 한편, 다시 그것을 전복하려는 노력을 경주하는 자이기도 하다. 또한 소설의 작가는 스토리(이야기)에 종속되지 않고 스토리 실현의 차원을 넘어선 자신만의 사상, 신념, 의도 등을 의도적으로 개입시킨다. 그래서 스토리를 중시하는 설화와 스토리가 아닌 플롯을 중시하는 소설은 질적으로 다르다. 대부분의 필기·잡록류의 이야기들은 이처럼 스토리를 중시한 것들이다.

29) 〈사씨남정기〉와 〈창선감의록〉이 후대 소설의 모태가 되었다는 논의는 많다. 특히 이들 작품군을 초기 가정소설로 보고 그 변모 양상이나 후대 장편소설과의 연관성을 밝힌 연구들이 대부분이다. 따라서 본고에서는 위의 선행 연구들의 성과를 인정하는 가운데 이들 작품이 후대에 영향을 준 이념적 전형성을 갖춘 소설로 전제하도록 하겠다. 대표적인 연구를 소개하면 다음과 같다. 이원수, 「가정소설 작품세계의 시대적

념성이 드러난 작품들과 혹은 다루지 못할 작품들에 대해 간추릴 필요가 있다고 판단된다. 기실 조선중기에도 이러한 이념성이 담긴 작품들이 산재하고 있다.

하나씩 보도록 하자. '윤리소설' 혹은 '도덕소설'의 개념 아래에 그 인물을 탐색한다고 하면, 오륜을 기반으로 한 이념 소설만을 한정해서 볼 수밖에 없을 것이다. 물론 〈사씨남정기〉나 〈창성감의록〉을 윤리소설 혹은 도덕소설의 범주로 묶어 보는 경우도 있지만[30) 이것은 17세기 말에서의 작품들에서나 통용될 개념이고 조선중기의 작품까지 포섭하기는 힘들 것으로 보인다.

예컨대 〈육신전〉과 같은 작품은 분명 忠이라는 이념을 담아내고 있는데, 이 작품을 윤리소설이나 도덕소설로 치부해버릴 수는 없을 것이다. 그리고 이 작품에 나타난 정치적 배경과 인물을 그려내는 기법을 감안해 볼 때 도덕적이거나 윤리적인 개념으로는 담아낼 수 없는 면이 적잖이 존재한다. 이것은 〈남염부주지〉를 통해서도 드러난다. 이 작품에서는 一理論을 중심으로 유교적 사상과 철학을 중요하게 담아내고 있지만 결코 윤리적이거나 도덕적인 모습으로 나타나고 있지는 않아 보인다. 따라서 윤리소설이나 도덕소설은 후대의 고전소설에서 드러나는 양상일 뿐이지 조선중기의 소설들을 묶을 수 있는 개념이 아니라는 것을 알 수 있다.

한편 주제 혹은 구조론과 결부시켜 '권선징악'이나 '복선화음'이 담긴

변모」, 경북대학교 박사학위논문, 1991; 진경환, 「〈창선감의록〉의 작품구조와 소설사적 위상」, 고려대학교 박사학위논문, 1992; 이순우, 「초기 가문소설에 나타난 夫研究」, 이화여자대학교 박사학위논문, 1997.

30) 임형택, 「17세기 규방소설의 성립과 〈창선감의록〉」, 『동방학지』 57, 연세대학교 국학연구원, 1988.

소설을 추적한다면, 이것 역시 조선중기를 포괄할 수 없는 개념이라 하겠다. 권선징악이 선인과 악인의 대결 구도 속에서 선인이 승리하고 악인이 패배하는 이야기라고 정의할 때 권선징악이나 복선화음이 등장하기 위해선 적어도 악인이 등장해야 하는 바이다. 그런데 악인의 등장은 적어도 17세기 전반의 〈雲英傳〉의 特이나[31] 〈柳淵傳〉의 白氏의 경우를 들 수 있으니[32] 이 역시 그 이전의 작품들과는 거리가 멀다.

혹은 조현우와 같이 권선징악 플롯이 초기소설사인 15세기부터 내재하고 있었다고 보는 입장을 인정하더라도[33] 그가 말하는 '세계의 폭력'(예를 들면 『금오신화』의 비극)이나 '불선'(예를 들면 〈천군전〉의 懈와 傲)한 인물들을 과연 악이라고 상정할 수 있을지는 의문이다. 이 역시 권선징악 플롯을 추적함에 있어 적확한 지적을 했지만, 그럼에도 복선화음까지 끌어들이기엔 부족하다. 『금오신화』에는 주인공과 세계의 긴장이 드러나지만 주인공의 행복이나 악인의 징치와 같은 것은 존재하지 않기 때문이다. 즉 복선화음이 문면에 강하게 드러나진 않는다는 점에서 후대의 가정소설과 연관성이 크지 않다고 보인다.

이 밖에 16세기 소설에 나타난 '행복한 결말'의 출현을 17세기와 연결시킨 이종필의 논의도 있다.[34] 그에 따르면 〈하생기우전〉이나 〈오륜전전〉, 〈천군전〉에 드러난 이념성이 교화의 기능을 발휘함으로써 행복한

---

31) 이상구, 「〈운영전〉의 갈등양상과 작가의식」, 『고소설연구』 5, 한국고소설학회, 1998; 정환국, 「17세기 애정류 한문소설 연구」, 성균관대학교 박사학위논문, 2000; 정환국, 「17세기 소설에서 '악인'의 등장과 대결구도」, 『한문학보』 18, 우리한문학회, 2008; 백지민, 「〈운영전〉의 악인 형상과 그 의미」, 『어문론집』 69, 중앙어문학회, 2017.

32) 신해진, 「〈유연전〉의 악인 형상과 그 행방」, 『어문연구』 54, 어문연구학회, 2007.

33) 조현우, 「고소설의 악과 악인 형상에 대한 문화사적 접근-영웅소설을 중심으로」, 『우리말 글』 41, 우리말글학회, 2007.

34) 이종필, 「행복한 결말의 출현과 17세기 소설사 전환의 일 양상」, 『고전과 해석』 10, 고전문학한문학연구학회, 2011.

결말이 소설사에 등장하게 되었다는 주장이다. 그러나 이 역시 구조적 차원에서 접근한 연구로 볼 수 있다. 즉 행복한 결말의 출현이 이념성이 완비된 작품에서 중요한 부분을 차지하기는 한다. 하지만 그것이 이념성에 의한 배태로 보기에는 한계가 있다. 다시 말해 행복한 결말이 이념성의 중핵을 이루고 있지 않다는 것이다. 후술할 부분에서 나오겠지만 이념성을 뚜렷하게 투영시킨 교화서나 『소학』에서도 비극적인 결말이 얼마든지 담겨질 수 있기 때문이다. 물론 소설적 플롯과 섞이면서 그러한 결말이 나타날 수 있다고 주장할 수 있겠다. 하지만 이것은 이념적 측면에 의해 나타난 것보단 소설의 흥미성과 통속적 측면에 기인한 것이 더 강하게 작용한다고 생각한다. 따라서 이 글이 논의하고자 하는 이념성의 측면에서는 그 결이 맞지 않다고 판단된다.

그렇다면 결국 다시 이념성에 대한 문제로 회귀할 수밖에 없다. 그래서 조선중기에 나타난 이념성을 찾기 위해서는 이념적 전형성을 갖춘 소설인 〈사씨남정기〉와 〈창선감의록〉으로부터 소급해서 따져보아야 한다고 판단했다. 즉 이들 작품들에서 주요하게 다루는 이념성이란 무엇인가 하는 문제다. 이에 작품 속 인물들의 줄거리를 간략히 살펴보면서 이념성의 정의와 작품 대상 선정을 구체적으로 가져가보도록 하겠다.

〈사씨남정기〉와 〈창선감의록〉의 이념성을 구성하는 축은 두 가지로 귀결된다. 하나는 孝悌忠烈의 실천적 유교적 이념이 잘 드러난다는 점이다. 이들 작품에서 주인공들은 언제나 이념적인 행동을 몸소 실천하는 자들이다. 사씨의 경우 婦德을 체화한 면모로 나타나며 화진은 효자이자 우애의 화신으로 순임금에 비교되기도 한다.[35] 그리고 이들은 그들의

35) 사씨 역시 황릉묘의 꿈속에서 아황과 여영을 만나고 이들에게서 사씨가 훗날 자신들과 같은 자리에 올라설 것이라는 이야기를 듣는다는 점에서 사씨는 이념의 화신으로 그려내고 있다는 것을 알 수 있다. 이러한 양상은 화진의 이념화 양상과 궤를 함께

순수한 이념성을 바탕으로 주변인물을 감화시켜 나가는 모습을 취한다. 이처럼 이들 작품은 주인공의 이념적 행동을 중심으로 서사를 구성하고 있다.

이것은 소재차원에서의 접근이라고도 할 수 있다. 그래서 이것은 앞서 언급한 윤리소설 내지 도덕소설로 보는 관점의 범주에 속하는 것이기도 하다. 따라서 이들 범주에서의 이념성은 주인공이 완벽하게 이념을 체화한 형태로 등장한다. 작품 속 주인공들의 행위가 효제충열의 유교적 이념 행위와 밀접하게 연관되어 있는 것이라고 할 수 있다.

이러한 행위가 잘 드러난 작품을 전대에서 찾아보기란 생각보다 쉽지 않다. 15세기 작품들의 면모를 보면 주로 전기 장르 일변도로 구성되어 있음을 알 수 있다. 특히『금오신화』내에는 사씨나 화진과 같은 속성을 지닌 주인공이 존재하지 않는다. 간혹 의리와 같은 유교이념을 말하는 주인공이 발견되더라도 그것은 단발성에 그치며 주인공의 유교이념 수행을 통해 상대를 감화시키려는 구조는 발견되지 않는다.

이를 필기류의 다양한 이야기들로 확장시킬 때도 15세기에는 실천적 유교이념을 수행하는 주인공을 발견하기 어렵다. 이런 점에서 남효온이 지은 〈육신전〉은 의미가 있다. 그는 정치적 대립이 심화되어가는 도중 死六臣이라는 전대의 충신을 소환해 이념을 수행하는 그들의 모습을 그려내었다는 점에서 그렇다. 요컨대 사림 세력의 이념적 서사화의 첫 작품이 〈육신전〉이라고 하겠다. 이 글은 〈육신전〉을 그 대상 작품으로 선정하기로 한다.

中宗(1488~1544, r.1506~1544)이 반정을 통해 집권하고 사림파가 중앙 권력에 대두되기 시작한 16세기부터는 분명 이런 소재적 차원의 실천적

한다고 보인다.

유교이념 서사가 많이 생산된다. 그것은 金安老(1481~1537)의 『龍泉談寂記』를 통해서도 드러나는데,[36] 여기에 수록된 이야기들은 주로 성종에서 중종대를 시대적 배경으로 하고 있다.[37] 특히 32번째 權達手(1469~1504)에 대한 이야기는 燕山君(1476~1506) 시절 권달수가 절개와 의리라는 유교적 이념을 수행하고 있음을 구체적으로 묘사하고 있다. 하지만 이와 같은 이야기는 앞서의 〈육신전〉에 포섭되는 형태이기에 그 대표성에서 부족한 점이 있고, 또한 김안로가 이 이야기에 어느 정도 허구적 상상을 첨가했을 것이지만 자신이 직접 경험한 바를 토대로 작성되었다는 점에서 實記에 가까워 보인다.[38] 따라서 비록 이 작품에서 효제충열을 수행

---

36) 『용천담적기』에 대한 선행연구는 다음과 같다. 서인덕, 「'龍泉談寂記' 硏究」, 영남대학교 석사학위논문, 1994; 이경우, 「「龍泉談寂記」와 「稗官雜記」의 비교 고찰」, 『인문과학연구』 8, 서원대학교 인문과학연구소, 1999; 현혜경, 「16세기 雜錄 연구:「陰崖日記」·「龍泉談寂記」·「遣閑雜錄」을 대상으로」, 『한국고전연구』 6, 한국고전연구학회, 2000; 윤정희, 「『龍泉談寂記』 硏究」, 동아대학교 석사학위논문, 2001; 장영희, 「16세기 筆記의 一考察 : 『己卯錄』과 『龍泉談寂記』」, 『민족문학사연구』 26, 민족문학사학회, 2004; 권종화, 「龍泉談寂記 硏究」, 단국대학교 석사학위논문, 2009.

한편 『용천담적기』에 나타난 '神異性'에 주목하여 그 의미를 밝힌 연구도 개진된 바 있다. 소인호, 「저승체험담의 서사문학적 전개: 초기소설과의 관련 양상을 중심으로」, 『우리문학연구』 27, 우리문학회, 2009; 강상순, 「조선 전기 귀신 이야기에 잠복된 사회적 적대」, 『민족문화연구』 56, 고려대학교 민족문화연구원, 2012.

37) 김안로가 사림이었기 때문에 이런 실천적 유교이념에 대한 서사를 창작했다고 이해하는 것은 잘못된 이해이다. 김안로의 학적 지향이 무엇인지는 아직도 혼재되어 있다. 다만 필자가 판단하기에, 16세기로 들어오면서 문화적으로 유교이념에 대한 지향이 저변에 확산되어 이러한 결과를 낳았다고 본다. 김안로의 성향에 대해 그를 '훈구파'로 보는 관점은 권종화(위의 논문), 김덕수(「『희락당고』 소재 한시 주석 연구」, 『장서각』 33, 한국학중앙연구원, 2015) 등이 있고, '사림파'로 보는 관점은 현혜경(위의 논문), 장영희(위의 논문), 강상순(위의 논문) 등이 있다. 이와 다르게 그의 성향을 훈구와 사림으로 구분할 수 없다는 김범(『사화와 반정의 시대』, 역사비평사, 2007)과 차주영(「집권세력의 갈등을 통해 본 중종대의 정치구조: 金安老의 권력 강화과정을 중심으로」, 『백산학보』 79, 백산학회, 2008)의 연구 역시 제출된 상황이다.

38) 「용천담적기서」에 따르면 김안로는 친구들이나 자신이 경험한 바를 기억하여 적어내

하는 이념적 주인공이 등장한다고 할지라도 글에서 다루기 어려운 부분이 있다. 이러한 점은 여타의 실기류 작품에서도 공통된 사항이다.[39]

그러나 실기류의 서사가 제외되었다는 것이 중요한 것은 아니다. 오히려 16세기 작품부터 주인공의 실천적 유교이념을 형상화하는 서사가 많아지고 있다는 측면에 주목해야 할 것이다. 이런 움직임은 16세기에 들어와 한 명의 주인공을 중심으로 여러 이념적 행위를 수행하는 주인공을 서사화하려는 단초를 제공하였다. 이는 洛西居士가 번안한 〈오륜전전〉의 출현에서 짐작할 수 있다. 〈오륜전전〉에는 주인공 오륜전을 중심으로 孝悌忠烈을 순차적으로 서사화하기에 15세기의 서사와 다른 이념성을 담아내고 있다. 그리고 이러한 주인공의 출현은 후대의 사씨와 화

었다고 하였고 권달수 이야기는 김안로 자신이 직접 그의 죽음을 목격하였음을 증언하고 있다.

金安老, 『希樂堂稿』, 「龍泉談寂記序」. "無所用心, 君子所病, 百疾之人, 精神疲耗, 披賢聖書, 讀不過數行下, 憒憒然心昏字訛, 靑朱變見, 輒不竟紙而輟. 永夜長晝, 無以遣隋, 則時頗省記平昔所得朋儕中語, 信筆裒錄, 以當交遊談謔. 且有新獲, 隨補其尾, 用爲撥悶慰寂之助, 雖不可以用心云爾, 不猶愈於博奕晝寢者乎? … 或曰, 「稗官小說, 亦足資辯博而綴遺缺, 職編摩者之所必採, 豈能終祕以自私耶?」 余曰, 「不暇也. 置諸巾笥, 俾吾子孫, 有以知吾今日歷落艱辛之態, 而寓其勖焉則可也已.」"

金安老, 『希樂堂稿』, 「龍泉談寂記」. "權通之名達手. … 供畢顔色不變, 與之酒, 立盡吸, 就刑如平常, 人莫不嘆傷之. 初通之謫在龍宮縣, 被拿而歸也. 歷訣家累于永純里, 余在咸寧村, 挈壺酒往省之, 通之引滿健倒, 執余手曰, 「自昔讒姦慫慂逢惡, 屠害士類者, 寧有終保乎? 我則死矣, 亦當抉眼而觀之矣.」 辭氣慷慨, 因泫然, 傍坐皆泣下霑襟. 通之旣不幸, 其未亡人泣血不食死. 聖朝贈通之爵, 旌烈婦門, 可謂節義成雙者矣. 其聲容意氣, 森爽在日, 思之不覺摧心而傷骨也."

39) 그럼에도 '권달수 이야기'에는 그의 의리가 잘 담겨 있고 그러한 의리에 대한 추모와 이상화를 추동시키는 서사로 진행된다는 점에서 〈육신전〉의 이념화 작업보다 훨씬 진일보된 면모가 있다. 특히 마지막 중종이 집권한 후 그의 관작을 추증하고 그를 따라 죽은 아내 역시 정려를 내렸다는 것, 그리고 김안로가 의리와 절개가 서로 짝을 이루었다는 평가가 드러난다는 점에서 이 시기 이념에 대한 교조화가 서서히 진행되고 있었음을 추론할 수 있겠다.

진의 이념 수행과 맞닿아 있기 때문에 살필 필요가 있다. 이처럼 조선중기에 나타나는 이념성의 한 부분은 주인공이 실천적 유교이념을 수행하는 부분으로 구성되어 있다.

이제 이념성을 구성하는 다른 축을 살펴본 후 이들과 결합되는 작품들을 설명하겠다. 〈사씨남정기〉와 〈창선감의록〉에는 앞서 소개한 이념을 체화한 주인공이 등장하는 한편 주인공의 행위에 감화되어 변화하는 인물도 등장한다. 유연수와 화진, 심씨의 경우가 여기에 해당한다고 할 수 있는데, 이들이 작품에서 차지하는 비중은 결코 주인공에 비해 낮지 않다. 그리고 이들은 고난을 겪고 변화함으로써 주인공보다 더 이념적인 인물로 변화한다는 점에서 그 의미가 크다. 이들을 이념적이라고 보는 이유는 변화를 통해 주인공의 세계에 귀속되어 이념성을 고양시키기 때문이다.

이 변화하는 인물은 대체로 기존에 인식하거나 깨닫지 못했던 것을 체험이나 경험을 통해 그것의 가치를 깨닫고 새로운 인물로 변화한다는 공통점이 있다. 이것을 등장인물의 질적 상승이라고 볼 수도 있겠다. 그래서 이것은 性善說과도 관련이 있지만[40] 넓은 의미에서 문학적 교훈성과도 관련이 깊다. 이것이 성선설과 결합되어 뚜렷한 유교적 이념으로 자리하는 것은 17세기 이후로 판단된다. 그 이전까지는 문학적 교훈 측

40) 맹자에 따르면 인간은 모두 선함을 간직하고 태어나지만 인간의 不善은 타고난 재질이 아니라고 말한다. 그리고 인간 스스로가 이것을 선함을 추구하지 않으면 불선함이 되니 선함을 추구하라고도 말한다. 이것은 아무리 불선한 인물이라도 한 번 선함을 추구하고 깨달으면 선함을 회복할 수 있다는 철학적 유교이념이라 할 수 있다. 따라서 〈사씨남정기〉나 〈창선감의록〉의 변화를 수행하는 인물들은 이러한 유교적 자장에 영향을 받은 것이라 하겠다.

『孟子』, 「告子章句」 上. "孟子曰, 乃若其情, 則可以爲善矣, 乃所謂善也. 若夫爲不善, 非才之罪也. … 仁義禮智, 非由外鑠我也, 我固有之也, 弗思耳矣. 故曰, '求則得之, 舍則失之', 或相倍蓰而無算者, 不能盡其才者也."

면에서 '世敎'에 도움이 되는 것으로 인식하고 있다. 이에 이들 등장인물의 변화를 수행함으로써 독자들에게 교훈을 주는 이야기 역시 이념성의 차원으로 포섭시킬 수 있겠다. 그들의 행위를 통해 올바른 삶의 방향이 무엇인지를 알려주기 때문이다.

하지만 앞서 언급했듯 17세기 이전 악인이 등장하는 작품은 없다고 해도 무방하다. 그렇다면 이러한 변화하는 인물은 어디에서 기인하였는가. 필자는 이것을 조금 넓은 범주에서 살펴보았다. 즉 주인공과 주변인물 모두에게 이러한 변화가 나타난다는 점에 주목한 것이다. 이는 후술될 개별 작품 분석에서 언급하겠지만 16세기를 기점으로 주인공의 변화가 점차 주변인물로 옮겨지는 경향에서 이를 살펴볼 수 있다. 따라서 주인공과 주변인물을 아울러 변화를 수행하는 등장인물이 나타나는 서사에 주목할 필요가 있다.

여기에 해당되는 15세기에서의 작품은 앞서 실천적 유교이념을 수행하는 주인공이 담긴 작품에 비해 많은 편이다. 이는 전기 장르의 오랜 전통에서 유래하였기 때문이다. 전기 장르는 보통 주인공이 신이한 체험을 한 이후 이를 바탕으로 변화하는 경우가 많다. 이런 의미에서 『금오신화』의 작품 중 〈남염부주지〉는 대표적인 경우라 하겠다.[41] 이와 함께 속해있는 〈취유부벽정기〉나 〈용궁부연록〉에서도 물론 이와 같은 주인공의 변화적 면모가 보이지만 〈남염부주지〉에서의 박생의 현실에 대한 문제의식과 그것에 대한 깨달음과 비교했을 때 그 정도가 낮다고 생각한다.[42]

---

41) 이에 대해서 최귀묵은 "「남염부주지」에서 다른 작품에는 잘 보이지 않는 문체적 특징이 발견된다고 한 것은 이 작품이 김시습이 독특한 글쓰기 방법을 구사해서 창작한 작품이라는 점을 반증한다. 이 작품이 김시습의 사상 체계를 집대성해서 보여주고 있다는 점은 누차 지적된 바 있다. 「남염부주지」에는 철학 사상, 글쓰기 이론, 소설이 거의 구분되지 않고 얽혀 있다고 할 수 있다."라고 밝힌 바 있다. 최귀묵, 『김시습의 사상과 글쓰기』, 소명출판, 2001, 28~29면.

이러한 변화하는 등장인물은 16세기에 유교적 이념과 활발하게 접합되면서 탄생한 심성서사 〈천군전〉에서도 그 면모를 살펴볼 수 있다. 여기에서의 주인공 '天君'은 마음을 의인화한 것인데, 그는 서사 내에서 타락과 회복을 수행함으로써 욕망에 대한 경계를 강화하는 모습으로 나타난다. 즉 그의 변화하는 행위가 독자들에게 교훈을 준다는 점에서 주목할 필요가 있다. 이것은 당시 사림들의 철학적 수양론이 반영된 것으로 앞서 언급한 성선설과의 접합 과정을 잘 설명하고 있다. 따라서 〈천군전〉은 16세기를 대표하는 변화하는 이념적 주인공의 사례이기에 논의에 포함하고자 한다.

한편 같은 시기 〈대관재기몽〉(이하 〈기몽〉)의 경우 그 작가이자 주인공인 심의가 문장왕국이라는 공간에서 환상체험을 통해 변화를 수행하고 있기에 대상에 포함시킬 수 있겠다. 다만 여기에서는 주인공의 행위에서 교훈을 얻을 수 있는 이념성의 정도가 낮다. 이것은 2장에서 살펴볼 『태평광기상절』의 역사적 환상체험 서사의 영향으로 보이는데, 작품에서 다루는 낮은 교훈성으로 인해 16세기의 자장에서 배제되어 가는 양상을 그려볼 수 있다. 이것은 추후 몽유록 양식으로의 전이를 통해 새로운 방식으로 이념성을 드러낸다. 이에 〈기몽〉 역시 대상에 포함시키도록 하겠다.

이처럼 16세기는 조선에서 유교적 이념성이 융기되면서 이념성으로 급변하던 시기였다. 이것은 〈육신전〉에서 〈오륜전전〉으로의 전환, 〈남

---

42) 윤채근은 〈취유부벽정기〉로 두고 "이 작품은 평범했던 문사가 초월계의 경험을 통해 지적 성숙을 이루고, 급기야 자신의 범속한 삶을 초극하는 과정을 다룬 성장 소설로서의 성격을 갖는다."고 보았다. 요컨대 〈취유부벽정기〉의 주인공 홍생이 변화는 하지만 현실에 대한 고민이나 문제의식이 낮다고 하겠다. 따라서 비록 변화하는 주인공이 등장하지만 체험을 통한 변화의 강도는 〈남염부주지〉의 박생에 비해 대표성을 갖지 못한다고 보았다. 윤채근, 『소설적 주체, 그 탄생과 전변』, 월인, 1999, 196면.

염부주지〉에서 〈천군전〉으로의 전환을 통해서도 알 수 있다. 그런데 이 시기는 한편으로 각각의 다른 자장에서 배태된 이념적 등장인물을 여러 방식으로 조합시켜보는 문화적 실험 시간이기도 했다. 이것은 조선이 유교사회로 전환하면서 발생한 필연적 인과였다.

그런 의미에서 〈원생몽유록〉의 등장인물들은 중요하다.[43] 이 작품에는 실천적 유교이념을 체화한 인물을 환상의 공간에 소환하면서도 그들을 관찰하면서 변화하는 인물이 동시에 등장한다. 이념성을 담아내려는 새로운 방식의 서술기법이 출현한 것이다. 같은 시기 의인화 서사인 〈花史〉나 〈愁城志〉에도 비슷한 방식이 활용되었지만, 〈원생몽유록〉은 앞서 〈육신전〉의 서사를 활용하여 서사를 이끌어간다는 점과 환상체험 서사가 반영되었다는 점에서 소설사적 맥락을 더 자세히 추적할 수 있으리라 본다.

또한 16세기의 다른 작품 〈최생우진기〉 역시 이러한 면모가 잘 담겨 있다. 이 작품은 신광한의 『기재기이』에 속해 있는데 〈원생몽유록〉의 서술기법과 맞닿아 있다. 이 작품의 주인공은 환상체험 공간에서 이념적 행위를 수행한다. 이는 이전 전기 장르에서 볼 수 없었던 변화하지 않는 주인공의 출현을 알려준다. 그리고 오히려 변화하는 인물은 그의 체험을 듣는 주변인물로 그려진다. 『기재기이』의 다른 작품 〈서재야회록〉이나 〈안빙몽유록〉에서도 주인공이 환상체험을 경험하지만 이것은 전대의 서사관습을 그대로 받아들인 것으로 보인다. 따라서 변곡지점에 있는 〈최생우진기〉를 분석하는 것으로 새로운 서술기법의 출현을 상고해보고자 한다.

43) 이 작품이 지어진 시기에 대해선 작자 문제로 인해 많은 논란이 있다. 필자는 유력한 작가로 추정되는 임제설에 따라 이 작품을 16세기에 만들어진 것으로 보고자 한다. 작자 문제에 대한 연구는 후술할 4장을 참조하길 바란다.

위의 두 작품을 통해 볼 수 있듯 이제 이념적 전형성을 갖춘 작품들의 등장인물의 출현을 알게 해준다. 변하지 않는 순수한 이념으로 무장하고 이를 수행하는 주인공과 그들의 행위를 관찰함으로써 감화되어 변화하는 주변인물의 모습은 16세기의 등장인물의 양상과 흡사하다. 이처럼 16세기는 후대의 고전소설의 전형성을 형성하는 중요한 밑거름이 된 시기라고 정리할 수 있다. 그리고 이것은 당시 주류를 형성했던 사림들의 이념적 이상 지향과 밀접하게 연관되어 있다. 이념적 서사를 창작·독서하는 그들의 모습은 그들이 추구하던 이념적 담론을 강화시킨 것이다. 그래서 傳이나 교화서류에 있던 실천적 유교이념의 서술기법들이 점차 문학의 영역에 있던 부분과 만나게 되는 양상을 발견할 수 있으리라 본다.

그러나 17세기 전란의 발발과 함께 순수한 이념성을 담아내던 서사에 균열이 가기 시작한다. 현실과 이념 사이의 모순이 발생한 것이다. 일방향적인 유교이념 전파로는 당시 사회를 모두 포섭시킬 수 없었다. 그래서 유교이념의 당위성을 보충하고 그 이념의 순수성이 굴절되더라도 목적을 이루기 위해 '환상'을 활용한 것이다. 이것은 16세기부터 형성되어 추구해오던 조선식 유교이념이 17세기로의 이행 과정 중 굴절된 한 양상이라 하겠다. 따라서 17세기 작품들은 전란으로 인한 현실의 불행함을 이겨내기 위해 기능한다. 그런데 이것은 이념적 고양과 정당화가 이전 시기에서 만들어진 것을 토대로 작동하고 있다는 점에서 중요하다.

위와 같은 배경에서 병자호란을 겪은 후 조선의 지배층은 이념적 행위를 수행하다가 죽은 인물에 대한 추모 작업으로 수많은 傳과 錄을 창작하였다. 그 대표적인 경우가 송시열이 지은 〈三學士傳〉이다.[44] 이것은 斥

---

44) 〈삼학사전〉에 대한 의의에 대해선 김일환, 「병자호란 체험의 '再話' 양상과 의미 연구」, 동국대학교 박사학위논문, 2010, 124~137면을 참조하길 바란다.

和를 주장하다가 瀋陽으로 잡혀가 죽은 이들에 대한 기록이다. 여기에는 입전된 이들의 忠義와 절개를 추앙하는 한편 국가를 위한 개인의 희생 문제를 정당화한다. 그래서 국가 내부의 반대세력이나 외부 적과의 대결에서 굽히지 않는 모습을 그려냄으로써 그 이념성을 고양시킨다. 패배에 대한 자책감이나 무기력함을 강조하는 것이 아닌 이것을 벗어나기 위한 정당화가 개입되어 있다는 것이다. 그런데 이 작품은 〈육신전〉의 분위기와 사뭇 다르다. 〈육신전〉은 이념의 수행을 방해하는 국가 권력에 대한 폭로를 기반으로 하고 있지만, 〈삼학사전〉은 폭로는 사라지고 군신간의 의리나 대명 의리 등의 이념을 고양시키기 때문이다. 그리고 이러한 實記類는 비단 송시열뿐 아니라 당시 지배층에서 본인의 가문의 일원이 수행한 이념적 정도를 드러내기 위한 정치적 수단으로도 활용되었다.

이처럼 17세기 무렵에는 문학 공간에서 이념성을 고양시키기 위한 다기한 작업이 나타나게 된다. 〈강도몽유록〉은 이러한 배경에서 파생된 것이라 하겠다. 이 작품은 위의 실기류의 측면에 영향을 받는 한편 환상체험에서의 변화를 다루는 방식이 달라지기에 이 글의 논의 대상으로 삼을 만하다.[45] 즉 이전의 〈원생몽유록〉의 서술기법과 비교하여 이념을 다루는 방식이 어떻게 변화하고 있는지를 측정할 수 있게 된다는 점에서 유용하다는 것이다.

한편 전기소설 〈최척전〉도 여기에 포섭시킬 수 있겠다. 이 작품은 烈을 체하한 옥영이라는 여성 주인공을 통해 전란의 상황을 시사적 환상으

45) 〈삼학사전〉에 나타난 이념성의 경우 〈사씨남정기〉나 〈창선감의록〉의 이념성과 비교해 보았을 때 공통분모가 많다. 그러나 이 경우는 앞서 〈육신전〉이나 〈오륜전전〉과 같은 실천적 유교이념을 고양하는 교화적 서술기법의 한 측면만 해당된다. 따라서 동시기에 창작된 〈강도몽유록〉에 비해 그 대표성의 정도가 낮아 보인다. 〈강도몽유록〉에는 교화적 서술기법의 측면과 반성적 서술기법의 측면 모두를 살펴볼 수 있어서 이 글에서 말하는 이념성 논의에 유리하다.

로 극복한다. 이 소설은 같은 시기 전란을 배경으로 한 전계소설 〈김영철전〉과도 비교해 볼 수 있다. 그러나 〈김영철전〉은 권력이 개인에게 미치는 폭력성에 대해 폭로하는 경향이 강하고 주인공 김영철 역시 이념을 수행하는 면모가 나타나지 않는다. 혹은 동시기 여타 전기소설에서도 애정을 주제로 남녀의 이합을 그릴 뿐 〈최척전〉과 같이 남녀의 사랑을 넘어선 가족의 사랑을 그려내고 있는 경우는 없다. 따라서 〈최척전〉을 살펴볼 때 전기소설 양식의 유교적 이념을 수용하는 양상을 확인할 수 있겠다. 그리고 이를 통해 유교이념이 점차 통속적 경향으로 변화되고 있음을 확인할 수 있겠다.

위를 통해 이 책에서 대상 작품을 선정한 기준을 정리하면 다음과 같다. 첫째, 유교적 이념을 수행하거나 체험을 통한 변화의 교훈을 주는 등장인물이 나타날 것. 이것을 필자는 실천적 유교이념과 철학적 유교이념으로 정의하겠다. 특히 실천적 유교이념에는 효제충열과 같은 소재적 차원이, 철학적 이념에는 변화나 깨달음과 같은 구조적 차원이 자리하고 있어야 한다.[46] 둘째, 작품에 두 이념성 중 하나를 담아내고 있더라도

---

46) 이것은 장효현이 제시한 고소설 형성 모델에 일정 부분 영향 받았다. 그는 소설이 성립하기 전 서사문학의 전통으로 '허구적 서사(fictional narrative)'와 '경험적 서사(empirical narrative)'이 있었으며, 이들 2가지 축이 상호복합적으로 융합되면서 다양한 소설들이 창출되었다고 주장한다. 여기서 허구적 서사에 해당되는 것은 전기와 우언 장르이고 경험적 서사에 해당되는 것은 전과 잡록 장르이다. 필자는 이념의 성질에 따라 구분했기 때문에 장르적 성질에 따라 구분한 이 연구와 다르지만 결과적으로 이 논의에 귀속되는 측면이 있다. 따라서 이 책은 조금 다른 측면에서 이 논의를 심화, 발전시킨 것이라 하겠다. 장효현, 「근대 전환기 고전소설 수용의 역사성」, 『한국고전소설사연구』, 고려대학교출판부, 2002, 555~592면.

한편 이 논의는 서양의 켈로그(Kellogg, Robert L.)나 그의 제자 숄즈(Scholes, Robert E.) 등의 이론적 영향 아래에 있다. 그들은 모든 이야기는 전통적 이야기를 의미하는 미토스(mythos)에 의존한다는 전제 아래에 경험적 서사 유형은 인간의 역사적 충동과 모방적 충동으로 나눠 설명하고, 허구적 서사 유형은 인간의 낭만적 충동과

그것이 부분적인 경우에는 다루지 않도록 하겠다. 예를 들면 앞서 언급한 〈유연전〉과 같은 경우 비록 올바름에 대해서 언급하고는 있지만, 그 초점이 訟事를 통한 거짓과 진실에 맞춰져 있기 때문에 이러한 경우는 제외하도록 하겠다. 셋째, 애정전기소설류는 포함시키지 않았다. 사랑에 대한 이야기는 15~17세기의 소설사를 이해하는 데 중추를 이룬다. 그럼에도 이 글의 논의에 포함시키지 않은 이유는 이것이 이념성과 거리가 멀기 때문이다. 즉 이것이 비록 烈을 그 주제로 담아내고 있지만, 그 열은 유교적 기준에서의 열보다는 욕망의 발현과 가깝다. 따라서 이것은 체제에 대한 전복적 성격이 강하기에 소거되었다.

위의 이념에 대한 정의와 범주를 확인함으로써 이제 필자가 다룰 작품들과 그 서지사항을 제시하면 다음과 같다.[47] 이들 작품은 모두 소설사에서 중요한 위치를 점하고 있다고 평가 받고 있다.[48]

교훈적 충동에 기인하고 있다고 주장한다. 로버트 숄즈 외, 『서사문학의 본질』, 임병권 譯, 예림기획, 2007.

47) 아울러 먼저 밝혀둘 점은 이 연구는 각 작품간 장르적인 영향 관계에 대해서는 다소 간과하였다는 점이다. 이는 고전소설의 이념성을 밝히는 연구 목적을 조금 더 우선순위에 두었기 때문인데 그래서 장르 내부적인 운동을 염두에 두지 못한 한계가 있다. 그러나 '허구적 이야기'라는 거시적 차원에서 접근한다면 이념성과 관련되어 있는 이야기들이 점차 어떤 형태로 변화해 가는지 그 면모를 살펴볼 수 있다. 이런 관점에서 볼 때 이념성의 흐름과 서술기법의 활용이라는 측면에서 이를 살핀다면 각기 다른 장르 또한 연결될 가능성이 충분하다고 본다. 윤재민은 전기소설의 장르적 한계와 극복을 논의하면서, 이에 대해 "전기소설이 자신의 한계를 완전히 극복하면 그것은 더 이상 전기소설이 아닌 것이며, 장편소설 또한 전기소설이 한계를 극복하여 출현한 장르가 아니라 그 나름의 전혀 새로운 장르 규범과 전망을 가지고 출현한 양식인 것이다. 전대의 전기소설이 개발한 다양한 소설적 기법이나 모티프를 장편소설이 어떻게 수용하고 이용하였는가는 다른 차원에서 따져야 할 문제"라고 하였다. 물론 윤재민은 전기소설 내부 장르의 변화에 대해 지적하였지만 마지막의 언급에서 논의의 출발을 삼았다. 요컨대 다른 토양에서 자라난 허구적 갈래들이 이념성이라는 테두리 내에서 서술기법을 어떻게 수용하고 이용되었는지를 밝히는 것이 바로 이 책의 목적이라 하겠다. 윤재민, 「조선 후기 전기소설의 향방」, 『민족문학사연구』 15, 민족문학사학회, 1999, 34면.

1. 〈六臣傳〉『秋江先生文集』卷8, 「續錄○傳」 漢文木版本
2. 〈南炎浮洲志〉 大連圖書館所藏 漢文木版本『金鰲新話』
3. 〈五倫全傳〉 川上宗家 漢文筆寫本
4. 〈天君傳〉『東岡先生文集』卷16, 「雜著」 漢文木版本
5. 〈記夢〉(〈大觀齋記夢〉)『大觀齋亂稿』卷4, 「雜著」漢文木版本 (日本 蓬左文庫)
6. 〈元生夢遊錄〉 淸野謾輯 가·나 漢文筆寫本
7. 〈崔生遇眞記〉 高麗大學校 晩松文庫 漢文木板本『企齋奇異』 (만송 貴 287)
8. 〈江都夢遊錄〉 버클리大 漢文筆寫本
9. 〈崔陟傳〉(『奇遇錄』) 奎章閣 漢文筆寫本 (일사 古813.53-J568c)
10. 〈謝氏南征記〉(〈南廷綺〉) 奎章閣 漢文筆寫本 (가람古 813.53 G422n)
11. 〈倡善感義錄〉 高麗大學校 晩松文庫 漢文筆寫本 (만송 C14 A10D)

1. 〈육신전〉 : 이 작품의 작가는 南孝溫(1454~1492)으로 알려져 있는데 언제 지어졌는지 구체적인 시기는 알 수 없다. 작품의 배경이 되는 단종복위 운동이 세조 2년(1456)인데, 그때 남효온의 나이는 3세밖에 되지 않았다. 다만 그가 소릉복위에 대한 疏를 올렸던 성종 9년(1478) 무렵

---

48) 작품 분석에 앞서 밝혀둘 점은 논의의 대상으로 삼은 작품의 모든 번역은 필자가 원문을 보고 번역서를 참조하여 재번역한 것이다. 그 외의 번역의 경우는 따로 서지 사항을 알리기로 하겠다. 참고한 번역 및 원문의 서지사항은 다음과 같다. 박대현 譯, 『추강집』, 민족문화추진위원회, 2007; 심경호 譯, 『금오신화』, 홍익출판사, 2000; 윤주필 譯, 『윤리의 서사화』, 국학자료원, 2002; 김광수 譯, 『천군소설』(한국고전문학전집 26권), 고려대학교 민족문화연구소, 1996; 한석수 譯, 『몽유소설』, 개신(충북대학교출판부), 2003; 김정녀 譯, 『몽유록: 꿈속 이야기로 되살아난 기억들』, 현암사, 2015; 신호열·임형택 譯, 『백호전집』, 창비, 2014; 박헌순 譯, 『기재기이』, 범우, 2008; 박희병·정길수 譯, 『이상한 나라의 꿈』, 돌베개, 2013; 이상구 譯, 『17세기 애정전기소설』, 월인, 1999; 이래종 譯, 『사씨남정기』, 태학사, 1999; 이래종 譯, 『창선감의록』(한국고전문학전집 32), 고려대학교 민족문화연구원, 2003.

일 것으로 추측하고 있다. 다양한 문헌에 〈육신전〉이 산재되어 있지만 온전히 전해지는 것은 『추강집』(1921년 간행)에 실린 것이다. 『한국문집총간』 16권, 144~148면에 영인된 것을 참조하였다.

2. 〈남염부주지〉 : 이 작품은 金時習(1435~1493)의 저작 『금오신화』의 5개 작품 중 하나이다. 저본으로 택한 판본은 1999년 최용철 교수가 중국 大連 도서관에서 임진왜란 이전의 조선 목판본을 발견한 것이다. 이것이 발견되기 전까지는 일본의 內閣文庫에 소장된 것을 기준으로 하여 연구가 진행되었다. 이것은 1583년에 간행된 『매월당집』보다 앞서 간행된 것으로 판단되며 따라서 가장 先本에 해당되는 것으로 여겨진다. 최용철, 『금오신화의 판본』, 국학자료원, 2003, 66~85면에 영인된 것을 참조하였다. 이상 〈육신전〉과 〈남염부주지〉는 15세기 자료로 조선중기의 이전 양상을 확인하는 전사 단계의 작품이다.

3. 〈오륜전전〉 : 이 작품은 洛西居士가 중국의 희곡 작품 〈오륜전비기〉를 번안하여 재창작한 것이다. 그 시기는 서문에 따라 1531년으로 알려져 있다. 이 판본은 川上宗家本으로 1989년 심경호에 의해 처음 발견되었으며 이외에도 이것을 언해한 〈오륜전비언해〉, 강전섭 소장 한문필사본 〈오륜전형제전〉, 〈오륜전륜비전〉 등이 있다. 이에 善本인 천상종가본을 저본으로 택했고 윤주필, 『윤리의 서사화』, 국학자료원, 380~396면에 영인된 것을 참조하였다.

4. 〈천군전〉 : 작자는 金宇顒(1540~1603)으로 그가 27세인 1566년에 스승인 南冥 曺植(1501~1572)의 〈신명사도〉를 보고 지은 것이다. 본 작품은 『동강선생문집』 권16, 『한국문집총간』 50, 한국고전번역원, 1990, 403~405면에 영인되어 있다. 다른 이본은 존재하지 않는다.

5. 〈기몽〉 : 이 작품은 『대관재난고』 권4, 『한국문집총간』 19, 한국고전번역원, 1988, 183~187면에 영인되어 있다. 이외에 3종의 한문필사

본이 존재하는데 대관재난고본과 비교했을 때 내용상의 차이는 크게 나타나지 않는다. 대관재난고본은 오자와 탈자가 거의 없는 善本이기에 저본으로 삼았다. 창작 시기는 작자 沈義(1475~?)가 55세가 되던 1529년이다. 참고로 『대관재난고』는 작자가 죽은 후 그의 외손 尹大承이 1577년에 간행하였다.

6. 〈원생몽유록〉 : 이 작품은 다양한 이본들이 산재되어 있고 또한 각 이본마다 방점이 찍혀있는 바가 다르기 때문에 반드시 언급해야 한다고 생각한다. 이 글은 16세기에 산생한 〈원생몽유록〉의 의미를 도출하기 위해 후대에 부연된 것으로 보이는 부분을 가능한 배제하도록 하겠다. 따라서 후대에 첨가된 것이 명확한 이본은 배제하였다.[49] 이에 '人'字가 아닌 '賊'字로 되어 있는 이본 "국도관 가본, 임형택본, 정경주본, 국도관 나본, **극수만록본**, 김일성대본, 열조기사본, **청야만집 가본**, **청야만집 나본**, 동양문고 가본, 동양문고 나본, 장서각본, 이가원본, 이대원류본."과 두 번째 '非'字가 아닌 '賊'字로 되어 있는 이본 "국도관 가본, 국도관 나본, **극수만록본**, 김일성대본, 동양문고 나본, 열조기사본, 이가원본, 이대원류본, 임형택본, 장서각본, 정경주본, **청야만집 가본**, **청야만집 나본**." 중 '先本' 계열이라고 평가받는 청야만집 가본(나본)을 1차적인 텍스트로 선정하도록 하고[50] 오탈자의 경우는 극수만록본을 참조하여 바

49) 예컨대 백호집본이나 장릉지본, 추강집본, 관란유고본 등에는 '賊'字를 '人'자나 '非'字로 교정한 흔적이 두 번 보인다. 이것은 尹鑴가 宋時烈의 제언을 그대로 따른바, 이들 이본들은 후대에 만들어진 이본이라는 것을 알 수 있다. 이에 대해선 정출헌, 「〈육신전〉과 〈원생몽유록〉 : 충절의 인물과 기억서사의 정치학」, 『고소설 연구』 33, 한국고소설학회, 2012, 32~37면을 참조하길 바란다.

50) 이에 대해 정출헌은 "많은 연구자들은 이런 형태를 야사·잡록집에 수록되면서 축약된 결과로 추정했다. 하지만 반대로 자세한 인물소개와 복잡한 결말은 뒤에 점차 부연된 것이다. … 선조 말년~광해군 초년의 〈원생몽유록〉에는 뒷부분의 해월거사, 매월거사 등 너절하게 덧붙는 附記가 없다는 부동의 증거이다."(위의 논문, 37면)라고 하였는

로잡아 해석하였다. 이본 텍스트의 정보와 원문에 대해선 『교감본 한국 한문소설2 : 몽유록』(장효현 외, 고려대학교 민족문화연구원, 2007, 44~77면)을 참조하였다. 작자를 확정하지 못한 상태로 창작 시기를 추정하는 것은 무리가 있으나, 작자를 林悌(1549~1587)라고 전제할 때 그 창작 시기는 朴啓賢(1524~1580)과 친분이 두터웠던 1576년 무렵으로 보인다. 박계현은 이 해에 경연석상에서 선조에게 〈육신전〉을 읽어보도록 권했다가 왕의 진노를 샀던 사건이 있었다.[51]

7. 〈최생우진기〉 : 이 작품은 『기재기이』에 실린 4개 작품 중 하나이다. 『기재기이』는 작자 申光漢(1484~1555)이 70세가 되던 1553년에 그의 문인이었던 申濩와 趙完璧에 의해 간행되었다. 이것은 고려대본의 발문에서 알 수 있는 사실이다. 하지만 그 창작 시기는 조금 더 이를 것으로 추정된다. 이에 대해선 두 가지 설이 있는데, 신광한이 기묘사화에 연루되어 원형리에 은거한 기간(1521~1538)으로 보는 경우와 함께 을사사화(1545) 이후에 창작되었다는 설도 제시되었다. 발문에 따르면 당시 『기재기이』를 필사한 사례가 많았다고 하였는데 현전하는 이본은 2종류로 모두 한문필사본이다. 선본으로 판단되는 고려대본을 저본으로 삼았고 박헌순 역, 『기재기이』, 범우, 2008, 부록 49~76면에 영인된

데, 이 논의를 전제에 두고 진행하도록 하겠다. 그리고 각몽 이후 해월거사의 평가가 드러나는 부분은 그 모본이 같을 것으로 추정되는 금수만록본은 참조하도록 하겠다. 첨언하자면 후대에 첨가된 이본들에서는 원자허의 심리나 사건의 정조 구현을 강화한 변모가 있는 반면, 야담이나 잡록 등의 경우는 심리의 상세한 소개나 정조 구현에 큰 관심이 없고 또한 뒷부분의 해월거사의 付記 혹은 평이 빠져있다. 즉 몽유자인 원자허의 체험 후 곧장 작품이 종료된다는 것이다. 물론 필자는 몽유자 원자허의 체험서사가 자세히 드러난 이본을 텍스트로 삼고 싶으나, 앞서 말했듯이 16세기 문화 자장 아래 창작된 〈원생몽유록〉의 의미를 재구하기 위해선 선본 계열인 청야만집본을 피치 못하게 텍스트로 삼을 필요가 있었음을 미리 밝혀두는 바이다.

51) 『선조수정실록』 9년(1576) 6월 1일 두 번째 기사.

것을 참조하였다.

8. 〈강도몽유록〉 : 작자는 미상이다. 저본으로 선정한 버클리대본은 국문소설 〈黃陵夢還記〉의 한문본 이본인 〈船遊問答〉과 합철되어 있다. 김정녀는 기존 4종의 이본에서 2종의 한문본을 더 추가하고 이 중 같은 계열로 판단되는 동양문고본과 동국대 소장본을 번역한 국문필사본 1종(양승민본)을 더 찾아내었다. 그럼에도 버클리대본을 저본으로 삼은 까닭은 이 이본에는 실수로 누락된 부분이 몇 군데 있는데, 이를 다른 이본들에서 참고하여 교정한다면 선본에 적합하다고 판단했기 때문이다. 창작 시기는 대략 1640~1644년 정도로 추정하고 있다.[52]

9. 〈최척전〉 : 이 작품의 작자는 趙緯韓(1567~1649)으로 필사 시기는 1621년으로 알려져 있다. 이중 선본으로 알려진 규장각본을 저본으로 삼았고 김기동 편, 『(筆寫本)古典小說全集』 3, 아세아문화사, 1980, 171~198면에 영인된 것을 참조하였다. 서사 중 결구가 있는 것은 고려대본으로 보충하도록 하겠다.

10. 〈사씨남정기〉 : 이 작품의 작자는 金萬重(1637~1692)으로 처음 그는 국문으로 이 작품을 저술했다. 그러다가 그가 타계한 17년 후인 1709년 그의 종손자 金春澤(1670~1717)이 이것을 漢譯하였는데 필자 역시 김춘택이 한역한 것을 저본으로 삼았다. 물론 원작의 모습에 가까운 국문본을 택하면 좋겠지만, 원본 계열의 국문필사본을 확정하기 어렵고 발견된 국문필사본들의 경우 김춘택의 한역본을 다시 국문으로 옮긴 것이 대부분이다. 혹은 한역본을 국문본으로 옮긴 흔적이 없는 국문필사본인 경우에도 한역본과 비교했을 때 서사 전개의 부분에 있어 큰 차이가 존

---

52) 김정녀, 「몽유록의 공간들과 기억-'역사적 공간'을 배경으로 선택한 작품을 중심으로」, 『우리어문연구』 41, 우리어문학회, 2011, 347~348면.

재한다. 그리고 무엇보다 김춘택이 引辭에서 밝힌 대로 김만중의 국문을 최대한 살려서 번역했다는 점에서 원본에 가까울 것으로 추정된다. 따라서 김춘택의 한역본 중 善本으로 추정되는 규장각본을 저본으로 삼는 것이 그나마 김만중의 원작에 가까운 텍스트가 될 것이라 판단된다. 대상으로 선택한 이본은 규장각본 『南征記』(가람 古 813. 53 G422n)이다. 다른 한문필사 선본으로 연세대학교 도서관 소장 『南征記 白蘋洲重逢記』(고서 811.36 김만중 사-필-가)가 있는데, 이것도 함께 참조하여 저본으로 삼았다. 한편 引辭나 凡例의 경우 남기홍본(정규복, 『김만중문학연구』, 국학자료원, 1993)을 참조했다.

11. 〈창선감의록〉 : 이 작품의 작자는 趙聖期(1638~1689)로 추정하고 있다. 한편 표기문자에 대한 문제도 국문과 한문 중 어느 것이 원작에 가까운 것인지 확정이 나지 않았다. 다만 국문본의 경우 대체로 한문본에 담겨 있는 고사나 성어를 생략하고 있으며 원문을 誤譯한 흔적이 남아 있어 한문본을 저본으로 삼는 것이 합리적이라 생각한다. 수많은 이본 중 고려대학교 만송문고본(만송 C14 A10D)은 이래종에 의해 선본으로 밝혀졌으며 이 책 역시 이를 따르도록 하겠다. 원문의 경우 기준본을 따르되 오탈자나 산삭된 것이 있을 경우 국립도서관 소장 한문필사본(의산 古 4545)를 참조했다.

이 글의 논의 방향과 순서는 다음과 같다. 먼저 조선중기에 소설에 나타난 이념성을 설명하기 위해선 다음과 같은 문제를 해결할 필요가 있다. 그것은 이념성에 대한 정의와 범주가 무엇인지 알아내는 것이다. 이에 1장에서는 이념성에 대한 여러 논쟁들을 소개하고 이념성을 부정적으로 보는 것이 아닌 기능적 차원에서 접근한다는 점을 밝히고자 한다. 이를 통해 실제적 자료로 삼을 텍스트들을 선정할 수 있겠다. 그리고 이것은 1장 2절에서 살펴보았다.

2장에서는 등장인물의 이념성을 그려내는 서술기법을 범주화하기 위한 전제를 찾아보고자 한다. 이에 문화적인 접근에서 『소학』과 『태평광기상절』을 통해 거기에 나타난 서술기법이 이념적인 것과 어떻게 만나고 있는지를 알아볼 것이다. 이에 따라 크게 교화적 서술기법과 반성적 서술기법으로 나눠 그 기능과 효과에 대해 탐구할 예정이다.

3장에서는 2장의 논의를 바탕으로 본격적인 텍스트 분석 작업에 들어갈 것이다. 이에 앞서 전사적 차원에서 15세기의 작품들을 조망할 계획이다. 이 시기는 이념성으로 경도되기 이전인 때로 『소학』과 『태평광기상절』의 서술기법이 조선의 방식으로 새롭게 재창출되고 있음을 살펴볼 수 있을 것이다.

4장에서는 16세기의 작품들을 분석할 것이다. 이에 앞서 1절에서는 이념성의 변곡 지점이 되는 16세기의 역사적 배경에 대해 알아보도록 하겠다. 이에 따라 유교사회로 점차 정착되어 가는 조선의 모습을 그려볼 수 있을 것이다. 또한 유교사회로 정착되면서 성리학 근본주의에 대한 강화와 이에 따른 지식인들의 이분법적 사고방식, 改善에 대한 믿음을 살펴보도록 하겠다. 2절에서는 이전의 논의들과 연결하여 유교사회로 더욱 심화되는 양상을 16세기의 작품들로 그려볼 예정이다.

5장에서는 급격하게 유교적 이념이 심화되어 가던 16세기의 다른 양상을 살펴보고자 한다. 그래서 여기에서는 유교적 이념의 경도와 동시에 새로운 글쓰기 방법을 통해 새로운 등장인물을 모색했다는 점에 주목하겠다. 즉 각자 다른 영역에서의 서술기법이 점차 하나의 작품으로 융합되어 나타나고 있음을 증명하도록 하겠다. 이에 모범을 내세우는 인물과 이를 통해 변화하는 인물이 공존하는 모습을 통해 그 체계와 의미에 대해서 논할 예정이다. 바로 이 지점에서 이념적 전형성을 갖춘 등장인물들이 등장했다고 주장하고자 한다.

6장에서는 17세기의 작품들을 다루면서 변화된 서술기법을 살펴볼 예정이다. 1절에서는 여성인물을 중심으로 그들의 이념성을 폭력적인 서사 방식으로 정당화하고 있음을 밝힐 예정이다. 특히 정당화의 수법은 전쟁의 패배를 치유하기 위해 통속적으로 진행되고 있다고 보인다. 2절에서는 전형성을 완비한 작품들을 통해 지금까지의 논의들을 종합해 고찰할 예정이다. 이로써 새로운 인물형이 출현이 16세기로부터 영향 관계에 있지만 그 자장에서 벗어나고 있음을 증명하도록 하겠다. 이로써 사림들의 이념 담론을 통한 이념화 작업이 완성되면서 동시에 그 순수성이 소멸된 부분을 확인할 수 있을 것이다.

7장에서는 지금까지 논의한 것을 정리하여 이념형 인물의 분열 원인과 소설사적 의미에 대해 그 의의를 살펴볼 것이다. 이를 통해 후의 우리 고전소설의 전형성의 방향과 추이에 대한 어느 정도의 답이 될 것으로 예상한다.

제2장
조선중기 이념성에 대한 담론 지형

이 장에서는 본격적인 작품 분석에 앞서 본 논문에서 선정한 텍스트들을 해석하는 데 활용할 전제들을 제안해보고자 한다. 여기에서 제안하고자 하는 것은 16세기 전후로 나타난 이념적 지형도를 그려보는 것이다. 이렇게 할 때 작품에 알맞은 해석적 틀이 갖춰질 수 있으리라 생각한다. 이에 이념성의 범주를 줄여봄으로써 이와 관련한 중요한 지점들을 지목해서 살펴볼 필요가 있다.[1)]

먼저 본고는 『소학』을 중심으로 당시 이념성을 만들어내는 서사 기법을 살펴보고자 한다. 일단 기법적 측면을 알아보기에 앞서 『소학』의 체제 소개와, 탐색할 범위에 대해 논해보기로 하겠다. 이를 통해 『소학』의 글쓰기가 어떤 이유에서 이념성과 깊은 관련이 있는지 이해할 수 있으리

1) 여기서 말하는 이념성이란 서론에서 언급했던 바이다. 이를 크게 두 가지로 생각해볼 수 있겠다. 하나는 효제충열과 같은 실천적 유교이념을 체화하고 수행하는 것을, 다른 하나는 주인공의 변화를 통해 교훈을 얻는 문학적 흥미성을 이른다. 교훈성을 이념적인 범주에 넣은 까닭은 다음과 같다. 삶을 살아갈 때 우리는 항상 가치관이나 목표를 세운다. 그래서 가치관이 없는 삶은 극단적으로 볼 때 혼란스럽고 죽은 삶이기도 하다. 이념은 바로 이런 부분에서 기능한다. 어떤 삶이 올바른 것인지 인간에게 가치관을 제공해준다는 점에서 그렇다. 따라서 실천적 유교이념은 사회 및 개인에게 올바른 가치관의 기준을 제시함으로써 그것의 체현 및 보급에 힘쓴다. 한편 교훈성은 가치관의 기준을 직접적으로 제시하지 않고 사회 및 개인이 가치관으로 삼을만한 것을 스스로 알아채는 차이가 있다. 이에 대해선 후술할 부분에서 조금 더 탐색해보도록 하겠다.

라 기대한다. 그런 이후에 서사 기법적 측면에서는 『소학』의 「선행」편을 중심으로 글쓰기 양상을 조망하도록 하겠다. 후술하겠지만 「선행」편은 『소학』의 핵심 내용에 대한 구체적 예시를 보여주는 '이야기'들을 뽑아 수록했기 때문에 일종의 '傳'의 역할을 한다. 그리고 당시 수많은 조선 문인들이 『소학』에 나타난 이야기와 인물에 자신의 행위 기준을 맞추고자 노력했다. 따라서 「선행」편의 이야기를 분석하는 일은 조선 문인들의 이념성과 크게 밀접해 있을 것이기 때문에 탐구의 대상으로 삼기에 적합하다.

다음 절에서는 『태평광기상절』을 살펴보도록 한다. 여기에서는 환상체험 서사와 관련하여 이념성을 자아내는 서사 기법을 알아보겠다. 환상체험 서사란 異界나 꿈이라는 환상적 공간에서의 체험을 통해 교훈을 얻는 이야기를 일컫는다. 당시 독자들은 주인공이 환상공간에서 체험한 일을 간접적으로 경험해보면서 서사적 흥미를 얻을 수 있었다. 그런데 이 흥미는 또한 주인공이 환상 공간에서 환상체험을 경험한 후에 변화를 경험한다는 점에서도 독자들은 흥미를 얻을 수 있었다. 그리고 독자들은 그러한 주인공의 변화를 통해 자신의 삶을 다시 돌아볼 수 있는 교훈적 계기로 만들었다. 따라서 이들 이야기에서 공통적으로 추출할 수 있는 부분을 언급함으로써 추후 사상적 차원의 이념적 서사들에게 어떤 영향을 주게 되었는지를 밝힐 수 있으리라 본다.

1. 『小學』의 체제와 이념적 서술기법

이번 절에서는 16세기의 서술기법을 살펴보기 위해 그 이념성의 지형

도를 그려보도록 하겠다. 이를 위해선 반드시 짚고 넘어가야 할 책이 있으니 바로 『소학』이다. 조선 시대를 논할 때 『소학』은 몹시 중요한 텍스트로 지목되는데, 그 이유는 바로 조선 사회에 가장 많은 영향력을 끼쳤기 때문이다. 왕과 왕세자의 講筵 주교재로 빈번하게 사용되기도 하였고, 사대부부터 시골의 서당까지 많은 이들이 이 책을 弱冠 전까지 읽어왔다. 일종의 생활 지침서 역할을 도맡은 것이다.

여기에서는 『소학』의 내용보다는 서술기법 차원에 조금 더 주목하여 그 중요성을 부각시켜 보도록 하겠다. 『소학』에는 송대 이전까지 여러 역사서에 입전되어 있던 인물을 이념적 행위에 따라 분류하여 수록했기 때문에 다양한 시기의 이념적 인물들이 등장한다. 비록 소설의 서술기법과는 거리가 있을지라도 고전소설을 저술한 이들은 어려서부터 『소학』을 읽고 이에 따라 행동하려던 사대부였음을 상기해야 할 것이다. 따라서 이 절에서는 『소학』에 나타난 서술기법을 조망함으로써 교화에 대한 관심이 기법적 차원과 연결되어 있음을 증명해보도록 하겠다. 이를 위해 우선적으로 『소학』의 체제와 조선에서 부상한 역사를 간단히 소개함으로써 『소학』이 왜 타당한 대상이 될 수 있는지 살펴보도록 하겠다.

1) 『소학』의 체제와 범주

먼저 『소학』은 南宋이라는 특수한 환경에서 산생된 텍스트다. 이 당시 宋은 북방의 거란족이 성장하여 遼를 세우고 북경 부근으로 넘어와 호시탐탐 중원을 넘보고 있었기에 대외적으로 화유책을 사용하였다. 이에 송은 결국 1004년부터 요에 매년 막대한 공물을 바치는 것으로 화의를 맺었다. 그런데 송대의 엘리트라고 할 수 있는 '士'의 반응은 우리가 예상했던 것에서 많이 벗어난다. 분개도 했지만 대부분 인정하고 현실을 받아들였다. 즉 천하에 2명의 천자와 2개의 국가를 인정한 셈이다. 이는 매우 현실적인 선택이었다. 왜냐하면 막대한 공물을 넘김으로써 평화를 얻는 방법은 무역을 통해 어느 정도 복구 가능했기 때문에 자존심은 상했지만 피를 흘리지 않고 평화를 지킬 수 있던 방안이었기 때문이다.[2] 그러나 결국 송은 요를 밀어낸 여진족의 金으로 인해 중원을 내주고 장강 이남으로 내려간다. 南宋 시대의 시작이었다.

이런 혼란한 시기에 朱熹(1130~1200)라는 인물이 탄생했던 것이다. 이에 주희는 사대부를 중심으로 정치질서 재편과 지역의 자치적인 자율성 추구에 몰두했다. 그가 이런 운동을 벌인 것은 도덕적 질서 아래 군주 권력을 통제하려는 시도였기 때문이다.[3] 이를 위해 주희는 四書의 체계를 완성시키고 다양한 학술 활동을 수행해 나간다. 그래서 경험주의적이던 원시 유교에서 형이상학적인 유교로의 전환을 이끌어 내었다. 그리고 그의 나이 57세인 1187년에 비로소 『소학』을 출판하게 된다.[4] 그가 『소학』을 편찬한 의도는 보통 8세부터 15세의 어린 아이들이 학문을 시작함에 있어 이들을 위해 추상적이고 형이상학적인 성리학보다는 오히려 구체적이고 즉각적인 실천의 학문이 필요하다고 판단했기 때문이다.

그리고 이것은 당시 주희의 문제의식과 맞닿아 있었다. 『大學章句』를 편찬한 주희는 말년에 『소학』이라는 텍스트가 반드시 필요하게 되었는데, 그 자세한 상황을 유심히 관찰할 필요가 있다. 주희의 이론에 따르면 밖으로는 이치를 깨닫고 안으로는 덕성을 길러 내외합일을 통해 천일합일의 聖人이 되기를 목표로 한다. 그런데 밖은 人慾의 세계이기 때문에 적극적으로 이치를 알아차리기 어렵다. 그래서 먼저 내면을 수양함으로

---

2) 피터 볼, 『역사 속의 성리학』, 김영민 譯, 예문서원, 2010, 29~50면.
3) 윤인숙, 『조선전기 사림과 〈소학〉』, 역사비평사, 2016, 82면.
4) 黃幹 著, 『주희행장』, 강호석 譯, 을유문화사, 1975, 153~154면.

써 본래 하늘에서 부여받은 덕성을 회복해야만 했다. 그래서 『대학』에서는 그 3가지 강령으로 '明明德'과 '新民', 그리고 최종적 단계인 '止於至善'의 경지를 제안한다.[5)]

명명덕은 인욕을 제거함으로써 처음의 품성[復其初]으로 돌아가는 단계다. 신민의 단계는 마음 바깥에 있는 단계로 타인과의 관계 속에서 사회적, 가족적, 정치적 변화를 촉구한다. 다시 말해 명명덕과 신민의 수행 방향은 서로 반대로 향하는 것이다. 『대학』에서 주자는 이것을 이분법적으로 나눈 혐의가 몹시 짙었다. 그래서 『대학』에서 "명덕이 근본이요, 신민이 말단"[6)]이라고 말할 수 있었던 것이다. 그리고 이 3가지 강령은 8조목으로 세분화시킬 수 있다. 명명덕에 해당되는 것은 '格物·致知·誠意·正心·修身'이고, 신민에 해당되는 것은 '齊家·治國·平天下'이다. 그런데 위처럼 이분법적으로 이것을 분류했기 때문에 명명덕과 신민의 연결이 몹시 부자연스럽게 되는 문제가 발생한다. 이것이 바로 주희의 문제의식이었던 것이다.

그래서 주희는 명명덕과 신민의 연결, 더 세부적으로 나누어 8조목으로 본다면 '修身'과 '齊家'의 자연스러운 연결을 위해 『소학』을 편찬하게 된 것이다. 『소학』은 '孝悌忠烈'라는 구체적이고 실증적 예시를 중심으로 그 실천 행위를 나열함으로써 스스로 인욕을 제거할 수 있는 마음 수양과 사회적, 가족적 변화를 요청하는 교화 행위를 동시에 수행할 수 있는 텍스트였다. 그럼으로써 내면세계를 도의 무늬에 맞게 회복할 수 있고[內聖], 나의 주변을 도에 맞게 회복시킬 수 있을 것[外王]을 주희는 희망했다.

---

5) 최진덕, 「주자학적 예치의 이념과 그 현실」, 김상준 외, 『유교의 예치 이념과 조선』, 청계, 2007, 165~216면.

6) 『대학장구』 제1장. "明德爲本, 新民爲末."

이런 지점에서 『소학』은 교화와 실천의 측면이 맞닿아 있는 텍스트라 볼 수 있다. 다시 말해 한편으로는 초학자들에게 행위의 모범적 기준을 제시함으로써 세상을 교화시키려는 의도가 담겨 있고, 다른 한편으로는 초학자들의 실천을 이끌어내어 가치관의 확립을 이끌어내려는 것이었다. 이에 대해선 다음 『소학』의 체제를 살펴보면서 더 언급하도록 하겠다.

『소학』의 기본적인 형태는 選集의 성격을 가졌다는 것이다. 선집이란 기존에 있던 글을 취사선택하여 하나의 책 안에 끌어모으는 것을 말한다. 그래서 『소학』에는 古代의 글부터 漢唐시대의 글까지 다양한 글들이 수록되어 있으며 이 중에서 세교에 도움이 될 이념적 이야기들을 뽑아 각 주제에 맞게 배치하였다. 『소학』의 주제는 크게 立敎·明倫·敬身으로 나눌 수 있는데, 입교는 교육에 대한 전반적인 글들을 배치해 왜 학문을 하는 것인지, 도를 왜 배양해야 하는지에 대해 설명한 글들로 선집되어 있다. 명륜은 인륜에 대한 글들로 구성되어 있으며 학문을 통한 사회적 의무를 배우도록 배치되어 있다. 경신은 스스로의 몸가짐을 통한 자기수양을 목표로 하며 인간관계 속에서 몸을 닦으면 올 수 있는 이점에 대해 논하고 있다. 이처럼 『소학』의 체제는 입교의 교육을 중심으로 명륜에서는 사회관계를, 경신에서는 자기수양에 대해 중점적으로 설명하는 텍스트라고 할 수 있다.

이제 세부적인 체제를 알아보도록 하자. 『소학』은 內篇과 外篇 두 부분으로 나뉜다. 내편에는 「입교」·「명륜」·「경신」·「稽古」가 수록되어 있고, 외편에는 「嘉言」·「善行」이 수록되어 있다. 이 중 내편의 「입교」부터 「경신」까지는 경서에 나타난 사상적 차원에서의 일반론을 설명하는 것에 치중하기에 『소학』의 이론적 근거를 제공하는 역할을 담당한다. 다만 내편 중 「계고」의 경우 내편이지만 고대 선인들의 사례들을 통해 앞선 주제들의 이론을 입증할 예시들로 활용하고 있다.

한편 『소학』의 내편은 대부분 『禮記』·『論語』·『孟子』·『孝經』 등 경서에서 발췌한 것인데 반해, 외편은 王朝史[7]나 『二程全書』·『童蒙訓』·『資治通鑑』·『顔氏家訓』 등 역사서와 가훈서 위주의 발췌를 행하였다.[8] 그런데 여기에서 눈여겨볼 점은 명륜과 관련한 부분은 父子·君臣·夫婦·長幼·朋友와 같은 기초적 유교이념에 집중되어 있었고,[9] 경신과 관련한 부분은 心術이나 儀禮와 관련한 이야기로 채워져 있다는 것이다. 이를 통해서도 명륜의 부분은 기초적인 유교이념 가치를 통해 교화에 대해 관심을 가지고 있고, 경신의 부분은 스스로의 마음 수양에 대해 관심을 두었음을 알 수 있다.

외편의 「가언」이나 「선행」의 경우 내편의 「계고」와 마찬가지로 입교·명륜·경신을 입증할 구체적 사례들을 각각 나열해 놓았다. 다만 이들의 경우에는 고대 선인들이 아닌 漢唐北宋 시기 인물들의 행적을 수록해둠으로써 「계고」와 차이를 두었다. 이처럼 『소학』의 체제를 통해 주희가 과거와 현재를 아울러 놓은 이유를 유추할 수 있다. 다시 말해 주희는 과거와 현재를 조망하고 여기에서 변하지 않을 이념적 이치를 발견하는 것을 『소학』을 통해 입증하려고 한 것이다. 그리고 입교·명륜·경신을 중층적으로 배치한 이유 역시 명륜을 통한 '사회'의 변화와 경신을 통한 '나'의 변화를 이끌어냄으로써 자연스러운 통합을 완성하려던 기획이라고 하겠다. 이러한 점은 앞서 언급했듯이 인간이 하늘의 노와 가까운

---

7) 『漢書』, 『後漢書』, 『晉書』, 『魏書』, 『三國志』, 『南史』, 『舊唐書』, 『新唐書』, 『宋史』.

8) 윤인숙, 앞의 책, 88~89면.

9) M. Theresa Kelleher, *Back to Basic: Chu Hsi Elementary Learning*, Wm. T. do Bary and John Chaffoo eds., *Neo Confucian Education; The Formative Stage, Berkeley*: University of California Press, 1989, p.238, p.240; 윤인숙, 위의 책, 88면 표 잠조.

존재로 회복되길 갈망한 것이기도 했다. 위의 내용을 도식화하면 다음과 같다.

〈표1〉『소학』의 체제

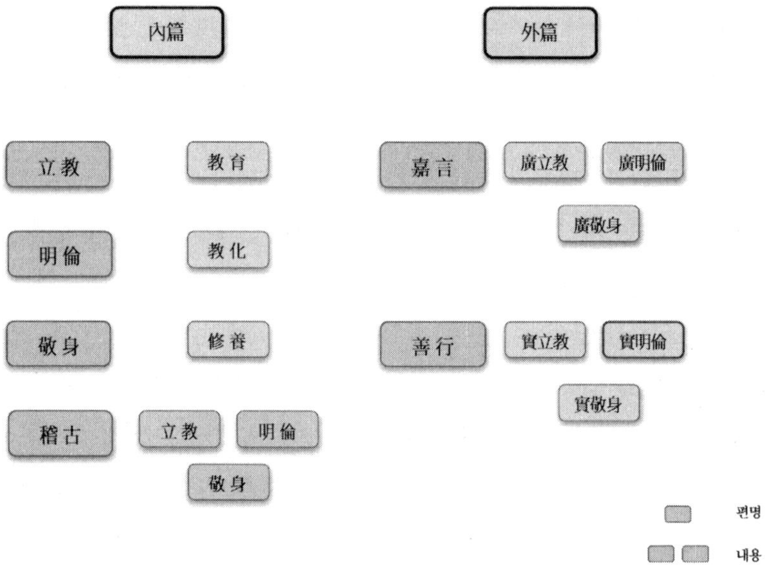

이 중에서 집중적으로 살펴볼 것은 외편의 「선행」에 담긴 명륜과 관련한 이야기들이다. 경신은 그 내용이 빈약하기도 하고 자기수양과는 달리 경계할 부분을 알려주는 것에 지나지 않아 텍스트로 삼기 적합하지 않다.[10] 따라서 명륜과 관련한 구체적 예시들을 살펴봄으로써 그곳에 나

10) 확실히 『소학』이 만들어진 것이 주자가 유학자들로 하여금 '신민'의 단계까지 올라서도록 하기 위해서였음을 상기해 본다면 心術과 관련한 부분은 다른 경서로 보완이 가능했다. 따라서 경신과 관련한 부분은 다른 편에 비해 많이 간소화되었음을 알 수 있다. 이것은 경신 항목이 단 28항목만 선집되었던 것에서도 알 수 있다. 세부적으로 보자면 28항목 중 마음에 대한 경계가 21항목(心術 14항목, 威儀 7항목), 사치에 대한

타난 서술기법들이 무엇인지 밝혀낼 수 있으리라 생각된다. 한편 외편 중 「선행」편은 實例가 '이야기 형식'이기 때문에 등장인물의 이념성을 드러내는 서술기법을 확인하기에 요긴하다. 그리고 이것은 추후 고전소설 인물들의 개성을 구성하고 창출함에 있어 중요한 역할을 했으리라 본다. 이것은 '교화'와 관련하여 이루어진 기법인데 이에 대해선 후술하도록 하겠다. 정리하자면 이번 장에서는 소설의 인물을 구성함에 있어 『소학』의 서술기법이 교화라는 측면에서 어떤 방식으로 작동하고 있는지 알아보는 작업을 수행하고자 한다.

다음은 『소학』의 「선행」편 중 '實明倫'과 관련한 이야기들을 세분해 살펴보고, 이를 통해 우리가 탐구 대상으로 삼은 소설들과의 영향 관계를 따져보도록 하겠다. 실명륜은 사회적 책무나 도덕적 의무를 담은 내용이 수록되어 있기도 하고 『소학』 내에서도 가장 큰 비중을 차지하기도 한다.[11] 「선행」편에 실린 실명륜은 총 45항목인데 이에 대해 주희의 제자인 李方子는 「小學集註 總目」에서 세세하게 세분한 바가 있다.

> 明倫을 실증했으니 모두 45장이다. 이씨[이방자]가 말하였다. "처음 열 장은 부자간의 친함을 실증하였고, 다음 여덟 장은 군신간의 의리를 실증하였고, 다음 다섯 장은 부부간의 분별을 실증하였고, 다음 열 장은 노소간의 차례를 실증하였고, 다음 한 장은 붕우간의 사귐을 실증하였고, 뒤의 열한 장은 명륜을 통론한 뜻을 실증하였다."[12]

警戒가 7항목(衣服 1항목, 飮食 6항목)으로 그 주제를 이루고 있다.

11) 「입교」편 13항목, 「명륜」편 107항목, 「경신」편 45항목으로 「명륜」편이 가장 비중이 큼을 알 수 있다. 윤인숙, 앞의 책, 87면.

12) 『小學集註』, 「總目」. "實明倫, 凡四十五章. 李氏曰 : "首十章, 實父子之親, 次八章, 實君臣之義, 次五章, 實夫婦之別, 次十章, 實長幼之序, 次一章, 實朋友之交, 後十一章, 實通論明倫之義.""

그래서 그 분류에 대해 父子有親을 孝로, 君臣有義를 忠으로, 夫婦有別을 烈로, 長幼有序를 悌로 나누어 보았다. 이외의 朋友有信을 실증한 일화(1항목)이나 명륜을 통론한 부분(11항목)은 살펴본 결과 가족·공동체와 관련한 일화가 대부분이었다. 따라서 이 부분은 다루지 않도록 하겠다. 이에 『소학』「선행」편의 실명륜 중 효제충렬에 해당되는 항목은 孝 10항목, 忠 8항목, 烈 5항목, 悌 11항목으로 정리할 수 있겠다.

위의 분류를 통해 다음을 살펴볼 수 있겠다. 첫째, 『소학』은 孝悌에 대한 관심이 몹시 높았음을 알 수 있다. 효제는 유교 가치의 가장 근본이 되는 이념으로 여겨지는데, 그 이유는 사회라는 바깥 세계에 나가기 전 家라는 공간은 가족 내부에서 먼저 유교적 이념을 선행 학습할 수 있는 기능을 가지기 때문이다. 효는 어버이에 대한 공경과 사랑을, 제는 형제끼리의 우애를 실천하는 것이다. 나와 가장 가까운 사람에 대한 사랑을 먼저 이해해야 비로소 남에 대한 사랑을 실천할 수 있기 때문이다. 그래서 효제는 유교이념에서 가장 중요하다. 주희는 바로 이러한 지점을 잘 알고 있었고 사회로 나갔을 때 중요한 가치인 忠이나 信보다 효와 제를 『소학』「선행」편에 많이 수록해 두었다. 그리고 이를 더 보충하기 위해 家라는 차원을 따로 설정해 두었는데, 家 안에서도 효제와 관련된 家法과 공동체와 관련된 家를 따로 두어 자연스럽게 가정 내부와 사회를 연결시키고자 했다.

둘째, 信이 부재하고 있음을 알 수 있다. 붕우 간의 信義는 사회를 구성함에 있어 몹시 중요한 가치임에도 「선행」편에는 드러나 있지 않다. 다만 『소학』에서는 이 신의를 제나 충이나 절행에 결합시킴으로써 사회에 信義가 恒常하고 있음을 보여준다. 이 까닭은 친구와의 관계가 중요하지 않아서라기보다는 앞서 설명했듯이 가족을 기초로 한 공동체 사회를 만들려는 주희의 편찬 의식과 맞닿아 있어 보인다. 그래서 忠이나

烈에 대한 항목 역시 다른 항목에 비하면 적은 편이다. 이것은 국가의 가치보다는 가족의 가치를 우선했기 때문으로 보인다. 이러한 면모는 부모의 잘못을 따지는 자식의 일화보다 군주의 잘못을 따지는 신하의 일화가 상대적으로 다수를 차지하는 것에서도 이를 알 수 있다.[13)]

2) 明倫에 나타난 敎化的 서술기법

지금까지 『소학』의 체제를 알아보면서 이 텍스트의 체제에 대해 살펴볼 수 있었다. 한편 조선에서는 유교의 기본적 소재를 담은 효제충열의 담론을 중시하게 되었고 따라서 『소학』 역시 부상하게 되었다. 『소학』은 조선사회의 지배계층들이 이것을 이론적 토대로 하여 삶과의 일치를 위한 실전적 텍스트로 삼았다. 따라서 「선행」편 안에 담긴 주인공들의 일화를 보고 자신의 행동 역시 그와 같은 행동을 수행할 수 있도록 노력하고자 했다.

『소학』은 조선 사회의 많은 부분에서 중요한 역할을 차지하고 있었다. 그런데 이 텍스트가 당시 유학자들의 글쓰기에 어떤 영향을 줬을지 궁금하지 않을 수 없다. 이에 여기에서는 먼저 『소학』에 나타난 기법, 특히 실천적 유교이념을 수행하는 인물을 만드는 데 활용한 기법들을 살펴보도록 하겠다. 그래서 각 일화에서 어떤 방식으로 이념성을 형성하고 있는지 그 원리를 재구해보겠다. 한편 앞서 언급했듯이 『소학』의 「선행」편 明倫 내에는 다양한 인물들이 입전되어 있는데, 이들 중 소설과 밀접한 연관을 갖고 있는 서술기법들을 중심으로 살펴보도록 하겠다. 이에 明倫에서는 孝悌忠烈의 소재에 주목하였다. 특히 실천적 유교이념

13) 윤인숙, 앞의 책, 93면.

을 다루고 있는 明倫에서는 등장인물의 행위를 대비적으로 서술하는 대비 효과가 두드러지게 나타나는바, 대비 효과를 분류하고 그 기능에 대해 따져보겠다.

(1) 孝悌에 나타난 서술기법

소설 작품에서 등장인물을 대비적으로 배치해 두는 것은 빈번한 양상이다. 그러나 등장인물의 배치를 이념성을 높이기 위한 수단으로 바라보고 탐색한다면, 그 빈번한 양상 속에서 의미 있는 결론이 도출될 수 있으리라 본다. 그 일환으로 소설 작품 분석에 앞서 『소학』에 나타난 일화들에 나타난 등장인물들의 배치와 행위 양상을 살펴보면서 추후의 소설 작품의 기법과 어떻게 연결될 수 있는지 알아보도록 하겠다. 이에 효제충열을 소재로 삼은 이야기들 속 대비적 서술기법을 순차적으로 알아보고 그곳에 나타난 기능과 의미에 대해 논해보겠다.[14] 먼저 효와 관련된 이야기를 알아보자.[15]

> 王祥은 성품이 효성스러웠는데 일찍 어머니를 여의자 계모 주씨가 자애롭지 않아 자주 왕상을 참소했으니 이 때문에 아버지에게 사랑을 잃었다. 그리하여 매양 소똥을 쓸어 없애게 하면 왕상은 더욱 공손하고 삼갔으며, 부모가 병환이 있으면 옷에 띠를 풀지 않았고 약을 끓일 적에 반드시 직접 맛보았다. 어머니가 한번은 산 물고기를 먹고 싶어했으니 이때 날씨가 추워 얼음이

---

14) 효제충신이 아닌 효제충열을 살펴보는 까닭은 앞선 절에서 언급했듯이 주자는 信은 사회적 범주이지만 가족과 사회 모두가 지켜야 할 질서로 보았다. 따라서 붕우간의 관계를 통해서보단 가족과 임금, 부부간에서 나타나는 신의에 집중하는 것이 이념성에 대한 예시를 제시함에 있어 더 효과적이라고 생각한 것이다. 이에 효제충신이 아닌 효제충열의 소재를 살펴보는 것이 『소학』을 이해하는 데 더 바람직한 것으로 판단했다.

15) 『소학』에 대한 번역은 성백효 譯, 『小學集註』, 전통문화연구회, 2019를 참조하였다. 이하 『소학』에 대한 인용은 위의 서지사항과 동일함으로 생략하기로 한다.

> 얼어있었다. 왕상이 옷을 벗고 장차 얼음을 깨어 물고기를 잡으려 하자 얼음이 갑자기 저절로 녹더니 잉어 두 마리가 뛰어 나와 이를 잡고 돌아왔다. 어머니가 또 참새 구이를 먹고 싶어했으니 또 참새 수십 마리가 그 장막에 날아들어와 다시 어머니에게 공양했다. 이에 향리에서는 놀라고 감탄하여 효성에 감응해 일어난 일이라고 여겼다. 붉은 벚이 열매를 맺자 어머니가 이것을 지키도록 분부했으니 비바람이 불 때마다 왕상은 번번이 나무를 안고 울곤 하였다. 그의 돈독한 효성의 순수하고 지극함이 이와 같았다.[16)]

위의 일화의 주인공은 왕상으로, 유명한 '王祥剖氷' 혹은 '臥氷求鯉'의 고사가 전해진다. 그의 일화를 최초로 전한 책은 『搜神記』로 東晉 시기에 지어진 것인데, 모두 신이한 일들을 담고 있다. 그런데 이후 유학자들은 이 이야기를 효행의 상징적인 이야기로 기억하고자 했다. 그래서 주희는 『소학』에 이 이야기를 넣어두었고, 바로 다음 元代의 郭居敬 역시 『二十四孝』에 이 이야기를 포함시켰다.[17)] 우리 쪽으로 넘어와서는 高麗末의 權堡(?~1418) 역시 『孝行錄』에 이 일화를 넣은 바 있으며, 마침내 조선에 이르러 국가가 『효행록』을 바탕으로 편찬한 『三綱行實圖』에도 이 일화가 수록되었으니 당시엔 꽤나 유명한 이야기였던 셈이다.

왕상은 계모인 주씨를 즐겁게 하기 위해서 맨몸으로 얼음을 녹여 잉어를 잡거나 벚나무의 열매가 떨어지지 않도록 하늘에 기도를 한다. 이

---

16) 『小學集註』, 「善行」, 實明倫. "王祥性孝, 蚤喪親, 繼母朱氏不慈, 數譖之, 由是失愛於父. 每使掃除牛下, 祥愈恭謹. 父母有疾, 衣不解帶, 湯藥必親嘗. 母嘗欲生魚, 時天寒冰凍. 祥解衣, 將剖冰求之, 冰忽自解, 雙鯉躍出. 持之而歸. 母又思黃雀炙, 復有雀數十, 飛入其幕, 復以供母. 鄕里驚嘆, 以爲孝感所致. 有丹柰結實, 母命守之, 每風雨, 祥輒抱樹而泣. 其篤孝純至如此."

17) 『이십사효』는 동아시아 전역에도 전파되었는데, 일본에서는 『本朝孝子傳』, 베트남에서는 『二十四孝演音』의 편찬에 영향준 바 있다. 이에 대해선 최빛나라, 「『이십사효연음』의 체제와 형식」, 『고전문학연구』 56, 한국고전문학회, 2019를 참조하길 바람.

처럼 그의 행동은 주씨가 계모임에도 생모를 대하는 것과 다름없는 효를 수행하는 이념적인 모습으로 나타난다. 그런데 그의 이념성을 부각시키는 것은 아이러니하게도 그의 이념적 행동과 더불어 그가 효를 수행하려는 대상인 계모 주씨의 역할도 크다. 주씨는 왕상의 이념적 모습과 다르게 그를 고통스럽게 만들거나 시련을 발생시키는 역할을 담당한다.

기실 왕상의 시련은 그의 생모가 일찍 죽고 자애롭지 못한 계모 주씨가 어머니의 자리를 차지하고부터 시작된다. 문면에는 나오지 않았으나 아마도 주씨는 왕상의 아버지로부터 총애를 받게 되고 그의 아들 王覽을 낳으면서 왕상에 대한 시기와 질투로 인해 왕상을 괴롭혔으리라 추측된다. 그렇게 왕상은 비록 아버지로부터 사랑을 잃었지만, 매일같이 집안 청소를 도맡아하고 부모 섬김을 더욱 절실히 하였다. 이런 점에서 왕상의 효행은 더욱 빛이 난다. 위기 혹은 어려움 속에서의 이념적 가치의 실천은 더욱 빛을 발하는 법이다. 이야기 속에서 왕상은 이런 상황을 지속적으로 마주하게 된다.

이처럼 계모 주씨는 왕상에게 한겨울에 물고기를 먹고 싶다고 말을 함으로써 그에게 불가능한 상황을 제시한다. 또한 바람이 부는 때 벚나무의 열매를 떨어지지 않도록 시키기도 한다. 이 역시 마찬가지로 불가능한 상황을 생산하는 것과 일맥상통한다. 이러한 까닭에 불가능한 일에 대해서 지시하는 주씨의 행동은 왕상의 이념적 행위와 대비적으로 서술된다. 다시 말해 불가능을 생산하는 주씨와 불가능을 가능으로 만들기 위해 노력하는 왕상의 모습이 대비적으로 서술되었다는 뜻이다.

여기에서 왕상은 선택적 상황에 놓이게 된다. 요컨대 어려운 상황 속에서 효의 가치를 실행함으로써 마음의 행복을 얻을 것인가, 아니면 이념적 가치를 생각하지 않고 육신의 편안함을 추구할 것인가. 일종의 선택의 시뮬레이션을 돌려보는 것인데, 『소학』과 같은 교화를 목적으로

하는 텍스트는 이러한 고민에 큰 관심을 두지 않는다. 오로지 '효행'이라는 가치를 최우선적으로 내세워 다른 논리를 포섭할 뿐이다.

왕상이 한겨울에 옷을 벗고 얼음에 몸을 비벼 구멍을 만드는 행위는 어머니를 즐겁게 해드리는 효의 실천이기도 하지만, 동시에 자칫 자신의 몸을 상하게 만들게 할 가능성도 가지고 있다. 이 때문에 효를 행하려고 불효를 행하는[以孝傷孝] 모순적 상황을 자아내게 한다. 하지만 위의 일화를 통해서 알 수 있듯이 『소학』은 이러한 모순이나 예외적 상황에 대해 고민을 하지 않는다. 오로지 주씨의 행위와의 대비를 통해, 불가능한 상황을 제시하고 효의 이념적 가치의 예시를 재현함으로써 그 선택을 하나로 집중시킨다. 그러므로 『소학』과 같은 교화서에서는 효행의 가치를 절대적이고 모범적이게끔 만드는 것에 모든 우선순위를 둔다고 할 수 있다.[18]

그래서 『소학』에서 이들의 행위를 대비적으로 서술함으로써 얻는 효과는 주씨의 不善을 드러내기보다는 왕상의 효행을 부각시키는 것에 있

18) 이런 예시는 판소리소설 〈심청전〉에서도 찾아볼 수 있다. 아버지 심봉사의 눈을 뜨게 하려고 자신의 몸을 공양하는 심청이의 행위는 마치 왕상의 딜레마와 비슷하다. 〈심청전〉에 나타난 도덕적 딜레마(以孝傷孝)에 대해선 다음의 논의를 참조하길 바란다. 최기숙, 「'효녀 심청'의 서사적 탄생과 도덕적 딜레마」, 『고소설연구』 35, 한국고소설학회, 2013, 73~92면.

최기숙에 따르면 〈심청전〉의 경우에는 남경상인들의 인신매매 행위가 심봉사의 입을 통해 비판되어 무면에 드러나지만, 행위자 자신의 자박적 동기, 서숙자, 주변 인물(이웃, 남경상인)의 동정 등의 서사장치를 통해 심청의 효행이 지지되며, 이로써 도덕적 딜레마를 해결할 수 있다고 주장한다. 이는 『소학』의 부분과 일면 동질적으로 보이지만 중요한 부분에서 차이가 나는데, 『소학』에서는 애초에 도덕적 딜레마에 대해 고려조차 하지 않는다는 점이다. 이처럼 도덕적 딜레마 자체를 생각하지 않는 까닭은 무엇보다 윤리적 당위성이 우선시된 텍스트이기 때문으로 보인다. 〈심청전〉의 경우에는 이러한 딜레마를 해결하기 위해서 각종 장치들을 마련하여 심청의 자살을 합리화하고 문화적으로 합의하는 데 반해, 교화서에는 이런 과정이 생략되어 있고 합리화가 아닌 절대적인 옳음을 보여줄 뿐이다.

다.[19] 즉 불가능하고 어려운 상황에도 그것을 극복하고 수행했다는 것은 왕상의 행동을 기준이자 모범이 되도록 만드는 서술이라 할 수 있다. 이와 관련해 하나 더 지목하자면 왕상은 언제나 '죄인'을 자청한다. 그래서 이념을 수행하는 주인공은 부모의 잘못이 아닌 자신의 효행 부족으로 인해 이런 상황이 만들어졌음을 독자들에게 주입시킨다. 이러한 면모는 17세기 소설 〈창선감의록〉의 주인공 화진의 행위와 매우 유사하다. 화진은 계모 심씨에 대한 원망은 보이지 않고 오로지 자신의 잘못으로 모든 상황을 설명하기 때문이다. 이 역시 위와 마찬가지로 주씨의 면모에는 크게 주목하지 않고 왕상의 효행에 초점을 맞춰 그의 모범적 행위를 부각시킬 뿐이다. 결국 주씨의 부정성은 희석된다. 그래서 인용문 마지막에 서술자의 평가는 주씨에 대해 언급하지 않고 왕상의 효행의 순수하고 지극함만을 부각하는 것이다.

정리하자면 『소학』에 나타난 '효' 일화는 등장인물을 대비적으로 배치시킴으로써 주인공의 이념적 행위를 부각시키고 있다고 하겠다. 즉 주인공은 자발적인 행위를 통해서 효행이라는 것이 무엇인지 그 예시를 직접적으로 보여준다. 그리고 이것은 시련의 상황을 생산하는 인물의 행동과 그것을 넘어서려는 인물의 대비를 통해서 그 이념성이 더욱 선명하게 드러나게 된다고 할 수 있다. 한편 시련의 상황은 주인공에게 선택

---

19) 만약 서술자가 주씨의 불선함을 드러내려고 했다면 주씨의 反윤리적인 부분에 집중하여 서술했을 것이다. 예컨대 〈사씨남정기〉의 교채란의 경우 서술자는 교채란의 행위를 묘사할 때 사정옥에 대한 妬忌와 자신의 아들을 죽이는 悖倫, 가부장 외의 남자와 동침을 하는 不倫 등 다양한 반윤리적 행위에 주목하여 묘사한다. 하지만 『소학』의 경우엔 부모나 등장인물이 비록 不善할지언정 반윤리적인 면모까지는 나타나지 않는다. 이는 『소학』이 악인을 경계하는 관심보다는 선인의 모범적 행위를 선양하는 데 더 관심을 두었기 때문이다. 이처럼 교화서의 경우는 不善이 善에 포섭되어 善을 드러내는 도구로 활용된다. 이에 대해선 이 책의 5장 17세기의 소설에서 더 자세히 다루도록 하겠다.

적 상황을 유발하게 만들지만, '효'의 논리 앞에서는 효행을 제외한 여타 다른 선택이 무화되고, 효의 이념이 절대적인 가치로 인식되게 만들어짐을 살펴볼 수 있었다. 따라서 이 모든 것은 주인공의 행위가 모범적인 것으로 비춰지게 만드는 효과를 만들어낸다.

이것은 薛包의 일화[20]나 王覽의 일화[21]에서도 동일하게 그려진다. 설포는 왕상과 같이 부모에게 학대를 받는 모습으로 나타난다. 그런데 이들의 차이는 표면상 계모에서 아버지로 바뀌었을 뿐 같은 형태를 띠고 있다. 설포의 아버지는 후처를 들인 후 설포를 내보내기 위해 시련의 상황을 조성한다. 이것은 앞서 계모 주씨가 왕상에게 한 행동과 유사하다. 설포의 아버지는 설포에게 매질도 가하고 지속적으로 집에서 내쫓으려 했으나, 설포는 이러한 상황에서 물러나지 않고 아버지를 효도로 섬기는 태도를 취한다는 점에서 그렇다. 그는 또한 집 밖에 여막을 짓고

---

20) 『小學集註』, 「善行」, 實明倫. "薛包는 학문을 좋아하고 행실을 돈독히 하였다. 아버지가 後妻를 맞이하고는 설포를 미워하여, 분가시켜 내보내자, 설포는 밤낮으로 울부짖어 차마 떠나지 못하였다. 몽둥이로 매를 맞음에 이르러서는 부득이 집 밖에 여막을 짓고 살면서, 아침에 들어와 물뿌리고 소제하였는데, 아버지는 노하여 또다시 쫓아내었다. 이에 마을 문에 여막을 짓고서 아침저녁으로 문안드리는 것을 폐하지 않았는데, 1년 남짓 이렇게 하자, 부모는 부끄러워하여 그를 돌아오게 하였다. 뒤에 상을 입어서는 지나치게 슬퍼하였다."(薛包好學篤行, 父娶後妻而憎包, 分出之, 包日夜號泣不能去. 至被毆杖, 不得已廬于舍外, 旦入而灑掃, 父怒又逐之. 乃廬於里門, 晨昏不廢, 積歲餘, 父母慚而還之. 後服喪過哀.)

21) 『小學集註』, 「善行」, 實明倫. "王祥의 아우인 王覽의 어머니 주씨는 왕상을 무도하게 대우했다. 왕람이 나이 두세 살에 왕상이 매를 맞는 것을 보면 그때마다 눈물을 흘리며 안고 붙잡았다. 그리고 열 다섯 즈음이 되어서는 매양 그 어머니에게 간언했으니 그 어머니도 흉학함을 조금 그쳤다. 주씨가 자주 도리가 아닌 것으로 왕상을 부리면 왕람은 왕상과 더불어 함께 하고 또 왕상의 아내를 학대하여 부리면 왕람의 아내 또한 달려가 함께 하니, 주씨가 이를 걱정하여 마침내 왕상 내외에 대한 학대를 그만두었다."(王祥弟覽母朱氏, 遇祥無道. 覽年數歲, 見祥被楚撻, 輒涕泣抱持. 至于成童, 每諫其母, 其母少止凶虐. 朱屢以非理使祥, 覽與祥俱, 又虐使祥妻, 覽妻亦趨而共之, 朱患之, 乃止.)

살다가 이 마저 내쫓김 당하자 마을 문에 여막을 다시 짓는다. 이러한 설포의 행동은 그의 맹신적 효성을 잘 보여주고 있다.

한편 아버지의 비윤리적 모습(부모로서 자식을 사랑하지 않는 모습)은 설포의 복종과 낮춤으로 인해 희석되어 결국 일화의 마지막엔 설포의 행위에 감동받아 아버지가 개과천선하는 모습으로 그려지게 된다. 이 역시 아버지의 뉘우침에 집중하기보다는 설포의 능력, 즉 설포의 이념적 행위에 대한 보상으로 그려짐으로써 효라는 가치의 우선성을 내세우고 있다. 부모가 잘못을 뉘우치는 경우는 왕상의 아우인 王覽의 일화에서도 그려진다. 왕람의 일화는 '悌'의 가치를 드러내기 위한 것인데, 여기에서도 주씨는 왕상을 끊임없이 괴롭히는 역할로 나온다. 그러나 주씨의 친자인 왕람이 자신의 배다른 형제 왕상을 위해 우애의 가치를 수행하자 주씨는 잘못을 인정하고 비로소 개과하게 된다. 이 역시 왕람의 우애 있는 모습을 그려내기 위해 주씨를 대비시켜 활용하고 있다고 할 수 있다.

지금까지 살펴본 결과 『소학』의 효 일화에서는 주인공과 대비되는 행동을 하는 인물이 나타나고 있으며, 이들을 통해서 주인공의 이념적 행동이 더욱 부각되었다. 이와 같은 대비는 효와 관련된 일화뿐만이 아니라 『소학』의 소재 '우애[悌]'와 관련한 일화에서도 동일하게 드러난다.

> 晉나라 咸寧 연간에 크게 역병이 돌았으니 庾袞의 두 형이 모두 죽고 다음 형인 庾毗도 다시 위태하여 병세가 막 성하였다. 부모와 여러 아우들은 모두 밖으로 나가 머물렀으나 유곤은 홀로 남아 떠나지 않았다. 여러 부형들이 떠나가길 강요하자 마침내 말하기를 "저는 마음에 병을 두려워하지 않습니다."라 하고 마침내 친히 스스로 부지하여 밤낮으로 졸지 않고 그 사이에 다시 형들의 관을 어루만지며 슬피 울기를 그치지 않았다. 이와 같이 한지 백여 일만에 병세가 이윽고 차도가 있어 집안사람들이 곧 돌아왔니, 유비의 병도 나아지고 유곤도 또한 병세가 사라졌다. 父老들이 모두 말하였다. "특

> 이하도다. 이 사람이여! 남들이 지키기 못하는 것을 지키며, 남들이 행하지 못하는 것을 실천했으니, 날씨가 추워진 뒤에야 소나무와 잣나무가 늦게 시듦을 아는 것이다. 비로소 전염병도 감염시킬 수 없음을 알겠구나."[22]

위의 사례는 庾袞이 전염병이 도는 상황에서 병에 걸린 차형을 떠나지 않고 간호한 이야기다. 그런데 그가 형을 위해 간호한 행동은 물론 우애의 가치를 드러내주는 역할을 한다. 하지만 그의 행동만으로 모범적이라고 인식하기는 어렵다. 다시 말해 그의 행동이 왜 모범적인지, 왜 행동의 기준이 되어야 하는지는 알려주지 않는다는 것이다. 그래서 『소학』에서는 유곤의 행동과 다르게 행동하는 유곤의 가족들의 행동을 대비시켜 보여준다. 물론 앞서 왕상이나 설포의 이야기처럼 가족이 시련의 상황을 생산하진 않는다.

그러나 시련의 상황이 찾아왔을 때 자신의 생명을 보전하기 위해 도망간 가족의 행동과, 죽음을 무릅쓰고 형을 간호한 유곤의 행동은 분명 대비적이다. 안전을 추구하는 것은 분명 자연스러운 일이며 보통의 사람들이 평범하게 행하는 것이다. 그런데 이념의 가치가 이야기에 개입되는 순간 가족들의 행위는 유곤의 행위보다 낮은 것으로 인식되며 유곤의 행위는 가치 있는 것으로 평가받게 된다. 물론 가족들의 행동에 대한 비난이나 부정성은 보이지 않는다. 하지만 유곤의 행위를 높이기 위해 가족들의 행위를 대비적으로 배치해 놓은 것은 사실이다. 이처럼 『소학』에서는 대비의 서술기법을 통해 등장인물의 이념을 부각시키고 있음을

22) 『小學集註』, 「善行」, 實明倫. "晉咸寧中大疫, 庾袞二兄俱亡, 次兄毗復危殆, 癘氣方熾. 父母諸弟皆出次于外, 袞獨留不去. 諸父兄强之, 乃曰 : "袞性不畏病." 遂親自扶持, 晝夜不眠, 其間復撫柩, 哀臨不輟. 如此十有餘旬, 疫勢旣歇, 家人乃反, 毗病得差, 袞亦無恙. 父老咸曰, "異哉, 此子! 守人所不能守, 行人所不能行, 歲寒然後, 知松柏之後凋. 始知疫癘之不能相染也.""

살필 수 있었다.

한편 유곤의 이러한 보통 인물들과의 대비는 지속적으로 일어난다. 예를 들면 『소학』을 侍講할 때 시강관 任樞(1482~1534)가 중종에게 말하길, "유곤은 응당 역질이 막 창궐할 때에도 오히려 이와 같았는데 후세 사람은 비록 평상시에도 가령 작은 이익을 다투어 원수처럼 미워하니 매우 애석합니다."[23]라고 한 점에서 그의 행동을 보통 사람들과 다른, 모범적 행동으로 인식했음을 알 수 있다. 요컨대 유곤의 행위가 하나의 이념적 행위의 기준으로 자리한 것을 알 수 있다.

그리고 위의 시련의 상황은 주인공에게 선택적 상황을 제시한다. 하지만 유곤은 여기에서도 별다른 고민을 하지 않는다. 그는 오로지 형의 안위만을 걱정하며 간호를 할 뿐이며 심지어 죽은 형의 영구(靈柩)를 어루만지는 모습까지 보여준다. 그런데 그의 행동은 죽음을 무릅쓴다는 점에서 '以孝傷孝'와 같이 우애를 지키려고 우애를 저버리는 행위가 될 가능성을 내포하고 있다. 그러나 『소학』에서는 역시 이러한 딜레마를 외면하고 희석시키며 오로지 유곤의 행위가 올바른 것이라고 유도해 나간다. 이는 일화의 마지막에 등장하는 마을의 장로들인 父老들의 언급을 통해서도 알 수 있다. 즉 그의 행위가 모범적이고 가치 있는 행위임을 인지하게끔 『소학』은 주변인물이 그의 행동에 감화 받는 형태로 유도해 나간다.

이와 같은 부분은 목융(繆肜)의 일화에서도 알 수 있다.[24] 목융의 일화

---

23) 『중종실록』 15년(1520) 2월 7일 첫 번째 기사. "御晝講, 講小學. 侍講官任樞, 因司馬溫公與其兄伯康友愛尤篤之言, 乃曰, 兄弟友愛之情, 所當厚也. 庾衮當疫疾方熾之時, 猶尚如此, 而後世之人, 雖平時, 或爭小利, 疾如仇讎, 甚可惜也. 王者發政施仁, 當使萬姓雍穆, 而昆蟲草木, 咸被其澤也. 然施之有序. 親親而仁民, 則下民觀感, 各親其親, 而友愛之情, 自然厚矣."

24) 『小學集註』, 「善行」, 實明倫. "繆肜少孤, 兄弟四人, 皆同財業, 及各取妻, 諸婦遂求分

는 큰아들 목융이 형제들과 살고 있다가 그의 동생들이 각자 아내를 얻자 목융에게 분가를 요청하는 이야기인데, 그는 자신 스스로를 종아리를 때림으로써 동생들과 동생의 아내들에게 사죄를 받아낸다. 시련의 상황이 재산을 나누는 것에 대한 형제의 갈등 형태로 나타난 것이다. 바로 이러한 갈등의 지점에서 등장인물들은 대비적인 서술로 그려진다. 재물을 탐하여 형제와 떨어져 살려는 욕망을 표출한 동생들은 이념적 행위에서 벗어난 이들이다.

이와 반대로 목융의 행위는 칭찬받아야 하고 모범적인 행위로 인식하게 된다. 그래서 일화에서 주인공과 대비되는 행동을 하는 가족들은 주인공의 이념적 행위를 촉발하는 촉매제 역할을 한다고 하겠다. 특히 목융의 행위는 앞서 효를 수행한 인물들의 행위와 유사한데, 그는 스스로를 죄인으로 낮춘다. 이들은 스스로를 끊임없이 낮춤으로써 자신이 제대로 된 우애를 실현하지 못함을 자책한다. 이익을 탐하는 형제와는 상반된 모습으로 말이다. 그래서 목융의 일화처럼 이익에 휩쓸렸던 목융의 형제들은 우애의 가치를 깨닫고 잘못을 빌며 다시 화목한 집안의 질서가 바로잡히게 된다.

지금까지 『소학』에 나타난 '孝悌'와 관련한 일화들을 살펴보았다. 그 결과 다음 두 가지를 확인할 수 있었다. 첫째, 가족 내부에서의 대비가 일어난다. 앞서 『소학』의 위상 부분에서도 설명하였듯이, 효도니 우애는 한 개인이 올바른 가치관을 정립하고 사회로 나아가기 전에 가족이라는 공간에서 정립한 도덕을 실천해 볼 수 있는 공간이다. 그래서 주희는

異, 又數有鬪爭之言. 肜深懷忿嘆, 乃掩戶自撾曰, 繆肜! 汝修身謹行, 學聖人之法, 將以齊整風俗, 奈何不能正其家乎? 弟及諸婦聞之, 悉叩頭謝罪, 遂更爲敦睦之行."

이것을 도의 근원이라고 생각했고 중요시했다. 그런데 『소학』의 일화들을 살펴보면 가족은 대부분 이념적으로 불안정하고 불순하며 갈등의 씨앗이 내재되어 있는 공간으로 그려진다. 주희가 이런 이야기들을 많이 인용한 까닭은 실제의 현실에서도 이런 경우가 많았기 때문이었고 그래서 사례로 적합하다고 생각했기 때문이었다.

그래서 주희는 독자가 '나'로 이입시킬 수 있는 주인공을 통해, 그리고 그와 대비되는 행동을 하는 그의 가족들을 통해, 주인공이 시련의 상황에서도 굴하지 않는 모습을 강조하였다. 즉 편안함, 이익과 같은 욕망의 불순성에 오염되지 않고, 순수한 이념성을 발휘함으로써 오히려 불순성을 회복시키는 모습은 바로 여기에 해당한다. 결국 『소학』의 효제 일화에서는 가족을 도구로 이용함으로써 올바르고 모범적인 이념이 무엇인지를 알려준다. 그리고 이것은 이념적으로 올바른 가치관을 정립한 주인공을 창출하려는 주희의 노력과도 부합한다. 스스로 유교적 이념을 충실히 실천한 주인공이 집안을 제도하고, 사회를 제도할 수 있다는 교화적 믿음을 내재하고 있다.

둘째, 효도나 우애의 가치에 대한 절대성이 엿보인다. 『소학』의 일화에서는 분명 이념적으로 딜레마적인 상황이 나타난다. 예컨대 *以孝傷孝*와 같은 행위의 모순성, 혹은 부모나 형제의 비윤리성 등 『소학』에서 추구하는 방향과 반대되는 이념성이 도드라지게 나타난다. 그러나 서술자는 이것에 대해 외면하고 이것을 주인공의 이념적 행위를 부각시키는 도구로만 사용할 뿐이다. 가령 현실에서 『소학』에 나온 주인공들의 이념 행위를 똑같이 행한다면 왕상의 행위를 좇은 사람은 동상에 걸려 죽을 가능성도 있고, 유곤의 행위를 좇은 사람은 전염병에 걸려 죽을 가능성도 존재한다. 그럼에도 『소학』과 같은 교화서에서는 이러한 경우의 수를 철저하게 배제시킨다.[25)]

그 이유는 효도나 우애라는 가치가 무엇보다 절대적인 가치임을 보여주기 위함이다. 이것은 家를 道의 무늬에 맞게 재단하려는 주희의 노력과도 일맥상통한다. 다시 말해 가족 내부의 질서나 안정을 위해 효도나 우애를 다른 무엇과 교환할 수 없는 절대 불변의 가치로 올려놓았다. 일화의 이면을 바라볼 때 죽음(혹은 피해)과 이념은 항상 붙어 다니지만, 『소학』에서는 죽음의 가능성에 대해선 교묘하게 숨겨두고 이념의 우선성을 선전한다. 이런 지점에서 가족의 질서를 이념적인 범주로 넣으려고 한다는 것을 알 수 있다.

(2) 忠烈에 나타난 서술기법

이 항에서는 『소학』에 나타난 忠烈과 관련한 이념적 일화들을 소개해 보면서 그 의미를 재구해보도록 하겠다. 특히 여기에서 발견할 수 있는 점은 효와 충의 이념성이 기법적으로 유사함을 가지고 있으면서도 그것을 생성하는 원리가 서로 다른 차원에 있다는 점이다. 따라서 효제의 일화와 비교하면서 충렬의 이념을 표방하는 일화에서는 무엇을 담아내려고 하는지 살펴보는 것을 목표로 삼겠다.

우선 충과 관련한 일화를 탐색해보기 전 忠에 대한 간단한 설명이 필요하겠다. 충의 이념은 五倫 중 하나인 君臣有義에서 온 것으로 임금과

---

25) 〈심청전〉에서는 이본에 따라 다르지만 심청의 죽음의 상황 이전 장승상 부인이 찾아와 심청에게 자신의 수양딸로 들어오라는 대목이 존재한다. 여기에서 심청은 장승상 부인에게 자신의 처신이 '以孝傷孝'임을 알고 있으며 이 때문에 자신의 아버지가 받을 고통 역시 자세히 알려주고 있다. 이런 것으로 봤을 때 『소학』과 같은 교화서와 다르게 〈심청전〉의 경우에는 그 반대급부의 가능성에 대해서도 염두에 두고 있는 것을 알 수 있다. 또한 〈심청전〉은 분명한 죽음을 통해 효를 실천하려는 바 주인공에게 가해지는 직접적인 피해 상황을 '인당수'라는 공간을 통해 시각적으로 폭로한다. 이에 대해선 〈심청전〉 광동서국본을 참조하길 바란다.

신하 사이의 의리, 믿음에 관한 가치를 표방한 것이다. 그런데 이들의 믿음은 대등한 위치에서의 신뢰에서 바탕한다. 부모와 자식 간의 효라는 이념이 부모에 대한 자식의 절대적인 복종을 뜻하지만, 군주와 신하 간의 충에서는 이러한 면모가 나타나지 않는다. 요컨대 각각 지향하는 지점이 다르다는 것이다. 효와 관련한 일화에서 부모가 어떤 잘못을 저지르거나 혹은 자신에게 어떤 피해를 줄 때 자식은(혹은 그 형제는) 모든 위험을 감수하고 참는다. 효제라는 이념적 가치에 언제든 복종할 준비가 되어있다는 뜻이다.

그러나 군주와 신하 간에는 군주가 잘못을 저지를 때는 가차 없이 이를 비방 혹은 은거를 통해 군주를 떠날 수 있다. 이것은 군주와 부모, 국가와 가족이 결코 동질적이지 않으며 분리 가능하다는 시각이다. 요컨대 신하로서의 도리와 자식으로서의 도리는 각기 다르다.[26] 이것은 「선행」 중 汲黯의 일화에 잘 드러나 있다.

> ① 汲黯이 景帝 때에 太子洗馬가 되었으니 엄격함으로 두려움을 받았다. 武帝가 즉위하자 그를 불러 主爵都尉로 삼았는데 자주 직간하는 바람에 벼슬자리에 오래 머물지 못했다. 이즈음 太后의 아우 武安侯 田蚡이 丞相이 되었는데 연봉 2천석을 받는 관원들이 전분에게 절하고 알현하면 전분은 답례를 하지 않았다. 그러나 급암은 전분을 보고서도 일찍이 拜揖하지 않았다.

26) 주희는 만물에는 하나의 이치가 있지만, 그 형상이 다르다고 생각했다. 『朱文公文集』 卷40, 「行宮便殿奏箚」. "대저 천하의 일에는 모두 이치가 아닌 것이 없지만 군신 간에는 군신의 도리가 있고 부자 간에는 부자의 도리가 있다. 부부, 형제, 붕우 간에도 이로써 일상생활에 이르러 일을 처리하거나 남과 교제할 때에도 또한 각각의 도리를 지니지 않음이 없다."(夫天下之事, 莫不有理, 爲君臣者, 有君臣之理, 爲父子者, 有父子之理. 爲夫婦, 爲兄弟, 爲朋友, 以至於出入起居, 應事接物之際, 亦莫不各有理焉.)

② 上이 바야흐로 문학하는 儒者들을 초청했으니 상이 말하길 "내가 하고자 하는 것은 이러이러하다."라고 하자, 급암이 대답했다. "폐하께서는 속으로 욕심이 많으셔서 겉으로만 仁義를 베푸시는데 어찌 唐堯와 虞舜의 치적을 본받으려 하십니까.". 상이 노하여 변색하며 조회를 마쳤으니 公卿들이 모두 급암을 두려워하게 되었다. 이에 상이 조회에서 물러나며 사람들에게 말했다. "지나치다! 급암의 우직함이여!" 하였다.[27]

①에서 급암은 군주에게 자주 직언을 하는 캐릭터로 그려진다. 이것은 다만 군주뿐만이 아니라 권력을 가진 신하에게도 마찬가지이다. 그래서 신분의 귀천과 관련 없이 권력자에게 아첨하지 않고 신하의 도리를 지키는 우직한 이미지가 바로 급암에게 부여된 캐릭터라고 할 수 있다. 이러한 성격은 ②에서도 이어진다. 그는 漢武帝에게 직언을 다하는 모습으로 나타난다. 여기에서 말하는 신하의 도리란 군주를 도덕적 잣대로 심판하는 것으로 군주의 非行을 바로잡는 행위와도 같다.

서술자가 급암의 행위를 특이하게 여기는 까닭은 여타의 신하들과 대비되는 모습을 가지고 있기 때문이다. 다른 신하들은 무제의 외삼촌인 전분에게 잘 보이기 위해서 아첨을 하지만, 급암은 가벼운 인사만 할 뿐 그러지 않았다. 그리고 급암이 무제에게 직언을 간한 뒤에도 다른 신하들은 급암으로 인해 자신에게 피해가 올까 두려워하는 모습을 보인다. 이 역시 급암과 여타 신하들과의 대비적인 행동을 드러낸다. 이처럼 『소학』의 忠과 관련한 일화는 이와 같은 대비를 통해서 신하의 도리가

27) 『小學集註』, 「善行」, 實明倫. "汲黯, 景帝時, 爲太子洗馬, 以嚴見憚. 武帝卽位, 召爲主爵都尉, 以數直諫, 不得久居位. 是時, 太后弟武安侯田蚡, 爲丞相, 中二千石拜謁, 蚡弗爲禮. 黯見分, 未嘗拜揖之. 上方招文學儒者, 上曰 : "吾欲云云" 黯對曰 : "陛下內多欲而外施仁義, 奈何欲交唐虞之治乎? 上怒變色而罷朝, 公卿, 皆爲黯懼. 上退謂人曰 : "甚矣! 汲黯之戇也!""

무엇인지 알려주게 되며 급암과 같은 인물을 모범으로 삼게 만든다. 따라서 이것은 앞서의 효제의 이념을 드러내는 방법과 비슷한 서술기법을 가지고 있다고 하겠다.

그러나 충과 관련한 일화에서는 효에서 나타난 무조건적인 복종이 드러나 있지 않다. 가령 왕상이나 설포의 이야기에서 그들의 부모님은 부모의 역할을 제대로 하지 못하는 불순한 존재로 그려지지만, 그들의 잘못에 대해 이야기하진 않는다. 더 나아가 효제의 일화에서는 주인공 스스로가 죄인으로 자청하면서 잘못을 비는 모습을 그려낸다. 반면 급암의 경우에는 한무제에게 '안으로는 욕심이 많으면서 밖으로만 인의를 행하려' 한다며, 엄격한 도덕적 잣대로 군주를 평가하는 모습이 담긴다. 이를 통해서도 부모를 섬기는 도리와 다르게 군주를 섬기는 도리에는 절대적 복종이 소거되어 있음을 알 수 있다.

이처럼 『소학』에서는 군주에 대해 절대적으로 복종만 수행하지 말라고 가르친다. 이것은 군주의 명령을 단순히 거역하는 것과는 다르다. 정당한 名分과 도덕적 基準에 의해 판단된 거역이어야만 한다. 이에 군주는 어버이와도 다르고, 하늘 그 자체와도 다르다. 군주 역시 하늘의 법칙을 따라야만 하는 일개 인간일 뿐이다. 그래서 거역할 명분이 생기는 것이다. 또한 군주와 신하는 의리와 믿음이라는 오륜에 묶여있는 관계이긴 하지만, 둘 중에 하나가 의리를 저버리면 어제든 끊어질 수 있는 가변적인 관계였다. 그래서 『소학』에서 신하는 군주의 잘못이 있을 때 유교적 가치나 올바름의 기준에 의거하여 문제를 강력하게 제기할 수 있었다.

한편 앞서 급암의 일화에서 볼 수 있듯이 『소학』에서는 내재된 이념적 실천 기준들이 외적인 권력에 의해 좌우되지 않는다는 것을 보여준다. 효제와 관련된 일화에서는 주인공이 시련의 상황을 포기할 것인가, 아니면 지속해서 이겨낼 것인가를 보여준다. 이 둘은 같은 메커니즘을 가지고 있다. 특히 외부로부터 만들어져서 오는 유혹들은 주인공에게 유교적 이념이 아닌 권력이라는 힘에 복종하라고 요구한다. 유교적 가치와 그렇지 않은 가치가 서로 부딪히는 것이다. 그래서 충성과 관련한 일화에서는 일종의 대결의 형태를 띤다. 어떤 것에 복종할 것인지 선택해야 하는 것이다. 반면 효와 관련된 일화에서는 이런 대결은 보이지 않고 오로지 효의 가치를 실현하기 위해 견뎌내는 주인공의 모습만 보인다는 차이점이 나타난다. 이런 차이가 나는 까닭은 무엇보다 효에서만큼은 다른 선택지가 존재하지 않다는 것을 보여줌으로써 그 절대성을 증명하기 위해서라고 생각한다. 여타 교화서나 소설에서 姦臣은 자주 등장하지만, 不孝子는 등장하지 않는 것도 여기에 기인한다.

따라서 간신과 충신의 대립은 충과 관련한 일화에서 자세히 나타나게 된다. 『소학』에서 바라보는 충신은 군주에게 절대적인 복종을 맹세하는 신하가 아니다. 오히려 군주에게도 도덕적 기준을 바탕으로 직언을 수행할 수 있는 인물이 바로 충신이다. 이것이 바로 군신 간의 지켜야 할 도리인 義인 것이다. 만약 권력이라는 유혹을 떨쳐내지 못하고 군주에게 아부하거나 혹은 의리를 지키지 않는 신하라면, 그 신하는 간신으로 설정되는 것이다. 다음은 高允(390~488)의 일화다. 조금 길지만 『소학』의 중요한 서술기법을 잘 담아내고 있기에 전문을 인용하도록 하겠다.

> ① 처음에 北魏 遼東公 翟黑子는 太武帝에게 종애를 받았는데, 그는 幷州에 사신의 임무를 받들고 가서 베 천 필을 뇌물로 받은 일이 발각되었다. 적흑자가 著作郎 高允에게 도모하길 "주상께서 나에게 물으시면 마땅히 사실대로 고해야 하겠는가? 마땅히 숨겨야 하겠는가?" 하였다. 고윤이 다음과 같이 대답했다. "공은 황제[帷幄]의 총애를 받는

신하이니, 죄가 있을 때 사실을 자수하면 행여 혹 용서를 받을 수 있을 것이니 거듭 속이고 숨겨서는 안됩니다." 그러나 中書侍郎 崔鑒과 公孫質은 이렇게 말했다. "만일 사실을 자수한다면 형벌을 예측할 수 없으니 우선 숨기는 것만 못합니다." 적흑자가 고윤을 원망하여 말했다, "그대는 어찌하여 남을 꾀어 사지로 나아가게 하는가" 그러고는 들어가 태무제를 뵙고 사실대로 대답하지 않았는데 이에 태무제가 격노하여 그를 죽였다.

② 태무제는 고윤더러 태자에게 경서를 가르치게 했는데 崔浩가 역사 편찬의 일로 잡히게 되자 태자가 고윤에게 말하였다. "들어가 지존을 뵙거든 내가 스스로 경을 인도할 것이니 만약 지존께서 물음이 있으시면 다만 내 말에만 따르시오." 태자가 태무제를 뵙고 말씀드리기를 "고윤은 소심하고 삼가고 치밀하며 또 직책이 미천합니다. 저술은 모두 최호에게서 말미암았으니, 청컨대 그의 죽음을 용서해 주소서." 하였다. 태무제가 고윤을 불러 물었다. "국서는 모두 최호가 지었는가?" 고윤이 대답했다. "신이 최호와 함께 지었습니다. 그러나 최호는 관장한 일이 많으므로 총괄하여 결재하였을 뿐이요, 저술에 있어서는 신이 최호보다 많이 했습니다." 태무제가 노하여 말했다. "고윤의 죄가 최호보다 심하니, 어찌 살 수 있겠는가?" 태자는 두려워하여 말했다. "폐하의 위엄이 엄중하시니, 고윤은 낮은 신하로 정신이 혼미하여 차례를 잃었을 뿐입니다. 제가 지난번에 물어보니 모두 최호가 지은 것이라고 말했습니다." 하태무제가 고윤에게 물었다. "진실로 태자가 말한 것과 같은가?" 고윤이 대답했다. "신은 죄는 응당 씨족을 멸해야 하니, 감히 허망한 말을 할 수가 없습니다. 태자께서는 신이 모시고 講한 날이 오래이므로 신을 불쌍히 여기시어 그 삶을 구하고자 하셨을 지언정, 실제는 신에게 묻지 않으셨으며 신 또한 그런 말을 한 적이 없었습니다. 감히 혼미하여 잘못한 것이 아닙니다."

③ 태무제가 돌아보며 태자를 일러 말했다. "정직하도다! 이는 人情에

> 하기 어려운 일인데 고윤이 능히 하였으니 죽음에 임하여 말을 바꾸지 않은 것은 信이요, 신하가 되어 임금을 속이지 않음은 곧음(貞)이다. 마땅히 특별히 그의 죄를 면제하여 정표해야 한다." 하고, 마침내 그를 사면하였다. 다른 날 태자가 고윤을 나무라며 말하길 "내가 경을 위하여 죽음에서 벗어나게 해주고자 하였는데, 경이 따르지 않음은 어찌된 일인가?" 하자, 고윤은 다음과 같이 말하였다. "신은 최호와 더불어 실로 역사 편찬의 일을 같이 하였으니, 죽거나 살거나 영화롭거나 욕됨에 의를 홀로 달리 함이 없습니다. 진실로 전하께 다시 살려주신 은혜를 입었으나 마음을 어기고 구차히 면함은 신이 원하는 바가 아닙니다." 태자가 얼굴을 바꾸어 칭찬하고 감탄하였다. 고윤이 물러나와 사람들에게 말하였다. "내가 동궁의 지도를 받들지 않은 것은 적흑자에게 한 말을 저버릴까 두려워해서이다."[28]

위의 내용을 간략히 정리하자면 대략 세 부분으로 서사의 단락을 나눌 수 있다. 첫 번째 이야기는 다음과 같다. 翟黑子라는 인물이 비리를 저질렀기에 이에 대한 조언을 구하고자 고윤을 찾아갔지만 고윤은 당시

---

28) 『小學集註』, 「善行」, 實明倫. "初魏遼東公翟黑子, 有寵於太武, 奉使并州, 受布千疋事覺. 黑子謀於著作郎高允曰 : "主上問我, 當以實告? 爲當諱之?" 允曰 : "公帷幄寵臣, 有罪首實, 庶或見原, 不可重爲欺罔也." 中書侍郎崔鑒公孫質曰 : "若首實, 罪不可測, 不如姑諱之." 黑子怨允曰 : "君奈何誘人就死地?" 入見帝, 不以實對, 帝怒殺之. 帝使允, 授太子經, 及崔浩以史事被收, 太子謂允曰 : "入見至尊, 吾自導卿, 脫至尊有問, 但依吾語." 太子見帝言 : "高允小心愼密, 且微賤. 制由崔浩, 請赦其死." 帝召允問曰 : "國書皆浩所爲乎?" 對曰 : " 臣與浩共爲之. 然浩所領事多, 總裁而已, 總裁而已, 至於著述, 臣多於浩." 帝怒曰 : "允罪甚於浩, 何以得生?" 太子懼曰 : "天威嚴重, 允小臣, 迷亂失次耳. 臣曏問, 皆云浩所爲." 帝問允, 信如東宮所言乎? 對曰, "臣罪當滅族, 不敢虛妄. 殿下以臣侍講日久, 哀臣, 欲丐其生耳, 實不問臣, 臣亦無此言, 不敢迷亂." 帝顧謂太子曰 : "直哉! 此人情所難, 而允能爲之, 臨死不易辭信也, 爲臣不欺君貞也. 宜特除其罪, 以旌之. 遂赦之." 他日, 太子讓允曰 : "吾欲爲卿脫死, 而卿不從何也?" 允曰 : "臣與崔浩, 實同史事, 死生榮辱, 義無獨殊. 誠荷殿下再造之慈, 違心苟免, 非臣所願也." 太子動容稱嘆. 允退謂人曰 : "我不奉東宮指導者, 恐負翟黑子故也.""

北魏의 황제인 太武帝(拓拔燾, 408~452)에게 사실대로 보고하라고 조언해준다. 적흑자는 다른 이들의 조언도 들어본다. 그들은 고윤과 반대로 비리를 숨기라고 알려준다. 이에 적흑자는 태무제에게 비리를 저지른 사실을 숨기곤 오히려 고윤이 자신을 위험에 처하게 만들려고 흉계를 꾸민 것이라 오해하며 그를 원망한다. 그러나 곧 적흑자는 태무제에게 이 사실이 발각되고 사형에 처해진다.

두 번째 이야기는 태무제가 고윤을 태자의 스승으로 삼았는데, 고윤에게 崔浩(381~450)가 총괄하는 국사를 함께 편찬하라는 명을 내린다. 그런데 거기에 고윤을 비롯한 관리들이 태무제의 선조들인 北魏의 잔인하고 불명예스러운 일을 비석에 새겼었다. 그러나 곧 그 일이 발각되어 국사 편찬 작업에 참여한 인원들이 모두 사형에 처할 위기를 겪게 되었다. 이에 태자는 스승인 고윤을 위해 은밀히 태무제에게 그의 죄를 사할 것을 청하겠으니 고윤에게는 거짓말을 하라고 알려준다. 하지만 고윤은 태무제에게 자신이 국사 편찬에 직접적으로 관련된 인물이라고 '정직'하게 보고한다. 이에 태무제는 몹시 노하여 재차 고윤에게 물어보자 고윤은 더 정확하게 사실대로 답변한다.

세 번째 이야기는 고윤이 정직하게 답변하자 태무제가 이에 감동하여 죄를 사면하는 부분이다. 이후 태자가 고윤에게 왜 사실대로 말했는지를 물어보자, 최호와의 의리를 저버릴 수 없어서 그렇다고 답변한다. 그리고 마지막으로 사람들에게는 이전의 적흑자에게 자신이 한 말을 저버릴까 두려워서 사실대로 말했다고 알린다.

이처럼 고윤의 일화는 忠과 信이라는 이념적 가치를 공통된 주제로 묶어놓으면서도 고윤의 행위를 중심으로 다른 이야기들을 구성해 놓고 있다. 우선 ①은 적흑자의 不忠不信한 행동들을 세심하게 관찰하면서도 적나라하게 보여주고 있다. 그는 잘못을 저질렀음에도 이를 사실대로 말하지 않던 인물이다. 그가 거짓말한 대가는 권력(황제)을 통한 징치로 끝나게 된다. 한편 고윤은 적흑자에게 다른 이들과 달리 사실대로 말할 것을 조언한 인물로 적흑자 및 다른 보통의 인물들과 대비되는 행동을 하는 역할을 맡는다. 그래서 자신의 이념에 따라 소신을 말함에도 그 대가로 오히려 남을 위험에 처하게 만드는 오해를 받게 되는 인물로 그려진다. 이처럼 적흑자와 고윤은 상반된 인물로 그려지고 있으며 이와 같은 대비 효과는 『소학』의 인물을 구성하는 것에 중요한 기법으로 활용된다.

②의 경우는 국가에 잘못을 저지른 고윤이 적흑자의 행동과는 반대로 행동하는 것이 주를 이룬다. 있는 사실을 그대로 보고하는 고윤의 모습은 ①에서의 적흑자의 행위와 완벽한 대비를 이룬다. 이로 인하여 이념성을 획득할 수 있는 효과를 얻게 된다. 다시 말해 ①에서 적흑자는 잠시간의 위험을 피하기 위해 忠과 信이라는 가치를 저버린 것이고, ②에서 고윤은 위험을 감수하면서도 忠과 信의 가치를 저버리지 않았다.

이것을 앞서 언급한 유혹의 관점에서 바라보면 더욱 정확하게 드러난다. 고윤은 태무제에게 복종하기 위해 사실대로 말한 것이 아니다. 오히려 유교적 이념인 忠義에 따라 행동하는 모습을 보여준다. 그가 복종하는 대상은 권력이 아닌 이념인 것이다. 반면 적흑자는 유혹에 휩쓸려 이러한 가치를 저버리는 행위를 했다. 그의 행동이 비록 태무제를 배신했지만, 그 동기가 권력자의 신임을 잃지 않기 위해서였으니 결국 이 배신의 내적인 매커니즘은 권력에 대한 복종인 셈이다. 이렇듯 권력은 유교이념을 언제든 배반할 수 있도록 유혹한다. 그래서 충성과 관련한 일화에서는 유혹에 대한 두 가지 선택과 선택에 따른 결과를 자세히 소개한다.[90)]

이를 조금 더 살펴보자. ②에서는 ①과 같이 이념의 가치를 훼손해도 괜찮다는 유혹들이 두 번에 걸쳐 나타난다. 이를 유혹하는 인물은 태자인데, 태자는 고윤에게 자신을 믿고 거짓을 말하면 지금 처한 위험에서 구제될 수 있으리라고 말한다. 이러한 행위는 고윤의 신념을 시험하는 행위로 그의 이념성을 지속적으로 붕괴시키고 의심스럽게 만들기 위한 행위들이다. 하지만 고윤은 흔들리지 않았고 ③과 같이 보상을 얻게 된다. 따라서 모범성을 부각시키기 위해 활용한 서술 기법을 두 가지 차원에서 확인해보아야 할 것이다. 하나는 모범적 인물과 그렇지 않은 인물을 대비시키는 기법이고, 다른 하나는 대비와 함께 모범적 인물에게 가치를 포기하도록 유혹하는 기법들이라 하겠다.[30]

이것의 원전은 본래 『北史』「高允列傳」에 수록되어 있던 여러 일화 중 하나이다. 『북사』에서는 고윤이라는 인물의 삶 중에서 處世術과 관련하여 그 교훈을 얻어낼 목적으로 수록된 이야기이다. 그런데 주희는 이것을 유교적 이념성의 시각에서 바라보았고 열전의 여러 이야기 중 이 揷話만 재단해서 『소학』에 실어 놓았다. 이처럼 『소학』은 원전에 담긴 의도가 무엇이든 이념성을 부각시키기 위해 과감하게 고윤의 다른 면모를 소거시켰음을 알 수 있다. 아마도 주희는 고윤과 적흑자의 대비, 그리고 유혹에도 신념이 흔들리지 않는 고윤의 모습에서 이념성을 발휘시킬 단서를 얻은 것으로 보인다.

정리하자면 효도나 우애와 관련한 일화에서는 이러한 유혹하는 인물이 등장하지 않는다. 이들 이야기에서는 가족 내부의 불순성이나 갈등을

---

29) 앞서 언급했듯이 효도와 관련한 일화에서는 이것이 생략되기에 불효자를 그려내지 않는다.

30) 고윤의 이념성을 보다 부각시키기 위해서 적흑자와 같은 고윤과 대비되는, 즉 권력에 복종하는 인물이 출현하게 되었다. 그리고 태자와 같은 현실적 가치와 타협하는 인물도 전략적으로 필요하게 된 것이다.

보여줌으로써 이들을 통해 주인공에게 시련의 상황을 조성하고, 이것을 극복하는 모습을 통해 이념성을 확보한다. 하지만 충과 관련한 이야기에서는 주인공의 신념을 흔들고 저버릴 수 있는 유혹의 시나리오를 구체적으로 구성한다. 그럼에도 이들 두 일화는 같은 메커니즘을 가지고 있다. 그것은 바로 죽음과 마주하여 이념적 가치를 수행하는 행동을 그려냄으로써 모범이 무엇인지를 보여준다는 점에서 그렇다. 이제 烈과 관련한 일화를 통해서 조금 더 알아보도록 하자.

① 曹爽의 從弟인 文叔의 아내는 譙郡 夏候文寧의 딸로 이름이 令女였다. 그는 문숙이 일찍 죽자 상을 마쳤으며 스스로 나이가 젊어 자식이 없었으니, 친정집에서 분명 자기를 시집보낼 것이라고 염려하여 마침내 머리털을 잘라 맹세하였다. 그 후 친가에서 과연 시집보내려고 하자, 영녀는 그 말을 듣고 다시 칼로 두 귀를 베고 거처를 늘 조상에게 의지하였다. 조상이 사형을 당하여 조씨 일가가 다 죽자 영녀의 숙부는 임금께 글을 올려 조씨와 혼인 관계를 끊고 강제로 영녀를 맞아 돌아갔다.

② 이때 하후문영은 梁나라의 재상이 되었는데, 딸인 영녀가 젊은 나이에 의를 지킴을 가련히 여겼으나 또 조씨가 살아남은 붙이가 없으므로 그녀의 절개가 막히기를 바라여 마침내 은밀히 사람들로 하여금 풍자하게 했다. 영녀가 탄식하고 또 울면서 말했다. "나 또한 생각해보니 시집가는 것을 허락함이 옳다." 친가에서는 이 말을 사실로 믿고 방비하기를 다소 게을리하였다. 영녀가 이에 남몰래 침실로 들어가 칼로 코를 자르고는 이불을 뒤집어쓰고 누웠다. 그의 어머니가 불러 함께 말을 해도 응답하지 않아 이불을 들쳐 보니 피가 흘러 침상에 가득하였다. 온 집안 식구들이 놀라고 두려워하여 가서 보고는 코가 시큰하지 않는 사람이 없었다.

③ 혹자가 그에게 말하기를 "사람이 세상을 살아감은 가벼운 먼지가 약한 풀에 깃드는 것과 같은데 무엇 때문에 이렇게 고생하는가? 또 남편의 집안이 멸망하여 이미 사라졌으니, 이 절개를 지킴은 누구를 위한 것인가?"하자, 영녀는 말했다. "듣기로는 仁者는 성쇠에 따라 절개를 고치지 않고, 의로운 자는 존망에 따라 마음을 바꾸지 않는다고 한다. 조씨가 전성했을 때에도 여전히 끝까지 보존하여 마치고자 했는데 더구나 지금 쇠망하였으니 어찌 차마 버리겠는가? 금수의 행동을 내 어찌 하겠는가?"[31]

죽음이라는 시련, 그리고 거기에서 빠져나오라고 유혹하는 이야기는 여성을 주인공으로 한 烈行 이야기에서 더 극적으로 그려내고 있다. 열행 관련 일화에서는 이념을 대비적으로 수행하는 적흑자 같은 인물이 존재하진 않지만, 이념을 저버리도록 지속적으로 시도하는 유혹자들이 나타난다. 그래서 앞서의 주씨와 같이 시련을 발생시키거나 태자처럼 현실과 타협하고 순응할 것을 요구한다.

위의 예시는 魏晉시기에 하후영녀라는 인물이 왕족인 曺氏의 집안과 혼인을 했지만, 곧 조씨가 司馬氏에게 왕위를 빼앗기고 조씨 집안이 몰락하게 되면서 발생하는 역사적 상황을 배경으로 한다. 그래서 하후영녀의 아버지 하후문영 및 하후씨 일가는 영녀를 再嫁시키기 위해 여러 가

31) 『小學集註』, 「善行」, 實明倫. "曹爽從弟文叔妻, 譙郡夏侯文寧之女, 名令女. 文叔蚤死服闋, 自以年少無子, 恐家必嫁己, 乃斷髮爲信. 其後家果欲嫁之, 令女聞, 卽復以刀, 截兩耳, 居止常依爽. 及爽被誅, 曹氏盡死, 令女叔父上書, 與曹氏絕婚, 彊迎令女歸. 時文寧爲梁相, 憐其少執義, 又曹氏無遺類, 冀其意沮, 乃微使人風之. 令女嘆且泣曰 : "吾亦惟之, 許之是也." 家以爲信, 防之少懈. 令女於是, 竊入寢室, 以刀斷鼻, 蒙被而臥, 其母呼與語, 不應, 發被視之, 血流滿牀席. 擧家驚惶, 往視之, 莫不酸鼻. 或謂之曰 : "人生世間, 如輕塵棲弱草耳, 何辛苦乃爾? 且夫家夷滅已盡, 守此欲誰爲哉?" 令女曰 : "聞仁者, 不以盛衰改節, 義者, 不以存亡易心. 曹氏全盛之時, 尙欲保終, 況今衰亡, 何忍棄之? 禽獸之行, 吾豈爲乎?""

지 조치(유혹)를 취하지만, 영녀는 이에 굴하지 않고 자신이 추구한 열행이라는 이념적 가치를 수행한다. 결국 하후영녀에 대한 이야기는 여성의 개가와 관련하여 어떤 행동이 올바른지 그 모범적 행위에 대한 부분이다. 위의 예시를 통해 알 수 있는 열행은 세 가지로 요약할 수 있다.

첫 번째는 ①에서 영녀의 남편인 조문숙이 일찍 죽자 영녀는 친정집에서 자신을 재가시킬 것으로 예상하여 머리털을 자르거나 두 귀를 잘라 재가하지 않을 것을 맹세한 부분이다. 두 번째는 ②에서 영녀의 아버지 하후문영이 딸을 위해 기어코 재가를 시키려고 하자 영녀는 처음엔 이에 순응하는 척하지만, 결국 몰래 침실로 들어가 칼로 자신의 코를 자해하는 일을 저지른다. 세 번째는 ③에서 누군가가 그녀에게 왜 재가를 하지 않고 이렇게 고생하는지, 그리고 절개를 지킬 대상이 사라졌는데 누구에게 절개를 지키는 것인지 물어본다. 그러자 그녀는 仁義에 따라 행동했을 뿐 이것을 행하지 않으면 인간이 아닌 금수의 행위를 하는 것이라 대답한다.

③을 제외하면 ①과 ②에서 모두 자신의 신체를 자해하는 것으로 위기의 상황을 타개하려는 공통점을 살펴볼 수 있다. 앞서 언급했듯이 유교 사회에서는 자신의 신체를 손상시키는 일은 不孝의 영역에 해당되기도 한다.[32] 머리털, 귀, 코 등의 신체기관의 훼손은 분명히 이념적 가치에 위배되는 행동이지만, 서술자는 이것에 주목하지 않고 신체기관의 훼손을 남편의 집안에 대한 충성과 여성의 절개를 확인하는 상징으로 활용한

32) 이에 대해서는 경서의 여러 부분에서 찾아볼 수 있다.
『孝經』「開宗明義」. "仲尼居, 曾子侍, … 身體髮膚, 受之父母, 不敢毁傷, 孝之始也. 立身行道, 揚名於後世, 以顯父母, 孝之終也."
『論語』「太伯」. "曾子有疾, 召門弟子曰, 啓予足, 啓予手. 詩云戰戰兢兢, 如臨深淵, 如履薄冰, 而今而後吾知免夫. 小子!"

다. 또한 이 신체 훼손은 유혹의 시도가 있을 때마다 행해지는데, 이것은 유혹에 저항하는 수단으로 신체 훼손이 활용되고 있음을 보여준다.

이것은 앞서 충성 관련 일화에서 보았던 지점과 사뭇 다르다. 충성 일화에서 신하가 절개를 드러내거나 지키는 방법은 권력 혹은 권력자의 유혹에 넘어가지 않기 위해 군주의 잘못을 꾸짖거나 자신의 신념을 굽히지 않는 것을 보여줌으로써 인정받았다. 그러나 사대부 여성은 그 유혹에 대항할 수단을 혹은 그녀들의 절개를 인정받을 수단을 자신의 신체 훼손을 통해서 이루려고 한다. 이러한 신체 훼손은 죽음과 가까워진다는 점에서 권력이 행사할 수 있는 최대치를 여성이 자발적으로 부과했다는 상징적인 의미가 있다. 따라서 어찌 보면 권력에 대항한 주체적인 모습으로 보일 수 있겠으나 다른 한편으로는 권력이 옹호, 생산한 이념을 내면화하고 있는 모습을 동시에 갖고 있다. 따라서 여성의 신체 훼손은 신하가 절개를 지키는 방법과는 사뭇 다른 양상을 만들어낸다. 신하의 떳떳함이 군주의 잘못에 대한 거침없는 반발이라면, 여성의 떳떳함은 가부장과 그의 가문에 대한 복종이기 때문이다. 다만 유혹에 대항한다는 면모에서는 매우 비슷한 지점이 생긴다.

위와 같은 여성의 모습은『소학』곳곳에 나타난다. 漢시기에 孝婦 일화에서도 마찬가지로 효부는 남편 가문에 시집왔으나 자식도 없이 남편이 일찍 사망한다. 이에 효부의 집에서는 재가를 권유하나 효부는 자살로 응수하여 그녀의 친정집에서는 포기하게 된다. 그래서 효부는 시어머니를 봉양하며 죽을 때까지 그 집안의 제사를 받들게 된다는 이야기가 담겨있다.[33] 이처럼 여성은 앞서의 하후영녀와 마찬가지로 그 부모의 영

33)『小學集註』,「善行」, 實明倫. “漢陳孝婦, 年十六而嫁, 未有子, 其夫當行戍. 且行時, 屬孝婦曰, 我生死未可知, 幸有老母, 無他兄弟備養, 吾不還, 汝肯養吾母乎? 婦應曰, 諾. 夫果死不還, 婦養姑不衰, 慈愛愈固, 紡績織紝, 以爲家業, 終無嫁意. 居喪三年, 其父母

향권에서 벗어나 가부장과 그의 가문에 복종하는 것을 절대시하는 모습으로 나타난다. 그 까닭은 『소학』을 편집한 주희가 이것을 모범적이라고 생각했기 때문이다. 그리고 열행을 형상화하려는 수법으로 신체 훼손과 같은 자발적 고통 혹은 죽음을 수단으로 삼았음을 살펴볼 수 있다.

이와 같은 여성의 '인내'는 추후 고전소설의 여성 등장인물의 형상에서 잘 드러난다. 〈최척전〉의 옥영이나 〈사씨남정기〉의 사정옥과 같은 인물은 가부장의 집안을 위해 스스로 시련의 상황에 뛰어들며 죽음도 불사하는 이념적인 형태로 나타나기 때문이다. 그들은 언제나 현실과 타협할 수 있는 유혹을 받는다. 그래서 이념의 이상을 저버리고 신체를 편안히 할 수 있었다. 하지만 그들은 가정의 안정이라는 목표를 수행하기 위해 스스로 위험의 길을 택한다. 옥영의 경우 중국에서 아들 부부와 살고 있지만 최척이 조선에 갔을 것이라는 희망 하나로 바다를 건너 조선으로 향한다. 이처럼 『소학』의 여성 형상은 우리 고전소설에 일정 부분 영향을 미쳤음을 알 수 있다. 이에 대해선 6장에서 더 자세히 다루도록 하겠다.

지금까지 『소학』의 서술기법을 살펴보았다. 여기에서 드러나는 점은 이념의 기준이 무엇인지를 대비적 서술로 알려줌으로써 이를 통해 그것을 실천하도록 강제한다는 점이다. 즉 이것을 교화적 서술기법이라고 칭할 수 있겠다. 유교이념의 가르침은 언제나 하나의 길만을 제시한다. 따라서 유교의 道란 "갈 수 있느냐 가지 못하느냐의 문제가 있을 뿐이요, 어느 쪽으로 갈까의 선택의 고민은 문제되지 않는 길"[34]이라고 할 수 있

哀其少無子而早寡也, 將取嫁之. 孝婦曰, 夫去時, 屬妾以供養老母, 妾旣許諾之. 夫養人老母而不能卒, 許人以諾而不能信, 將何以立於世? 欲自殺. 其父母懼而不敢嫁也, 遂使養其姑. 二十八年, 姑八十餘. 以天年終, 盡賣其田宅財物, 以葬之, 終奉祭祀. 淮陽太守以聞, 使使者, 賜黃金四十斤, 復之, 終身無所與, 號曰, 孝婦."

다.[35] 이것은 모범적 주인공을 배태하는 효과를 가지며 이를 통해 세상의 질서를 유지하는 수단으로 삼는다. 이처럼 『소학』의 이념성은 실천적 유교이념을 체화한 주인공을 통해 그것이 무엇인지 기준을 제시함으로써 사회를 변화시키려는 믿음이 담겨 있다.

이제 앞으로 살펴볼 『태평광기상절』에서는 『소학』과 전혀 다른 글쓰기를 볼 수 있을 것이다. 여기에는 모범적인 주인공을 내세우기보다는 외부의 압력에 흔들리는 주인공을 볼 수 있을 것이며, 흔들림 속에서도 이념을 세우려는 주인공의 모습을 볼 수 있을 것이다.

2. 『太平廣記詳節』의 체제와 이념적 서술기법

앞서의 논의들을 다시 정리하자면, 『소학』을 통해서 그 교화적인 태도와 이를 구체화시키려는 서술기법에 대해서 살펴본 바 있다. 이 절에서는 『소학』과 다른 측면에 서있는 이념성을 알아보기 위해 『태평광기

---

34) 곽신환, 「악에 대한 유가철학적 이해」, 한국정신문화연구원 철학·종교 연구실 편, 『惡이란 무엇인가』, 창, 1992, 183면; 이강엽, 「고전서사물에 나타난 악의 성격과 대처 양태」, 지촌강재철교수정년기념논총간행위원회 편, 『고전소설과 권선징악』, 단국대학교출판부, 2013, 88면 각주 9번 재인용.

35) 곽신환은 서구의 유교철학 선구자 허버트 핑가렛(Herbert Fingarette)을 인용하며 위와 같이 말했는데, 핑가렛이 발언한 원문은 다음과 같다. "Put in more general terms, the task is not conceived as a choice but as the attempt to characterize some object or action as objectively right or not. The moral task is to make a proper classification, to locate an act within the scheme of li." H. Fingarette, Confucius: The Secular As Sacred, Waveland Press, 1998, p.22. 이것은 『논어』에서 증자가 말한 선비의 책임의식과 맞닿아 있기도 하다. 『論語』 「泰伯」. "曾子曰, 士不可以不弘毅, 任重而道遠. 仁以爲己任, 不亦重乎? 死而後已, 不亦遠乎?"

상절』에 대해 논해보도록 하겠다. 『태평광기상절』은 北宋 초기에 만들어진 『태평광기』의 일화 중 일부만을 편집해서 조선 초 成任(1421~1484)이 개인적으로 편찬한 책이다. 그리고 이 책은 곧바로 성임이 전등삼종(『剪燈新話』, 『剪燈餘話』, 『覓燈因話』) 속 이야기와, 한반도의 기이한 이야기들을 모아 수록한 『太平通載』의 성립에 주요한 역할을 하기에 문학사적으로 중요하다.[36]

한편 『소학』의 일화들은 송대 이전의 이야기를 담아내면서도, 그 목적이 사회와 나를 유교적 삶에 맞추려고 한 점이다. 그래서 유교 이념성을 직접적으로 투영한 텍스트라고 할 수 있다. 『태평광기』 역시 송대 이전의 일화들을 담아내고 있지만, 그 목적은 유교적 이념성을 확장하는 것과 거리가 멀다. 오히려 당시의 주요한 이념이었던 불교, 도교에 대한 깨달음을 담아내기 위한 서사적 흥미에 초점이 맞춰져 있다. 하지만 이 흥미는 주인공의 기이한 체험을 통해 질적 상승을 이룩하는 것을 지켜보는 것에서 오는 교훈성과 맞닿아 있다. 그의 행위에서 올바른 가치관을 얻어낼 수 있기 때문이다.

따라서 이 절에서는 『태평광기상절』의 분석에 앞서 실천적인 이념성과 다른 이념성에 주목하여 그 의미를 밝혀보도록 하겠다.[37] 이를 위해서

---

36) 이래종, 「조선 필기의 전개 양상에 관한 연구-『태평광기상절』과 『태평통재』의 편간과 관련하여-」, 고려대학교 박사학위논문, 1997; 김상규, 「『태평통재』에 수록된 중국 인용문헌의 가치 연구」, 『중국문학연구』 59, 한국중문학회, 2015. 한편, 이래종은 『태평광기상절』과 『태평통재』, 『太平閑話滑稽傳』, 『慵齋叢話』의 간행 배경과 그 필기적 특성을 고찰하여 조선 필기의 전반적 성격에 대해 논의한 바가 있다. 그는 『태평통재』의 간행을 살펴보면서, "성임은 『태평광기상절』에 수록했던 글들을 『태평통재』에 대체로 그대로 수록하면서 『태평광기』에서 일부를 다시 뽑아 넣었던 것"으로 보고 있다. 이래종, 앞의 논문, 122~123면.

물론 『태평통재』를 살펴보는 것이 가장 좋겠지만, 그 목록 및 원자료가 逸文으로 분산되어 있다는 한계가 존재하기에 이 책에서는 『태평광기상절』을 그 대상으로 취했다.

먼저 『태평광기상절』의 체제와 체험에 관한 이야기가 이념성과 어떤 연관을 가지고 있는지 논하는 것을 목적으로 하겠다.

1) 『태평광기상절』의 체제와 범주

앞서 언급했듯 『태평광기상절』은 송대의 『태평광기』를 조선조에 들어와 성임이 축약한 문집이다. 이에 먼저 『태평광기』에 대한 이해가 선행되어야 마땅할 것이다. 다만, 여기에서는 『태평광기상절』에 초점을 둔 논의기 때문에 『태평광기』에 대한 간략한 설명과 소개만하고 넘어가도록 하겠다. 『태평광기』는 송나라 太宗(939~997)의 연호인 '太平興國'에서 온 것으로 태평 시기에 편찬한 광대한 이야기라는 뜻을 담고 있다. 북송 초 태종은 李昉(925~996) 등에게 각지의 筆記, 野史 등의 小說類를 채집하도록 명하였고 978년에 편찬, 981년에 판각된 중국 이야기 모음집이다.[38)]

『태평광기』가 만들어진 배경에 대해선 여러 설이 제기되었는데, 크게 두 가지로 나눌 수 있겠다. 하나는 태종이 신하들의 불만을 잠재우고 정치적 안정을 꾀하기 위해 대형편찬사업을 계획한 것, 다른 하나는 文治를 표방함으로써 자신의 정치적 위상을 높이려 한 것이다. 이는 송태종 趙匡義(혹은 趙光義)의 태생이 몹시 불안정했기 때문이다. 조광의의

---

37) 기왕의 연구는 『금오신화』에 직접적으로 영향을 준 『전등신화』와 『전등여화』에 국한하여 소설적 기법의 의미를 밝혔다. 그런데 오히려 오래전부터 한반도에 영향을 주었던 『태평광기』가 『태평광기상절』로 축약되고, 이것이 어떻게 활용되었는지의 양상에 집중해보는 것이 필요하다고 생각한다. 따라서 『태평광기상절』에 수록된 작품들 중 필자가 이념성이 담긴 작품이라고 본 〈남염부주지〉, 〈기몽〉과 동일한 구조를 갖춘 작품들을 대상으로, 그 연관성을 밝히고자 한다.

38) 김장환, 『태평광기-동아시아 이야기 보고의 탄생』, 문학동네, 2016, 10면.

형은 송을 세운 太祖 趙匡胤(927~976)이다. 조광의는 형을 도우면서 자신의 정치적 입지를 기르기 시작한다. 그러다가 태조가 후계 지목 없이 급작스럽게 죽자 조광의가 황태자를 제치고 황위를 차지하게 되고 태조 암살설의 배후로도 지목되기에 이른다. 이로 인해 황제가 된 이후에도 태종은 늘 정통성과 윤리성의 문제에 시달렸다. 이에 태종 스스로의 정치적 안정과 위상을 확립하기 위해 『太平御覽』, 『文范英華』, 『태평광기』와 같은 편찬사업을 시작함으로써 신하들의 불만을 잠재웠다. 요컨대 문치 정책으로 자신의 형인 태조의 정책을 계승한다는 상징성을 불러일으킬 필요가 있었다.[39] 『태평광기』는 바로 이러한 사정에서 출현한 분십이다.

그러다가 남송대에 이르러 『태평광기』는 전문 이야기꾼인 說書人들의 필독서이자 교과서로 자리 잡게 되면서 하층 문인들에게도 많은 영감을 준다. 즉 문언체 이야기글이 하나의 형식으로 자리하게 된 것이다. 그리고 이러한 과정이 집적된 결과가 明初에 瞿佑(1347~1427)의 『剪燈新話』로 나타났으며 이것은 다른 전기소설집에 많은 영향을 주었다. 『剪燈餘話』나 『覓燈因話』 등이 바로 그것이다. 한편 『전등신화』는 다른 동아시아 국가의 전기소설집에도 영향을 미친다. 대표적인 예로 조선의 『金鰲新話』,[40] 베트남의 『傳奇漫錄』, 일본의 『오토기보코(伽婢子)』 등을 들

39) 兪炳甲, 「中國學術要籍『太平廣記』評介」, 『中國學研究』 3, 外大中國學研究所, 1986, pp.120~122.

40) 『태평광기』의 유입 시기는 명확하진 않지만, 朴寅亮(?~1096)이 사신을 갔을 때 『태평광기』의 고사를 활용해 글을 지었다는 점, 尹誧(1063~1154)가 「太平廣記撮要詩」를 지었다는 기사 등을 살펴볼 때, 고려 초부터 유입된 것으로 보인다. 즉, 『금오신화』 이전에도 어느 정도 문인들 사이에서는 읽히고 있었음을 방증한다 하겠다. 이에 내해선 김장환·박재연·이래종, 「『太平廣記詳節』에 대하여」, 『太平廣記詳節』(一), 학고방, 2005, 4~7면을 참조하길 바란다. 참고로 이 책에서 『태평광기상절』 작품의 번역을 참조하되 어색한 부분에 대해선 필자가 수정하였다.

수 있다. 이렇듯 『태평광기』는 소설류를 채집한 이야기집에서 시작하여 후대에 『전등신화』 및 각종 전기집을 배태시켰으니 동아시아 이야기 문학의 원류로서 그 중요성을 짐작할 만하다.

그런데 『태평광기』는 『소학』과 다르게 '유교적'이라고 볼 수 있는 부분이 많지 않다. 그 까닭은 이야기의 소재가 일상적 경험세계와 대비되는 奇異나 奇幻의 세계, 환상세계를 전면으로 내세웠기 때문이다.[41] 이로 인해 현실적인 유교이념을 추구한 이들에게 많은 비판을 받았고, 이를 간행한 이들 역시 조심스러울 수밖에 없었다. 하지만 『태평광기』에는 『소학』과 다른 방식으로 이념을 창출해내는 방식을 갖고 있다. 그것은 초현실적이고 환상적이며, 상상적인 체험을 통해 삶의 의미를 새로이 탐색해 볼 수 있는 교훈성을 갖고 있다는 점이다. 바로 이 지점에 주목하여 그 서술기법을 밝혀보고자 한다.

우선 『태평광기상절』은 『태평광기』를 축약시켰다는 점에서 그 의미를 찾을 수 있겠다. 송대에서 조선으로의 500년의 시간차가 발생하면서

최근에는 김상규가 『태평광기』의 한국 전래에 대한 3가지 설을 다시 정리한 바 있다. 여기에서 김상규는 『태평광기』의 전래를 1080년 이전으로 확정할 수 없으며, 『윤포묘지명』에서의 기록에 따라 1146년 이전에 한국에 유입되었음을 주장하였다. 이에 대해선 다음의 논문을 참조하길 바란다. 김상규, 「『태평광기』 한국 전래시기의 재고찰」, 『중국문학연구』 54, 한국중문학회, 2014.

41) 필자가 말하는 환상세계는 김경미가 『태평광기』와 관련해 기이를 논한 부분을 차용했다. 논자는 기이에 대해 다음과 같이 말한 바 있다. "'기이'는 그 속에 일상적인 생활 속에서 볼 수 없는 이상한 것, 일상적인 것을 벗어난 이상한 것, 현실 세계에서는 볼 수 없는 괴이한 것, 환상적인 것을 포함한다. 이는 일상적 경험 세계와 대비되는 초경험적, 초현실적인 것이다. 이는 달리 말하면 상상적, 환상적인 것이다." 김경미, 「15세기 문인들의 '奇異'에 대한 인식」, 『한국고전연구』 5, 한국고전연구학회, 1999, 412면. 필자 역시 이에 동의하는 바이며 더 나아가 이러한 초경험적인 것을 통해 현실의 삶을 살아가는 데 도움이 되는 서사체로 바라보고자 한다. 따라서 기이는 삶에 대한 물음이나 가치지향이 무엇인지를 탐색하기 위해 환상체험을 활용함으로써 우의적으로 나타낸 서사체라고 정의할 수 있겠다.

성임은 번잡하고 광대한 『태평광기』 이야기 중 자신의 시대에서 중요하고 필요하다고 생각되는 이야기를 추려서 편집을 가했다. 세부적인 항목들을 살펴보기에 앞서 개략적인 편수를 비교해보도록 하자. 『태평광기』에는 6,965개의 일화가 담겨 있고, 『태평광기상절』에는 839개의 일화가 담겨 있는 것을 확인할 수 있는데, 이것으로 봤을 때 1할(10%)이 조금 넘는 비율로 성임이 『태평광기』를 편집했음을 알려준다.[42] 『태평광기상절』은 目錄 2권, 本文 50권으로 구성되어 있으며,[43] 이는 목록 10권, 본문 500권의 巨帙인 『태평광기』를 축약한 것이다. 이를 통해서도 『태평광기상절』이 『태평광기』를 10분의 1의 양으로 축소시켰음을 확인할 수 있다.

한편 『태평광기상절』은 크게 上卷과 下卷으로 나뉘어져 있다. 그리고 각 권에는 이야기들의 주제나 소재를 관통하는 篇目들이 있다. 상권에는 75개의 편목이, 하권에는 68개의 편목이 있는데, 주로 상권의 편목에는 인간과 관련한 것이, 하권의 편목에는 귀신이나 자연물과 관련된 것이 대부분이다. 그리고 각 편목 안에는 작품에 해당되는 細目들로 이루

---

42) 김장환·박재연·이래종, 앞의 책, 19면.

43) 이 중 목록은 온전히 전하고 있고 본문은 26권만 전하고 있다. 따라서 『태평광기상절』은 완질의 형태를 갖추고 있지 못하지만, 남겨진 목록 덕분에 모본인 『태평광기』를 통해 완질의 모습을 재구성할 수 있다. 성임이 『태평광기』를 『상절』에 옮기면서 글자 출입 없이 그대로 가져온 덕분이었다. 한편 현재 전하고 있는 『태평광기』에는 없는 이야기들, 즉 빠진 목록들이 『태평광기상절』에서 보이고 있다. 이는 현전 『태평광기』가 明代에 談愷(1506~1568)가 1566년에 重刊한 것에 기인한다. 『태평광기상절』은 15세기 중반 조선에서 간행했기 때문에 明刊本에서 사용한 모본과 다른 송대의 이본을 저본으로 삼았음을 알 수 있다. 이 덕분에 『태평광기상절』은 『태평광기』의 본래 모습을 확인할 수 있는 자료이기에 서지학적으로 중요한 위치를 점하고 있다. 이에 대해선 김장환·박재연·이래종(위의 책, 2005)의 논의와 盛莉(「談本『太平廣記』三種印本考辨-以韓國藏『太平廣記詳節』爲參照」, 『南京大學學報』, 2016.4, pp.149~156)의 논의를 참조하길 바란다.

어져 있으며, 이것은 많게는 대략 40개, 적게는 1개로 구성되는 등 각 편목마다의 세목의 수량은 일정하지 않다.

이처럼 839개의 세목(일화)을 모두 확인하고 그 서술기법을 도출하기란 현실적으로 불가능한 방법이다. 혹은 『태평광기』에서 『상절』로 축소되면서 무엇을 배제했고 무엇에 집중했는지에 대해 탐구한다면 성임의 편찬 의식도 살펴볼 수 있으리라 본다.[44] 그러나 이것 역시 至難한 작업이다. 따라서 다른 방법론으로 이를 접근할 필요가 있다. 그래서 필자는 대상으로 삼은 작품 중 조선식 이념 이야기로 변형된 첫 작품 〈남염부주지〉와 연계선상에 있는 작품을 찾아보고 이를 분석함으로써 『태평광기상절』의 이념적 범주를 확정하도록 하겠다.

〈남염부주지〉는 박생이라는 인물이 꿈을 통해 지옥인 염부주에 가서 염왕과 대화를 하고 나오는 이야기로 구성되어 있다. 박생은 儒子로서

---

44) 필자는 성임이 『태평광기상절』을 축소·편찬하면서 『태평광기』로부터 배제한 목록과 집중적으로 담아낸 목록을 모두 살펴보았다. 그 결과 대체적으로 상권의 편목은 배제한 경우가 많지 않았고 하권의 편목이 빈번하게 배제되었다. 따라서 성임은 귀신이나 자연물에 대한 관심보다 인간과 관련한 것에 관심이 많았음을 알 수 있다. 하지만 이 사실 역시 논의의 전제로 확정하기는 어려운 감이 있다. 또한 성임이 10%의 비율로 선집했다는 사실을 바탕으로 선집 비율이 평균이나 그 이상으로 담아낸 편목들을 살펴본 결과는 다음과 같다. 道敎(508편 중 59편: 11.6%)·婦人(75편 중 27편: 36%)·情感(8편 중 7편: 88%)·夢-夢遊(170편 중 23편: 13.5%-10편 중 4편: 40%)·龍(81편 중 8편: 10%)·虎(80편 중 13편: 16%)·雜傳(14편 중 11편: 79%)·잡록(130편 중 46편: 35%) 여기에서 볼 수 있듯이 성임은 사랑이나 기이함 관련한 이야기에 집중한 것을 알 수 있다. 특히 잡전이나 몽유의 편목의 경우 현대에서 당전기로 부르는 것인데 높은 비율로 선집했다는 점에서 이를 알 수 있다. 그러나 이 역시 성임이 『태평광기상절』을 편찬함에 있어 하나의 관심사로 귀결됨을 증명하긴 어려울 것 같다. 다만 당시 지식인들 사이에서 '기이'에 대한 관심사가 몹시 높았다는 정도로만 유추할 수 있겠다.

한편 김장환의 연구에서도 편목 당 세목의 개수와 비율이 나타나 있지만, 최근의 논의에서는 이것이 조금 조정되었다. 따라서 康韻梅가 논한 바를 따라 『태평광기』 및 『태평광기상절』의 작품수를 반영했다. 康韻梅, 「成任『太平廣記詳節』之編選特色及其意義」, 『域外漢籍硏究集刊』, 2015.1.

一理論을 지으며 불교에서 말하는 다른 세계를 부정하던 인물이다. 그런 그가 환상세계의 체험을 끝내고 돌아온 후에는 현실에 대해서 새로운 인식을 하는 인물로 변화한다. 이러한 등장인물의 변화는 독자로 하여금 서사적 흥미를 얻어내고 삶에 대한 교훈까지 생각하게 만든다. 물론 이와 같은 서사 구조의 시초는 비단 15세기에서 시작된 것이 아니다. 『三國遺事』에 실린 나말여초의 서사 〈調信〉의 경우에도 조신이라는 스님이 꿈을 통해 욕망을 경험한 후 자신의 욕망에 대해 경계하는 모습이 그려져 있다.[45] 이처럼 주인공이 변화하는 구조에는 언제든 다양한 이념이 개입할 수 있는 부분이 존재한다. 그것은 유교 혹은 불교와 관계없이 등장인물의 변화를 통해 얻을 수 있는 교훈이다. 그리고 이러한 점에서

45) 김용철은 나말여초 傳奇 중 〈조신〉의 꿈 체험 이후에 나타난 조신의 정신적 상승작용에 주목하여 시대상황 및 불교의 연관성을 논하였다. 그리고 이것은 초기소설을 모두 아우를 수 있는 개념 구조로 〈조신〉뿐만 아니라 당대 전기인 〈침중기〉나 〈남가태수전〉 등에도 동일한 구조가 엿보인다고 하였다. 이는 불교의 頓悟에서 기인한 것으로 이 깨달음을 통해 주체는 정신적 상승 작용을 일으키고 자기 존재에 대한 자각과 함께 수행과 실천의 길이 요청되어 진다. 즉 주체의 체험을 통해 새로운 주체로 탄생한다는 것이 바로 여기에서 발견할 수 있는 것이라 하겠다. 한편 논자는 이러한 구조를 비슷한 시기에 창작된 〈최치원〉과 같은 문화적 배경 아래에서 다른 의도로 만들어졌지만, 이러한 서사체들 중 〈최치원〉과 유사한 구조를 가진 것이 15~17세기의 다양한 서사체의 모형이 되었을 것을 주장하였다. 김용철, 「〈조신〉에서 깨달음의 실천지향과 변증법적 삼단구조」, 『한국학연구』 7, 고려대학교 한국학연구소, 1995, 485~486면. 물론 그가 지적하였듯이 이러한 서사체들이 단선적으로 변화한다는 가설은 위험해 보인다. 다양한 서사들을 포섭할 수 없기 때문일 것이나. 그럼에도 불구하고 그의 논의는 이러한 구조가 연속체로 확장될 수 있는 가능성을 열어줬다는 데에서 그 의의를 찾을 수 있겠다. 이와 관련하여 정출헌은 당 전기와 연결하여 〈최치원〉의 질적 상승에 대한 논의를 확장하였다. 그는 이러한 구조가 탄생할 수 있었던 배경으로 "불교나 도교적 깨달음의 과정이 논리적 구조로 성숙되어 가능하게 된 현상"이라고 하였는데, 매우 타당한 지적이라고 생각한다. 정출헌, 「나말여초 서사문학사의 구도와 『수이전』」, 『고전소설사의 구도와 시각』, 소명출판, 1999, 41~42면. 이러한 서사체들은 인간 스스로가 보편적 규율에 맞게 신체를 단련하기 위해 동아시아에서 공통적으로 나타난 보편적 현상이라 할 수 있겠다.

독자들은 서사적 흥미를 얻을 수 있다.

이렇게 모든 이야기가 이념성이 개입될 수 있는 까닭은 소설이란 "본질적으로 진지하고 유익하며, 혼돈과 죽음, 엔트로피에 맞서는 게임"[46] 이기 때문이다. 다시 말해 인간은 본질적으로 착한 마음을 회복하는 이야기와 주인공의 행위를 좋아하게 되어 있다. 자신 내부로 침입한 욕망이나 혼란을 극복하고 이겨내는 이야기는 인간에게 서사적 흥미와 삶의 활력을 준다. 주인공과 자신을 동일시하기 때문이다. 이처럼 문학 장르에서도 교화서류인 『소학』과 다르게 가치관을 바로 세우는 방식이 존재하고 있었던 것이다. 하지만 그 방법은 사뭇 다르다. 이에 대해선 다음 항목에서 서술하겠다.

〈남염부주지〉나 〈조신〉은 꿈이나 이계라는 소재를 통해 환상세계에서의 체험을 하는 이야기다. 그리고 그 주인공은 이러한 체험을 통해 이전에 자신이 욕망하거나 신념이라 믿었던 것을 전복시키는 모습으로 공통되게 그려진다. 정리하자면 이들 이야기의 공통점은 첫째, 주인공은 현실에 대한 불만족이나 불우한 삶을 살아가는 이들이라는 점이다. 요컨대 현실에 결핍을 느끼는 욕망하는 주인공이라 하겠다. 그래서 이들은 물질적 욕망에 쉽게 흔들리는 존재들이다. 둘째, 대체로 꿈의 세계에서 부귀영화를 누린다. 이것은 앞서의 것과도 맞닿아 있다. 결핍이 있기에 그것을 해결하고자 환상이라는 장치를 이용한다는 것을 알 수 있다. 셋째, 꿈의 세계에서 빠져나온 후 깨달음을 얻는다. 이 깨달음은 자신이 욕망하던 것이 부질없는 허상이었음을 깨닫는 데서 비롯된다. 넷째, 깨달음을 얻은 주인공은 질적 상승을 일으킨다. 이에 그 주인공은 서사의

46) "Art is essentially serious and beneficial, a game played against chaos and death, against entropy." John Gardner, *On Moral Fiction*, Basic Books; New York, 1978, p.6.

처음과 다른 새로운 인물로 재탄생한다. 이러한 인물을 변화하는 인물이라고 칭할 수 있을 것 같다.

〈표2〉 변화하는 주인공(질적 상승) 구조

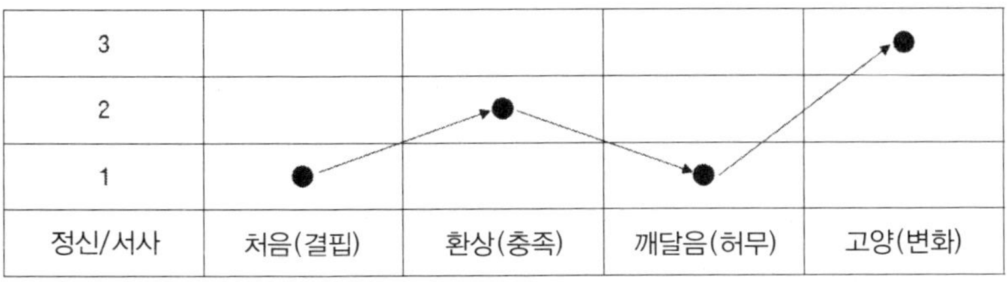

그런데 위와 같은 서사구조는 剪燈三種(『剪燈新話』, 『剪燈餘話』, 『覓燈因話』)에서는 좀처럼 찾아보기 힘든 것이다. 『전등신화』 작품 중 〈남염부주지〉와 연관이 있을 것이라 추정한 〈令狐生冥夢錄〉의 경우, 이 작품의 주인공 令狐譔은 〈남염부주지〉의 박생처럼 저승으로 향하는 환상체험을 경험하지만 경험을 통해 자신의 생각을 변화시키지 않는다. 오히려 자신의 떳떳함을 들어서 염라대왕을 설득시키고 호기심 차원에서 지옥을 탐방하는 이야기로 구성되어 있다. 같은 책 〈富貴發跡司志〉이나 〈永州野廟記〉, 〈修文舍人傳〉와 같은 작품 역시 위와 〈영호생명몽록〉과 흡사하다. 특히 〈영주야묘기〉는 주인공 필응상이 이무기에게 誣告를 당해 염라대왕을 만나는 이야기이다. 그런데 필응상은 염라대왕에게 자신의 무고함을 설득하여 지옥을 유람하고 온다는 점에서 〈남염부주지〉와 거리가 있다. 〈수문사인전〉은 훌륭한 자질을 갖춘 주인공 하안이 명부에서 요직을 받는 내용과 그 지옥에서의 역사적 인물들이 함께 한다는 사실, 그리고 그의 자리를 자신의 친구에게 넘겨준다는 내용이다. 이렇듯 『전등신화』에는 비록 지옥이나 염라대왕과 같은 환상체험 서사가 수록

되어 있지만 〈남염부주지〉의 것과는 몹시 다른 형태로 구성되어 있다. 이러한 점에서도 〈남염부주지〉가 『전등신화』의 문화적 영향보다는 『태평광기』라는 기존의 문화적 영향력 아래에 있음을 짐작하게 한다.

오히려 〈남염부주지〉와 가장 흡사한 것은 『전등여화』의 〈何思明遊酆都錄〉와 같은 작품이다. 이 작품의 주인공 何思明은 유자로서 유교를 신봉하여 도교나 불교를 비판하는 인물이다. 그래서 그는 〈남염부주지〉의 주인공 박생처럼 일리론과 비슷한 의론을 직접 지어 자신의 신념을 내비치기도 한다. 그러나 어느 날 하사명은 병을 얻어 지옥을 방문하게 되는데 깨어나자 다음과 같이 말한다. "도교와 불교의 위대함과 귀신의 현저함이 지극하구나. 지난날 내가 치우친 견해로 과도하게 노자와 석가의 가르침을 비방했다가 관록이 깎이고 하마터면 살지 못할 뻔하였구나. 너희들은 명심하거라."[47]

이처럼 하사명은 환상체험 후에 다른 인물로 새롭게 태어난다. 하지만 그의 행동 면모를 자세히 살펴보면 이것은 하사명의 신념을 정반대의 경우로 변화시키는 것일 뿐 〈남염부주지〉의 것과 그 결이 상당히 다르다는 것을 알 수 있다. 〈남염부주지〉에서는 박생이 자신이 가지고 있던 신념을 그 반대급부를 통해 잘못된 것임을 깨닫는다. 그래서 신념을 새롭게 수정하여 나아간다. 그러나 〈하사명유풍도록〉의 하사명은 기존의 것을 모두 와해시키고 반대급부의 길을 따르는 방향으로 나아간다. 그래서 하사명의 변화는 '고양(질적 상승)'의 단계가 삭제된 형태로 나타난 것이라고 정리할 수 있겠다. 따라서 〈남염부주지〉는 '전등삼종'에 등장하는 주인공과 조금 다르다고 정리할 수 있겠다.[48]

---

47) 『剪燈餘話』〈何思明遊酆都錄〉. "二教之大, 鬼神之著, 其至矣乎! 曩吾僻見, 過毁老釋, 今致削官減祿, 幾不能生, 小子識之." 번역과 원문은 최용철 譯, 『전등삼종(하)』, 소명출판, 2005, 110~125면 참조.

오히려 이 같은 이야기는 『태평광기상절』의 것과 관련이 깊다. 다만 이야기 중 단순히 꿈의 신이성만 드러내는 경우[49]와 애정과 관련한 이야기는 제외하였다. 이념성의 척도에서 벗어나기 때문이다. 따라서 여기에서는 전기 장르 중 환상체험(몽유체험과 이계체험)을 바탕으로 한 작품들을 대상으로 그 서술기법을 파악하고자 한다.[50] 그 편목과 작품은 다음과 같다.

1. 종교적 환상체험 서사

〈杜子春〉(卷2, 神仙), 〈呂翁〉(卷7, 異人), 〈櫻桃靑衣〉(卷25, 夢遊),

---

48) 그렇다고 전등삼종이 『태평광기』의 문화적 자장과 전혀 관계가 없다는 것이라고 오해해서는 안된다. 『태평광기』의 문화적 영향력 아래에서 산출된 것이 전등삼종이기는 하지만 당시 중국의 상황과 연계해서 변화했다는 것이 필자의 생각이다. 〈남염부주지〉 역시 마찬가지다. 다만 〈남염부주지〉는 전등삼종 이야기의 영향과 『태평광기』의 영향, 한국 내에서의 이념적 지향과 맞물리면서 이와 같은 작품이 만들어졌다고 본다.

49) 夢 편목에는 단순히 꿈을 꾼 주체가 꿈을 꾼 다음 꿈 안에서의 내용이 현실에서 연결되어 있어 놀랍다는 반응과 미래를 예견했다는 신이함이 나열되어 있다. 하지만 여기에서의 이야기들은 분명 기이함이 드러나 있지만, 그 기이함은 단선적 일화에서 그치는 경우가 많다. 그래서 꿈은 기이함을 드러내는 하나의 도구로 활용될 뿐이지 꿈을 꾼 주체에게 삶에 대한 양태를 조망해 볼 수 있게 하거나 감흥을 전해주진 못한다. 즉 笑話에 가까운 것이다. 한편 이것은 조선시대에 정립된 '夢記類'라는 형식과도 일정한 차이를 가진다. 몽기류에서 꿈은 꿈을 꾼 주체가 '자기 체험적 꿈'을 경험하고 그것에 대한 일화를 기술함으로써 자신을 성찰하거나 감흥을 표출한다. 혹은 예정될 일을 징험하기도 한다. 따라서 여기에서의 꿈은 웃음의 의미보다 삶에 대해 다시금 생각해 볼 수 있는 문학적 소재로 자리할 수 있던 것이다. 이에 대해선 최근 조선시대 몽기류에 대해 연구한 양승목의 연구를 참고하였다. 양승목, 「朝鮮後期 夢記 硏究」, 동국대학교 박사학위논문, 2020.

50) 한편 당대소설 분류는 연구자에 따라 3~8종까지 다양하게 분류하나 보통 神怪類, 愛情類, 義俠類, 宗敎類, 幻想類, 懷顧類(歷史類) 6종류로 구분한다. 필자는 이 중 환상을 중심으로 종교류와 역사류에 나타난 양상을 밝히고자 한다. 분류 방법에 대해선 다음의 논의를 참조하면 좋다. 丁範鎭, 『唐代小說硏究』, 성균관대학교 대동문화연구원, 1982, 15~17면.

〈淳于棼〉(卷44, 昆蟲)

2. 역사적 환상체험 서사
〈沈亞之〉(卷25, 夢遊), 〈周秦行記[51]〉(卷47, 雜傳)

〈두자춘〉은 주인공이 한 奇人을 만나 환상체험을 하고 이를 통해 깨달음을 얻는 종교적인 색채가 강한 이야기다.[52] 여기에서는 주인공의 행위에 대한 '경계'라는 측면에 집중하여 중첩된 환상을 이용하며 그것으로써 등장인물을 통한 교훈을 전달하고 있다. 〈여옹〉은 〈枕中記〉라는 제명으로 더 많이 알려진 작품이다. 이 작품은 환상이라는 소재를 통해 종교적인 깨달음을 전해주기도 하지만, 무엇보다 물질적 욕망을 탐닉하던 시대상을 풍자하는 면모도 담아내고 있다.[53] 〈앵도청의〉는 전형적인 몽유 구조의 이야기다. 이 이야기는 앞서의 〈여옹〉과 비슷하면서도 더욱 세속적인 면모를 담아내고 있다. 특히 스님의 講說 중에 꿈을 체험한다는 점에서 종교적인 색채가 엿보인다. 〈순우분〉은 〈南柯太守傳〉이라는 제명으로 더 유명하다. 이 작품 역시 꿈을 통해 개미 왕국을 체험하면서 부귀를 얻고 돌아오는 이야기로 구성되어 있다. 이상의 작품을 종교

51) 이 작품의 경우 그 편명이 판본마다 〈周秦行記〉 혹은 〈周秦行紀〉(특히 중국 학계의 경우)로 혼용하는 경우가 많았다. 여기에서는 『태평광기』의 편명에 따라 〈周秦行記〉로 하였다. 다만 논문의 제목이나 인용에서 '周秦行紀'를 쓰는 경우 그것을 그대로 인용하였다. '記'와 '紀' 둘 사이의 의미 차이는 크지 않기에 굳이 고치지 않고 표기해도 무방할 것으로 보인다.

52) 이 이야기의 원전은 辯機가 찬술한 『大唐西域記』 7권의 「婆羅痆斯國·烈士池及傳說」에서 유래하였다. 작자인 이복언은 이 고사를 당 시기에 맞게 재창작한 것이라 하겠다. 〈두자춘〉의 배경 및 소개에 대해선 다음의 논의를 참조하길 바란다. 유병갑, 「李復言〈杜子春〉研究」, 『인문과학논총』 54, 청주대학교 인문과학연구소, 2017.

53) 정병진, 「당대소설개설」, 『앵앵전-당대소설전집』, 성균관대학교출판부, 1995, 15면.

적 환상체험으로 묶어서 함께 논하겠다.

〈심아지〉는 〈秦夢記〉라는 제목으로 더 많이 알려져 있다. 여기에서는 춘추시대의 秦나라를 꿈 체험의 배경으로 삼아 심아지와 秦穆公의 딸 弄玉의 결혼 생활이 그려지는데,[54] 앞의 종교적 환상체험과 달리 그 교훈을 새기는 방법이 역사적 사건을 통해서 벌어진다는 차이가 있다. 〈주진행기〉는 唐 시기의 유명한 정치가 牛僧孺를 주인공으로 내세워 우승유를 비판하려는 목적으로 만들어진 소설이다. 따라서 이 소설은 牛李黨爭이라는 배경에서 산생된 작품이라고 할 수 있다.[55] 다만 이 소설이 당쟁과 한 사람을 비방하기 위해서 만들어진 것이라고 보기엔 그 실효성이 적고,[56] 〈遊仙窟〉과의 유사성으로 도가환몽류로도 분류되기 때문에[57] 여기에서는 薄太后나 戚夫人, 楊貴妃, 王昭君 등의 역사적 인물들을 소환한 점에 주목해보도록 하겠다. 이상의 작품을 역사적 환상체험으로 묶어서 논하겠다.

2) 幻想體驗에 나타난 反省的 서술기법

『태평광기상절』은 小說家라고 부를 수 있는 글들과 밀접한 연관성이

---

54) 원래 역사에서 진목공의 딸 농옥의 남편은 簫史이다. 그는 퉁소를 잘 부르는 신선과 같은 존재였다고 한다. 그런데 소설에서 소사는 농옥보다 먼저 죽었기 때문에 심아지가 대신 그 위치를 점하는 것으로 설정되어 있다.

55) 이에 대해선 다음의 논문을 참조하면 좋다. 송윤미, 「唐 제도와 牛李黨爭을 통하여 본 〈周秦行紀〉 서사의 비평적 고찰」, 『중국문학연구』 32, 한국중문학회, 2006, 70면. 중국에서의 최근 논의는 다음을 참조하길 바란다. 卞孝萱, 「牛李黨爭時的四篇作品考察」, 『文史知識』, 2001.6, pp.14~25; 王偉, 「『周秦行紀』作者及其相關問題考論」, 『西北大學學報』, 2011.6, pp.63~67.

56) 송윤미, 위의 논문, 70면.

57) 최진아, 『환상·욕망·이데올로기-唐代 愛情類 傳奇 硏究』, 문학과지성사, 2008, 117면.

있다. 『태평광기』가 한반도에 전래된 연원은 꽤나 오래되었는데, 특히 조선조에 오면서 세종 26년 吏曹가 올린 呈文에 따르면 官爵 명칭에 대해 『태평광기』의 일화 중 하나로 그 예시를 들고 있다는 점에서[58] 이것이 당시 15세기 문인들의 필독서가 되었다는 점을 알 수 있다.[59] 특히 柳夢寅(1559~1623)이 『태평광기』에 대해 "우리나라의 문장하는 선비들은 모두 『태평광기』를 공부하였다"라는 증언에서도 알 수 있듯이[60] 당시 『태평광기』는 많은 선비들이 애독했던 것으로 추정할 수 있다. 그럼에도 유몽인의 『태평광기』에 대한 다른 언급 중 '자질구레한 이야기'[卑弱]가 실렸다는 점을 통해 이러한 문장류를 경시하는 의식 또한 살펴볼 수 있지만, 다른 한편으로는 박학과 시문의 활용 등의 실용적 측면에서 호응 받았다고도 볼 수 있다.[61]

한편 『태평광기상절』은 앞서 유몽인이 주장한 것처럼 실용적인 측면에서만 활용된 것은 아니다. 문학적 차원에서의 측면도 함께 고려해봐야 한다. 『태평광기상절』의 서문에서 李承召(1422~1484)는 『태평광기』를 간략하게 줄여 열람하기 편하게 만든 사실을 언급한 뒤 "만일 먼저 육경의 도를 탐구하여 그 학문이 정대하고 고명한 지경에 이르렀다면, 비록 매우 비루한 길거리의 이야기라 하더라도 모두 이치를 지니고 있는 법이니 반드시 나를 일깨워주는 도움이 있을 것"[62]이라고 말한다. 이를 통해

58) 『세종실록』 26년(1444) 6월 16일 두 번째 기사.

59) 김현룡, 「韓國 說話·小說에 끼친 「太平廣記」의 影響 硏究 :주로 그 素材的 關聯性에서」, 건국대학교 박사학위논문, 1976; 『한중소설설화비교연구』, 일지사, 1976, 39~45면 재수록.

60) 柳夢寅, 『於于野談』 권3, "我國文章之士, 皆攻太平廣記." (신익철·이형대·조융희·노영미 譯, 『어우야담』, 돌베개, 2006, 391면.)

61) 신상필, 「한문 고전서사의 문화적 전환과 번역-국문본 『태평광긔』를 중심으로」, 『코기토』 72, 부산대학교 인문학연구소, 2012, 56면.

62) 李承召, 『三灘集』 권10, 「略太平廣記序」. "若能先明六經之道學, 已造乎正大高明之域,

서 볼 때 『태평광기』는 博文을 위한 효용성에 치중된 것은 사실이지만, 『태평광기상절』에 이르면 그것의 문학적 효용 역할도 함께 주목한 것으로 보인다. 요컨대 아무리 비루한 것이라도 재해석할 수 있다는 믿음이 내재되어 있는 것이다.

이처럼 『태평광기상절』은 지식인층에서 문학적 흥미를 유발하는 텍스트로 자리하고 있었다. 따라서 『태평광기상절』이 당시 유학자들의 글쓰기에 어떤 영향을 줬는지 알아볼 필요가 있다. 이에 여기에서는 등장인물의 체험 수행과 변화하는 면모에 집중하여 앞서 소개한 작품에 나타난 서술기법의 원리를 밝혀보도록 하겠다. 특히 『태평광기상절』은 『소학』의 「선행」편과 마찬가지로 인물을 중심으로 그들의 행위에 주목하여 입전되어 있는 바, 이들의 체험과 체험 이후의 서사를 집중적으로 살펴본 후 『소학』과 비교해볼 예정이다.

(1) 종교적 환상체험 : 내면의 탐색

『태평광기상절』에 수록된 작품 중 종교적 체험과 관련한 이야기들을 알아보도록 하겠다. 여기에 나타난 서술기법을 밝힌다면 추후의 소설에 나타난 서술기법과의 연관성을 추적할 수 있을 것이다. 먼저 〈杜子春〉의 예시를 중심으로 그 서사를 세세하게 살펴보고, 이를 통해 다른 작품들을 비교하는 방식으로 논의를 진행하겠다.[63]

則雖街談巷說鄙俚之甚者, 皆理之所寓, 必有起予之益."

63) 사족이지만 〈두자춘〉은 1920년에 일본인 작가 아쿠타가와 류노스케(芥川龍之介)가 현대적으로 재해석하여 동화로 창작한 바가 있다. 여기에서는 "本我"·"自我"·"超我"에 대한 관심을 가지고 두자춘을 그려낸 바 있다. 뒤에 밝힐 것이지만 당선기 〈무사춘〉에서도 자기 자신의 내면에 대한 탐색이 긴중하게 이뤄지고 있다. 이에 대해선 다음의 연구를 참조하길 바란다. 滎雅欽, 「試用精神分析法探析"杜子春"的行爲變化」, 『文學教育(下)』, 2019.5, pp.112~113.

> 두자춘이란 자는 아마 周대와 隋대 사이의 사람으로 보인다. 그는 젊었을 때 호탕하여 가산은 일삼지 않았으나 호탕한 기개로 이름이 알려졌다. 마음껏 술 마시고 한가로이 노닐다가 재산을 모두 탕진하여 친척들에게 의탁했지만 모두 그가 본업에 힘쓰지 않는다고 하여 버림을 당했다. 바야흐로 겨울이 되어 해진 옷에 주린 배로 하릴없이 장안을 걸어 다닐며 해가 저물도록 아무것도 먹지 못하고 방황하며 어디로 가야 할지 알지 못했다. 東市의 西門에서 춥고 배고픈 기색이 가득한 채로 하늘을 우러러보며 길게 탄식했다.[64)]

위의 인용문에서 주인공 두자춘은 스스로를 절제하지 못하는 인물로 묘사된다. 그래서 그는 기개만 호탕할 뿐 술 마시고 노는 것에 빠져 재산을 탕진하고 친척들에게도 버려지는 신세가 된다. 이처럼 주인공은 비참한 현실을 살아가는 인물로 정의내릴 수 있겠다. 비참한 현실을 살아가는 만큼 이런 삶을 끊어내려는 욕망도 커야 하지만 그는 방황만 하고 그럴 의지가 전혀 없어 보인다. 그래서 '하늘을 우러러보며 길게 탄식'만 할 뿐이다. 하지만 이러한 인물에게 지금의 불행한 현실을 끊을 기회를 준다면, 다시 말해 그럴 욕망을 투여한다면 어떻게 될까? 〈두자춘〉은 바로 이 지점에 대한 사고 실험을 진행한 서사와 같다. 그 욕망을 가장 극단적으로 투여한다면 어떤 일이 벌어질까 하고 말이다. 욕망을 투여한 이후에도 두자춘은 일전과 같이 스스로를 절제하지 못한 방탕한 인물로

한편, 당전기 〈두자춘〉은 명말 시기 대표적 소설 비평가 馮夢龍(1574~1646)의 저작 '三言' 중 하나 『醒世恆言』 37권 〈杜子春三入長安〉이라는 제명으로 재창작된 바가 있다. 이처럼 당전기 〈두자춘〉은 시대와 국가를 막론하고 그 매력적인 소재로 인해 소설 작가들에게 끊임없는 창작의 원천을 제공한 것으로 보인다. 당전기 〈두자춘〉과 풍몽룡의 〈두자춘삼입장안〉, 류노스케의 〈두자춘〉을 비교한 논의로는 다음을 참조하면 좋다. 王琦, 「〈杜子春〉: 欲斷不斷在人間」, 『文學教育(上)』, 2016, pp.4~6.

64) 『太平廣記詳節』, 「神仙」, 〈杜子春〉. "杜子春者, 蓋周隋間人. 少落拓, 不事家產, 然以志氣閑曠. 縱酒閒遊, 資產盪盡, 投於親故, 皆以不事事見棄. 方冬, 衣破腹空, 徒行長安中, 日晚未食, 彷徨不知所往. 於東市西門, 饑寒之色可掬, 仰天長吁."

남을 것인가, 아니면 개과천선하고 새로운 삶을 살아갈 것인가 하는 상상을 펼치는 것이다. 이에 〈두자춘〉에서는 그러한 사고 실험, 즉 상상적인 체험을 가능하도록 매개할 노인을 등장시킨다.[65)]

> 그때 한 노인이 지팡이를 짚고 그의 앞에 나타나 물었다. "그대는 어찌하여 탄식하는가?" 두자춘이 그 마음을 이야고 또 친척들이 박대한 것을 분해했으니 사무친 기색이 얼굴빛에 역력했다. 그러자 노인이 말했다. "돈 꿰미가 어느 정도면 풍족하게 쓰겠는가?" 두자춘이 말했다. "3만에서 5만 냥 정도면 살 수 있을 듯합니다." 노인이 말했다. "모자랄 것이다." 두자춘이 다시 말했다. "그럼 10만 냥입니다." 노인이 말했다. "모자랄 것이네." 그러자 두자춘이 말했다. "그럼 100만 냥입니다." 노인이 또 말했다. "그래도 모자랄 것이네." 두자춘이 말했다. "그럼 300만 냥입니다." 그러자 노인이 말했다. "그 정도면 괜찮겠네." 그리고는 소매에서 돈 한 꿰미를 꺼내며 말했다. "오늘 저녁엔 이 정도만 그대에게 주겠네. 내일 午時에 西市의 波斯[페르시아의 음차] 가게에서 그대를 기다릴 테니 부디 약속 시간에 늦지 말게." 약속한 때가 되어 두자춘이 가자 노인이 과연 돈 300만 냥을 주었으니 성과 이름도 알려주지 않고 가버렸다.[66)]

우연히 등장한 노인은 두자춘에게 그의 사연을 듣고, 얼마가 필요한

---

65) 필자는 노인이 등장한 순간부터 작품에서는 벌써 환상체험을 시작하고 있다고 생각한다. 비록 환상세계라는 공간으로 들어가는 것은 작품의 후반부이지만, 노인의 등장과 함께 욕망을 실현하고 있다는 것, 그리고 노인이라는 비현실적 존재가 현실에 개입하는 것부터 이미 작품에서 환상체험의 전단계를 노정하고 있다고 본다.

66) 『太平廣記詳節』, 「神仙」, 〈杜子春〉. "有一老人策杖於前, 問曰 : "君子何嘆?" 春言其心, 且憤其親戚之疏薄也, 感激之氣, 發於顔色. 老人曰 : "幾緡則豐用?" 子春曰 : "三五萬則可以活矣." 老人曰, "未也." 更言之, "十萬." 曰 : "未也." 乃言 : "百萬." 亦曰 : "未也." 曰, "三百萬." 乃曰, "可矣." 於是袖出一緡曰 : "給子今夕, 明日午時, 候子於西市波斯邸, 愼無後期" 及時子春往, 老人果與錢三百萬, 不告姓名而去."

지 묻는다. 이에 두자춘은 처음에 3~5만 냥 사이를 말하지만, 노인은 그 정도로는 부족하다며 결국 300만 냥을 빌려주기로 하고, 아무런 조건 없이 사라져 버린다. 여기에서의 300만 냥의 의미는 표면상 큰돈이지만, 무엇보다 욕망의 척도를 상징적으로 나타낸 것이라 하겠다. 물론 〈두자춘〉에서 돈의 상징성은 지금의 물신화된 자본사회와 큰 차이가 있지만, 그럼에도 여기에서의 이 돈은 당시 많은 사람들이 억압된 현실을 타개하기 위한 수단으로서 갈망하던 물신적 대상이었던 것은 확실하다.[67] 요컨대 세속적 삶을 초월할 지표로 삼은 것이 돈이라는 물질인 셈이다. 따라서 노인은 두자춘이 현실을 초월할 수 있다고 믿을 만한 큰 액수인 300만 냥을 제시한 것이다.

그러나 두자춘은 돈을 받아 '부유해지자 즉시 방탕한 마음이 다시 일어나'[子春既富, 蕩心復熾] 예전의 일상처럼 스스로를 경계하지 않는 사람으로 되돌아가 버린다. 그래서 1~2년 사이에 모든 돈이 바닥나 버려 다시 처음처럼 비참한 현실로 돌아오게 되고 앞서와 같이 시장 문에서 스스로를 탄식한다. 현실을 초월할 수 있는 수단이라 믿었던 것이 실패한

---

67) 물신적 성격이란 사용가치를 가진 한 재화가 상품으로 변화하는 순간 '감각적이면서 동시에 초감각적인' 신비스런 성격이 나타난다. 이 신비함은 사용가치에서 기인하는 것도 아니고, 그 가치를 규정하는 내용에서 나오는 것도 아니라, '상품형태 자체'에서 나타난다. 즉, 노동과 상품 간 일대일의 대응이 아닌, 노동의 형태는 숨기고 상품만 남겨지게 되는 것이다. 이러한 착시현상을 통해 노동생산물은 사회적인 물적 존재, 즉 상품으로 변화한다. 상품의 가치관계는 노동생산물의 물리적인 성질과 관계 없는 인간 자신들의 사회적 관계일 뿐인데도 불구하고, 사람들은 그것을 물체와 물체 사이의 관계로 파악한다. 마치 '종교적인 세계의 신비경'과 같이, 사람들은 상품이 다른 상품과 자립적인 관계를 맺는다고 생각하는데, 이것을 '물신숭배'라고 한다. 노동생산물이 상품으로서 생산되는 순간, 이러한 양상은 필요적으로 나타난다. 이런 물신숭배의 虛想은 〈두자춘〉에서 지목하려는 돈의 물질적 허상성과 유사한 점이 있다. 칼 마르크스·엥겔스, 「상품의 물신적 성격과 그 비밀」, 『공산당 선언』, 김기연 譯, 새날, 2005.

것이다. 그 실패의 원인은 근본적으로 돈이라는 소비적 성격에 있지만 무엇보다 자신 내부에 있다. 여기에서 알 수 있는 것은 마음을 바로잡지 않으면 아무리 큰 세속적 가치가 자신의 손에 들어오더라도 모두 부질없게 될 수 있다는 믿음이다. 요컨대 내면의 경계를 무엇보다 가장 큰 가치로 세웠다고 볼 수 있다. 그런데 이 이야기는 여기에서 그치지 않고 노인을 다시금 등장시켜 두자춘의 행동을 관찰한다.

> "그대가 다시 이렇게 되다니 기이한 일이네. 내가 다시 그대를 구제해주려고 하는데 돈 몇 꿰미면 되겠는가?" 두자춘이 부끄러워 대답하지 못했다. 노인이 계속 다그치자 두자춘이 부끄러워하며 사죄할 뿐이었다. 노인이 말했다. "내일 오시에 이전에 약속했던 장소로 오게." 다음날 두자춘은 부끄러움을 참고 가서 천만 냥을 얻었다.[68]

다시 만난 노인은 두자춘에게 이전의 액수보다 큰 천만 냥을 준다. 이처럼 〈두자춘〉의 작가는 주인공이 현실을 타개할 수단이 오직 돈이라는 믿음을 심어준다. 그래서 두자춘 역시 천만 냥을 받기 전에는 분발하여 이제부터 가업을 잘 꾸려 나갈 것[未受之初, 憤發, 以為從此謀身治生]을 다짐하기도 한다. 하지만 돈을 받은 두자춘은 '돈이 수중에 들어오자 마음이 또 바뀌어 방종하게 욕심을 좇아'[錢既入手, 心又翻然, 縱適之情, 又卻如故] 모든 돈을 잃고 다시 예전 자리로 돌아오게 된다. 이렇게 두 번의 실패 후 다시 노인이 찾아와 세 번째 도움을 주게 되며 이번엔 3천만 냥을 두자춘에게 준다. 처음 3만 냥을 얻고자 했던 두자춘을 생각해보면

68) 『太平廣記詳節』, 「神仙」, 〈杜子春〉. ""君復如此, 奇哉. 吾將復濟子, 幾緡方可?" 子春慚不應. 老人因逼之, 子春愧謝而已. 老人曰 : "明日午時, 來前期處." 子春忍愧而往, 得錢一千萬.""

얼마나 큰 금액으로 불어났는지 짐작할 만하다.

위와 같이 작품에서 큰돈을 얻었음에도 반복적으로 방종하는 주인공을 묘사한 까닭은 자기 내면의 세계를 제대로 이해·인지하지 못한 상태를 묘사하는 것과 같다. 따라서 깨달음을 얻지 못한 주인공은 지속적으로 물질적 욕망을 좇는 모습으로, 그리고 스스로의 마음을 경계하지 않는 모습으로 묘사되는 것이다. 한편 돈이라는 물질성을 좇는 두자춘의 모습은 작품 밖 독자, 혹은 우리의 모습과 겹치는 효과를 가진다. 작품에서 봤듯이 돈의 성질은 언제든지 사라질 수 있는 허구적 신기루와 같은 것이다. 그런데 그만큼 무의미한 것에 집착하는 모습은 두자춘, 그리고 우리의 모습을 반성시키게 만들기도 한다.[69] 결국 이 역시 앞서와 같이 내면세계에 대한 탐색을 지속적으로 요청한다는 점에선 하나의 주제로 일관된다. 어쨌든 세 번이나 도움을 받은 두자춘은 크게 반성을 하고, 돈을 받은 후 노인에게 다음과 같이 맹세한다.

> "제가 이 돈을 받아 세상에서 큰일을 하겠습니다. 고아와 과부들이 입고 먹을 수 있게 해주고 名敎를 회복시키겠습니다. 노인장의 깊은 은혜에 감격했으니 일을 이룬 후에는 오직 노인장께서 시키는 대로 하겠습니다." … 두자춘은 고아와 과부들이 대부분 淮南에 기거하고 있다고 생각하여 마침내 재화를 揚州로 옮겨 기름진 밭 100 이랑을 샀으며, 성곽 안에 저택을 짓고 중요한 길목에 객관 100여 칸을 마련하여 고아와 과부들을 모두 불러 각각 그 안에 나누어 살게 했다. 친인척들에 대해서는 타지에서 죽은 이의 관을 옮겨 합장

69) 이에 대해 욕망을 추구하는 본질에서 인생을 돌아보는 태도로 변화하고 있음을 밝힌 논의가 있다. 논자는 작품에 나타난 3중 중첩 구조를 중심으로 욕망은 인성의 중요한 부분이지만, 그럼에도 인간 욕망이 영원히 만족할 수 없다는 것을 이 작품에서 논하고 있다고 보았다. 金明求, 「省察人性之本質-從結構來探討〈杜子春〉」, 『中國語文論叢』 28, 중국어문연구회, 2005, 155면.

해주었으며 은인에게는 보답하고 원수에게는 보복했다.[70]

세 번째로 돈을 받은 두자춘은 마침내 마음을 잡고 자신을 위해서가 아닌 남을 위해 돈을 사용하기 시작한다. 그 대상은 바로 고아와 과부들인데, 당시 사회적으로 가장 약자라고 할 수 있는 이들이다. 두자춘은 이들을 위해 집을 짓고 그들의 의식주를 책임지며 친인척이나 은인들에게도 온정을 베푼다. 이전의 행위에 비교했을 때 개과천선이라고 이를 만하다. 다시 말해 주인공은 이제 물질적 욕망을 좇는 세속적 모습에서 탈피하고 어느 정도 현실을 초월한 존재가 된 것이다. 이 작품이 이 정도로 서사의 진행이 그쳤더라도 충분히 교훈을 전해줄 수 있었을 것이다. 세속적인 물질에 전념하기보다는 내면에 있는 마음에 힘쓰라는 권고와 이를 실천한 주인공까지, 이 이야기는 독자들에게 정신 고양을 일으키기에 족하다.

그러나 작가는 여기에서 그치지 않고 한 번 더 두자춘을 통한 사고 실험을 계획한다. 그것은 바로 환상체험을 통해 두자춘을 신선의 경지에 끌어올리려는 것이다. 이러한 인식은 수당시기 도교 철학에 기인한 바가 큰 데, 어떤 사람이라도 수련을 통해 신선의 경지에 오를 수 있다는 믿음이 담겨 있다. 이것을 '成仙'이라고 칭한다.[71] 어쨌든 깨달음을 얻어 積善

---

70) 『太平廣記詳節』, 「神仙」, 〈杜子春〉. ""吾得此, 人間之事可以立, 孤孀可以衣食, 於名教復圓矣. 感叟深惠, 立事之後, 唯叟所使." … 子春以孤孀多寓淮南, 遂轉資揚州, 買良田百頃, 郭中起甲第, 要路置邸百餘間, 悉召孤孀, 分居第中 婚嫁甥侄, 遷祔族親, 恩者煦之, 仇者復之."

71) 이에 대해서 牟鐘鑒은 道性이라는 개념을 통해 설명하고 있다. "도성이란 불교의 불성 개념과 대비되는 개념으로, 우주만물과 생명에 잠재된 도를 말한다. 도성의 개념은 초기노자의 철학에 그 싹이 보이고, 구체적인 개념으로 형성된 것은 수당시기 이후의 道性說을 통해서이다. 法性 개념이 道性 개념으로 전환하여 일체 만물이 모두 도를 내재하고 있다고 함으로써 이것은 수당시기 重玄學의 핵심 개념 중의 하나가 된다.

을 행한 두자춘은 노인을 만나기 위해 華山의 雲臺峰으로 찾아가게 된다. 이제 신선의 경지에 도달할 준비를 마친 것이다. 이에 노인은 도사의 복장을 하고 흰 돌 3알과 술 한 잔을 가져와 두자춘에게 주고 먹으라고 지시하면서 다음과 같은 말로 주의를 당부한다.

> "절대로 말을 하지 말게. 비록 尊神·惡鬼·夜叉·猛獸·地獄이 나타나거나 그대의 친족이 감옥에 갇혀 온갖 고난을 당하더라도 모두 진실이 아니라네. 절대로 움직이지도 말하지도 말게. 마음을 편히 하고 두려워하지 않는다면 결국엔 아무런 고통도 없을 것이네. 반드시 일심으로 내가 한 말을 기억하게."[72)]

노인의 언급대로 두자춘은 이후부터 진실이 아닌 공간, 즉 환상세계에서 신선의 경지에 도달하기 위한 시험을 행한다. 그 시험은 속세에 대한 모든 감정을 끊어내는 것으로, 뒤에서도 밝혀지지만 怒·哀·懼·惡·慾·喜·愛 등의 감정에 휘둘리지 않는지를 차례로 시험해보는 것이다. 깨달음을 얻기 전 언제나 욕망에 휘둘려 자기감정을 통제하지 못하던 두자춘을 생각해보면, 그의 성장이 과연 완벽한지 환상체험을 통해 증명하려는 것이다. 그래서 두자춘은 대장군을 만나 위협을 당하기도 하고, 온갖 맹수가 가득한 공간에 들어가 위험의 상황에 처하기도 한다. 혹은 천둥번개와 파도 등 자연물이 그를 덮치는 상황에서도 두자춘은 평정심을 잃지 않는다. 이 모든 것은 두자춘의 감정을 자극하고 유혹하는 상황

수련자들이 도를 깨달아 成仙할 수 있는 근거가 되는 개념이며, 송대 성리학의 탄생에도 지대한 영향을 미쳤다." 牟鐘鑒, 『중국 도교사』, 이봉호 譯, 예문서원, 2015, 166면 각주 13번.

72) 『太平廣記詳節』, 「神仙」, 〈杜子春〉. "愼勿語. 雖尊神惡鬼夜叉, 猛獸地獄, 及君之親屬, 爲所困縛萬苦, 皆非眞實. 但當不動不語, 宜安心莫懼, 終無所苦. 當一心念吾所言."

이 도사에 의해 안배된 것이다. 그 중에서도 두자춘의 아내를 데려와 협박하는 장면은 꽤나 인상 깊다.

> 그의 부인을 잡아와 계단 아래에 내동댕이치면서 가리키며 말했다. "성명을 말하면 풀어주겠다." 그러나 두자춘은 또 대답하지 않았다. 급기야는 부인에게 채찍질하여 피를 흘리게 하고, 활로 쏘고 도끼로 찍기도 하며 삶기도 하고 태우기도 하여 고통을 차마 할 수가 없었다. 부인이 울부짖으며 말했다. "진실로 제가 못나고 어리석어 당신을 욕되게 하기는 했지만, 다행히 당신의 아내가 되어 받들어 모신지 10여 년이나 되었습니다. 지금 尊鬼에게 사로잡혀 그 고통을 참을 수 없습니다. 감히 당신이 기어가서 절하며 애걸하기를 바라는 게 아니지만 그저 당신이 한 마디만 해주신다면 목숨을 보선할 수 있을 것입니다. 사람 중에 누가 무정하길래 당신은 어찌 한 마디 말을 아끼십니까?" 부인은 마당 안에서 눈물을 비 오듯 흘리며 저주하기도 하고 욕도 해보았으나 두자춘은 끝내 돌아보지 않았다. 장군이 또 말했다. "내가 네 처를 해칠 수 없을 것 같으냐!" 그리고는 방아를 가져오게 하여 다리부터 한 마디씩 찧었다. 부인이 더욱 다급하게 울부짖었으나 두자춘은 끝내 돌아보지 않았다.[73)]

위의 부분은 환상의 세계에서 두자춘과 아내를 대면시키고, 아내에게 고문을 가하여 두자춘에게 소리를 내도록 강제하는 부분이다. 여기에서 첫 번째 '愛'의 단계를 찾아볼 수 있다. 두자춘이 아내를 사랑한다는 직접적인 언급은 나타나있지 않지만, 아내가 두자춘에게 하는 언급을 봐신

73) 『太平廣記詳節』, 「神仙」, 〈杜子春〉. "因執其妻來, 拽於階下, 指曰 : "言姓名免之." 又不應. 及鞭捶流血, 或射或斫, 或煮或燒, 苦不可忍. 其妻號哭曰 : "誠爲陋拙, 有辱君子, 然幸得執巾櫛, 奉事十餘年矣. 今爲尊鬼所執, 不勝其苦. 不敢望君匍匐拜乞, 但得公一言, 即全性命矣. 人誰無情, 君乃忍惜一言?" 雨淚庭中, 且咒且罵, 春終不顧. 將軍且曰, :吾不能毒汝妻耶!" 令取銼碓, 從腳寸寸銼之. 妻叫哭愈急, 竟不顧之."

10년이나 함께한 情이 존재함을 알 수 있다. 따라서 그녀가 두자춘에게 한 언급은 10년간 함께 살아온 愛情을 건드려 시험에 들게 한 것이다.[74] 그럼에도 두자춘은 부인에 대한 관심을 끊고 모두 참아낸다. 이를 통해 보면 그는 아직까지 이 세계가 모두 거짓과 허구인 환상 세계임을 인지하고 있는 것이다.

이에 부인이 참수를 당하고 두자춘의 혼백은 염라대왕을 만난 후 지옥으로 향하게 된다. 두자춘은 이곳에서 다양한 고문을 당하는데 모든 고통을 참아내면서 신음 소리조차 내지 않는다. 이때도 '도사의 말을 깊이 염두에 두었던 것'[心念道士之言, 亦似可忍]이다. 지옥에서 모든 형벌을 다 받은 두자춘은 이내 염라대왕의 명에 의해 여성으로 환생하게 된다. 환생한 두자춘이 전생의 기억을 가지고 있었는지는 명확하게 나타나 있지 않지만 태어날 때부터 목소리를 내지 않았다.[75] 그래서 주변 사람들은 그'녀'를 모두 벙어리라고 인지하고 있었다.

염라대왕의 명에 의해 환생한 서사의 부분은 앞선 부분과는 조금 차이가 있다. 여성의 몸으로 환생하여 여러 우여곡절을 겪는다는 점이다. 그녀는 환생하여 태어난 후 병치레를 많이 했기에 고통을 받는 나날이 흐른다. 그리고 불에 떨어지는 경험도 하고, 침상에서도 구르는 경험도 하지만 끝내 소리를 내지 않았다. 또한 주변 사람들에게 벙어리라 조롱을 당하는 수모를 겪기도 한다. 시련의 연속인 셈이다. 하지만 그러면서도 같은 고을에 盧珪라는 자와 혼인도 하고 아들을 낳는 즐거움을 경험

---

74) 두자춘의 부인이 첫 번째 '愛'에 대한 시험이었다는 것과 두 번째 '愛'의 시험과는 구분된다는 논의는 다음의 것을 참조하길 바란다. 王琦, 앞의 논문, p.6.

75) 아마도 서사의 뒷부분에 '도사와의 약속을 잊어버렸다'[忽忘其約]는 구절이 나타나는 것으로 보아 전생의 기억을 간직하진 못했으나, 본능적으로 말을 못하게 했다고 추정할 수 있을 뿐이다. 그러나 이 역시 명확치는 않다.

하기도 한다. 이것은 환생체험에서 다양한 감정들을 중첩하고 집약적으로 체험하는 것이라 볼 수 있다. 즉 환생체험은 인생에서 경험할 수 있는 여러 감정들을 접하는 세계인 것이다. 그러면서 두자춘에게는 마지막 시험이 주어진다. 다음 인용문을 보자.

> 노생이 아이를 안고 두자춘에게 말을 걸었으나 그녀는 대답하지 않았다. 여러 가지 방법으로 그녀를 유도했으나 그녀는 끝내 말이 없었다. 그러자 노생이 크게 화를 내며 말했다. "옛날 賈大夫의 부인은 그 남편을 비루하다고 여겨 조금도 웃지 않았지만, 남편이 꿩 사냥하는 것을 보고 오히려 그 감정을 풀었소. 지금 나의 비루함이 가대부보다 더한 것도 아니고 才藝도 꿩 사냥보다 훨씬 낫건만, 그런데도 당신은 끝내 말을 하지 않는구려. 대장부가 부인의 업신여김을 당한다면 그 자식이 무슨 소용 있겠소?" 그러고는 아들의 두 발을 잡고 돌 위에 머리를 내려쳤더니 그 즉시 머리가 깨져 피가 몇 걸음까지 튀었다. 두자춘은 자식을 사랑하는 감정이 마음에서 생겨나 문득 그 약속을 잊어버린 채 자기도 모르게 '억!' 하고 소리를 냈다. 탄식하는 소리가 아직 끝나지 않았는데, 두자춘의 몸은 이전의 장소에 앉아 있었고 도사 또한 그 앞에 있었다.[76)]

환생한 두자춘의 남편인 노규는 그녀를 아무리 유혹해도 대답이 없자 화가 나, 두 살배기 아들의 양 다리를 붙잡고 돌 위에 그 머리를 내리친다. 그 순간 두자춘은 두 번째 '愛'를 참지 못하고 그만 '억!' 소리를 내지르게 된다. 첫 번째 '愛'를 시험했던 부인과의 애정은 참을 수 있었지만,

76) 『太平廣記詳節』, 「神仙」, 〈杜子春〉. "盧抱兒與之言, 不應. 多方引之, 終無辭. 盧大怒曰 : "昔賈大夫之妻鄙其夫, 才不笑, 然觀其射雉, 尙釋其憾. 今吾陋不及賈, 而文藝非徒射雉也, 而竟不言. 大丈夫爲妻所鄙. 安用其子?" 乃持兩足, 以頭撲於石上, 應手而碎, 血濺數步. 子春愛生於心, 忽忘其約, 不覺失聲云 : "噫!" 噫聲未息, 身坐故處, 道士者亦在其前."

부모와 자식 간의 애정은 참을 수 없었던 것이다. 그리고 이렇게 모든 환상체험(그리고 그 안에 있는 환생체험도 함께)은 끝나고 두자춘의 成仙 계획은 실패로 돌아가고 만다. 현실세계로 돌아오게 된 것이다.

그런데 환상체험에서 유의해서 살펴보아야 할 것은 첫 번째 사랑과 두 번째 사랑이 서로 차이가 있다는 점이다. 첫 번째 사랑의 체험에서 부인에 대한 사랑을 끊어내는 것은 환상의 세계에서의 체험이 거짓인지 명확하게 인식하고 있었기에 도사의 말을 명심하고 참아낼 수 있었다. 그러나 두 번째 환상세계 내부의 환생체험은 두자춘이 자신의 몸이 아닌 다른 몸으로 태어났기도 했고 그 몸이 여성이기도 했으며, 무엇보다 자신이 2년 동안 애지중지 키운 아들이 죽임을 당했다는 측면에서 眞假가 혼동되었을 만했다. 특히 다른 환상체험은 단선적으로 공간을 이동하면서 두자춘을 시험한다. 반면 환생 세계에서의 체험은 王勸의 딸로 살아가는 시간의 경과와 함께 아들의 죽음이라는 대단원에 이르기까지 여러 '장치'를 치밀하게 깔아두었으니 두자춘은 도사의 말을 잊을 수밖에 없었던 것이다. 이처럼 『태평광기상절』에 나타난 환상체험은 眞假의 구별을 모호하게 만든다는 특성을 가진다.

한편 작품 속 '억!'이라는 이 외마디에는 많은 것을 응축하고 있다. 이것은 아들이 죽었다는 사실에서 오는 슬픔과 분노의 감정을 넘어서지 못했음을 알려준다. 동시에 슬픔과 분노를 느꼈다는 점에서 그만큼 아들을 사랑했다는 것을, 그리고 아들이 자신에게는 기쁨의 감정을 전해주는 대상이었음을 분명하게 인식할 수 있게 해준다. 다시 말해 '억!'이라는 탄식은 자신의 분신인 아들을 잃어버린 것에 대한 슬픔과 노함/두려움/미움의 감정을, 한편으로는 그만큼 자신이 아들을 사랑했다는 것에 대한 기쁨/욕망을 모두 알려주는 이중적인 지표로 기능하는 셈이다. 따라서 이것은 인정에 사로잡힌 보통의 인간으로서의 두자춘을 표현했다고 볼 수 있다. 이에 현실세계로 돌아온 도사가 두자춘에게 다음과 같이 말한다.

> 도사가 다가와서 말했다. "그대의 마음이 喜·怒·哀·懼·惡·慾을 모두 잊었지만 아직 도달하지 못한 것은 愛일 뿐이네. 아까 만약 그대가 탄식하는 소리를 내지 않았다면 내 약이 완성되고 그대 또한 하늘로 올라가 신선이 될 수 있었을 것이네. 아! 신선의 재목은 얻기 어렵구나. 내 약이야 다시 제조할 수 있으나 그대의 몸은 다시 속세로 돌아가야 하니 힘쓰도록 하게." 그러고는 멀리 길을 가리키며 두자춘에게 돌아가게 했다.[77]

이처럼 두자춘은 신선이라는 초월의 경지를 목전에 두고 다시 현실로 돌아온다. 두자춘은 신선이 될 만한 재목이 아니었던 것이다. 그렇다면 두자춘의 환상체험은 무의미한 것으로 남는 것인가? 혹은 이 작품은 비극적인 결말을 다룬다는 것인가? 우선 신선이 될 만한 재목이 아니라는 관점은 초기도교의 경서인 『太平經』의 운명론에도 나타나 있다. 다만 이 운명론은 한계가 있는 운명론으로 비록 범상한 인간은 신선이 될 수 없지만, 개인의 노력 여하에 따라 한계 내에서의 최대치의 결과를 얻어낼 수 있다고 한다.[78] 다시 말해 두자춘은 '成仙'으로선 최상의 결과는 얻지 못했지만 보통의 인간으로선 최상의 경지까지 도달한 것이다. 따라

77) 『太平廣記詳節』, 「神仙」, 〈杜子春〉. "道士前日 : "吾子之心, 喜怒哀懼惡欲皆忘矣, 所未臻者愛而已. 向使子無噫聲, 吾之葯成, 子亦上仙矣. 嗟乎! 仙才之難得也. 吾葯可重煉, 而子之身猶爲世界所容矣, 勉之哉." 遙指路使歸.""

78) 『태평경』에서는 다음과 같은 주장을 한다. "결코 사람들 모두가 신선이 될 수는 없으며, 세상을 구제하는 자도 만 명에 한 명 있을까 말까 하다. 그러나 그렇더라도 인간의 성취는 결국 개인의 노력 여부와 관련이 없을 수 없다. 힘써 공부하지 않으면 홀로 근심과 고통 속에서 죽고 지하세계로 가게 되며, 선을 행하고 도를 공부하면 정해진 운명 가운데 최상의 결과를 허락받아서 천수를 누릴 수 있나." 牟鐘鑒, 앞의 책, 41면.

서 속세를 초월하지 못한 성선의 실패를 비극적 결말로 보아서도, 무의미한 환상체험으로 보아서도 안 될 것이다.

오히려 작품 첫 부분에 스스로를 절제하지 못하고 욕망에 휩쓸려 비루한 삶을 살았던 두자춘과 작품 마지막 성선에 실패했지만 범인의 경지를 넘어선 두자춘을 비교해 본다면, 이들의 간극이 몹시 크다는 것을 발견할 수 있다. 그래서 방탕했던 등장인물이 환상체험을 겪고 성숙한 인물로 변화하는 과정은 종교적인 것과 관련이 있으면서도 삶에 초점이 맞춰져 있다. 즉 종교적 소재를 두었지만 교훈성을 통한 흥미와 삶에 대한 반성에 가깝다는 점이다.[79] 그러므로 〈두자춘〉의 주제의식은 현실을 토대로 두되 욕망에 휘둘리지 않는 삶을 탐색하려는 주제의식이 담긴 것이라 할 수 있다.[80]

바로 이런 지점에서 종교적 환상체험 서사는 『태평광기상절』의 편찬의식 혹은 목적과도 맞닿아 있다. 『소학』의 서사들은 이념적으로 모범적인 행위라 인식될 만한 것을 제시한다. 이것은 현실에서 이상적인 것을 재현시키려는 노력에 가깝다. 그래서 '반항'이라고 할 수 있는 사례도 존재하지 않으며, 따라서 절대적이고 무조건적이다. 유교적 이념에 어

79) 그래서 논자에 따라선 이 작품을 구도의 길에 대한 일종의 '반항'이라고 보는 관점도 존재한다. 이에 대해 "이러한 구성은 아무리 속세에 미련을 버렸을지라도 '親子에 대한 情'의 집착까지 끊어야 초탈한 선계로 갈 수 있다는 구도의 길에 대한 일종의 반항이라 할 수 있다. 작가는 일체의 고통이나 능욕은 참을 수 있지만 오직 '자식 사랑'은 끊을 수 없다는 인생태도를 표출함으로써 인륜의 정을 뿌리까지 제거할 수 없음을 설파하고 있는 것이다."라고 언급한 바 있다. 유병갑, 앞의 논문, 173면. 요컨대 성선에 이르는 도정에 존재하는 방법은 자식과 부모의 감정마저 끊어버리는 완벽한 욕망의 제거이기 때문에 오히려 현실과 동떨어진 것이다.

80) 그래서 작품 말미에도 노인에게 받은 은혜에 제대로 보답하지 못한 부끄러움이 담겨 있지, 성선에 오르지 못한 아쉬움은 전혀 나타나 있지 않다. 『太平廣記詳節』, 「神仙」, 〈杜子春〉. "子春既歸, 愧其忘誓, 復自效以謝其過."

긋난 행동을 하는 주인공이 전무하다시피 하다는 점에서 이를 짐작할 수 있다.[81] 반면 『태평광기상절』에 선집된 종교적 환상체험 서사들은 그것이 비록 종교적인 것과 상반된 욕망이더라도 그것을 다루고 제어하는 모습을 다룬다. 내면의 욕망[惡]에 맞서 내면의 본질[善]을 회복시키려는 주인공을 다루기 때문이다. 그래서 『소학』과 달리 욕망에 쉽게 흔들리는 두자춘과 같은 존재가 서사에서 나타나는 것이다.

이런 차이점으로 『소학』이 가진 이념성은 이상적으로 설정한 것에 대한 복종과 계약·규범에 가까운 질서를 추구하는 방향으로 나아가고, 『태평광기상절』의 이념성은 체험을 통한 내적 탐색과 반성을 추구하는 방향으로 나아간다. 그래서 전자가 완전무결한 일원론적 세계관을 옹호한다면 후자는 이원론적 세계관을 옹호하며,[82] 전자가 이념을 투여한다면 후자는 이념을 선택한다고 정리할 수 있겠다. 후술하겠지만 조선중기의 소설은 본래 傳奇와 같이 이원론적 세계관을 바탕을 두고 등장인물을 생산했었지만, 점차 일원론적 세계관의 담론들과 접합하면서 일원론적 세계관을 바탕에 둔 이원론적 세계관으로 변화하게 된다. 따라서 이런 점에서 『소학』과 『태평광기상절』의 서술기법에 나타난 세계관을 주목

---

81) 만약 비이념적 혹은 비윤리적 존재가 『소학』에 등장한다 하더라도 그는 모범적 인물의 행위를 부각시키기 위해서만 존재·기능할 뿐이다.

82) 첨언하자면 이원론적 세계관은 육체적 세계와 영적 세계의 분리를 전제한다. 그래서 육체적·쾌락적 욕망의 세계에 대한 집착을 끊어내고 인간의 본래 모습인 순수하고 불멸의 영적 세계로 돌아오는 여행을 시작하라는 주문은 이원론적 세계관의 중요한 지점이다. 그리고 그 여행을 위해선 내면의 탐색이 중요하다. 이러한 이원론은 고대에 선신과 악신으로 나누는 이원론에서 기원한 것인데, 한반도에서도 함경도의 〈창세가〉 중 미륵과 석가, 제주도의 〈천지왕본풀이〉 중 대별왕, 소별왕과 같은 창세신화를 통해 그 시원을 짐작게 한다. 종교와 영성의 대립에 대한 논의는 다음의 책에서 그 시각을 빌려왔다. 다만 영성이 현실과 타협을 거부한다는 부분에 대해선 생각을 달리하는 바이다. 유발 하라리, 『호모데우스-미래의 역사』, 김명수 譯, 김영사, 2017, 248~261면.

해서 봐야 한다.

『태평광기상절』에 담겨 있는 종교적 환상체험 서사들은 앞서의 〈두자춘〉의 경우를 대부분 따라간다. 〈여옹〉이나 〈앵도청의〉, 〈순우분〉의 경우 그 주인공이 모두 현실에 만족하지 못하고 곤궁한 삶을 살아가는 이들로 그려진다. 이것은 〈여옹〉의 盧生이 "대장부가 세상에 태어나 뜻대로 되지 않고 이렇게 곤궁하다니!"[大丈夫生世不諧, 而因如是乎!]라는 외침으로 현실에서의 불만족을 토로하는 대목, 〈앵도청의〉의 盧子가 '과거에 응시했으나 여러 해 동안 낙방하여 생활이 점점 곤궁'[在都應擧, 頻年不第, 漸窘迫]한 모습으로 묘사되어 있음에서 알 수 있다. 순우분 역시 자신의 능력을 마음껏 펼치지 못해 실의에 빠져 방탕하게 술을 마시는 모습으로 그려진다.[83] 앞서 두자춘이 스스로의 욕망을 절제하지 못해 비참해진 것과 비교한다면 조금 나은 모습이지만, 그럼에도 이들은 두자춘이 西市에서 현실에 대한 불만족으로 한숨을 내쉬던 것과 비슷한 면모가 있다.

이에 〈여옹〉에서는 여옹[84]이라는 異人이 등장해 노생에게 베개를 건네주면서, 〈앵도청의〉에서는 노자가 스님의 俗講을 듣다가 졸면서 꿈의 환상세계로 진입하게 된다. 환상세계에서의 서사는 둘 모두 비슷하다. 기이한 인연으로 부귀한 집안의 딸과 결혼하고 높은 관직에 올라 큰 부귀를 얻고 누리는 이야기로 구성된다. 이들 작품은 꿈이라는 환상세계에

83) 『太平廣記詳節』, 「昆蟲」, 〈淳于棼〉. "曾以武藝補淮南軍裨將, 因使酒忤帥, 斥逐落魄, 縱誕飮酒爲事."

84) 唐代와 五代시기에 鍾離權과 그의 제자 呂洞賓을 문학 소재로 빈번하게 다뤄진 것으로 보았을 때 여옹의 정체는 여동빈이다. 여동빈 전설이 당대의 〈침중기〉, 송대의 〈황량몽〉 등의 작품에 수용되는 양상과 관련하여서는 다음의 논의를 참조하면 좋다. 黨芳莉, 「呂洞賓黃粱夢傳說考論」, 『西北大學學報』, 2000.1, pp.60~66.

서 '부귀'를 체험함으로써 그 불만족을 탈피하려는 것이다. 결국 욕망의 성질이 부귀로 그 이름이 바뀌었을 뿐 물질적 욕망을 제한 없이 좇는다는 점에서는 〈두자춘〉과 같다. 그리고 그 물질적 욕망이 한낱 신기루임을 전해주는 내용도 앞서의 〈두자춘〉과 비슷한 점이 있다. 다음은 환상 체험을 하고 난 다음 꿈에서 깨어나는 부분이다.

> 노생이 하품을 하며 깨어나서 보았더니 자신은 여관 안에 누워 있었으며, 돌아보았더니 여옹은 옆에 있고 여관 주인이 찌고 있던 메조는 아직 익지도 않은 상태였다. 그리고 눈에 보이고 손에 닿는 것도 모두 예전 그대로였다. 노생은 벌떡 일어나며 말했다. "어찌 이것이 꿈이란 말인가!" 여옹이 웃으며 말했다. "인간 세상의 일도 또한 이와 같네." 노생은 묵묵히 있다가 한참 뒤에야 여옹에게 감사드리며 말했다. "대저 寵辱의 운수와 得失의 이치와 生死의 실정을 모두 알았습니다. 이것은 선생께서 나의 욕망을 막고자 하신 것이니 어찌 감히 가르침을 받지 않을 수 있겠습니까!" 노생은 여옹에게 재배하고 떠나갔다.[85)]

> 노생은 불전에 올라 예불하다가 홀연 취한 듯이 혼미해져서 한참 동안 일어나지 못했다. 그때 그의 귀에 속강하는 스님이 부르는 소리가 들렸다. "檀越(施主)은 어찌하여 이토록 오랫동안 일어나지 않습니까?" 그 소리에 노자는 갑자기 꿈에서 깨어났는데, 자신을 둘러보니 흰 적삼을 입은 차림새가 예전 그대로였으며 앞뒤로 있던 관리들은 한 명도 보이지 않았다. 노자는 낭왕하여 멍한 상태로 천천히 잠시 문을 나와서 보았더니, 어린 노복이 나귀를 붙잡고 모자를 든 체 문밖에 서 있다가 노자에게 말했다. "사람과 나귀가

---

85) 『太平廣記詳節』, 「異人」, 〈呂翁〉. "盧生欠伸而寤, 見方偃於邸中, 顧呂翁在傍, 主人蒸黃粱尙未熟, 觸類如故. 蹶然而興曰 : "豈其夢寐耶!" 翁笑謂曰 : "人世之事, 亦猶是矣." 生然之明抄本然之作默然, 良久謝曰 : "夫寵辱之數, 得喪之理, 生死之情, 盡知之矣. 此先生所以窒吾欲也, 敢不受教." 再拜而去."

> 모두 배가 고픈데 나리께서는 어찌하여 오랫동안 나오지 않으셨습니까?" 노자가 시간을 물었더니 노복이 말했다. "정오가 다 되어 갑니다." 노자는 망연히 탄식하여 말했다. "인간세상의 영화와 궁달, 부귀와 빈천 역시 응당 그러하다면, 지금 이후로 다시는 관리의 영달을 바라지 않으련다!" 노자는 마침내 仙道를 찾아 떠나 인간세상에서 종적을 감추었다.[86)]

위의 예시를 통해 볼 수 있듯이 환상세계에서 부귀라는 욕망을 모두 이루고 다시 현실세계로 돌아왔을 때 두 주인공의 반응이 서로 비슷하다는 것을 알 수 있다. 한명은 '어찌 이것이 꿈이란 말인가!'라고 소리 지르며 꿈에서 깼음에도 현실을 부정하기도 하고, 다른 한 명은 '당황하여 멍한 상태로' 아직도 환상과 현실 사이에서의 眞假를 파악하고 있다.

이들의 양태에는 정도의 차이는 있지만 환상세계에서의 체험이 '진짜인 것처럼' 느꼈다는 점이다. 다시 말해 이들에게 있어 환상체험은 몹시 바라던 일이 실제처럼 이뤄진 경험이었기 때문에 진짜인 것처럼 느낄 수 있던 것이다. 그리고 현실의 시간과 환상세계의 시간 불일치를 통해 일상적 경험들이 전복됨을 느끼게 되었다.[87)] 그래서 아쉬움의 감정이 공

---

86) 『太平廣記詳節』, 「夢遊」, 〈櫻桃青衣〉. "升殿禮佛, 忽然昏醉, 良久不起. 耳中聞講僧唱云, "檀越何久不起?" 忽然夢覺, 乃見著白衫, 服飾如故, 前後官吏, 一人亦無. 回遑迷惑, 徐徐出門, 乃見小豎, 捉驢執帽在門外立, 謂盧曰, "人驢並饑, 郎君何久不出?" 盧訪其時, 奴曰, "日向午矣." 盧子罔然歎曰, "人世榮華窮達, 富貴貧賤, 亦當然也, 而今而後, 不更求官達矣!" 遂尋仙訪道, 絕跡人世矣."

87) 이에 대해 루샤오펑은 "사실적 합리성 속에서 꿈의 시간은 오로지 인간이 잠을 자는 동안만 지속되는 인간 삶의 스쳐 지나가는 순간이다. 그 시간은 사람이 깨어나자마자 끝난다. 그러나 이렇게 짧은 순간이 이야기의 대부분을 차지한다. 꿈은 이야기하는 시간의 주요한 부분을 차지한다. 이와는 대조적으로 사실적 시간은 꿈의 시간보다 더 짧고, 주인공의 경험에서 그 의미가 덜하다. 사실적 시간과 꿈의 시간 사이의 불일치는 평범한 일상의 경험을 뒤집는다. 꿈은 사실보다 더 오래 지속된다."라고 언급한 바 있다. 루샤오펑, 『역사에서 허구로-중국의 서사학』, 조미원·박계화·손수영 譯, 길, 2001, 199면.

통되게 담겨 있는 것이고, 그와 동시에 이것이 자신의 내면의 虛想임을 깨닫게 되는 것이다. 결국 부귀라는 욕심은 자신의 마음에서 만들어낸 것으로 그것은 언제든지 없어질 수 있다는 믿음이 이 이야기에 내재되어 있다.

위와 같은 깨달음을 얻은 그들은 태도가 변화한다. 환상세계를 통한 깨달음이 그들의 의식을 변화시켰기 때문이다. 〈여옹〉의 노생은 여옹이 환상체험을 통해 가르쳐준 대로 앞으로 욕망에 휘둘리지 않는 주체적인 삶을 살아가겠다는 교훈적 취지의 발언을 한다. 한편 〈앵도청의〉의 노자는 부귀영화가 꿈처럼 허망하기 때문에 관리가 되고자 하는 꿈을 접고 인간세상과의 연을 끊는다.[88] 순우분 또한 마찬가지로 허망함을 깨닫고 道門에 귀의하고 여색과 술을 끊는다.[89] 따라서 이러한 면모는 현실을 토대로 한 욕망의 초탈이라는 〈두자춘〉의 주제의식과 상통한다.

(2) 역사적 환상체험 : 현실의 환기

이 절에서는 역사적인 상황과 환상체험이 결부되면 어떤 효과를 가지게 되는지 알아보도록 하겠다. 루샤오펑에 의하면 傳奇에서의 역사담론을 이용한 이야기들은 "주체의 현실적인 존재 조건을 미혹시키며 '익살맞은' 상상으로 재현"된다.[90] 요컨대 작가가 역사 사건이나 역사인물을 작품에 소환하는 까닭은 자신의 주변 처지를 반영하기 위해서라는 것이다.

한편으로 역사담론은 기본적으로 과거의 사실적인 이야기인데, 여기

---

88) 이렇게 보면 〈앵도청의〉가 삶을 초탈하여 현실에 무관심한 것처럼 해석될 수 있지만, 노자 역시 관리가 되고자 하는 꿈을 접을 뿐 求道를 하러 다니는 모습을 볼 때 나름대로의 현실적인 방법으로 욕망에 휘둘리지 않는 삶을 살아간다고 하겠다.

89) 『太平廣記詳節』, 「昆蟲」, 〈淳于棼〉. "生感南柯之浮虛, 悟人世之倏忽, 遂棲心道門, 絕棄酒色."

90) 루샤오펑, 앞의 책, 34면.

에 자신의 현실을 결부시키려면 피치 못하게 허구성을 개입시킬 수밖에 없다. 하지만 그것은 가짜 이야기를 생산하게 되기에 몰입감과 핍진성이 떨어질 처지에 놓이게 된다. 따라서 작가는 이 역사적 사실 이야기에 자신의 이야기를 개입하되, 역사를 해치지 않는 선에서 허구를 마치 사실인 것처럼 조작한다. 이 조작의 방식 중 하나가 바로 환상체험이다. 작가 자신의 꿈이나 異공간에서의 역사체험은 기이함을 만들어내는 동시에 '그럴 수도 있을 법한' 이야기를 생산해내는 것이다.

먼저 〈심아지〉를 보자. 이 이야기는 唐代의 인물 심아지가 장안성에 있으면서 꿈 속에서 춘추시기의 秦나라에 방문하여 공적을 세우는 내용이다. 여기에는 실존인물인 秦穆公이 등장하여 심아지를 등용하고 그에게 河西를 치도록 한다. 이는 실제 역사에서 晉惠公이 진목공에게 자신을 옹립한 대가로 하서 5성을 할양해줄 것을 약속하지만 약속을 지키지 않은 상황을 배경으로 한 것이다. 따라서 이 작품은 당시 역사적 상황과 진목공의 정복욕 가득한 캐릭터성을 그대로 따랐다는 것을 알 수 있다.

심아지의 공적으로 진목공은 자신의 딸인 弄玉을 심아지에게 소개하며 그녀와 혼인해줄 것을 부탁한다. 본래 농옥의 남편은 簫史이다. 본래 전설에서는 농옥과 소사가 한날한시에 함께 登仙하는 것으로 되어있지만, 작품 내에서는 소사가 일찍 죽었다는 설정으로 되어있다. 소사의 자리를 심아지가 대신하게 된 것이다. 이 역시 비록 전설로 치부될 수 있는 이야기이지만 작품에서는 사실로 굳어진 배경을 조금 비튼 것이라 할 수 있다.

한편 역사적 상황을 배경으로 하더라도 앞서의 종교적 환상체험과 같이 이 환상세계에는 작가의 욕망이 투영되어 있기 마련이다. 그래서 공주와 결혼한 심아지는 높은 관직에 오르는 등 부귀를 경험하게 된다. 이런 면에서 분명 〈심아지〉는 〈여옹〉과 같은 종교적 색채가 강한 소설의 영향을 깊게 받았음을 알 수 있다.[91] 그래서 그 부귀의 정도를 〈침중기〉와 같이 아주 상세히 묘사하고 있다.

> 누런 옷을 입은 어떤 환관이 급히 말을 타고 와서 심아지를 데리고 궁궐로 들어가자 궁궐은 몹시 장엄했다. 공주를 불러 나오게 했으니 보았더니 머리숱이 많고 윤기가 흘렀으며 偏袖衣를 입고 그다지 많이 꾸미지는 않았지만, 그 아리땁고 빼어나며 아름다운 모습은 글로 묘사할 수 없을 정도였다. 그녀를 받드는 시녀들이 좌우 양쪽으로 나누어 섰는데 수백 명은 되었다. 진공이 편전에서 심아지를 불러 만나보고 그를 궁전에서 살게 했는데 그 문에는 '翠微宮'이라 적혀 있었지만 궁인들은 그곳을 '沈郎院'이라 불렀다. 심아지는 비록 지위가 下大夫였으나 공주 덕분에 자유롭게 궁궐을 드나들 수 있었다.[92]

위의 예시처럼 〈심아지〉 역시 부귀를 키워드로 환상세계를 채워나간다. 분명 〈여옹〉처럼 허황된 상황을 가정한 것이지만 이 둘 사이에는 큰 차이가 있다. 〈여옹〉이 단순히 부귀를 경험하는 것에서 그친다면, 〈심아지〉의 경우는 자신의 잠재된 능력을 환상세계에서 마음껏 펼친다. 이것은 작가 심아지의 현실세계에서의 처지와도 연관이 크다. 그는 韓愈(768~824)의 문인으로 명성이 높았지만, 唐文宗이 제위에 오른 大和年間(827~835)에 당쟁에 휘말려 여러 곳으로 유배되는 처지에 놓이게 된다. 이때 현실 정치와 황제에 대한 불만을 토로하게 된다.[93] 이는 작품의 배

---

91) 楊勝寬, 「也談沈亞之及其〈秦夢記〉-兼與程毅中先生商榷」, 『四川師範學院學報』, 1990.2, pp.48~52.

92) 『太平廣記詳節』, 「夢遊」, 〈沈亞之〉. "有黃衣人中貴, 疾騎馬來, 延亞之入宮闕, 甚嚴. 呼公主出, 鬐髮, 著偏袖衣, 裝不多飾, 其芳殊明媚, 筆不可模樣, 侍女祗承, 分立左右者數百人. 召見亞之便館, 居亞之於宮, 題其門曰, 翠微宮, 宮人呼爲沈郎院. 雖備位下大夫, 繇公主故, 公入禁衛."

경이 대화연간 初라는 사실에서도 알 수 있는 부분이다. 따라서 그는 작품을 통해 단순히 부귀를 경험하는 것에서 끝나지 않고 자신의 능력을 발휘할 수 있는 공간으로 환상세계를 설정했음을 알 수 있다. 이를 위해 盛世의 기간이었던 진목공의 시기를 선택해 공적을 세웠던 것이다. 따라서 종교적 환상체험에서 바라본 부귀와 역사적 환상체험에서 바라본 부귀는 다를 수밖에 없다.[94]

한편 이것을 표현하는 방식도 종교적 환상체험과는 사뭇 다르다. 세월이 흐른 뒤 농옥이 갑작스럽게 죽게 되는데 이때부터 환상세계 속 심아지의 지위 역시 급작스럽게 흔들리게 된다. 그래서 작품은 심아지의 부귀를 높이는 것에 집중하는 것보다 심아지의 문필의 뛰어남을 부각시킨다. 이것은 공주가 살아있던 동안 한 편도 존재하지 않았던 詩가 공주가 죽은 후 4편이나 지어졌다는 점에서 알 수 있다. 이처럼 작가는 역사담론과 환상세계를 끌어와 그곳을 자신의 능력을 발산시키는 장치로 활용하고 있다고 하겠다. 다시 말해 역사적 환상체험은 역사 공간 속에 불우한 자신의 현실을 투영시킴으로써 현실세계에서의 불우함을 해소할 수 있는 창구로 작용을 하고 있다고 하겠다. 삶을 살아가는 원동력을 바로 문학에서 찾은 셈이다.

---

93) 심아지의 현실 불만족과 〈진몽기〉의 연관성에 대해선 다음의 논문을 참조하길 바란다. 周承銘, 「夢與現實疊加的怨憤-〈秦夢記〉思想主題新論」, 『汕頭大學學報』, 2019.5, pp.26~32.

94) 그리고 『태평광기상절』에서 〈심아지〉를 수용한 배경 역시 다를 수밖에 없다는 것이 필자의 입장이다. 작품 〈심아지〉가 작가 심아지의 내면의식 및 배경상황하에서 창작되었을지라도, 이를 후대에서 수용하였다면 심아지의 입장에서 바라본 불우의 내면 및 배경은 희석되었을 것이라는 점이다. 따라서 이 작품은 오히려 종교적 환상체험과 다른 필요성에 의해서 이런 역사적 체험서사가 수용되었을 것이라는 점이 필자의 생각이다. 그리고 그것은 깨달음보다는 욕망을 마음껏 펼칠 수 있는 공간으로 역사적 환상체험을 선택했을 가능성이 크다고 본다.

이것은 환상세계에서 빠져나오는 覺夢 부분에서도 차이가 있다는 점에서 확실해진다. 앞서 종교적 환상체험 속 주인공은 각몽을 통해 물질적 욕망에 대한 부질없음과 경계를 깨닫고 새로운 존재로 각성한다. 그러나 〈심아지〉에서는 이러한 부분이 존재하지 않는다. 다음 각몽의 장면을 살펴보자.

> 마침내 심아지는 진나라를 떠났다. 진공은 수레를 준비하여 그를 函谷關 밖까지 데려다 주게 했다. 수레가 함곡관을 나오자 전송하러 왔던 관리가 말했다. "진공께서 여기까지 모셔드리라고 명하셨으니, 저희들은 물러가겠습니다." 심아지가 그들과 이별하고 작별 인사를 아직 마치지 않았는데 어느덧 놀라 꿈에서 깨었으니 객사에 누워 있었는 것이었다. 이튿날 심아지는 친구 崔九萬에게 꿈속의 일들을 갖추어 말했으니 최구만은 博陵 사람으로 옛 일에 해박했다. 최구만이 나에게 말했다. "『皇覽』에 따르면 진나라 목공은 雍縣의 槖泉 祈年宮 아래에 묻혔다고 하는데, 그의 신령이 빙의한 것이 아닌가?" 심아지가 다시 진나라 때의 지리지를 구해서 보고 말했다. "최구만의 말 그대로구나. 오호라! 농옥은 이미 신선이 되었는데, 어찌 다시 죽으리오?"[95)]

위에서 살펴볼 수 있듯 주인공은 환상체험 이후에도 어떠한 질적 상승이나 변화가 보이지 않는데, 이것은 종교적인 부분에서 살펴본 바와 같이 물질세계의 부정성에 대한 경계를 관심에 두지 않았기 때문이다. 그의 관심은 오로지 꿈에서의 체험이 기이하다고 느끼는 것일 뿐이며, 이 경험이 현실의 깨달음으로 이이지지는 않는다. 그 이유는 다음과 같

95) 『太平廣記詳節』, 「夢遊」, 〈沈亞之〉. "竟別去. 命車駕送出函谷關, 出關已, 送吏曰 : "公命盡此, 且去." 亞之與別, 語未卒, 忽驚覺, 臥邸舍. 明日, 亞之爲友人崔九萬具道之. 九萬博陵人, 諳古. 謂余曰, "皇覽雲, 秦穆公葬雍槖泉祈年宮下, 非其神靈憑乎?" 亞之更求得秦時地誌, 說, "如九萬言. 嗚呼! 弄玉既仙矣, 惡又死乎?""

다. 앞서의 종교적 체험은 이뤄질 수 없는 환상이 거짓임을 깨달았을 때 허무감이 밀려오면서 그 부정성을 깨닫는다. 쉽게 말해 원하던 일이 이루어졌다고 느껴서 행복을 얻은 순간 그것이 가짜임을 인식했다는 점에서 자신이 만들어낸 환상임을 깨닫게 되는 것이다.

반면 역사적 체험은 자신이 원하는 바를 환상세계에 주동적으로 투영하기에 거짓이라는 허무감이 존재하지 않는다. 자신의 능력을 환상을 통해 마음껏 실험했기 때문이다. 그래서 꿈 속의 심아지는 진나라를 떠나면서 아쉬워했지만, 각몽 후의 심아지는 아쉬움을 표출하지 않는다. 따라서 〈심아지〉는 애초에 종교적 환상체험 서사와는 다른 목적에서 창작되었다는 것을 알 수 있다.

한편 심아지는 깨어나자마자 왜 이런 기이한 일이 자신에게 발생했는지를 알아보기 위해 환상세계에서의 체험을 친구에게 공유한다. 이에 친구는 『황람』이라는 史籍의 사실에 근거해 그 원인을 알려준다. 이는 현실적인 차원에서 그 원인을 제공해주는 것으로, 환상세계가 가짜임을 명확히 알려주는 표지로 활용된다. 종교적 환상체험은 그 眞假의 모호함으로 인해 그 체험을 현실로 끌어와 삶의 지표로 삼지만, 역사적 환상체험은 모호함보다는 그 발생 원인을 명확하게 밝힘으로써 하나의 재미있던 일화로 치부되고 만다.

이것은 작품의 말미에 심아지가 '오호라! 농옥은 이미 신선이 되었는데, 어찌 다시 죽을 리가 있겠는가?'라는 독백에서도 알 수 있다. 자신의 역사적 착각 때문에 환상세계가 열렸던 것이지, 본래의 역사와는 다르다는 시각이 분명하게 드러나 있다. 이러한 작가의 분명한 시각은 儒者로서의 이념적·도덕적 '자기 검열'[96]이기도 하면서, 동시에 현세적인 태도

96) 여기에서 말하는 자기 검열이란 젠들러가 말하는 '상상적 저항'과 비슷한 면모가 있다.

를 드러내었다고 하겠다.

다음으로 〈주진행기〉를 살펴보도록 하자. 이 작품은 그 작가가 누구인지 오래전부터 수많은 논쟁이 있어왔다. 대부분의 논자들은 李德裕(787~849)의 親友인 韋瓘(787~852)을 그 작자로 지목한다.[97] 위관이 이 작품을 지은 까닭은 牛僧孺(779~847)를 정치적으로 견제하기 위함인데, 당시 우승유와 이덕유를 중심으로 당쟁이 심했기 때문에 이덕유의 당에 속한 위관이 문학적 능력을 발휘한 것이다.[98] 이 작품이 당시 재상이었던 우승유를 誣告하기 위해 지어졌다는 것은, 작가가 우승유를 僞托하여 그가 작품 속에서 중국의 여러 비인들을 만나는 중 빌어진 장면에 기인한다. 다음 장면을 보자.

> 박태후가 나에게 물었다. "지금의 천자는 누구인가?" 내가 대답했다. "지금 황제는 先帝(唐代宗)의 장남이십니다." 그러자 太眞妃(楊貴妃)가 웃으며 말했다. "沈婆의 아들(唐德宗)이 천자가 되다니 정말 신기하도다."[99]

젠들러는 우리의 상상력이 사랑, 폭력과 같은 욕망에 대해서 언급하기는 하지만, 결코 문화 내적으로 세운 도덕적 영역을 침범하지 않는다고 주장한다. Gendler, Tamar, *Thought Experiment: On the Power and Limits of Imaginary Cases*, New York: Garland, 2000. 즉 모든 상상이나 환상에는 나름의 저항선이 존재하는 것이다. 이것이 여기에서 언급하는 유자들의 자기 검열과 비슷하다고 생각한다.

97) 송초 이전까지 『北夢瑣言』·『唐詩紀事』·『能改齊漫錄』·『容齊續筆』 등의 문집에서는 〈주진행기〉의 작가를 우승유로 기록하는 경우가 많았다. 그러다가 송초 賈黃中이 『賈氏漫錄』에서 우승유가 아닌 이덕유의 문인인 위관의 작이라고 주장한 이래로, 晁公武가 이를 받아들여 이 설이 굳어지게 되었다. 특히, 宋文宗은 이것을 보고 웃으며 '이는 필시 우승유를 가탁한 이름일 것이다. 만약 정원 연간에 진사가 되었다면, 어찌 감히 덕종 황제를 심노파의 아들이라 하겠느냐?(此必假名僧孺, 若貞元進士, 豈敢呼德宗爲沈婆兒也?)'라고 하여 위관 작가설이 더욱 확고해지게 되었다. 이에 대해서는 다음의 논의를 참조하였다. 王夢鷗, 『唐人小說硏究 2』, 藝文印書館; 臺北, 1973, pp.70~72.

98) 王偉, 앞의 논문, pp.63~65.

문면 상으로 봤을 때 문제가 될 소지가 없어 보이지만, 이를 자세히 살펴보면 다른 의미로 다가온다.[100] 일단 박태후가 지금의 천자를 물어보았다는 것은 환상세계의 밖, 다시 말해 현실세계에 대한 궁금증이 있음을 알려준다. 그래서 우승유는 지금의 황제는 唐代宗의 장자인 唐德宗임을 알려준다. 그러자 옆에 있던 양귀비가 웃으면서(비웃음에 가깝게) '심파'의 아들이 황제가 되었다고 신기해한다. 여기에서 심파는 덕종의 생모로 추후에 睿眞皇后로 추존된 인물이다. 일단 지금 황제의 생모를 '심씨 성을 가진 노파'라고 부른 점에서 문제가 되기도 하지만, 무엇보다 당시 예진황후 심씨(본명 沈珍珠)는 안사의 난으로 실종된 상황이라는 점에서 더 의미가 크다.

즉 비록 양귀비의 입을 빌리긴 하였으나 작품에서 작가는 대종과 덕종의 역린이 될 소지를 건드린 것이다. 심씨는 755년 安祿山(703~757)의 난으로 낙양이 점거 당했을 때 대종과 헤어지게 되었다가 이후 759년 안록산의 부하인 史思明(703~761)이 재차 난을 일으켰을 때 실종하기에 이른다. 761년 낙양 수복 후 대종이 황제가 되어 그녀를 백방으로 찾아보려 했지만 찾지 못했고 이후 아들인 덕종 역시 지속적으로 그녀의 행방을 찾아보았지만 끝내 찾지 못했다.[101] 그리고 이후에도 지속적으로

---

99) 『太平廣記詳節』, 「雜傳」, 〈周秦行記〉. "太后問余 : "今天子爲誰?" 余對曰 : "今皇帝先帝長子." 太眞笑曰 : "沈婆兒作天子也, 大奇.""

100) 한편 이 장면은 뒤에서 논의할 〈기몽〉의 장면과도 어느 정도 겹치고 있다고 생각이 된다. 박태후는 몽중 우승유에게 천자가 누구냐고 물어본 후, 그가 군주로서는 어떤지 그에 대한 평가를 내리길 바란다고 말한다. 이 장편은 〈기몽〉에서도 나타난다. 환상세계에 들어간 심의가 옛 친구 朴誾(1479~1504)을 만나 "지금의 천자는 어떤 분인가(今天子何許人)?"라고 묻는 부분과 이에 대해 박은이 최치원에 대한 평을 언급하는 점에서 그렇다. 아울러 1인칭 주인공 시점을 채택하는 부분 역시 〈기몽〉과 〈주진행기〉의 연관성이 일정 부분 존재한다고 생각한다.

101) 이후 덕종의 아들 順宗, 그리고 손자 憲宗이 대대로 예진황후 심씨의 행방을 찾으려고

심씨를 사칭하고 나타난 자들이 있었으니 당시 조정에서는 심씨에 대한 언급이 금기였던 셈이다.[102)][103)] 요컨대 정리하자면 우승유를 모함에 빠뜨리기 위해 작가는 주인공을 우승유로 설정해 둔 뒤 금기시된 사항을 환상체험을 통해 언술하도록 했다.

그러나 이 작품이 15세기 조선에서 읽힌 것이라면, 혹은 읽기 위해 선집해 놓은 것이라면 그 의미는 사뭇 달라진다. 다시 말해 이 작품이 우승유를 무고하기 위해, 혹은 금기시된 것을 은밀히 불러오기 위해 작성된 당시의 목적은 15세기 조선에서는 희석된 채로 전달된다는 점이다. 왜냐하면 牛李黨爭이나 황제의 친어머니 등의 이야기는 모두 조선의 현실과 동떨어져 있기 때문이다. 그렇다면 어떤 부분에서 15세기 조선의 독자들은 〈주진행기〉에 흥미를 느꼈을까? 바로 이 점에 천착한다면 〈주진행기〉를 새로운 관점에서 읽어낼 수 있으리라 본다. 이에 작품 속 주

노력했지만 결국 찾지 못하고, 헌종대에 이르러 수색을 중단하고 806년 예진황후로 추존한다. 이에 대한 기사는『舊唐書』,「后妃下」, 代宗睿眞皇后沈氏條에 자세히 나와 있다. "代宗睿眞皇后沈氏, 吳興人, 世爲冠族. 父易直, 秘書監. 開元末, 以良家子選入東宮, 賜太子男廣平王. 天寶元年, 生德宗皇帝. 祿山之亂, 玄宗幸蜀, 諸王妃主從幸不及者, 多陷於賊, 后被拘於東都掖庭. 及代宗破賊, 收東都, 見之, 留于宮中, 方經略北征, 未暇迎歸長安. 俄而史思明再陷河洛. 及朝義敗, 復收東都, 失后所在, 莫測存亡. 代宗遣使求訪, 十餘年寂無所聞. … 仍以睦王述為奉迎皇太后使, 工部尚書喬琳副之, 候太后問至, 升平公主宜備起居. 於是分命使臣, 周行天下. 明年二月, 吉問至, 群臣稱賀, 既而詐妄. 自是詐稱太后者數四, 皆不之罪, 終貞元之世無聞焉 … 憲宗即位之年九月, 禮儀使奏,「太后沈氏厭代登眞, 於今二十七載, 大行皇帝至孝惟深, 哀思罔極. 建中之初, 已發明詔, 舟車所至, 靡不周遍, 歲月滋深, 迎訪理絕. … 自後宮人朝夕上食, 先啟告元陵, 次告天地宗廟昭德皇后廟 太皇太后謚册, 造神主, 擇日祔於代宗廟. … 便以發哀日爲國忌.」詔如奏. 其年十一月, 册謚曰睿真皇后, 奉神主祔于代宗之室."

102) 다른 한편으로는 일개 신하인 우승유가 역대 제왕들의 后妃들과 연회 자리를 가졌으니 이 역시 상당한 금기에 속하기도 한다.

103) 사족으로 안사의 난을 배경으로 훗날 당대종이 되는 광평군왕 이숙과 심진주의 이야기를 다룬 중국 드라마 〈大唐荣耀〉(2017)가 중국 북경BTV에서 방영된 바 있다.

인공의 환상체험과 그 양상을 중심으로 설명해보도록 하겠다.

작품에서 어느 날 우승유[104]는 진사 시험에 낙방 후 돌아오던 길에 길을 잃어 한 저택에 도착했는데, 그곳은 다름 아닌 역대 왕후들의 后妃들이 거처하는 저택이었다. 이처럼 주인공이 낙방했다는 점을 통해서 알 수 있듯 앞서의 〈두자춘〉, 〈심아지〉에서 볼 수 있었던 현실에서의 실패를 경험한 인물이라는 공통점이 발견된다. 그래서 마찬가지로 환상체험을 통해 지금의 현실을 초월하려는 노력을 경주하는 것이다. 한편 여기에서의 환상체험은 꿈이라는 것을 활용하지 않고 자연스럽게 '기이한 향기'[異氣]가 나는 공간인 異세계로 진입하는 것을 보여준다. 그리고 이 공간은 본래 박태후의 묘당이기에 그녀의 영혼을 소환할 수 있는 매개가 된다.

이에 박태후를 중심으로 역대 왕후들과 미녀들을 하나씩 소환하고 박태후가 우승유에게 그녀들을 소개하면서 그들의 사적이나 일화를 알려주는 장면이 나온다. 소환된 이들의 면면은 다음과 같다. 박태후는 한문제의 모후로 여기에서는 연회를 주재하는 중심인물로 등장한다. 그러나 박태후의 실제 일생을 보면 그녀는 황제 劉邦의 총애를 받지 못한 인물인데, 이로 인해 다른 후비들과 달리 여태후의 박해를 피할 수 있었다.[105]

---

104) 이 작품은 특이하게 1인칭 시점을 차용하여 서술되어 있는데, 독자로 하여금 우승유에게 더욱 몰입하도록 만든 기법임을 알 수 있다. 다만, 이 글에서는 작품의 서술을 따라 '나(餘)'라고 언급하는 것 대신, 이 글을 읽는 독자들의 이해를 돕기 위해 우승유라는 3인칭으로 바꿔 설명하겠다.

105) 『漢書』, 「外戚傳上」, 高祖薄姬條. "始姬少時, 與管夫人趙子兒相愛, 約曰, 「先貴毋相忘!」已而管夫人趙子兒先幸漢王. 漢王四年, 坐河南成皋靈臺, 此兩美人侍, 相與笑薄姬初時約. 漢王問其故, 兩人俱以實告. 漢王心悽然憐薄姬, 是日召欲幸之. 對曰, 「昨暮夢龍據妾胸.」上曰, 「是貴徵也, 吾爲汝成之.」遂幸, 有身. 歲中生文帝, 年八歲立爲代王. 自有子後, 希見. 高祖崩, 諸幸姬戚夫人之屬, 呂后怒, 皆幽之不得出宮. 而薄姬以希見故, 得出從子之代, 爲代太后. 太后弟薄昭從如代."

그런데 작품 속 환상세계에서는 다른 후비들에게 명령을 하달할 만큼 압도적인 권력을 지닌 것으로 그려지는 것으로 보아 오히려 여태후의 이미지가 겹쳐진 모습이다.

박태후가 소환한 두 여인의 모습을 보자. 戚夫人은 한고조에게 총애를 받은 妃로, 그녀는 박태후와 달리 훗날 여태후와의 권력 다툼에서 패하고 모진 고문을 당한 뒤 돼지우리에 던져져 '人彘'로 불려진 일화로도 유명하다.[106] 작품에서 척부인과 함께 있던 이는 王昭君으로 그녀는 漢元帝의 후궁이었는데 흉노족의 呼韓邪單于가 한왕실에 입조하여 화친을 청하자 흉노족의 왕비인 연지(閼氏)가 된 여인이다. 먼 이국땅으로 간 그녀에 대한 전설은 몹시 다양하며 보통 고향을 그리워하는 주인공으로 그려진다. 이렇게 본다면 이 둘은 모두 자의에서든 타의에서든 권력자들에게 희생당한 이들이라는 공통분모가 있기에 恨과 悲感의 정서를 표현하기에 적합한 이들이다.

이러한 양상은 이후에 소환되는 후비들 역시 마찬가지다. 양귀비는 당현종과의 로맨스로도 잘 알려진 인물이다. 그러나 안록산의 난이 일어나자 그녀는 당현종과 함께 西蜀으로 피난을 가던 도중 전횡을 일삼던 양씨 일가에 대한 군사들의 불만이 최고조에 이르던 때 군사들에 의해 馬嵬驛에서 양국충과 함께 자결을 강요당한다. 賢君이었던 현종이 暗君으로 변하게 된 원인을 제공한 이유에서였다. 작품 속 양귀비와 함께 온 潘淑妃 역시 남북조 시기 南朝의 齊의 東昏侯의 비였는데, 동혼후는

106) 『漢書』, 「外戚傳上」, 高祖呂皇后條. "高祖崩, 惠帝立, 呂后爲皇太后, 乃令永巷囚戚夫人, 髡鉗衣赭衣, 令舂. 戚夫人舂且歌曰, 「子爲王, 母爲虜, 終日舂薄暮, 常與死爲伍! 相離三千里, 當誰使告女?」 太后聞之大怒曰, 「乃欲倚女子邪?」 乃召趙王誅之. … 太后遂斷戚夫人手足, 去眼煇耳, 飮瘖藥, 使居鞠域中, 名曰人彘. 居數月, 乃召惠帝視人彘. 帝視而問知其戚夫人, 乃大哭, 因病, 歲餘不能起."

그녀의 미모에 빠져 향락을 일삼다가 재위 2년 만에 동생인 和帝에게 제위를 빼앗기고 梁武帝에게 죽임을 당한 일화가 전해진다. 이를 통해서 이들 두 명의 공통분모는 군주가 미녀에게 빠져 정사를 돌보지 못하고, 미녀 또한 비극적 결말로 향했다는 점이다. 따라서 앞서의 척부인이나 왕소군과는 다른 이유에서이지만 이들 역시 恨과 悲感의 정서를 불러오기에 적합하다.

박태후는 이들을 소개한 후 앞서 살폈던 지금의 황제에 대한 궁금한 점을 물어보고 연회를 시작한다. 연회에서는 시를 지어 자신의 정감을 밝히는 부분이 있는데,[107] 태후는 시를 통해 과거의 화려했던 시절과 대비되는 시간의 덧없음을 노래하고 이어서 왕소군은 흉노의 천막에서 고향을 생각하는 그녀의 정감과 화공인 毛延壽를 원망하는 마음을 노래한다.[108] 척부인은 여씨를 원망하는 마음을 시로 담아내고 있고 양귀비는 당현종과 이별한 것에 대한 슬픔을, 반숙비는 동혼후와의 화려했던 시절을 그리워하는 시를 제출한다.[109] 이처럼 이 시들에서는 슬픔과 비감의

---

107) 『太平廣記詳節』, 「雜傳」, 〈周秦行記〉. "太后曰, 「牛秀才邂逅到此, 諸娘子又偶相訪, 今無以盡平生歡. 牛秀才固才士, 盍各賦詩言志, 不亦善乎?」 遂各授與箋筆, 逡巡詩成."

108) 왕소군과 모연수가 관련한 일화는 『西京雜記』 권2에 실려있다. 다만 기사를 읽어보면 모연수가 직접적으로 연관되었다기보다는 당시 화공들이 부정한 방법으로 그림을 그려주었다는 것에 방점이 찍혀 있고, 유명한 화공으로 모연수 등을 들고 있다는 것을 알 수 있다. 이러한 점으로 보아 화공의 대명사였던 모연수가 부정축재를 일삼은 화공들의 이미지와 겹쳐지면서 자연스럽게 왕소군과 연결되었음을 알 수 있다. 그 원문은 다음과 같다. "元帝後宮既多, 不得常見, 乃使畫工圖形, 案圖召幸之. 諸宮人皆賂畫工, 多者十萬, 少者亦不減五萬. 獨王嬙不肯, 遂不得見. 匈奴入朝, 求美人為閼氏, 於是上案圖, 以昭君行. 及去, 召見, 貌為後宮第一, 善應對, 舉止閑雅. 帝悔之, 而名籍已定. 帝重信於外國, 故不復更人. 乃窮案其事, 畫工皆棄市, 籍其家, 資皆巨萬. 畫工有杜陵毛延壽, 爲人形, 醜好老少, 必得其眞. 安陵陳敞, 新豐劉白龔寬, 並工爲牛馬飛鳥衆勢, 人形好醜, 不逮延壽. 下杜陽望, 亦善畫, 尤善布色. 樊育亦善布色. 同日棄市. 京師畫工, 於是差稀."

109) 『太平廣記詳節』, 「雜傳」, 〈周秦行記〉. "太后詩曰, 「月寢花宮得奉君, 至今猶愧管夫

정조가 역사적 사실과 부합하여 연결되고 있음을 확인할 수 있다. 이는 우승유의 시 다음에 등장하는 綠珠에게서도 공통적으로 나타난다. 그녀 역시 石崇의 애첩이었지만 趙王 司馬倫에 의해 파멸한 역사를 가지고 있다.

결국 작가가 이들 후비들을 환상세계에 소환한 까닭은 우승유를 중상하기 위함도 있겠지만, 무엇보다 이들 인물에 대한 事跡 지식을 많이 갖고 있음을 알리려는 목적도 갖고 있다. 그리고 이것은 각 인물별로 다양한 역사적 사적을 조합해 그녀들에 대한 정보를 알려주거나 그녀들의 외향을 세밀하게 묘사한 것에서 文才를 드러내기 위함임이 드러난다.[110] 그리고 무엇보다 이들의 일화에서 나타난 공통된 한의 정서를 시로 승화시킨 것을 통해서도 자신의 文才를 알리려는 의도가 역시 나타난다고 하겠다. 이것은 앞서 역사적 환상체험을 통해 자신의 재능을 시험하려고 했던 〈심아지〉의 경우와도 맞닿아 있다.[111] 즉 우이당쟁의 역사적

人. 漢家舊是笙歌處, 煙草幾經秋復春.」王嬙詩曰, 「雪裡穹廬不見春, 漢衣雖舊淚痕新. 如今最恨毛延壽, 愛把丹青錯畫人.」戚夫人詩曰, 「自別漢宮休楚舞, 不能妝粉恨君王. 無金豈得迎商叟, 呂氏何曾畏木強.」太真詩曰, 「金釵墮地別君王, 紅淚流珠滿御床. 雲雨馬嵬分散後, 驪宮不復舞霓裳.」潘妃詩曰, 「秋月春風幾度歸, 江山猶是業宮非. 東昏舊作蓮花地, 空想曾披金縷衣.」"

110) 이에 대해 송윤미는 "비록 〈周秦行紀〉가 牛僧孺를 비난하고 공격하기 위해 지어졌다고는 하지만 여주인공들에 대한 묘사는 매우 세밀하고 생동감 넘쳐 작가의 문학적 자질을 가늠하게 해준다."라고 하여 외향 묘사에 대한 작가의 문재에 대한 언급을 한 바 있다. 송윤미, 앞의 논문, 67면.

111) 그렇다고 이것이 당시 士類들이 급제를 위한 溫卷이나 行卷 행위와 관련이 있다는 것이 아니다. 오히려 자신들의 삶과 관련해서 이러한 이야기를 찬술했을 가능성에 더 큰 가능성을 열어두고 있다. 최진아는 河元洙의 논의를 빌려, 행권을 세분화하고 省卷, 納券으로 나눠 이것이 公卷으로 기능했는데, 전기 장르와 같은 류는 오히려 비공식적인 행권에 가까운 것으로 파악한다. 그래서 비공시적인 행권 행위는 "인사 청탁을 위해 윗사람에게 비공식적으로 글을 바치는 용도뿐 아니라 사인 집단이 서로 모여 돌려 읽고 즐기기 위한 용도로 행해지기도 한 것"이라고 주장한다. 필자는 이

배경을 한 꺼풀 벗기고 나면, 이 작품은 작가가 우승유에게 가탁하여 환상공간에서 역사적 인물을 소환한 뒤 자신의 재능을 마음껏 펼쳤다고 얘기할 수 있다.

이제 작품의 마지막 환상세계에서 빠져나오는 부분을 보자. 몽유로 치자면 각몽에 해당되는 부분이다.

> 그때 갑자기 밖에서 박태후가 명하는 소리가 들렸으니 내가 드디어 나가서 박태후를 뵈었다. 박태후가 말했다. "여기는 공자가 오래 머물 곳이 아니니 서둘러 돌아가는 것이 좋겠소. 이제 곧 이별이지만 부디 어젯밤의 즐거운 만남을 잊지 말기 바라오." 그리고는 다시 술을 가져오게 하여 술이 두 순배 돌고 난 후, 척부인·반숙비·녹주가 모두 눈물을 떨구었는데 마침내 작별하고 떠났다. 박태후가 붉은 옷 입은 사람에게 나를 대안현까지 바래다주게 했는데 서쪽 길에 이르자 도리어 그 사람의 소재를 잃어버렸다. 그때 날이 막 밝아와 나는 대안현의 마을로 가서 그 마을사람에게 물어보았더니 마을사람이 말했다. "여기서 10여 리 떨어진 곳에 박태후의 묘당이 있습니다." 내가 다시 돌아가서 묘당을 바라보았는데 황폐하게 무너져서 들어갈 수가 없었고 이전에 보았던 곳이 아니었다. 내 옷에 밴 향기는 10여 일이 지나도록 사라지지 않았으니 끝내 어찌 된 영문인지 알지 못했다.[112]

위에서 볼 수 있듯 환상체험 이후에 주인공 우승유가 아쉬워하는 장면은 나타나 있지 않다. 이런 지점에서도 이 작품은 종교적 환상체험에

중에서 후자의 경우에 더욱 비중을 두고 있다고 말할 수 있다. 최진아, 앞의 책, 95면.

112) 『太平廣記詳節』, 「雜傳」, 〈周秦行記〉. "忽聞外有太后命, 余遂出見太后. 太后曰 : "此非郎君久留地, 宜亟還. 便別矣, 幸無忘向來歡." 更索酒, 酒再行已, 戚夫人潘妃綠珠皆泣下, 竟辭去. 太后使朱衣送往大安, 抵西道, 旋失使人所在. 時始明矣, 余就大安里, 問其里人, 里人云 : "此十餘里, 有薄后廟." 余卻回, 望廟宇, 荒毁不可入, 非向者所見矣. 余衣上香經十餘日不歇, 竟不知其何如."

서 보여주었던 욕망에 대한 경계가 전혀 없고, 따라서 깨달음이나 주인공의 각성 혹은 내면 성찰의 모습 또한 묘사되지 않는다고 하겠다. 즉 여기에서의 환상체험은 자신의 재능을 실험하기 위한 공간으로 기능할 뿐 그것이 현실에서의 삶의 변화와 크게 연계되지 않는다. 그래서 환상세계에서 빠져나온 후 우승유는 마을사람에게 물어서 이곳이 박태후의 묘당이 있는 곳임을 알게 되었고, 그 사실을 추적하여 자신의 환상체험이 일어나게 된 원인을 밝힐 수 있게 되었다.

한편 옷에 밴 향기가 지속된다는 점에서는 이 일화에 대해 의문을 자아내는데, 이것은 이들과의 만남이 사실일 수 있다는 가능성을 열어둔 수사법적(rhetoric) 장치라고 볼 수 있다. 그래야 이야기가 현실에서 논리적 타당성을 갖출 수 있다.[113] 하지만 그럼에도 '황폐한 묘당'이 지금 현실에 존재한다는 사실은 변하지 않으며, 이것은 이 이야기가 환상이라는 지점을 강하게 알려주는 표지로 작용한다. 즉 하나의 재밌던 일화인 셈이다.

요컨대 환상체험 후 향기가 자신의 몸에 밴 우승유의 모습은 眞假에 대한 혼란보다는 그러한 신이한 일이 자신에게 벌어졌는데 그런 일은 자신과 같은 재능이 있는 자에게 일어날 수 있는 것이라는 자부가 담겨 있는 것이다. 그래서 향기라는 증거물을 통해 자신의 이야기가 사실이라고 말함으로써 신빙성을 높이는 한편, 이것을 자랑할 수 있는 근거로 삼았다고 하겠다. 그러므로 종교적 환상체험에서 봤던 환상세계에 대한 眞假의 혼란과는 결을 달리한다. 말하자면 작가는 진가를 명확히 알고 있는 것이다.

---

113) 핍진성을 갖춘 이야기로 거듭나는 방법 중 하나로, 실재한 인물 혹은 이야기처럼 꾸미는 수사법에 대해선 루샤오펑의 논의를 참조하면 좋다. 루샤오펑, 앞의 책, 156면.

그렇다면 마지막으로 왜 이런 슬픔이 서려있는 후비들을 모델로 내세웠는가 하는 의문이 있다. 이것은 〈심아지〉에서 농옥을 내세우고 그녀를 일찍 죽게 함으로써 작품 전면에 슬픔의 감정을 이끌어내었다는 점과 연결이 된다. 그 까닭은 傳奇 장르의 오래된 관습이기도 하면서 동시에 문화적으로는 당시 士類들의 공통된 관심사이기도 하다. 보통 불우한 문사라고 칭해지는 주인공의 등장이나 이들을 위해 정서적으로 공감해주는 여성들의 출현은 작가 자신의 불완전한 현실을 보완해주는 접합제 역할을 한다. 여성의 '인정'을 갈망하는 남성의 욕망이 투영되었다 하겠다.[114] 이것은 작가의 현실 상황이 작품에 반영되었다는 시각이다.

다른 한편으로는 예술적 효용성 측면에서 그 등장 원인을 살필 수 있겠다. 이것은 작품 밖 작가가 불우한가, 아닌가가 중요한 것이 아니다. 오히려 작가 스스로가 불우하지 않더라도 작가는 슬픔의 이미지를 가진

---

114) 이에 대해서 윤재민은 "이 '기이한 공간'이야말로 전기소설의 작가들-문인지식인들이 만들어낸 공간이 아니겠는가? 전기소설의 작가들은 자신들이 만들어낸 이 낭만적인 공간에다가 자신들의 낭만적인 꿈과 이상을 투영해낸 것이다. 그러므로 전기소설의 남주인공들이 만나는 여인들은 하나같이 그렇게 아름답고 또 그렇게 남주인공들을 잘 이해해 주는 것이다. 더욱이 전기소설의 주인공들과 결연하는 상대역의 여성주인공들이 그 다수가 상층의 여성이라는 점(애정 전기 작품이 아닌 여타의 작품에서도 주인공의 상대역은 보통 주인공보다 신분이 높은 상층의 인물이라는 점에서 같은 맥락에서 이해될 수 있다) 또한 자신의 능력에 대한 인정(사회학적 측면에서 볼 때, 기본적으로 이 '인정'의 유효성은 상층으로부터의 그것이 되지 않을 수 없을 것이다)을 갈망하는 문인지식인층의 욕망을 반영하는 것으로 이해될 수 있다."라고 하여 필자가 말하고자 하는 바와 부합한다. 즉 불완전한 현실에 처한 문사와 그것을 상상적으로 채워주는 여성의 등장은 남성 문인의 욕망에서 배태된 환상물이라고 할 수 있다. 윤재민, 「傳奇小說의 인물 성격」, 『민족문화연구』 28, 고려대학교 민족문화연구소, 1995, 63~64면.

이와 같은 논의로 에드워드 사이드는 "여성은 남성적 권력의 환상에 의해 만들어진 생물"이라고 표현하기도 하였다. 에드워드 사이드, 『오리엔탈리즘』, 박홍규 譯, 교보문고, 1995, 338면.

친숙하면서도 역사적인 등장인물을 환상적 공간에 재현시켜 놓음으로써 이들의 감정을 '감염'시킬 수 있는 장치를 만들어 두는 것이다.[115] 이것은 궁극적으로 독자로 하여금 '동류의식(Fellow-feeling)'[116]을 느끼게 만들고 작품의 몰입감을 높이는 효과를 자아낸다는 점에 있다. 작품 속 서술자가 후비들에 대한 많은 정보를 준 까닭 역시 독자에게 친밀감을 높이게 하여 정서적 유대 관계를 통한 정서적 긴장감을 유발시킬 수 있었기 때문이다.

그래서 작가가 슬픔이 서린 인물을 작품에 배치한 까닭은 독자에게 작품 속 인물들의 정서와 똑같은 느낌을 경험하기 위해서다.[117] 그런데 작가가 역사 속에서 희생당한 이들을 그려내어 슬픔의 정서를 표출한 것을 두고, 이것이 인물마다의 단선적 역사 비극을 그려냈다고 보기엔 그 표피만을 탐색한 것이다. 각자 다른 시기에 존재하던 후비들을 환상세계에 소환했다는 점에서 알 수 있듯이 작가는 환상을 통해 보편적 역사 일반에서의 공통된 비극을 발견한 것이다. 요컨대 이들의 반복되는

---

115) 이런 면에서 톨스토이는 "감염력이 강하면 강할수록 훌륭한 예술이라고 말할 수 있다."라는 말을 통해서 사상과 정서를 청중에게 '감염'시키는 것이 진정한 예술가의 임무라고 생각했다. 톨스토이, 『예술이란 무엇인가』, 동완 譯, 신원문화사, 2007, 199면.

116) 애덤 스미스, 『도덕감정론』, 박세일·민경국 譯, 비봉출판사, 2009, 5면; 정혜경, 「조선 후기 장편소설의 감정의 미학」, 고려대학교 박사학위논문, 2013, 42면 재인용.

117) 이것은 뇌 과학에서 밝힌 거울 뉴런의 효과와 비슷하다. 마르코 야코보니는 거울 뉴런이 예술 작품에 어떤 영향을 미치고 있는지 다음과 같이 말한다. "결론부터 말하자면 우리 뇌 안의 거울 뉴런들은 우리가 보고 있는 영화 속 슬픔을 재창조한다. 우리가 가공의 인물과 공감하는, 즉 그들이 어떻게 느끼는지를 알 수 있는 이유는 우리가 말 그대로 영화 속 인물들과 똑같은 느낌을 경험하기 때문이다. … 우리가 괴로워하거나 아파하는 다른 누군가를 볼 때, 거울 뉴런은 우리를 도와 우리가 그의 얼굴 표정을 읽고 실제로 타인의 고통을 자신의 고통처럼 느끼게 한다. 이런 순간들이 바로 공감(empathy)의 기초이다." 마르코 야코보니, 『미러링 피플』, 김미선 譯, 갤리온, 2009, 13면.

슬픔은 과거가 아닌 '지금 현재의 나'에게도 언제나 찾아올 수 있는 비극이 될 수 있다는 것을 인지하게끔 한다. 단선적 역사 사건이 보편적 역사 일반으로 전환된 것이다.

그러므로 역사적 환상체험은 자신의 문재를 과시하는 공간·자신과 비슷한 감정을 투사시키는 공간이기도 하면서 동시에 지금의 순간을 역사 흐름 내에 내재화하여 자신의 현실에 대해 다시 생각해 볼 수 있게 만든다. 지금 현실에 대한 의식의 喚起를 일으킨 것이다. 이런 지점에서 욕망에 대한 경계와 내면을 성찰하는 종교적 환상체험과 달리 역사적 체험 서사는 보편적 역사 인물을 소환함으로써 다른 방향에서 현실에 대한 반성과 변화를 추동시킬 수 있게 된다.

정리하자면 『태평광기상절』에 선집된 〈심아지〉와 〈주진행기〉는 바로 이런 지점에서 흥미를 느꼈음을 알 수 있다. 역사에 대한 博學한 정보 제공과 그 정보들을 허구적으로 조직하는 플롯, 그리고 이들의 정감을 이용한 문재의 발산 등은 역사적 환상체험에서 살펴볼 수 있는 공통점이다. 그래서 이들은 공통적으로 환상적 공간에서 한바탕 능력을 과시하는 것을 목표로 한다. 이 과시는 바로 문인의 인정 욕구에 기인한다. 그러나 이런 인정 욕구와 다른 방향에서도 살펴볼 수 있는 점은 역사적 인물을 소환함으로써 그들을 통한 반복적인 역사 일반을 체험한다는 점이다. 이를 통해 지금 자신의 현실을 다시금 돌아보고 환기할 수 있게 된다.[118)]

살펴보았듯 역사적 환상체험은 종교적 환상체험에 비해 주인공의 변

118) 이런 면모를 봤을 때 환상체험 서사는 환상세계와 현실세계라는 이원적 세계관을 바탕으로 환상세계에서는 신이한 경험을 체험하거나 신이한 인물을 만남으로써 삶에 대한 새로운 인식을 얻어낸다는 점에서 지속적으로 현실세계와의 조화나 화해를 시도하고 있다고 생각할 수 있겠다. 요컨대 환상은 현실을 전복시키기도 하지만 동시에 현실에게 일정 부분 도움을 주기도 하는 가치가 존재함을 파악할 수 있다.

화가 크게 엿보이지 않는다. 따라서 이념적인 것과 섞일 여지가 별로 없어 보인다. 후술하겠지만 이 이야기 구조는 조선식으로 변형됨에 있어 두 번의 단계를 거치게 된다. 한 번은 〈기몽〉을 통해서 이를 살펴볼 수 있는데, 〈기몽〉이 창작된 16세기에는 조선이 이미 실천적 유교이념 담론을 중시하던 시기였다. 그래서 이후 그와 비슷한 몽유 작품은 잘 나타나지 않는다. 〈기몽〉에는 문장왕국이라는 환상 공간 내에 역사적 인물을 소환해 놓지만, 이념성으로 볼 수 있는 부분이 거의 없기 때문에 당대인들의 흥미를 끌지 못했다. 하지만 이러한 토대는 이후 이것은 본격적인 몽유록이라 할 수 있는 〈원생몽유록〉에서부터 그 서사의 변형이 시작되어 자리하게 된다. 요컨대 〈원생몽유록〉은 역사적 등장인물을 소환함으로써 문재 과시라는 자기 욕망을 실현한다. 하지만 동시에 실천적 유교이념을 드러내는 인물들의 등장, 그리고 그들과 공감하며 변화하는 인물 또한 등장하게 된다. 이를 통해 조선식으로 변형된 체험서사의 사례를 살펴볼 수 있으리라 본다. 이에 대한 상세한 논의는 다음 장에서 펼치도록 하겠다.

제3장
이념형 인물의 두 유형

이번 장에서는 2장에서 논의한 것을 바탕으로 교화적 서술기법과 반성적 서술기법이 드러난 前史的 성격의 작품들을 분석하고 그것의 전변 과정을 살펴보도록 하겠다. 그전에 앞서의 내용을 조금 정리함으로써 추후의 분석에 대한 이해를 돕고자 한다. 이 책 2장에서 조선중기의 이념성 담론에 대한 부분을 찾아보았다. 그래서 당시 조선 문화에 영향을 미친『소학』과『태평광기상절』을 중심으로 교화와 반성적 글쓰기의 양상이 무엇인지 알아보았다. 이에 실천적 유교이념이 잘 드러난『소학』「선행」편의 일화들을 살펴봄으로써 여기에 주인공을 모범적으로 만들어내는 대비적 서술기법이 차용되고 있음을 효제충열의 소재차원으로 나눠 논하였다. 대비적 서술기법의 차용을 통해 얻을 수 있는 효과는 올바른 행위의 기준이 무엇인지를 명확하게 보여주고 이념의 실천을 강제한다는 점이다. 즉 모범적 인물을 만들어내는 것에 방점이 찍혀져 있다.

이와 다르게『태평광기상절』에서는 종교적이거나 역사적인 것을 통해 그 이념을 드러낸다. 즉『태평광기상설』에는 환상체험과 관련한 서사들에서 주인공이 체험 후 변화하거나 현실을 돌아본다는 것을 통해 교훈을 얻을 수 있는 이야기들이 존재한다. 그래서 종교적 환상체험에서는 욕망에 대한 경계를 통한 내면의 탐색을 주된 목적을 가졌고, 역사적 환상체험에서는 문인의 욕망을 드러내는 한편, 지금의 현실을 환기시키는 장치로써 역사를 활용하고 있음을 밝혀보았다. 둘 모두 자신을 변화시키기 위한 반성적 서술기법이 드러낸 예라고 할 수 있다.

이처럼 위의 두 가지 준별된 서술기법을 논의의 축으로 삼아 소설들을 살펴보고자 한다. 이에 이번 장에서는 15세기의 작품들을 분석한다. 〈육신전〉과 〈남염부주지〉가 그것이다. 〈육신전〉은 『소학』의 문화적 자장에 영향 받은 것으로 등장인물의 忠烈을 어떻게 표창하는지에 관심을 가진 작품이라 할 수 있다. 한편 〈남염부주지〉는 『태평광기상절』에서 나누었던 종교적 환상체험 서사와 맞닿아 있다. 이들 두 유형을 통해 『소학』과 『태평광기상절』이 본격적으로 영향력을 행사하기 전의 모습을 살펴볼 수 있으리라 본다.

1. 정당화를 위한 模範化 작업 : 〈六臣傳〉

〈육신전〉은 15세기에 나온 서사로 傳 양식을 표방하여 만들어진 정치/역사/문학 텍스트로 알려져 있다. 그 저자는 南孝溫(1454~1492)으로 생육신 중 하나로 거론되는 인물이다. 그 내용은 世祖(1417~1468) 정권 아래에 端宗(혹은 魯山君, 1441~1457) 복위운동에 실패한 것을 배경으로 이를 주동한 여섯 명의 신하의 당시 행위와 상황을 기술한 것이다. 인물의 사적을 중심으로 역사를 기록하는 방식인 傳 양식으로 서술되었기에 사실처럼 기술되어 있지만, 傳이라는 것이 애당초 허구성을 내재하고 있다는 점에서 작품에서 사실과 허구의 경계를 나누기란 어렵다.[1] 따라서

1) 이에 대해서는 『삼국사기』에 나타난 구성방식·형상화·서술시각을 종합적으로 고찰

여기에서는 사실과 허구가 중요한 것이 아니라 작가가 인물을 통해 전달하고자 하는 메시지가 무엇인지를 밝히는 것에 주목하도록 하겠다.

한편 학계에서 〈육신전〉에 대한 연구는 대부분 〈원생몽유록〉과의 관계 속에서 그 작가 문제를 상정하기 위해 이용되어 왔거나[2] 남효온을 탐구하기 위한 작가론에 집중된 경향이 있다.[3] 다시 말해 〈육신전〉만을 대상으로 삼은 연구가 거의 없다는 것이 현재 상황이다. 그럼에도 불구하고 〈육신전〉 혹은 사육신에 대한 연구로는 신성환과 정출헌의 연구가 주목되기에 지면을 할애하여 여기에서 소개하고자 한다.

신성환[4]은 사육신 담론이 15세기 〈육신전〉을 통해 처음으로 형성되었으며 이를 바탕으로 조금씩 변화하여 17세기부터 충의 · 절의 · 군자의

하여 역사적 기술 내에 허구적 기술이 내재해 있음을 밝힌 정출헌의 연구를 참고하면 좋다. 논자는 "'허구적 서사'와 '역사적 기록'이란 애당초 화해할 수 없거나 넘을 수 없는 경계로 나뉜 것이 아니라"고 주장한 바 있다. 정출헌, 「『삼국사기』 「열전」을 통해 본 역사적 사실과 허구적 서사의 경계」, 이혜순 외, 『한국 한문학 연구의 새 지평』, 소명출판, 2005, 33~55면.

한편 이와 비슷한 논의로 조현우를 들 수 있다. 조현우는 서구에서 말하는 소설의 허구를 동양의 소설 속 허구 개념에 대입하면서 만들어진 논란을 정리하고 그에 따른 문제를 제기하였다. 논자에 따르면 동양 전통에서의 허구는 "과거의 '역사적 사실'에는 실제로 있었던 일과 그렇지는 않더라도 포괄적 맥락에 부합되기에 사실로 간주되었던 일이 혼재되어 있었음을 의미한다."고 하여 맥락을 해치지 않는 선에서 역사 안에 일정 부분의 허구가 항상 결합되어 있음을 논하였다. 조현우, 「'초기소설사'에서의 역사와 허구의 관련 양상」, 『고소설연구』 24, 한국고소설학회, 2007, 77면.

2) 대표적으로 정용수(「〈元生夢遊錄〉의 문학성과 조선시대 六臣의 인식」, 『동방한문학』 32, 동방한문학회, 2007)의 논의가 있다.

3) 남효온의 사상과 〈육신전〉의 관계를 밝힌 논의가 있어 소개하고자 한다. 그러나 이 논의는 다음에 소개할 정출헌의 논의와 같이 정치맥락에서 남효온을 해석하려고 했기에 여기에서는 간단히 소개만 하고 넘어가기로 한다. 장영희, 「남효온 산문에 나타난 이념의 지향과 〈육신전〉의 의미」, 『한문학보』 29, 우리한문학회, 2013.

4) 신성환, 「死六臣 담론의 轉變과 조선후기 詩歌의 수용 양상」, 고려대학교 석사학위논문, 2010.

상징으로 표상되었다고 주장한다. 요컨대 남효온 개인의 창작물인 〈육신전〉에 의해서 사육신 담론이 태어났다는 것이다. 한편 정출헌[5]은 勳舊功臣 세력을 견제하기 위해 사림 계열이었던 남효온이 '목적'과 '의도'를 개입시켜 창작한 것이 〈육신전〉이라고 주장한다. 남효온 '개인' 혹은 그가 속한 '집단'의 '정치적 입장'[6]을 〈육신전〉에 투영시켰다는 것이 그 요지이다.

이에 대해서 필자는 남효온 개인의 성향이라든가 소릉 복위 사건 등을 감안한다면 충분히 타당하다고 생각한다. 다만 이 작품을 정치적인 실천 입장에서만 본다면 이 텍스트가 가진 이념적 기법을 외면하게 된다. 다시 말해 〈육신전〉과 사육신 담론의 생성 혹은 탄생은 정치적인 호명은 물론 매우 다양한 사회적 총체의 영향 아래에서 이루어졌을 것이기에 정치적인 이유만으로 발생되지는 않았다는 것이다. 그래서 여기에서는 〈육신전〉의 정치적 서사 이면에 표출된 이념성을 그 서술기법을 통해 포착하고 최종적으로 이에 대한 의미를 탐색해보도록 하겠다.[7]

앞서 『소학』 「선행」편의 忠과 관련한 일화들에서도 찾아보았듯 권력

---

5) 정출헌, 「〈육신전〉과 〈원생몽유록〉 : 충절의 인물과 기억서사의 정치학」, 『고소설연구』 33, 한국고소설학회, 2012.

6) 여기에서 말하는 '정치'란 매우 작은 단위의 정치이다. 즉 어떤 개인이나 단위체의 특징적 의도가 반영된 행위라고 볼 수 있다.

7) 본 항에서 말하고자 하는 바가 비록 정출헌(2012)의 논의에 대한 반성에서 출발했을지라도 동시에 그의 논의에서 많은 부분을 이어 받았다. 특히 이 글이 기법적 측면에서 논의한 대비 효과는 정출헌이 논한 〈육신전〉 인물들의 대비적 배치를 참조한 후 필자가 보완·확장하여 『소학』을 검토한 후 이 글의 논의로 포섭한 것이다. 한편 사유를 확장하던 도중 필자는 「〈六臣傳〉에 대한 문화 담론적 해석」이라는 제목으로 2016년 고전문학한문학연구학회 하계학술대회(2016.8.27)에서 발표를 진행한 바 있는데, 여기에서도 정출헌의 논의를 많은 부분에서 참조하였다. 따라서 필자의 학위논문 구상 중 한 축은 정출헌의 논의에 빚진 셈이다. 각주를 통해서라도 지면을 빌어 감사의 말을 전하고 싶었다.

자에게 굴하지 않고 그들의 잘못을 서슴없이 언급하는 급암이나, 죽음을 목전에 둔 상황에서도 거짓을 고하지 않던 고윤은 모두 유교적 忠 이념에서 모범으로 삼던 행위들의 지표였다. 그들의 행위는 권력자나 그 권력에 붙어 있던 신하들과 대비적이었다. 또한 그들의 이념적 행위와 대비하여 현실과 타협하도록 유혹하는 서사 역시 삽입되어 있었다. 그리고 그 유혹을 거부하는 행위를 통해 그들의 행위를 더욱 모범적으로 부각시킬 수 있었다. 결국 이것은 그들의 행위를 기준과 지표로 삼아 실천에 옮기라는 교화적 명령과 관련이 있다. 필자는 〈육신전〉에도 이러한 교화적 명령이 그 이면에 내포되어 있다고 생각한다. 다음의 인용문을 보자.

① 을해년(1455, 세조1)에 세조가 禪位를 받았다. 박팽년은 왕실의 일이 끝내 구제될 수 없음을 알고 慶會樓 연못에 임하여 스스로 떨어져 죽으려 하였다. 성삼문이 굳이 말리며 말하기를 "지금 왕위는 비록 옮겨갔지만 아직 上王이 계시니, 우리들이 죽지 않아야 장차 뒷일을 도모할 수 있을 것이오. 도모하다가 이루지 못한다면 그때 죽더라도 늦지 않을 것이니, 오늘의 죽음은 국가에 무익한 것이오." 하니, 박팽년이 그 말을 따랐다. 얼마 뒤에 외지로 나가서 충청도 관찰사가 되었다. 조정에 일을 아뢸 때에 臣이라 일컫지 않고 단지 '아무 관직의 아무개'라고만 적었으나 조정에서는 이를 알지 못하였다.[8]

② 김질이 거사가 이루어지지 못할 줄 알고 급히 달려가 그의 장인 鄭昌孫과 모의했다. "오늘 세자가 대가를 수행하지 않고 특별히 운검을 그만두도록 했으니 하늘의 뜻입니다. 먼저 고발하여 요행히 살아나는 편이

8) 〈六臣傳〉. "乙亥, 光廟受禪. 彭年知王事終不濟, 臨慶會樓池欲自隕. 三問固止之曰, 「方今神器雖移, 而尙有上主, 我輩不死, 猶且後圖. 圖而不成, 死亦未晚. 今日之死, 無益於國家.」 彭年從之. 無何, 出爲忠淸道觀察使, 啓事於朝, 不稱臣, 但書曰某官某, 朝廷不之知也."

낫겠습니다." 하였다. 정창손이 즉시 김질과 함께 급히 궁궐에 이르러 변고하였다. "신은 정말 알지 못하였고 김질 혼자 참여한 것이니 김질의 죄는 응당 만번 죽어야 할 것입니다." 그러자 임금이 특별히 김질과 정창손을 용서하고 박팽년 등을 잡아들였다.[9)]

③ 供辭에서 죄를 고백하자 임금이 그의 재주를 아껴 몰래 타일러 말했다. "그대가 능히 나에게 돌아와서 처음의 모의를 숨긴다면 살 수 있을 것이다." 박팽년이 웃으며 대답하지 않고 임금을 일컬을 때에 반드시 '나리'라 하였다. 임금이 그 입을 닥치도록 하며 말했다. "그대가 이미 나에게 신하라고 일컬었으니 지금 비록 일컫지 않더라도 좋을 게 없다." 박팽년이 대답했다. "저는 상왕의 신하이니 어찌 나리의 신하가 되겠습니까? 일찍이 충청 감사로 있던 1년 동안에 무릇 장계와 문서에 일찍이 신하라고 일컬은 적이 없었습니다." 하였다. 사람을 시켜 그 啓目을 살펴보게 했더니 과연 '臣'이라는 글자가 하나도 없었다.[10)]

위는 〈육신전〉 중 첫 번째 인물인 박팽년의 사적에 대해 기록한 부분이다. 조금 길더라도 중요 부분을 발췌하여 논의의 진행을 돕도록 하겠다. ①은 단종이 세조에게 임금의 직을 양위한 이후에 박팽년의 행위를 묘사한 부분이다. 여기에서 박팽년은 양위 소식에 失意하여 경회루에 빠져 죽음을 택하려고 하지만, 마침 성삼문이 그를 붙잡아 훗날을 도모하자고 한다. 그리고 충청도 관찰사로 나가 장계를 올릴 때 신하라고

9) 〈六臣傳〉. "金礩知事不成, 馳與其妻父鄭昌孫謀曰 : "今世子不隨駕, 特除雲劍, 天也. 不如先發告, 僥倖得生." 昌孫卽與礩馳, 詣闕上變告曰, "臣實不知, 礩獨與焉, 礩罪當萬死." 上特赦礩昌孫, 收彭年等.""

10) 〈六臣傳〉. "辭服, 上愛其才, 密諭曰 : "汝能歸我, 而諱初謀, 則得生." 彭年笑而不答, 稱上, 必曰 : "進賜." 上令齪其口曰 : "汝旣稱臣於我, 今雖不稱, 無益也." 對曰, "我是上王臣, 豈爲進賜臣也? 曾爲忠淸監司一年, 凡於狀牘, 未嘗稱臣." 使人校其啓目, 果無一臣字.""

칭하지 않고 '某官某'라고 칭하면서 저항을 시작한다. ②는 단종 복위 거사가 발각되자 함께 거사를 도모한 金礩(1422~1478)이 박팽년 등을 배반하고 세조에게 밀고하는 장면이다. 마지막으로 ③은 붙잡힌 박팽년에게 세조가 자신에게 歸依하여 자신의 신하가 되라고 유혹하는 장면이다. 여기에서 박팽년은 세조의 유혹을 거부하고 오히려 왕인 세조에게 '나리'라고 칭하며 세조를 모욕한다.

먼저 살펴볼 부분은 ①에서 나타난 박팽년과 성삼문의 대비적 서술이다. 단종이 세조에게 선위한 상황에서 박팽년은 자신의 뜻을 알리기 위해 스스로 목숨을 끊는 극단적인 방법을 선택한다. 그러나 곧 성삼문이 그런 박팽년에게 새로운 길을 제시하는데, 그것은 다름 아닌 단종 복위를 위한 쿠데타를 계획하는 것이었다. 그래서 실의에 빠져 죽음을 택하려 했던 박팽년은 그 행위를 바꿔 성삼문을 따르게 된다. 요컨대 성삼문의 행위를 자기 행위의 기준으로 삼은 셈이다. 그렇다면 박팽년은 어떤 부분에서 성삼문의 요청을 받아들였던 것인가. 그것이 모반 행위였음에도 말이다.

이들은 그들의 행위를 모반 행위라고 전혀 인지하지 않았다. 오히려 강제로 상왕으로 밀려난 단종을 복위시키는 것이야말로 올바른 것이라고 생각했다. 지금의 잘못된 현실을 올바르게 다시 되돌리려는 그들은 그래서 나름대로의 충을 위한 이념적 행위를 한 것이게 된다. 돌려 말하면 그들은 자신들의 행위를 완전무결한 도덕적·이념적 행위라고 여김으로써 스스로를 무장했다고 볼 수 있다. 그러므로 지금의 왕인 세조를 올바르지 못한 부류라고 정의할 수 있었던 것이다. 이것은 『소학』에서 보았던 급암의 행위와 흡사하다. 이 행위는 비록 황제를 모반한 것은 아니지만, 이념적 기준에 맞지 않는 황제를 비판하고 더 나아가 황제를 언제든 떠날 수 있었던 것이라는 점에서 그렇다. 〈육신전〉에도 『소학』

에서 보았던 이러한 신념이 내재되어 있다고 하겠다.

이에 도덕적으로 완전무결한 인물인 성삼문에 의해 感化된 박팽년은 그 행위가 올바르다 판단하고 세조 정권에 대해 조금씩 저항을 하게 된다. 그것은 박팽년이 충청도 관찰사로 나가서 '臣'이라고 칭하지 않는 것에서 나타난다. 그래서 성삼문의 '유혹'(?)은 박팽년의 이념을 흔드는 것이 아니라 오히려 새로운 방향을 제시하고 내재되어 있던 이념을 일깨우며 강화시킨다. 이것은 ③에서 보게 될 세조의 유혹과도 대비적인데, 추후에 살펴보도록 하겠다.

한편 ②에서 서술자는 그 카메라를 박팽년을 향하지 않고, 그 반대급부에 속한 인물을 비춘다. 박팽년이 성삼문의 제안에 따라 그 행위를 기준 삼아 움직인 인물이었다면, 김질은 그와 반대로 성삼문의 제안에 참여했다가 행위를 저버린 인물이다. 김질이 그의 장인 정창손에게 '먼저 고발하여 요행히 살아나는 편이 낫겠'다고 언급한 지점에서 그는 권력의 위협에 굴복해 목숨을 부지한 인물이 된다. 마치 『소학』에서 고윤과 대비된 적흑자처럼 말이다. 적흑자 역시 자신의 목숨을 구하고자 자신의 비행을 사실대로 알리는 것을 택하지 않고 황제의 총애를 유지하려던 인물이다. 김질 또한 적흑자의 행위 아래에 있다. 단순히 배반자를 넘어서 이념적 행위를 수행하지 못하고 권력에 복종한 인물로 그려지는 것이다. 따라서 작가가 박팽년을 입전하여 그의 事跡에 집중해야 하지만 굳이 카메라를 돌려 김질을 조망한 까닭은 대비적인 서술을 통해 박팽년의 모범성을 부각시키기 위해서였음을 알 수 있다. 같은 상황에서 권력에 복종하지 않은 박팽년의 모습을 유추할 수 있기 때문이다.

이러한 부분은 ③에서 확장·심화되기에 이른다. 작가는 박팽년의 이념적 모범성을 부각시키기 위해 이 부분에서 김질과 확실한 대비를 배치해 둔다고 볼 수 있다. 여기에서 보이는 세조의 '유혹' 행위는 몸시 직접적이다. 이것은 마치 『소학』에서 태자가 고윤에게 했던 유혹과 비슷하다. 그래서 세조는 박팽년에게 현실과 타협할 것을 제안한다. 표면상으론 단종에 대한 충성을 접고 자신에게 충성하라는 것이지만, 그 이면에는 이상적 이념성을 접어두고 현실과 타협하여 肉身을 편안케 하라는 뜻이 담겨 있기도 하다. 이에 박팽년은 옳다고 믿는 바를 체화하는 것을 선택한다. 죽음을 선택해서라도 이념적 가치를 저버리지 않겠다는 의지의 표명이다.

물론 여기에서는 세조가 『소학』 속 태무제처럼 고윤의 행위에 감명받고 그의 죄를 사면해주는 그런 감동적이고 행복한 결말로 향하지 않는다. 올바른 행위를 한 인물과 이에 감명 받은 인물의 행위가 변화되는 과정을 그려내는 것은 독자로 하여금 충분히 올바른 행위가 무엇인지를 알 수 있게 해준다. 하지만 반대로 올바른 행위를 한 인물이 권력에 의해 무참히 죽임을 당한다면 어떠할까. 〈육신전〉은 『소학』과 다르지만 그 메커니즘은 동일하다. 모범적 인물을 통해 권력을 감화시킴으로써 이념적 충만감을 일으켜 어떤 것이 올바른 행위인지 독자에게 알려주는 구조나, 모범적 인물이 스스로 죽음을 선택하여 자신의 숭고한 이념성을 드러내어 어떤 것이 올바른 행위인지 알려주는 구조나 그 결과는 같다는 점에서 그렇다. 하지만 후자의 경우가 모범적 인물을 죽임으로써 그 비장감을 더해준다는 점에서는 더 극적이라고 할 수 있다. 이념을 복종시키려는 권력에 대해 그 저항감을 높일 수 있기 때문이다.

이 지점에서 〈육신전〉은 정치 서사이면서 동시에 이념적 서사의 면모를 동시에 갖게 된다. 권력에 대한 저항이 드러난다는 점에서 세조의 권력을 비판하는 정치적 메시지를 담아내고 있지만, 한편으로는 권력에 굴복되지 않는 忠義라는 이념성이 무엇인지 그 본보기를 보여주는 메시지도 담아내고 있다. 그래서 이들의 행위가 왜 성낭한 것인지를 알려주게 된다.

이에 ③의 마지막 부분에서는 앞서 ①에서 봤던 저항의 시작이 수미쌍관의 방식으로 귀결되는 것을 확인할 수 있다. 세조를 '나리'로 낮춰 부르던 박팽년의 저항이 일관된 것이었음이 비로소 이 부분에서 밝혀지기 때문이다. 그래서 의심이 난 세조가 사람을 시켜 박팽년이 스스로를 '신하'로 일컬은 증거를 찾으려 했지만 이를 찾을 수 없다는 서술이 나타난다. 이것은 박팽년의 행위가 죽음에 이르기 전까지 일관성을 가지고 있다는 증거로 제시된 것이다. 그래서 이 역시 김질의 행위와 대비된다. 김질의 배신행위는 일관성이 없는, 다시 말해 지조와 의리가 없는 것이기 때문에 非이념적인 행위가 되고 반대로 박팽년의 일관된 행위는 이념성을 갖춘 모범적 행위로 인식되기 때문이다.

지금까지 살펴본 결과 박팽년에 관한 모든 서술은 박팽년의 이념적 행위가 얼마나 모범적인지를 부각시키는 방식으로 이루어져 있음을 알 수 있었다. 행위의 기준을 박팽년을 통해 제시한 것이다. 이러한 서술방식은 〈육신전〉의 박팽년 기사 말미에 "박팽년은 성품이 침착하고 과묵하였다. 『소학』으로 몸을 단속하여 종일토록 단정히 앉아 의관을 흩뜨리지 않으니, 사람들로 하여금 공경하는 마음을 불러일으켰다."[11]라고 그를 평가하는 부분에서도, 그가 『소학』에 맞는 행위를 했다는 점을 부각시키는 데서 드러난다.

이제 이어서 박팽년을 감화시켰던 성삼문의 예시를 통해 위의 논의를 심화시켜보도록 하겠다. 다음을 보자.

> ① 일이 발각되어 체포되었다. 세조가 친히 국문하면서 꾸짖기를 "그대들

11) 〈六臣傳〉. "彭年性沈潛寡默. 以小學律身, 終日端坐, 衣冠不解, 令人起敬."

은 어찌하여 나를 배반하였는가?" 하니, 성삼문이 소리치며 말하기를 "옛 임금을 복위시키려 했을 뿐입니다. 천하에 그 누가 자기 임금을 사랑하지 않는 자가 있겠습니까. 제 마음은 나라 사람이면 누구나 아는데 어찌 배반이라 하십니까. 나리께서는 평소에 걸핏하면 周公을 끌어들이는데 주공에게 또한 이런 일이 있었습니까? 제가 이렇게 한 것은 하늘에 두 개의 해가 없고 백성에게 두 임금이 없기 때문입니다." 라고 하였다.[12)]

② 세조가 발을 구르며 말하기를 "선위를 받던 당초에는 어찌 저지하지 않고 곧 나에게 의시하다가 지금에서야 나를 배반하는가?" 하니, 성삼문이 말하기를 "형세상 저지할 수 없었습니다. 저는 진실로 나아가서 금지할 수 없음을 알고는 물러나서 한번 죽으려고 했지만, 공연한 죽음은 무익한 것입니다. 참고서 오늘에 이르렀던 것은 뒷일을 도모하려 했던 것뿐입니다." 하였다. 세조가 말하기를 "그대는 나의 녹을 먹지 않았던가. 녹을 먹으면서 배반하는 것은 이랬다저랬다 하는 사람이다. 명분으로는 상왕을 복위한다고 하지만 실상은 자신을 위하려는 것이다." 하니, 성삼문이 말하기를 "상왕께서 계시신데 나리께서 어찌 저를 신하라고 하겠습니까. 또 나리의 녹을 먹지 않았으니 만약 믿지 못하신다면 저의 가산을 몰수하여 헤아려 보십시오." 하였다.[13)]

③ 세조가 매우 노하여 무사로 하여금 쇠를 달구어 그의 다리를 뚫고 팔을 자르도록 했으나 안색을 변하지 않고 느긋하게 말하기를 "나리의

---

12) 〈六臣傳〉. "及事覺被收. 光廟親鞫問叱之曰 : "若等何爲反我?" 三問抗聲曰 : "欲復故主耳. 天下誰有不愛其君者乎? 我之心, 國人皆知之, 何謂反耶? 進賜平日, 動引周公, 周公亦有是否? 三問之爲此者, 天無二日, 民無二王故也.""

13) 〈六臣傳〉. "光廟頓足曰, "受禪之初, 曷不沮之, 而乃依我, 今背我乎?" 三問曰 : "勢不能也. 吾固知進不能禁, 退有一死, 然徒死無益. 忍而至此者, 欲圖後效耳." 光廟曰 : "汝不食我祿乎. 食祿而背, 反覆人也. 名爲復上王, 而實欲自爲也." 三問曰 : "上王在, 進賜何以臣我哉? 且不食進賜祿耳, 如不信, 籍我家而計之.""

> 형벌이 혹독하기도 합니다." 하였다. 이때 신숙주가 임금 앞에 있었다. 성삼문이 꾸짖기를 "나와 자네가 집현전에 있을 때에 세종께서 날마다 王孫을 안고서 거닐고 이리저리 돌아다니다가 여러 儒臣에게 이르시기를 '과인이 세상을 떠난 뒤에 경들은 부디 이 아이를 보호하라.'라고 하셨으니, 그 말씀이 아직 귀에 남아 있는데 자네는 이를 잊었단 말인가? 자네의 악행이 이 지경에 이를 줄은 생각하지 못했네." 하였다.[14)]

앞서와 같이 성삼문에 대한 기사 부분도 세부적으로 나눠 검토하도록 하겠다. 성삼문의 기사는 박팽년의 기사와 달리 주로 세조와의 문답이 그 중심에 배치되어 있다. 박팽년의 기사가 사건 전말에 대한 정보를 독자들에게 전해주었다면, 성삼문의 기사는 세조라는 권력의 핵심과의 문답을 통해 당시 사건의 정보를 생생하고도 현장감 넘치게 전해준다.[15)] 따라서 이 부분은 성삼문과 세조의 문답에서 작가가 전하려는 메시지가 무엇인지를 잘 파악할 필요가 있다.

①의 장면은 성삼문 등이 체포되자 세조가 자신을 배반한 이유가 무엇인지 성삼문에게 묻는 부분이다. 이에 성삼문은 세조의 물음에 조목조목 반박을 한다. ②는 반박을 당한 세조의 모습을 묘사하고 세조가 성삼문 등의 행위를 폄하시키려는 부분이 나타난다. ③은 성삼문이 고문을 당하다가 근처의 申叔舟(1417~1475)를 발견하고 그를 비난하는 장면이

---

14) 〈六臣傳〉. "光廟怒甚, 令武士灼鐵穿其脚斷其肱, 而顔色不變, 徐曰 : "進賜之刑慘矣." 時申叔舟在上前, 三問叱之曰 : "吾與汝在集賢時, 世宗日抱王孫, 逍遙散步, 謂諸儒臣曰 : '寡人千秋萬歲後, 卿等須護此兒.' 言猶在耳, 汝獨忘之耶? 不意汝之惡至於此也.""

15) 이 부분에 대해 정출헌은 "세조와 성삼문의 칼난선 논쟁, 잔혹한 고문과 의연한 자세, 예전 동지 신숙주의 배반과 질타가 한 폭의 그림처럼 담겨있다. 그건 서사적 기법에 전적으로 의지하고 있다 해도 과언이 아니다."라고 하여 이 글에서 말하려는 바와 부합한다. 다만 이것이 일반적인 인물전의 범위에서 벗어난다고 주장하는 논자의 주장에는 조금 견해를 달리한다. 정출헌, 앞의 논문, 2012, 18면.

다. 정리하자면 ①과 ②는 세조와의 대화를 통해 성삼문의 논리가 올바른 것임을 입증 혹은 설득하려는 '주객대화법'[16]을 활용하여 성삼문 행위의 올바름을 부각시킨다. ③은 신숙주의 구체적인 반응은 묘사되지 않고 있지만, 이 역시 앞서의 김질처럼 성삼문과 대비적인 인물을 배치해 두었음을 알아차릴 수 있다.

구체적으로 살펴보도록 하자. ①은 주객대화법을 이용해 성삼문(主)과 세조(客)의 대화를 대결적 구도로 서술하고 있다. 그래서 세조가 언급한 '배반'의 논리에 대해 성삼문이 조목조목 반박함으로써 그 논리를 단번에 격파한다. 그 반박의 논리는 다음과 같다. 자신들의 행위는 올바른 도덕적 가치관에 입각하여 단종을 복위시키고자 했을 뿐이라는 것이 핵심이다. 여기엔 어떠한 사사로운 정치적 감정은 드러나 있지 않으며, 따라서 완전무결한 이념적 행위를 재현한 것뿐이니 성삼문 자신은 배반한 것이 아니라 당연한 일을 행한 것이다. 그러므로 여기에서 볼 수 있듯 논리의 핵심은 얼마나 이념적인가를 보여주는 것에 달려있다. 그래야

---

16) 주객대화법에 대한 것으로는 다음의 송병렬의 논의를 참조하였다. "主客對話法은 主와 客이 對話하는 방식으로 서술방식을 택하여 전개하는 것이며, 대체로 작자의 논리를 허구적인 가상의 대화 상대와 대화를 통해서 진행시킨다. 主는 늘 작자 자신의 주장을 대변하는 인물이며, 결국 '나'이다. 客은 모순된 논리를 제시하는 수단으로 동원된 인물이다. 主客의 대화는 논리의 대결로 진행이 되며, 반드시 主의 승리로 끝난다. 그러나 어설픈 논리가 아니라, 客의 주장을 합리적이며 정당한 논리로 부정할 수 있어야만 한다. 또는 객의 논리를 부정하지 않더라도 객의 궁금증을 풀어준 수 있어야 한다." 정리하자면, 주객대화법은 일반적인 의론문체와 다르게 대비적인 등장인물을 적극적으로 배치시켜 자신의 주장을 분명하게 드러내는 데 활용된 한문학 서술방식이다. 논자는 주로 이규보의 글을 통해 이를 입증하였다. 송병렬, 「漢文散文의 敍述方式과 修辭法에 대한 敎育的 活用 硏究」, 『동방한문학』 45, 동방한문학회, 2010, 364면.

한편 필자의 석사학위논문에서 〈雲英傳〉의 지문을 통해 주객대화법의 한 예시를 논한 바 있다. 유요문, 「〈운영전〉의 서술기법과 그 의미」, 고려대학교 석사학위논문, 2015.

행위가 정당화될 수 있다.

한편 ①에서 성삼문은 세조를 周公과 비교하기도 한다. 주공은 중국 고대의 왕조인 주나라 초기 武王의 계승자인 어린 成王을 보좌하여 정치를 이끈 인물로, 훗날 공자가 자신의 인생에 있어 언제나 모범으로 삼으려 했던 인물이기도 하다.[17] 그리고 유교적 문화(특히 성리학) 자장 내에서 주공은 도통을 계승하고 聖賢으로 추앙받기에 이념성을 내재하고 있는 상징적 인물이라고 볼 수 있다.[18] 그런데 세조는 단종을 보위하는 자신이 성왕을 보위한 주공과 상황이 같다고 생각하여 평소에도 자주 자신을 주공에 비견한 듯하다.

물론 이것이 〈육신전〉만 보았을 때 사실인지 혹은 성삼문의 일방적 주장인지는 모르겠으나, 성삼문은 세조를 주공이라는 모범적 인물과 대비시킴으로써 세조의 비도덕성, 비이념성을 부각시킨다는 점에 주목해 봐야 할 것이다. 조카를 보위해야 할 인물이 권력을 탐해 찬탈을 했으니 사사로운 이익에 눈이 멀어 권력에 복종한 사람의 행동과 같다. 그러므로 처음 '어찌 나를 배반했는가?'하고 물었던 세조의 물음에 대해, 성삼

---

17) 『論語集註』, 「述而」. "子曰, 「甚矣, 吾衰也! 久矣, 吾不復夢見周公.」"
『論語集註』, 「泰伯」. "子曰, 「如有周公之才之美, 使驕且吝, 其餘, 不足觀也已.」"

18) 주공은 堯-舜-禹-湯-文王-武王-周公-孔子-孟子로 이어지는 도통의 계보 관점에서 보면 완전한 군주가 아니기 때문에 이전의 聖王들과 차이가 있고, 또한 완전한 학자 또한 아니기 때문에 이후의 聖賢들과도 차이가 있다. 공자가 주공을 모델로 정해 놓은 까닭 역시 그의 행위와 함께 이러한 그의 모호한 위치 때문인 것으로 보인다. 한편 주공에 대한 모범화 작업은 특히 송대의 신유학자들(성리학자들)에게서 성행했는데, 그들은 맹자 이후 끊어졌던 도의 계보를 계승 혹은 회복시켰다고 주장한다. 사라져버린 도를 복원해 다시 이은 자신들이야말로 고대로 돌아갈 '유일한 열쇠'를 알고 있다고 믿었던 것이다. 그래서 주공-공자를 "성인이기는 하되 천자는 아닌" 존재로, 그래서 "정당한 권위의 소재는 통치자로부터 學人에게로 옮겨 가게 되었다"는 것이 그들의 핵심이다. 그 시작은 바로 주공의 선양 작업부터 이뤄진다. 피터 볼, 『역사 속의 성리학』, 김영민 譯, 예문서원, 2010, 214면.

문은 주공을 거론함으로써 세조에게 왜 배반하였는지를 되물을 수 있다. 따라서 작품에서 세조 역시 김질과 같은 부류로 묶을 수 있는 것이다. 단순히 변절 행위를 한 것이 아닌 권력에 복종했기 때문이다.

②는 ①에서의 배신에 대한 키워드를 더욱 심화시키고 있다. 성삼문의 답을 들은 세조는 발을 구르며 분노를 표출한다. 이것은 배신한 것이 성삼문이 아니라 자기 자신임을 알아차렸기에 한 행동이라 볼 수 있다. 이에 세조는 성삼문의 행위를 도덕적·이념적으로 완전무결한 행위에서 사욕에 의해 움직이는, 즉 자신과 같은 행위로 낮추려는 시도를 한다. 그것은 세조의 질문 중 '성삼문은 자신의 녹을 먹었는데, 배반하였으니 이것은 자신과 같은 변절 행위가 아닌가'하고 묻는 것에서 드러난다. 그래서 성삼문은 받은 녹봉을 사용하지 않고 집에 고스란히 보관해 두었다고 대답한다. 집에 보관해둔 녹봉은 자신의 변절하지 않은 일관된 행위를 보여주는 증거로 기능한 것이다. 이처럼 ②에서도 성삼문과 세조의 행위를 대비시키면서 성삼문의 이념성을 부각시키기고 있음을 알 수 있다. 권력에 복종하지 않는 유자의 모습으로 말이다.

③에서 서술자는 앞서의 김질과 같이 카메라를 살짝 신숙주에게 돌린다. 고문을 받는 상황에 신숙주가 있었던 것이다. 그렇다면 고문의 상황은 무엇인가. 푸코에 따르면 신체형은 근대 이전 성행하던 권력의 '연극무대'였다. 즉 범죄자를 잔인하게 죽이면 죽일수록(푸코의 말을 빌리면 범죄자를 호화롭게 죽일수록) 권력(왕권)이 살아있음을 느끼게 만드는 표지로 작동한다는 뜻이다.[10] 이런 공간에서 성삼문과 신숙주가 함께 있으니 그

---

19) 푸코는 '신체형의 호화로움'에 대해 언급하면서 다음과 같이 말한다. "끊임없는 감시를 하지 않더라도 독특한 과시행위의 화려함을 통해서 자신의 효력을 계속 쇄신시키기를 모색하는 권력, 과잉권력으로서의 자기의 실상을 의식행사를 통해 화려하게 과시함으로써 활력을 다시 얻는 권력, 이 모든 권력이 문제인 것이다." 미셸 푸코, 『감시

상황이 몹시 의미심장하다. 권력이 잘 작동되고 있는(혹은 그렇다고 믿게끔 만드는) 신체형의 장소에서 한 사람은 권력을 거부하고 저항하여 신체형을 받고, 다른 한 사람은 그 권력에 복종하여 신체형을 면하게 되었다.

이런 점에서 성삼문과 신숙주의 대비는 성삼문의 이념성을 더욱 두드러지게 만드는 효과를 자아내면서, 한편으론 교화의 효과도 만들어낸다. 『소학』에서 봤듯이 충과 관련한 서사에서는 끊임없이 권력의 유혹에 저항하라고 가르친다. 모범적인 인물들의 행동을 조명하면서 그 서사를 진행하는 점은 무척이나 닮아 있다. 그래서 성삼문이 신숙주에게 세종과의 약속을 상기시키는 것은 본분을 잊은 유자에게 가하는 채찍질과 같은 효과를 갖고 있다. 그래서 신숙주뿐 아니라 훗날 이와 비슷한 역사 상황이 반복되었을 때 보편적 역사 상황에서 어떤 행위를 하면 부끄러움이 생길지, 그리고 어떤 행위를 하면 떳떳해질 수 있는지 가르침을 주는 역할을 수행한다.

이런 면모는 이 작품의 마지막 太史氏의 평에서도 잘 드러난다. 이 논평 방식은 司馬遷의 『史記』에서 비롯된 오래된 관습으로 작가가 이렇게 관습을 따른 것은 곧 『사기』의 권위에 의지하고 있다는 것을 알려주

와 처벌』, 오생근 譯, 나남, 2016, 102면.

한편 푸코의 논의를 빌리자면 권력에 의한 폭력은 바로 신체형에 해당되고, 권력의 폭력성을 억제하려는 유자의 이념성은 처벌과 훈육적 조치와 맞닿아 있어 보인다. 푸코는 신체형이 왕권 과시만을 위해 기능하지 않는다는 점을 중요하게 생각했다. 신체형은 피지배집단(민중)으로 하여금 "처벌의 권력을 거부하거나 때로는 반항심을 폭발"(105면)하도록 만든다. 카니발 현상처럼 신체형을 통해 왕권이 과시되기도 하지만 동시에 그 무차별성을 통해 저항하려는 움직임 또한 만들어내기 때문이다. 물론 서양의 사례이기 때문에 그 논지가 정확히 맞아떨어지는 것은 아니지만, 신체형을 지속적으로 보여주고 있는 〈육신전〉은 독자로 하여금 권력(더 축소해서 말하자면 세조의 세력)에 대한 반항심을 증폭시키는 매개체가 되도록 만드는 데 봉사하는 것은 분명하다.

는 것이며, 동시에 그만큼 이 傳이 사실에 가깝고 믿을만한 것이라는 근거를 만들어준다. 따라서 태사씨의 논평 부분은 작가가 자신이 쓴 글을 다시 읽어보고 느낀 바를 술회한 것으로 스스로 글에 대해 자기 검열을 작동시킨 부분이기도 하다. 이처럼 남효온은 스스로의 글을 정당화하기 위해선 〈육신전〉이 정치적인 것과 거리가 먼 것이라는 의도를 담아내야 했다. 그리고 반대로 이념적이고 교훈적인 가치가 이 글에 있음을 알려줘야만 한다. 그러한 부분이 바로 태사씨에 잘 드러나 있다.

> 살아서는 임금을 사랑하여 신하 된 도리를 다했고, 죽어서는 임금에게 충성하여 신하 된 절개를 확립했으니, 忠憤은 밝은 해를 꿰뚫고 義氣는 가을 서리보다 늠름하여 百世의 신하 된 자에게 한결같은 마음으로 임금 섬기는 의리를 알게 하여 節義를 천금같이 목숨을 터럭같이 여기게 하고 仁을 이루고 義를 취하게 했다. 군자가 말하기를 "殷나라의 세 어진 사람과 동방의 여섯 신하는 행적은 차이가 있으나 도리는 같다."라고 하였다.[20]

태사씨는 사육신에 대해 살아서는 '도리'를 다한 신하로 인식하고 죽어서는 '절개'를 세운 사람으로 추앙하고 있다. 요컨대 사육신의 행위는 본받을 만한 것이기 때문에 누구나 가치 있게 생각하는 것이다. 그래서 태사씨는 말미에 君子의 말을 인용하여 '殷나라의 三仁'[殷三]을 조심스럽게 거론한다. 이 三仁은 은나라 말엽 폭군의 대명사인 紂王에게 忠諫한 세 명의 인물을 일컫는데,[21] 태사씨의 생각으로 이들 세 명의 행위와 비교했을 때 그 행동 방식은 다르지만 그것의 목표는 같다고 본 것이다.

---

20) 〈六臣傳〉. "生而愛君, 盡爲臣之道, 死而忠君, 立爲臣之節, 忠憤貫乎白日, 義氣凜乎秋霜, 使百世之爲人臣者, 知所以一心事君之義, 千金一毛, 成仁取義. 君子曰 : "殷三東六, 跡有異而道同.""

21) 『論語』「微子」. "微子去之, 箕子爲之奴, 比干諫而死. 孔子曰, 殷有三仁焉."

여기에서 다르다는 것은 三仁은 충간을 하였고 六臣은 復位를 행했다는 점이다.

실제를 생각해보면 이 간극은 몹시 크다. 그러나 저자는 이것을 동등한 것으로 놓고 보았다. 저자가 이렇게 말할 수 있던 근거는 '도리'가 같다는 것인데, 다시 말해 신하로서의 직분을 지켰다는 점이다. 상술하자면 三仁은 그들의 임금이 紂王이기 때문에 그 직분을 다하기 위해 충간한 것이고 육신은 世祖의 신하가 아닌 魯山君(端宗)의 신하로서 직분을 다하기 위해 복위를 꾀한 것이다. 따라서 그 도리가 같기 때문에 三仁의 행위와 동등한 위치에 놓을 수 있다고 본 것이다. 이러한 이유로 태사씨는 六臣에 대해 仁을 이루고 義를 취하였다고 말할 수 있었다.

그런데 모두가 본받아야 할 이 가치는 수행하기 몹시 어려운 부분이 있다. 이들의 행위는 사사로운 이익에 휘둘리지 않고 본분에 충실해야 한다는 점이다. 그래서 희소하다. 하지만 이들의 행위와 비슷한 자들이 많아진다면, 혹은 이들의 행위에 동조하는 자들이 많아진다면 남효온의 설득은 오히려 정당한 것이 된다. 그리고 그 정당화하는 수단은 유교의 근본적 가치인 '忠'에 대한 '分'을 다하는 것이다. 그래야 '올바른 이치[義理]'를 지킬 수 있게 된다.

이러한 지점은 남효온이 〈육신전〉을 기록한 의도와 밀접하게 연결되어 있다. 정치적인 지점에서의 설득과 동시에 유교적 가치를 체화시켜 자신의 의견에 동조하는 사람들이 많아지길 희망하는 것으로 말이다. 이처럼 정치적인 것을 작동시키기 위해선 언제나 이념적인 것을 먼저 先行해야만 했다. 도덕적인 주체 혹은 그러한 텍스트가 되어야만 남을 설득시킬 수 있었다. 결론적으로 〈육신전〉의 비평에서 볼 수 있듯이 이 텍스트는 정치적인 것을 넘어 이념적인 부분을 실천하도록 강조함으로써 세상의 변화를 갈구했다고 본다.

세상의 변화를 추구한 남효온의 의도는 과연 후대에 반영되었을까? 이에 대해 바로 후 시기에 살았던 金時讓(1581~1643)의 기록을 통해 살펴보도록 하자.

> 尹海平이 명종 초년에 〈六臣傳〉을 인쇄하여 반포하기를 청하니 상이 매우 성내어 끌어내라고 명했다. 이율곡이 선조 때에 또 이 일을 청한 적이 있었는데 상이 노하며 말했다. "집에 〈육신전〉을 간직하고 있는 자는 반역으로 논죄하겠다." 좌우 신하들이 벌벌 떨었는데 유독 西厓 柳成龍이 이렇게 아뢰었다. "국가가 불행하여 어려운 일이 있다면 신 등을 申叔舟가 되게 하고자 하십니까? 成三問이 되게 하고자 하십니까?" 그러자 상의 노여움이 사그라들었다. 옛사람 중에 한 마디 말로 임금의 마음을 돌려놓는 자가 있다고 하니 그가 여기에 근접하다.[22]

위 기록은 『실록』이 아닌 만큼 주관적으로 附言되었을 가능성이 크다. 그럼에도 이 자료가 의미 있는 까닭은 〈육신전〉에 대한 태도 변화를 순차적으로 알려주기 때문이다. 이에 앞서 『실록』을 간략히 검토해보면 중종 때부터 六臣에 대한 표창을 위한 작업의 움직임이 있긴 했었다. 중종 12년(1517)부터 조광조 등의 사림들(혹은 소학 실천론자들)은 지속적으로 육신들의 충절을 환기시켰지만 곧 기묘사화(중종 14, 1519)를 기점으로 중단되었다. 그러다가 인종 1년(1545)에 다시 사육신이 충신임을 주장하는 내용이 나타나는데, 閣僚들이 奏達한 것을 들어보면 정몽주와 성삼문, 조광조 등의 인물들이 죄는 범했어도 그들의 행위만큼은 절의에 가까운 것이니 반드시 표창해야 한다고 말한다.[23]

---

22) 『涪溪記聞』. "尹海平在明廟初, 請印布六臣傳, 上震怒, 命曳出之. 李栗谷宣廟朝又有是請, 上怒曰, 「家藏六臣傳, 以叛逆論.」左右震恐, 獨柳西厓成龍曰 : "國家不幸而有難, 欲臣等爲申叔舟乎? 爲成三問乎?" 上爲之霽威. 古人有以片言回天者, 其近之矣."

그리고 이들을 표창함으로써 얻는 통한 효과도 인종에게 상세히 알려주고 있다. 내용인즉 善과 惡을 분명함으로써 어진 사람들이 조정에 몰려오도록 해야 한다는 것이다. 요컨대 사육신의 행적의 아름다움을 밝혀 교화의 수단으로 삼으려 했다는 점이 중요하다. 하지만 인종은 이에 대해 정몽주, 사육신, 조광조 등의 이름을 거론하지 않고 일반론적인 답변으로 議論의 핵심을 피해간다.[24] 아마도 당시 인종은 왕위에 오른지 얼마 안 된 상황 속에서 왕권의 안정화를 꾀하려는 목적이 컸기 때문에 조정 내 괜한 분란을 조장할 필요가 없다는 정치적 판단이 개입되었다고 보인다.

그럼에도『인종실록』의 기록에서 본 바와 같이 16세기 중반에 이르러서는 사육신과 같은 행위를 한 자들에 대해 충절의 대상으로 바라보려는 시각이 굳어지고 있음을 확인할 수 있다. 그리고 지속적으로 왕들에게 사육신들의 표창 작업을 주문하게 된다. 명종은 인종이 短命한 후 이복형인 인종의 뒤를 이어 왕위를 물려받았다. 즉위 초(1545)부터 명종이 20세가 되는 해(1553)까지 어머니인 문정왕후의 수렴청정이 있었는데,[25] 위의 인용문에서 명종 초년이라고 한 점을 보아 아마도 이 근처 시기이지 않을까 한다. 하지만 실록에는 이러한 기록을 찾아볼 수 없어, 아마도 사관의 자기 검열로 빠졌을 가능성이 있거나 野史로 전해진 것을 김시양이 그대로 옮겼을 가능성도 크다.

아무튼 무엇보다 이 일화에서 알 수 있는 것은 사림들은 지속적으로 군주들에게 위험을 감수하고 사육신에 대한 표창 작업을 요구했다는 것

---

23)『인종실록』 1년(1545) 4월 9일 첫 번째 기사.

24)『인종실록』 1년(1545) 4월 9일 첫 번째 기사. "上曰, 正士習, 養氣節之論, 甚切矣."

25)『명종실록』 즉위년(1545) 7월 7일 첫 번째 기사;『명종실록』 8년(1553) 7월 12일 첫 번째 기사.

이다. 하지만 군주들은 왕권에 대한 도전으로 인식했기 때문에 쉽사리 이에 동의하기 힘들었다. 조선의 왕들은 〈육신전〉을 일종의 위험한 禁書로 여겼던 것인데, 이러한 '편견'을 깨기 위한 당시 신진 사림들의 노력들이 도처에서 보이고 있다. 그래서 유성룡의 언급과 같이 사육신이 갖는 효과가 단지 왕권을 위협하는 것이 아님을 선조에게 알려주기도 한다. 이 언급의 내면에는 사육신을 모범으로 삼아 다른 신하들 역시 그들과 비슷한 행위를 한다면 이것은 왕권에 대한 도전이 아니며 왕권을 수호해줄 사람이 많아지기에 왕에게 이익이 된다는 뜻이 담겨 있다. 그리고 육신들의 모범적 행위의 구체적 기록은 〈육신전〉에 담겨 있었다. 물론 선조는 〈육신전〉을 읽어보았기에[26] 유성룡의 그 말을 이해할 수 있었고, 따라서 선조는 화를 누그러뜨릴 수 있었다. 그 교화의 효과를 이해한 것이다.

정리하자면 〈육신전〉과 같은 경우에는 정치적 위험성을 많이 내포하고 있었기 때문에 이념적 '수사학'이 필요했다. 하지만 그 위장은 정치적 목표를 달성하기 위한 위장이라기보단 오히려 보편적 가치에 대한 이념적 행위를 수행하면서 따라온 발화에 가깝다. 요컨대 현실을 비판적으로 생각하고 근본적 가치의 길을 따르는 사람들이 많아지는 사회가 오길 희망한 것이기도 하다. 그래서 그 이후의 조선조 사림들은 〈육신전〉을 언제나 세상의 변화에 도움이 되는 교화의 수단으로 믿고 있었고, 세상이 변화하게 된다면 그 효과가 왕에게도 도움이 될 것으로 생각했다. 이처럼 사림들은 은밀하고도 치밀하게 그 효과를 전파하고 있었던 것이다.

육신의 이념적 모범성을 부각시키는 대비적 서술과 이들의 행위를 통

26) 『선조수정실록』 9년(1576) 6월 1일 두 번째 기사; 『선조실록』 9년(1576) 6월 24일 첫 번째 기사.

해 교화적 가르침을 주려는 〈육신전〉의 서술기법은 나머지 육신인 이개, 하위지, 유성원, 유응부의 기사에게서도 반복적으로 나타나고 있는 부분이다. 그 서술의 분량 차이나 중요성에서 약간의 차이만 있을 뿐이지 결국 이들을 통해 이념적인 행위(충성)란 무엇인지를 알려주고자 한다. 그래서 〈육신전〉은 정치서사이면서 동시에 이념적 서사로 자리하는 것이다. 읽는 독자로 하여금 행위에 대한 기준을 세워주기 때문이다.[27] 따라서 지금까지의 논의를 통해서 봤을 때 〈육신전〉은 단순히 세조 세력을 비판하려는 것만을 목적으로 삼은 것이 아니며,[28] 그 이면에는 유교적 이념성이 주지로 흐르고 있는 작품이라고 봐야 할 것이다. 그리고 이것을 위해 작가는 육신의 행위에 대한 정당화를 위해 대비적인 인물들을 작품 속에 의도적으로 배치시킴으로써 모범화 작업을 진행하였다고 하겠다.

이처럼 〈육신전〉은 『소학』에서 볼 수 있는 서술기법이 빈번하게 개입하여 창작되었음을 알 수 있다. 이것은 남효온이 당시 '小學契'를 만들어 붕당 활동을 전개한 것과도 일맥상통한다.[29] 즉 남효온은 『소학』을 삶에 실천·적용하는 데 몹시 노력했다는 사실이다. 따라서 〈육신전〉은 16세기 이전 『소학』의 중요성을 간파하고 이것의 이념에 따라 등장인물을 구성한 결과물이라 할 것이다. 하지만 이 작품은 『소학』에 영향 아래에

27) 이것은 이 텍스트가 지금까지 살아남을 수 있던 이유와도 관계가 깊다. 앞서 봤듯이 선조는 〈육신전〉을 모두 焚書하려고 하지만, 신하들은 그 효용성과 가치를 거론하며 선조를 설득시킨다. 따라서 이 작품이 세조 세력이라는 특정 정치 세력을 비판하기 위한 논리로 기능했다면 아마도 당대에 거론이 되었을지언정 그 생명력은 지속적이지 못했을 가능성이 높다. 그런 의미에서 〈육신전〉은 세교에 도움이 되는 부분을 후대에서 더 많이 차용했기 때문에 살아남을 수 있었다고 생각한다.

28) 세조 비판이 1차적 목적이었을지라도, 그 목적을 성사시키기 위해선 이념성을 깊숙이 개입시킬 수밖에 없었다는 것이 이 글의 핵심 논지다.

29) 『성종실록』 9년(1478) 4월 15일 세 번째 기사.

있음에도 현실에 대한 문제제기의 수단으로 활용되었을 뿐이다. 즉『소학』을 통해 현실에 대한 문제의식은 분명하게 가지고 있었지만, 그것을 어떻게 해결해야 할 것인지에 대한 구체적인 방안은 강구하고 있지 못하고 있었다.『소학』을 철두철미하게 내면화하지는 못했다는 것이다. 그러므로 이것은『소학』과 같은 유교이념이 확고히 자리하기 전 그것의 사상을 보급하려 했던 노력의 산물로 보아야 한다.

2. 꿈을 통한 깨달음과 자기 탐색 : 〈南炎浮洲志〉

〈남염부주지〉가 난해한 작품이라는 것은 아마도 대부분의 연구자들이 동의하리라 생각한다. 이것은 작자인 김시습의 복잡한 생애와 행적에서 기인한다는 점은 둘째 치더라도, 무엇보다 텍스트 자체의 내부에 모순과 역설이 감돌고 있기 때문이다. 그래서 작품 분석을 진행하기란 쉽지 않다. 이에 기존의 연구를 토대로 이 글 전체의 목적에 부합하는 선에서 이 작품을 조망해보고자 한다. 특히 여기에서는 2장에서 논의한『태평광기상절』에서의 종교적 체험서사와의 연관성을 적극 반영하여 작가가 독자에게 전달하려는 바가 무엇인지 그 의미에 대해 해석을 시도하겠다.

〈남염부주지〉는 15세기 소설집『금오신화』의 작품 중 하나로,『금오신화』에 대한 연구는 그간 많은 연구 성과가 축적되어 있다. 그 연구 성과는 크게 다음과 같이 구분할 수 있겠다. 작자에 대한 연구, 형성 배경 및 비교 관점에서 진행한 연구, 사상적 성격에 대한 연구, 소설사적 관점에서 의미를 조망한 연구가 그것이다.[30] 이 중에서 관심 있게 다룰 부분은 사상적 성격에 대한 연구들이다. 그간의 연구에서도 〈남염부주지〉를 사상소설로 보기도 했으며, 이 글에서 추적하려는 이념성에도 부합하기 때문에 이와 관련한 연구 성과를 집중적으로 살펴보는 것이 여러모로 적합하다 생각한다. 이에 먼저 『금오신화』의 사상적 성격에 대한 연구를 간략히 살펴보고, 다음으로 〈남염부주지〉에 대한 개별 작품론을 점검해보도록 하겠다. 이를 통해 입론 지점이 생길 수 있으리라 본다.[31]

『금오신화』의 사상적 성격에 대한 연구는 크게 유교, 불교, 도교를 각각 중심으로 바라보는 연구로 나눌 수 있고, 유교에서 다시 세부적인 견해 차이가 있다. 학계에서는 대체로 16세기 李珥(1536~1584)가 「金時習傳」에서 언급한 '心儒跡佛'을 토대로,[32] 김시습이 성리학을 근간으로

---

30) 이에 대해선 소인호에 의해서 2000년 초반까지의 연구가 정리된 바 있으며 필자 역시 이를 따른다. 다만 〈남염부주지〉에 대한 개별 연구는 최신 연구 성과를 반영하고, 쟁점 사항과 관련해 더 추가하였다. 『금오신화』에 대한 자세한 연구사 정리는 다음을 참조하길 바란다. 소인호, 「『金鰲新話』 연구의 성과와 전망」, 우쾌제 외, 『고소설연구사』, 월인, 2002, 53~73면.

31) 선행연구 검토에 앞서 먼저 짚고 넘어가야 할 부분은 작가 김시습과 작품의 연결에 대한 강박이 『금오신화』 작품론 전반에 감지된다는 점이다. 다시 말해 작품을 분석함에 김시습이라는 천부적 재능의 문인이 개입되어 작품 해석의 순환이 일어난다고 하겠다. 특히나 고전 작품을 분석함에 있어 작가의 개입은 피할 수 없는 숙명과도 같다. 그럼에도 불구하고 『금오신화』에는 그 정도가 심했다고 생각한다. 이러한 대표적인 예를 장르론과 작가론의 결합이라고 할 수 있는데, '불우한 천재 방외인 김시습이 지은 전기소설에는 현실 비판적 시각이 그려져 있다', 혹은 '현실 비판적 시각이 작품에 도사리고 있는데 이것은 작가의 불우한 현실을 반영한 것이다'라는 순환적 해석이 그것이다. 따라서 작가의 불우와 작품의 현실 비판성은 함께 붙어 다니면서 다양한 해석의 가능성을 방해한다고 필자는 생각한다. 이에 작가의 불우한 현실이 작품에 영향을 미치지 않는다는 전제 아래에 논의를 진행하도록 하겠다.

필자의 이러한 생각과 궤를 같이 하는 것은 비교적 최근에 제출된 김수연의 논의에서도 드러난다. 그는 〈남염부주지〉의 박생을 김시습과 동일시하려는 연구자들의 문제를 지적하면서 '작가의 투철한 성리학적 이념 설파'로 작품을 이해하는 것을 지양했다. 김수연, 「사상전환기 지식인의 방황과 신념 모색, 〈남염부주지〉」, 『고소설연구』 33, 한국고소설학회, 2012, 120~121면.

불교를 통섭했다는 主氣論적 견해가 정설로 굳어져 있다. 그 대표적인 논자로는 임형택과 조동일을 들 수 있다. 임형택은 氣一元論을 바탕으로 한 김시습의 현실주의적 경향을,[33] 조동일은 그간의 이기이원론[34]과 주리론[35]에 대한 논의들을 비판하고 主氣論을 역설하였다.[36] 이와 궤를 함께하는 것이 최귀묵의 연구이다.[37] 그는 김시습이 禪宗의 한 계열인 曹洞宗의 경서에 역주를 단 『曹洞五位要解』를 통해 유불도의 正名·假名·無名 글쓰기를 넘어서는(혹은 아우를 수 있는) 實事名 글쓰기를 추구하고 있음을 밝히며 "氣一元論을 '多名'에 입각해서 전개"[38]하였다고 주장한다.

한편 『금오신화』를 불교적 입장, 도교적 입장[39]에서 바라본 연구도 있다. 특히 불교적 사상이 드러난다고 주장한 연구에서 정주동은 불교를 중심으로 유불조화를 꾀한 텍스트가 『금오신화』라고 보았다.[40] 그리고 이를 이은 오대혁의 연구가 있다. 다만 오대혁은 『금오신화』에 주기론이나 이기이원론 등 유교적인 부분이 거의 드러나지 않으며, 오직 『조동

---

32) 李珥, 『栗谷全書』 卷14, 「金時習傳」. "自以聲名早盛, 而一朝逃世, 心儒迹佛, 取怪於時."

33) 임형택, 「현실주의적 세계관과 금오신화」, 『국문학연구』 13, 서울대학교 국문학회, 1971.

34) 김명호, 「김시습의 문학과 성리학 사상」, 『한국학보』 35, 일지사, 1984.

35) 김일렬, 「금오신화 고찰」, 『조선전기의 언어와 문학』, 형설출판사, 1976.

36) 조동일, 「소설의 성립과 초기소설의 유형적 특징」, 『한국학논집』 3, 계명대학교 한국학연구소, 1975. 한편, 조동일은 추후에 「15세기 귀신론과 귀신 이야기의 변모」(『한국의 문학사와 철학사』, 지식산업사, 1996)라는 글을 통해서 재차 기일원론이 『금오신화』의 사상적 기반임을 논한 바 있다.

37) 최귀묵, 『김시습의 사상과 글쓰기』, 소명출판, 2001.

38) 위의 책, 140면.

39) 최삼룡, 『한국초기소설의 도선사상』, 형설출판사, 1982; 이상택, 「취유부벽정기의 도가적 문화의식」, 『한국고전소설의 탐구』, 중앙출판사, 1981.

40) 정주동, 『매월당 김시습 연구』, 신아사, 1965.

오위요해』의 내용이 각 작품에 잘 투영되어 나타난다고 주장하면서 '禪불교적 현실주의'로 집약하여 설명한 바 있다.[41]

다른 시각으로는 兩非論的인 시각이 있다. 이것은 『금오신화』가 유불도 한 측면을 강조하려는 것이 아니라는 주장이다. 박혜숙은 『금오신화』를 일률적인 논리로 귀속시키기 어려움을 언급하면서 김시습 사상의 '역동성-총체성'을 거론한 바 있다.[42] 이종찬의 경우는 김시습이 유불 어디에 경도된 것이 아니라 사상의 속박에서 초탈하려고 한 주체적 자아(자유인)이라고 주장하였는데, 다만 『금오신화』와의 연관성은 밝히지 않은 한계가 있다.[43] 진경환은 김시습이 유불 양쪽 모두로부터 반성적 거리두기를 통해 치우침 없는 사상을 전개하려 했다고 말한다.[44] 따라서 그의 사상을 한쪽에 귀속시키려는 설명은 어렵다고 설명하며 『금오신화』를 "중심을 해체하려 탈주를 시도"[45]한 텍스트로 이해한다. 필자 역시 논의의 큰 축에선 양비론적인 시각을 부분적으로 따른다. 즉 어떤 사상이 얼마만큼 〈남염부주지〉에 투영되어 있느냐는 중요한 것이 아니다.

이처럼 『금오신화』의 사상적 시각에 대한 논의에서는 논자마다 다른 주장을 펼치고 있지만, 『금오신화』에는 유불도를 아우르는 중용적 사상이 드러난다는 점에 대해서는 대체로 동의하고 있는 것으로 보인다. 그렇다면 〈남염부주지〉 개별 작품론(사상적 측면을 중심으로)의 상황은 어떠할까. 가장 많이 거론되는 것은 작가의 불우한 현실 혹은 작품 내 주인공의 소외를 근거삼아 그의 욕망이 투영된 공간을 환상세계인 염부주로,

---

41) 오대혁, 『『금오신화』와 한국소설의 기원』, 역락, 2007.

42) 박혜숙, 「금오신화의 사상적 성격」, 『한국문학사의 쟁점』, 집문당, 1986.

43) 이종찬, 「매월당의 문학세계」, 『매월당학술논총-그 문학과 사상』, 강원대학교 인문과학연구소, 1988.

44) 진경환, 「김시습과 '심유적불'의 문제」, 『어문논집』 40, 안암어문학회, 1999.

45) 위의 논문, 184면.

그리고 이를 통해서 현실을 비판한다고 해석하는 것이라 하겠다.[46] 다만 앞서 『태평광기상절』에서의 종교적 환상체험 서사를 통해 살펴볼 수 있었던 것처럼 〈남염부주지〉의 환상체험과 관련하여 욕망의 투영으로 보는 관점에 대해서는 동의하지만 현실 비판으로 보는 관점에 대해선 조금 결을 달리한다. 이에 대해선 추후의 논의를 통해서 진행하도록 하겠다.

이와 관련해서 최귀묵은 〈남염부주지〉에 나타난 '兩邊止揚' 혹은 반어·모순적 구조에 주목하였다.[47] 그는 〈남염부주지〉가 모순적 상황을 만들어 유불 사상을 흔들고, 또 그 경계를 모호하게 만듦으로써 모순을 넘어서는 원리를 모색하도록 촉구한다고 보았다. 또한 그는 이런 모순을 통해 정명(유교적) 글쓰기와 가명(불교적) 글쓰기가 충돌하였으나, 무명(도교적) 글쓰기까지 아우르는 지향점을 제시하지 못한 한계가 나타난다고 주장했다. 박일용은 앞서의 모순에 주목하여 박생이 주장하는 일리론과 염왕이 주장하는 세계와의 차이와 그 간극을 설명하고, 이를 통해 박생이 깨달음을 얻음으로써 현실에 대한 비극적 자각을 인식하게 된다고 보았다.[48] 이와 비슷한 견해는 김수연을 통해서도 최근 제출된 바 있다.[49] 그는 〈남염부주지〉의 염부주가 儒佛道巫의 경계를 허무는 공간으로 기능한다고 보고, 작품의 서사를 주인공이 여기에서의 체험을 통해 자기 내면의 대화를 하고 신념을 모색하는 과정으로 바라보았다. 박생의

46) 가장 대표적인 논의를 소개하면 다음과 같다. 조동일, 『한국소설의 이론』, 지식산업사, 1977; 설성경, 「15세기형 창작단편 남염부주지에 나타난 정지이념의 형상화」, 『한국고전소설의 본질』, 국학자료원, 1991; 신재홍, 『한국몽유소설연구』, 계명문화사, 1994; 진경환, 「〈남염부주지〉의 반어」, 『고전의 타작』, 월인, 2000.

47) 최귀묵, 앞의 책, 187~194면.

48) 박일용, 「〈남염부주지〉의 이념과 역설」, 『고소설연구』 22, 한국고소설학회, 2006, 35~66면.

49) 김수연, 앞의 논문, 113~143면.

체험 결과를 긍정적인 면모로 보았다는 점에서 박일용과는 차이가 있다. 이들 논의를 바탕으로 논의의 출발점으로 삼고자 한다.

앞서 『태평광기상절』의 종교적 환상체험 서사에서는 『소학』의 글쓰기와 다르게 '내적 탐색과 반성'을 추구하는 모습이 담겨 있다고 하였다. 그래서 교조적이고 기계적으로 투여되는 이념에 대해 반대하고, 스스로 체험을 통해 무엇이 올바른 방향인지 선택할 수 있다고 말한 바 있다. 결론부터 말하자면 〈남염부주지〉는 『태평광기상절』라는 문화적 토대의 글쓰기 방식을 따르면서도 조선식으로 변화한 서사라고 정의할 수 있겠다. 요컨대 내적 탐색과 끝없는 의문과 개인적 진리를 추구하는 것이 〈남염부주지〉에서 조금 다른 방식으로 나타난다. 이러한 부분은 〈남염부주지〉의 줄거리와 구조에서도 잘 드러난다고 생각한다.

〈남염부주지〉의 주인공은 박생으로 世祖(1417~1468) 연간의 인물이다. 그는 유학에 뜻을 둔 인물로 과거 시험에 합격하지 못해 불만을 갖고 있었다. 하지만 행실은 올바르기에 남들에게 칭찬을 받는 인물로 그려진다.[50] 이런 박생의 면모는 『태평광기상절』의 〈두자춘〉에서 보았던 주인공의 모습과 비슷하면서도 조금은 다르다. 〈두자춘〉의 경우에서는 주인공이 자신의 처지에 대한 울분이 '한숨'이라는 형태로 조금 더 직접적으로 표현되기 때문이다. 즉 두자춘의 고민은 현실에서의 궁핍한 삶인 바, 그래서 추후에 나올 환상체험에서는 '재화'를 무제한으로 지급받는 형식으로 그 욕망을 채우게 된다.[51] 이는 〈앵도청의〉나 〈심아지〉의 경우 그

50) 〈南炎浮洲志〉. "成化初, 慶州有朴生者, 以儒業自勉, 常補太學館, 不得登一試, 常怏怏有憾. 而意氣高邁, 見勢不屈, 人以爲驕俠. 然對人接話, 淳愿慤厚, 一鄕稱之."

51) 물론 환상세계에 진입한 것은 아니지만 도사를 통해서 돈을 무제한으로 공급받았다는 지점에서 이미 환상체험을 진행하고 있다고 하겠다. 그리고 이것은 후의 욕망을 경계하는 환상체험과도 연결되니 환상체험이라고 봐도 무방할 듯하다.

환상체험에서 '부귀'를 투여한다는 점에서도 동일하다. 그런데 〈남염부주지〉의 박생의 경우 현실에 대한 약간의 불만족은 있을지언정 그의 긍정적인 모습을 부각시키고 있으니 불만족이라고 볼 소지가 없어 보인다. 그렇다면 〈남염부주지〉의 환상체험은 박생의 어떤 불만족을 해소시키는가?

줄거리를 계속 보자. 박생은 평소 불가나 巫俗에서 말하는 귀신설에 대해 의심을 품고 결단을 내리지 못한 모습으로 그려진다. 그래서 스님들과 교유하면서 천당과 지옥에 대한 설과 인과응보에 대한 설을 묻기도 하지만 결국 의심만 키우게 된다. 이원론적 세계관에 대한 회의가 일어나게 된 것이다. 이 지점에서 바로 박생의 불만족의 부분을 간취할 수 있겠다. 그에게 있어 현실의 불만족이란 유교적 異說에 대한 회의와 의심이라 하겠다. 그래서 자신의 의심을 불식시키기 위해 일원론적 세계관이 바탕이 된 一理論을 지어 그 의심을 소거한다.

> 내가 항상 듣기로는 천하의 이치는 오로지 하나일 뿐이다. 하나란 무엇인가? 두 이치가 아니라는 것이다. 이치란 무엇인가? 性일 따름이다. 性이란 무엇인가? 하늘이 명한 것이다. 하늘은 음양 오행으로 만물을 化生하는데, 氣로써 形을 이루면 理 또한 거기에 稟賦되는 것이다. 이른바 이치란 일용사물에서 각각 조리를 갖춘 것이다. 부자의 사이를 두고 말하면 그 친함을 다하며 군신의 사이를 두고 말하면 그 의를 다함이다. 부부와 장유 간에 이르기까지 각기 당연히 행해야 할 길이 있다. 이것이 이른바 道이니 이치가 우리 마음에 구비된 것이다. 이 이치를 따르면 어디를 가더라도 편안하지 않음이 없고, 이 이치를 거슬러서 性을 이기면 재앙이 미친다. 窮理盡性은 이 이치를 궁구하는 일이고 格物致知도 이 이치에 나아가는 것이다. 대개 사람은 태어나면서부터 이 마음을 가지지 않음이 없고, 또한 이 성을 갖추지 않음이 없으며 천하의 사물에도 또한 이 이치가 있지 않음이 없다. 마음의 허령함으

로써 性의 진실로 그러한 바를 그대로 따라 만물에 나아가 이치를 궁구하고 일에 따라 본원을 미루어 그 극치에 이르게 되기를 구한다면, 천하의 이치가 분명하게 드러나지 않음이 없을 것이며 이치의 지극함이 마음 속에 삼엄하지 않음이 없을 것이다. 이로부터 미루어보면 천하와 국가도 모두 여기에 포괄되고 전부 여기에 통합되니 천지의 사이에 참여하여도 어긋나지 않을 것이다. 귀신에게 질정하더라도 미혹되지 않으며 고금을 지나더라도 추락하지 않을 것이다. 유학자가 할 일은 여기에서 그칠 뿐이다. 천하에 어찌 두 이치가 있겠는가? 나는 저 이단의 설을 믿기 어렵다.[52]

위와 같이 박생은 이원론적 세계관에 대해 부정하는 일리론이라는 논문을 지어 자신의 세계관을 확립한다. 이는 주희의 일리론을 그대로 따른 것으로 보인다는 점에서[53] 박생의 유학자적 면모를 잘 보여준다. 이처럼 박생은 "자신의 존재론적 회의를 잠재우기 위한 방편"[54]으로 주희의 논의를 따라 자신의 불만족을 잠재울 수 있었던 것이다. 그렇다면 이와 같이 합리성을 바탕으로 한 유가의 정명 글쓰기를 통해서 박생은

---

52) 〈南炎浮洲志〉. "常聞, 天下之理, 一而已矣. 一者何? 無二致也. 理者何? 性而已矣. 性者何? 天之所命也. 天以陰陽五行. 化生萬物, 氣以成形, 理亦賦焉. 所謂理者, 於日用事物上, 各有條理, 語父子則極其親, 語君臣則極其義. 以至夫婦長幼, 莫不各有當行之路. 是則所謂道, 而理之具於吾心者也. 循其理, 則無適而不安, 逆其理而拂性, 則菑逮. 窮理盡性, 究此者也. 格物致知, 格此者也. 蓋人之生, 莫不有是心, 亦莫不具是性, 而天下之物, 亦莫不有是理. 以心之虛靈, 循性之固然, 卽物而窮理, 因事而推源, 以求至乎其極, 則天下之理, 無不著現明顯, 而理之至極者, 莫不森於方寸之內矣. 以是而推之, 天下國家, 無不包括, 無不該合, 參諸天地而不悖. 質諸鬼神而不惑, 歷之古今而不墜, 儒者之事, 止於此而已矣. 天下豈有二理哉! 彼異端之說, 吾不足信也."

53) 『朱熹集』 卷70, 「續大紀」. "우주 간에는 하나의 리뿐이다. 하늘은 그것을 얻어서 하늘이 되고 땅은 그것을 얻어서 땅이 된다. 천지 사이에 생존하는 모든 것들도 각각 그것을 얻어 性으로 삼는다(宇宙之間, 一理而已. 天得之而爲天, 天得之而爲地, 而凡生於天地之間者, 又各得之以爲性)." 오대혁, 앞의 책, 182면 재인용.

54) 박일용, 앞의 논문, 45면.

스스로의 불안을 모두 제거할 수 있었을까. 그것은 아니라고 생각한다. 위의 일리론 바로 다음 장면에서 염부주로의 환상체험 장면이 전개되는 것으로 봐서는 그의 내면에서는 직접 지은 일리론에 대한 확답이 아직까진 없었던 것이다. 그래서 그 불안을 해소하기 위해 작가는 환상체험의 공간을 마련했다고 볼 수 있다.

그런데 일리론의 내용을 조금 더 자세히 살펴보면 앞서 『소학』에서 보았던 실천적 이념성이 고스란히 담겨 있다는 것이 확인된다. 理라는 변하지 않는 진리를 통해 氣가 발현되어 부자간의 친함, 군신간의 의로움 등이 발현된다는 논지, 곧 五倫에 대해 언급하는 것이 그것이다. 앞서 우리가 『소학』의 실천에서 살펴볼 수 있었듯이 이들 실천적 유교이념은 수직적 방식으로 교화를 달성한다. 이것은 이념의 투입이라는 강제성을 동원해 무엇이 옳고 그른지를 분명하게 가르며, 이를 통해 궁극적으로 그 이념의 전파를 목적으로 한다. 그리고 일리론 곳곳에는 진리에 대한 사상적 단계를 '정형화'시킨 흔적이 잘 담겨 있다. 요컨대 일리론은 교조적인 사상체계라고 하겠다. 따라서 박생의 일리론은 성리학적 일원론에 관철되었다는 점에서 유학자적인 면모를 잘 드러내고 있지만, 한편으로는 다소 경직된 사상적·철학적 사고를 기반하고 있다고 하겠다.

한편 염부주라는 환상세계에 도착한 박생은 놀라움과 두려움의 연속이었다. 놀라움은 자신이 현실 세계를 넘어 異界라는 공간에 도착했음에서 오는 것이고, 두려움은 그런 이계가 존재함으로써 스스로 믿었던 일리론이 흔들리게 되었다는 점에서 오는 것이었다. 심지어 그 공간은 염왕이라는 존재가 다스리는 공간이며, 또한 그 안에 나름 질서정연하게 백성들이 관리되고 있었다. 이에 그곳의 군주인 염왕을 만나 유교적 사상을 바탕으로 대화를 나누게 되는데, 기존의 연구에서는 이것을 박생이 자신의 일리론을 확신하는 플롯으로 지목하기도 하였다.[55] 그러나 염왕과 염부주라는 모순된 존재와 공간을 통해서 자신의 믿음을 확신한다면, 그것이야말로 가장 불안한 믿음이 될 터이다.

그렇다면 염왕의 존재는 무엇인가. 박생의 신념을 확고히 해주는 대상인가, 아니면 그것마저도 흔들어버리는 대상인가. 다시 말해 염왕의 존재에 대해 해명하는 것이야말로 이 작품을 읽는 키워드가 될 수 있으리라 본다. 염왕은 불교에서 유래한 존재이지만, 누구보다 유교 사상을 잘 이해·통찰하고 있는 인물이기도 하다. 그래서 박생과 동질적인 존재라고도 생각할 수 있겠다. 따라서 대비적인 존재는 아님이 분명하다. 그런데 작품에서는 박생과 염왕의 대화가 반복적으로 이어지며 서사의 중추를 이룬다. 만약 박생과 염왕이 동질적이라면 같은 생각을 가진 존재가 질문과 답변을 번갈아 하는 것이기 때문에 그 논리가 순환될 운명에 처할 수밖에 없다. 즉 동어반복적인 이야기를 하니 대화할 필요성이 없어지는 것이다. 하지만 〈남염부주지〉는 이들의 대화를 중심으로 그 내용을 전개해 나간다는 점에서, 즉 박생이 의문을 해소해 나간다는 점에서 박생과 염왕의 생각의 차이를 좁히는 것이라 생각할 수 있다. 따라서 박생과 염왕은 동질적인 존재가 아닌 다른 지점도 있을 것이다. 이에 박생이 환상세계 속 염왕과의 대화를 통해 얻어낸 부분은 무엇일지 궁금하다.

이런 점에서 염부주가 사상의 경계역적·혼종적 성격을 띠고 있다고 지적한 김수연의 논의는 의미가 있다.[56] 그래서 염왕은 박생에게 공자와

---

55) 박일용은 "이처럼 선행 연구들에서는 대체로 〈남염부주지〉에 설정된 꿈속 세계 그리고 그것의 연장으로서의 사후 세계를 '보상', '타당성의 인정', 또는 '세계와의 화합' 등과 같이 박생의 논리적 정당성을 인정해주는 동시에 그의 소망을 실현시켜주기 위해 설정된 것으로 보고, 그것이 김시습 사상을 직접으로 표현하거나, 김시습의 소외에 대한 보상 심리를 표현한 것이라 해석해 왔다."고 하여 역설적 존재인 염왕의 대화를 통해 불안을 해소한다는 주장에 문제가 있음을 지적하였다. 위의 논문, 38면.

석가를 대비시키면서도 “그 지극한 경지에 이르러서는 모두 군자와 소인들로 하여금 결국 올바른 이치로 돌아가게 하려는 것”이지, “결코 세상 인민들을 현혹시키고 속여서 이단의 도리로 잘못되게 하려는 것이 아니”라고 말할 수 있는 것이다.[57] 유불의 일치적인 견해를 보이고 있는 염왕의 모습은, 따라서 박생과 완벽하게 동질성을 가진 존재라고 확언하기에 주저하게 된다.

박일용은 이것을 두고, 염왕이 박생에게 “공자나 석가의 가르침과 실재적 세계 질서 사이에 존재하는 거리를 깨우쳐 줌으로써 박생이 가졌던 세계관적 혼란을 해소”[58]한 것으로 보았다. 요컨대 ‘교화의 방편’을 알려주었다는 것이다. 그러나 필자는 조금 다르게 생각한다. 그보다는 공자나 석가와 같은 성인들이 처음 말했던 진리가 현실에서 점차 멀어진 점을 알려줌으로써 박생에게 생각할 거리를 던져준 것으로 보인다. 즉 염왕의 말은 혼란을 해소시키기보다 혼란을 더해주고, 이를 통해 직접 깨우치라는 啓導와도 같다. 이것은 그의 말을 자세히 들여다보면 알 수 있다. 공자나 석가나 모두 선지자로서 그들이 처음 발견한 진리는 이단의 설과는 다른 질적인 면모를 가지고 있다는 것이다. 요컨대 진리는 같지만, 후대에 그 진리를 변형하고 선지자들의 말을 교조화하면서 이단의 설이 발생했다는 것이 염왕의 메시지라 하겠다.

> ① 박생은 또 물었다. “제가 언젠가 불교도에게서 이런 말을 들었습니다. ‘하늘 위에는 천당이라는 즐거의 곳이 있고 땅 밑에는 지옥이라는 고통의 곳이 있으니, 명부에 시왕을 배치하여 십팔지옥의 죄인을 국문한다’

---

56) 김수연, 앞의 논문, 124~127면.

57) 〈南炎浮洲志〉. “其極致, 則皆使君子小人, 終歸於正理, 未嘗惑世誣民, 以異道悞之也.”

58) 박일용, 앞의 논문, 51면.

라고 하는데 과연 이런 일이 있습니까? 또 사람이 죽은 지 칠일이 되면 부처께 공양드리고 재를 베풀어 그 혼을 추천하고 왕께 제사를 올리며 종이돈을 태우면 지은 죄를 벗겨준다고 합니다. 그렇다면 간사하고 포악한 사람도 왕께서는 너그러이 용서하십니까?"[59)]

② 왕은 몹시 놀라면서 말하였다. "그런 말을 나는 들은 적이 없소. … 세상 사람들은 무지한데다 인정상 서로 외람된 일을 저지르므로 말할 것이 못 되오. 神道는 여전히 존엄하니 어찌 한 지역 안에 왕이 그렇게 많을 수 있겠소? … 그러니 불교도의 그런 말은 믿을 게 못 되오. 齋를 베풀어 혼을 추천하고 왕에게 제사 지낸 뒤 종이돈을 태우는 것에 대하여는 나는 왜 그렇게 하는지 까닭을 알지 못하겠소. 선비께서는 인간 세상의 속임수와 망령된 일을 상세히 이야기해 주시오."[60)]

염왕의 말을 들은 박생은 교조화되고 세속화된 불교의 현실을 염왕에게 알려준다.[61)] 이에 염왕이 그것이 과연 사실인지 물어본다. 이것은 석가가 처음 제안한 진리에서 멀어져 있는 모습이다. 그 모습은 ①과 같이 천당과 지옥이 따로 존재함을 믿는다는 점, 시왕의 존재를 믿는다는 점,

---

59) 〈南炎浮洲志〉. "生又問曰, "僕嘗聞於爲佛者之徒, 有曰 : '天上有天堂快樂處, 地下有地獄苦楚處, 列冥府十王, 鞫十八獄囚.' 有諸?" 且人死七日之後, 供佛設齋, 以薦其魂, 祀王燒錢, 以贖其罪. 姦暴之人, 王可寬宥否?"

60) 〈南炎浮洲志〉. "王驚愕曰 : "是非吾所聞. … 且流俗無知, 以人情相濫, 不足道. 至於神道, 則尙嚴, 安有一城之內, 王者如是其多哉? … 其語不足信也. 至於設齋薦魂, 祀王燒錢, 吾不覺其所爲也. 士試詳其世俗之矯妄.""

61) 이와 비슷한 논의로 오대혁을 들 수 있다. 오대혁은 "유교의 정치적 이념을 표방하고 나선 조선 사회에서 불교는 유학자들에게 비판의 대상이요, 심지어 말살해야 할 그릇된 종교였다. 그런데 〈남염부주지〉가 보여주는 입장은 세속적 불교의 폐단을 시정해야 한다는 입장인 것이지, 사상적으로 불교가 그릇되었다고 보는 것은 아닌 듯이 보인다."라고 하여, 이것이 세속적 불교를 비판하는 입장을 견지했음을 논하였다. 오대혁, 앞의 책, 183면.

49재를 지낸다는 점, 시왕제를 지내는 점 등의 예시를 통해 염왕에게 전해지고 있다. 그러자 염왕은 ②와 같이 '그런 말을 나는 들은 적이 없'다고 분명하고도 단정적인 어조로 잘라 말한다. 그리고 이러한 반응에는 진리와 괴리된 현실에 대한 염왕의 놀라움이 담겨 있기도 하다. 그래서 염왕은 그것을 '속임수'와 '망령된 행위'라고 지칭할 수 있었던 것이다.

그렇다면 여기에서 석가의 진리라는 것은 무엇일까? 그것은 바로 존재의 본질을 회복하는 것이라 할 수 있다. 앞서 염왕이 말한 바, '군자와 소인들로 하여금 결국 올바른 이치로 돌아가게 하는 것'이 그것이라 하겠다. 여기에서 말하는 올바른 이치로 돌아간다는 것은 善을 회복하는 것이고, 이를 위해선 일단 인간 스스로의 내면적 변화가 필수적이다. 석가 생애를 돌이켜보면 당시 인도는 두 가지 사상적 흐름이 있었다. 하나는 베다(Veda)와 같은 힌두교 聖典에 기술된 의식의 실천을 통해 주술적 힘을 가진다고 생각한 브라만교와, 고행과 명상을 통한 지적 깨달음을 얻으려는 우파니샤드 학파가 그것이다. 석가는 이 양쪽의 교조화된 움직임을 거부하고 자신 내면의 욕망을 억제시키는 방안을 내세웠다.[62] 중요한 것은 형식화된 의례도 허무한 존재에 대한 믿음도 아니라 자기 내면으로의 성찰인 것이다.

박생의 질문은 바로 이런 면에서 의미가 있다. 평소 지옥이나 천당과 같은 공간, 염왕의 존재, 허무맹랑한 믿음이 잘못된 것이라고 인지는 하고 있었지만, 왜 잘못된 것인지는 깨닫지 못하고 있었다. 하지만 염왕과의 대화를 통해 그것이 왜 잘못된 것인지를 이제야 깨닫게 된 것이다.

62) 이에 대해선 다음의 책을 참조하길 바란다. K. S. 케네쓰 첸, 『중국불교』上, 박해당 譯, 민족사, 1991, 14~22면.

즉 선지자의 처음 가르침과 멀어져버림으로써 내적 세계를 중시하지 않고 형식적이고 교조화 되어버린, 그래서 외적 세계를 중요시하게 된 현실을 바로 관찰할 수 있었다. 이를 조금 더 심화시키기 위해 박생은 염왕에게 더 자세한 내막을 알려준다.

> ③ 박생은 자리에서 물러나서 옷자락을 여미며 진술하였다. "세속에서는 부모가 돌아가신 지 49일이 되면 신분이 높고 낮음을 막론하고 초상과 상장의 예를 돌보지 않으며 오로지 절에 가서 재를 올리는 것만 일삼습니다. 부유한 자는 과도하게 경비를 들여서 사람들이 듣는 곳에서 자랑하며 가난한 자도 토지와 가옥을 팔고 돈과 곡식을 빌립니다.… 또 이른바 시왕을 모셔서 음식을 갖추어 제사를 지내고 종이돈을 불살라 죄를 대속하게 합니다. 대체 시왕이란 자가 예의를 돌아보지 않고 제멋대로 욕심을 내어 외람되게 그것을 받겠습니까? 아니면 그 법도를 살려 법에 따라 무겁게 처벌하겠습니까? 이것이 못난 저로서는 괴롭고 답답하지만 차마 말하지 못한 것입니다. 왕께서는 못난 저를 위하여 이 일에 대해 밝혀 주십시오."[63]

> ④ 왕이 말했다. "아아! 이런 지경에까지 이르렀다니. 사람이 태어날 때 하늘은 性을 명하고 주고 땅은 생명으로 길러 주며, 군주는 법으로써 다스리고 스승은 도로 가르치며 어버이는 은혜로 길러주는 게요. 이렇게 하면 오륜이 차례가 있고 삼강이 문란해지지 않게 되오. 삼강오륜을 잘 따르면 상서롭고 삼강오륜을 거스르면 재앙이 닥치니, 상서와 재앙은 인간이 세상에서 그것을 어떻게 받느냐에 달려 있을 따름이오. … 그러니 부처에게 재를 올리고 시왕에게 제사 지내는 일은 아주 허탄

63) 〈南炎浮洲志〉. "生退席斂袵而陳曰 : "世俗當父母死亡七七之日, 若尊若卑, 不顧喪葬之禮, 專以追薦爲務, 富者糜費過度, 炫燿人聽, 貧者至於賣田貿宅, 貸錢賖穀. … 而又招所謂十王者, 備饌以祭之, 燒錢以贖之. 爲十王者, 當不顧禮義, 縱貪而濫受之乎? 當考其法度, 循憲而重罰之乎? 此不肖所以憤悱, 而不敢忍言也. 請爲不肖辨之.""

하오. …"[64)]

③에서 박생은 그 통속화된 종교의 폐단에 대해 염왕에게 자세히 알려주고 있다. 그래서 사람들이 49재를 지내기 위해서 과도하게 사치를 부린다는 것과, 그리고 그것을 통해 자신의 죄가 속죄되었다는 믿음을 가진다는 것이다. 요컨대 염왕에게 뇌물을 줌으로써 자신의 죄에 대한 사면을 요청하는 것이 몹시 불합리하다는 것이 박생의 생각이다. 이것은 마치 중세 말엽 서양에서 마틴 루터(1483~1546)가 16세기 초부터 시작된 카톨릭 교회의 면죄부 판매에 대해 회의하고, 당시 종교의 교조적 관행에 반대하는 95개조를 열거하여 항거한 것과 같다.[65)] 박생 또한 15세기 조선 사회를 보면서 진리와 멀어져버린 종교를 회의함으로써 이렇게 직접적으로 비판을 가한 것이라 하겠다.

그러나 박생은 현실에서는 '괴롭고 답답한 마음(憤悱)'이 발생했지만 감히 발설치 못했었다. 왜냐하면 자신을 제외한 이들은 이것이 '당연'한 것이라고 생각했기 때문이다. '남'은 이것이 왜 문제적인지 정확히 알지 못한다. 만약 이것을 비판하더라도 이단을 내세워 공격하거나 '주자가 말씀하셨기 때문에 그대로 따라야 한다' 정도의 추상적 차원에서의 비판일 뿐이었다. 이것은 박생 역시 염왕을 만나기 전까지 마찬가지였다.

---

64) 〈南炎浮洲志〉. "王曰 : 噫哉! 至於此極也. 且人之生也, 天命之以性, 地養之以生, 君治之以法, 師敎之以道, 親育之以恩. 由是, 五典有序, 三綱不紊. 順之則祥, 逆之則殃, 祥與殃, 在人世受之耳. … 至於齋佛祀王之事, 則尤誕矣 …"

65) 이에 대해서 정병식은 "루터는 일시적이며, 방편적인 참회를 거부한다. 참회는 일시적인 것이 아니다. 참회는 내적이고, 지속적인 것이며 동시에 그에 부합한 외적인 육신의 세어이다."라고 하여 내면으로의 진정한 참회를 실천할 것을 요구하였다고 보았다. 정병식, 「중세 면죄부 제도와 95개조를 통한 루터의 신학적 비판」, 『신학과교회』 7, 혜암신학연구소, 2017, 59면.

비판을 하고 싶어도 추상적 차원에 머물러 있었을 뿐이었다. 그래서 함부로 자신의 이런 생각을 세상에 내뱉을 수가 없었던 것이다. 그런데 오로지 이곳 염부주라는 환상적 공간을 통해서 이런 '憤悱'를 떨쳐낼 수 있었던 것이다.

이러한 박생의 의문에 염왕은 ④와 같이 '아아, 이런 지경에까지 이르렀다니!'라는 탄식을 내뱉으며 답변을 시작한다. 이것은 석가의 진리와 너무도 멀어져 버린 상황에 대한 탄식이자 박생의 비판적 견해에 대한 동조이기도 하다. 그런데 다음에 이어지는 염왕의 말은 삼강오륜, 즉 실천적 이념에 대한 동조를 하는 것처럼 보인다. 이렇게 되면 앞서 교조화된 진리, 세속화된 이념과 무엇이 다른 것인가. 하지만 그의 말을 잘 보면 앞서 박생이 만든 일리론에서의 오륜과 변별 지점이 있다. 박생은 하나의 理가 세상으로 뻗어나가 영향을 미쳐 氣로 변화하여 각각의 도리나 분별이 존재하게 된다고 말하여 그 진리의 당위성과 필연성에 대해 언급한 반면, 염왕은 '상서와 재앙은 인간이 세상에서 그것을 어떻게 받느냐에 달려 있을 따름'이라고 말한다. 다시 말해 각각의 도리가 있는 것은 맞지만 이것을 받아들이느냐 마느냐는 개인에게 달려있다고 말한 것이다.[66)]

---

66) 이와 비슷한 논의로 박일용의 견해가 있다. 조금 길지만 그의 논의를 그대로 차용하여 필자의 논의와 비교해 그 유사점과 차이점을 드러내도록 하겠다. 그는 "언뜻 보면 염왕이 말하는 하늘의 질서와 인륜적 질서의 관계는 박생이 믿었던 일리론적 논리와 흡사하여, 염왕이 박생의 일리론적 세계관을 인정하는 것처럼 보인다. 그러나, 여기서 염왕이 말하는 천명과 인간의 윤리는 당위적 관계이지 필연적인 관계가 아니다. 일리론적 논리에 의하면 음양의 이치와 하늘의 도가 필연적으로 인간의 본성에 구현되고 그것이 사회적 질서에 일원론적 형태로 구현되기 때문에, 인간과 사회는 자연의 이치에 따라 조화로운 관계를 이룩하게 된다. 그러나, 염왕의 논리에 따르면, 이들은 일원론적 필연 관계가 아니다. 하늘의 도는 인간의 행위에 정당성을 부여하는 당위적 가치이지, 인간적 행위나 사회적 질서에 필연적으로 구현되지는 않는다. 그것이 인간 사회

이 차이는 크다. 일리론에서 박생의 언사가 이념을 '마땅히 행해할 길(當行之路)'로 강조해 언급한 반면, 염왕의 언사는 이념을 '사람이 세상에서 받는 것(人世受之)'에 따라 결정되는 것으로 본다는 점에서 그렇다. 물론 지키면 좋겠지만, 지키지 못한다면 그에 따른 대가를 받게 된다는 것이다. 이러한 주장은 일반적인 유가에서 말하는 논조와 차이가 있다. 행위의 因果에 따른 業(Karma)의 발생은 불가의 기초적 전리로, 이념은 주어져 있는 것이지 이것을 수용하는 것은 오로지 '개인'의 선택에 기인한다는 점이다. 그래서 이것은 행위의 주체성을 강조한다. 요컨대 박생의 언사가 주어진 이념 그대로를 따르겠다는 수동적 의지를 내비친 것이라면, 염왕의 언사는 주어진 이념이 왜 올바른 것인지를 생각해보고 스스로의 결정에 따르겠다는 주동적 의지를 알려주는 표지인 셈이다. 이런 점에서 박생과 염왕은 동질적이면서도, 동시에 조금 이질적인 사상을 담아내고 있다.

따라서 지금까지의 논의를 통해 본다면 박생이 염왕을 통해 자신이 만든 일리론을 강화한다거나, 혹은 작자의 욕망을 투영하여 이상세계를 구현한 것이 이 작품에서 최종적으로 전하려는 메시지라고 생각하지 않는다.[67] 오히려 당시 일반적인 혹은 이상적인 이념을 간직한 박생이 염왕

에서 제대로 구현되는 경우에는 사회 전체가 조화를 이루어 상서로움을 누릴 수 있지만, 그것이 실현되지 않는 경우에는 현실 세계가 부조리를 드러내어 재앙을 받는다는 것은 이를 뜻한다."라고 하였다. 정리하자면 박생의 일리론과 염왕의 논리의 가장 극명한 차이점은 박생이 진리의 필연성을 언급한 반면, 염왕은 그것을 부정했다는 점에 있다. 필자 역시 이러한 견해에 대해 동의하는 바이다. 다만 박생이 당위성과 필연성을 언급하기까지의 사상적 접근이 보다 틀에 맞춰진 당대 유자들의 것 그대로임을 강조하고자 한다. 박일용, 앞의 논문, 53면.

67) 이와 더불어 세조 정권과 관련하여 그들을 비판하고자 했다는 정치적 관점의 논의 역시 그 동의를 조금 주저한다. 이 역시 생육신이자 비판적 지식인(방외인) 김시습을 작품에 너무 깊게 투영한 결과가 아닐까 한다. 필자는 〈남염부주지〉는 사상을 탐색한

이라는 이계의 존재를 만나면서 자신이 믿어 의심치 않았던 일리론에 대한 관점을 수정하는 것이 이 작품에 드러난다고 하겠다. 그리고 수정하려는 관점의 정체는 바로 교조화된 이념이다. 박생이 처음 자신의 흔들리는 이념을 붙잡기 위해 작성했던 일리론 역시 교조화되고 세속화된 이념의 파편일 뿐이라는 깨달음이 〈남염부주지〉에서 전해주려던 메시지인 것이다. 앞서의 일리론을 통해 봤듯이 이러한 관점은 주희의 복제품일 뿐이다. 당대 많은 유학자들이 가진 보편적 사상, 그래서 교조화된 이념을 그대로 따른 것이라 하겠다. 이에 작가는 그런 주희의 복제물에서 벗어나려는 한 시도로 환상체험의 서사를 끌어들인 것이라고 정리할 수 있겠다. 이것은 작품의 말미에서도 엿볼 수 있다.

> 왕은 또 박생에게 칙령을 내렸다. "머지 않아 다시 돌아와야 하니 수고롭겠으나 이번에 한 번 가거든 내가 앞서 진술한 말을 인간 세상에 전파하여 황당한 일들을 일소해 주시오." 박생이 다시 두 번 절하고 감사해하며 말했다. "감히 그 아름다운 명령을 만분의 하나라도 전하지 않으리까?" 박생이 문을 나왔는데 수레를 끄는 자가 발을 헛디뎌 수레가 뒤집어지면서 박생도 땅에 고꾸라졌다. 그가 놀라서 일어나 깨어보니 곧 한바탕 꿈이었다. 눈을 떠서 주위를 바라보니 책은 책상 위에 던져져 있고 등잔불은 가물거리고

사상 소설로 읽어야 할 것을 주장하는 바이다. 그럼에도 이 작품에 드러난 권력에 대한 비판적 견해에 관련해서는 그 타당한 근거들이 많이 축적되어 있기에 이에 대해 논쟁을 감당하기 어려운 바이다.

물론 이에 대해서도 김수연이 이미 "현실에 절망하고 패배한 이의 비극적 모습을 볼 수 없는 이유가 여기에 있다. 김시습은 또 다른 자화상 〈남염부주지〉 안에 전환기 지식인의 신념 모색 과정과 그것을 공유하고자 한 소통의 바람을 담았다."라고 하여 넓은 의미에서의 현실 비판적 관점을 경계한 바 있다. 김수연, 앞의 논문, 139면.

필자 역시 김수연이 읽어낸 작품의 긍정적 면모에 동의하는 바이며, 이에 〈남염부주지〉에는 비극성이나 현실 부조리, 권력에 대한 저항보다는 교조화된 이념에 대한 비판, 그리고 그것을 뛰어넘으려는 사유가 핵심이라고 생각한다.

> 있었다. 박생은 한참 동안 감격해하고 의아해하다가 스스로 장차 죽게 될 것을 생각하고, 날마다 집안 일을 정리하는 데 몰두하였다. 몇 달 뒤에 박생은 병을 앓게 되었는데 결코 다시는 일어나지 못하리라는 것을 알았다. 그래서 그는 의사와 무당을 사절하고 세상을 떠났다. 박생이 세상을 떠나려 하던 날 저녁에 근처 이웃 사람들의 꿈에 神人이 나타나 이렇게 알렸다. "네 이웃집 아무개 씨가 장차 염라대왕이 될 것이다."[68]

염왕이 박생에게 자신의 말을 세상에 전해달라고 부탁한바, 이 글이 지금(혹은 당시)의 독자에게 전해지고 있으니 그 약속은 지킨 것이 된다. 환상체험이 끝난 박생은 현실로 돌아와 눈을 떠서 자신의 주위를 돌아본다. 자신이 인식하던 세상과 다른 차원이 보이기 시작한 것이다. 종교적 체험 서사의 주인공들처럼 질적 상승을 이룩한 주인공이라 할 수 있다. 그래서 현실로 돌아와 처음으로 본 광경이 '책이 책상 위에 던져진[書冊拋床]' 것이다.[69] 이것은 작품 초반에 자신이 믿었던 이념, 즉 신념이 담겨 있는 『중용』이나 『주역』과 같은 경서였다. 그리고 이 경서엔 당연하게도 주희의 주석이 담겨 있을 터였다.[70] 박생이 일리론을 지을 때 참조했던 것도 바로 이들 경서였다. 이를 통해서도 박생이 유교의 교조화된 이념을 직시할 수 있게 되었음을 알 수 있다. 또한 박생이 병을 얻은

---

68) 〈南炎浮洲志〉 "又勅生曰 : "不久當還. 勞此一行, 所陳之語, 傳播人間, 一掃荒唐." 生又再拜致謝曰 : "敢不對揚休命之萬一?" 既出門, 挽車者, 蹉跌覆轍, 生仆地, 驚起而覺, 乃一夢也, 開目視之, 書冊拋床, 燈花明滅. 生感訝良久, 自念將死, 日以處置家事爲懷. 數月有疾, 料必不起. 却醫巫而逝. 其將化之夕, 夢神人告於四鄰曰 : "汝鄰家某公, 將爲閻羅王者." 云."

69) 여기에서 동사인 '拋'자는 '팔(手)을 힘껏(力) 굽혀서(九) 던져 버린다'라는 의미를 가지고 있으니 이를 통해서도 경서에 대한 작가의 변화된 인식을 엿볼 수 있다.

70) 본래 『중용』은 『예기』 제31편인 「중용편」에 속한 글이었으니, 송대의 성리학자들에 의해 독립된 형태로 출간된다. 작품에서 『중용』을 별다른 책으로 인식한 점으로 보아 아마도 주희가 지은 『중용장구』를 지칭하는 것으로 보인다.

뒤 무당을 거부했다는 점에서도 모든 교조화된 이념을 거부하고, 자신만의 길을 걸어가겠다는 의지를 내비친 것으로 보인다.[71]

그렇다면 이 작품은 불교의 사상을 바탕으로 만들어진 것인가. 그렇게 보이지는 않는다. 다시 말해 교조화되고 세속화된 종교의 비판의 이면에는 유교와 불교의 구분이 존재하지 않는다. 선불교에서 흔히 말하는 "가는 길에 부처를 만나면 그를 죽이라"라는 명제는 유학의 본질에도 공통된 사항이다. 여기에는 지금의 유교 역시 세속화된 길로 빠지게 된다면 불교와 같은 길을 걷게 될 것이니 가장 기본적인 이념을 간직하되 고착화된 이념에 대해선 언제나 회의함으로써 내면의 본질을 회복하라는 탐색과 자기반성의 의미가 있다.[72]

---

71) 더 나아가 이러한 면모는 니체의 사유와도 상통하는 면이 있어 소개하고자 한다. 니체는 '운명애'와 '위버멘쉬(초인)'이라는 개념을 통해서 삶을 긍정하는 기술을 발견하는데, 이것은 자기 삶에서 부정적인 것도 필연적이고 의미 있다고 여기며 영원히 회귀하기를 원할 정도로 가치 있다고 인정하는 '긍정의 긍정'이다. 니체는 이것을 '디오니소스적 긍정의 철학'이라고 명명한다. 그래서 부정적인 기억을 피하려는 수동성을 혐오하고 그것이 인간의 가치를 타락시킨다고 보았다. 따라서 〈남염부주지〉에는 자신에 대한 비판적인 면모(일리론)를 소개하고 환상체험을 통해 그 부정성을 드러낸 후 그것마저 긍정하는 영원 회귀적 철학이 담겨 있다고도 생각해 볼 수 있다. 하지만 이에 대해서는 조금 더 정치한 논의가 필요하기 때문에 이렇게 각주로써 〈남염부주지〉를 다른 관점에서 바라볼 가능성을 열어두는 것에 만족하겠다. 니체의 긍정적 사유에 대한 논의로는 다음의 것을 참조하였다. 백승영, 『니체, 디오니스소적 긍정의 철학』, 책세상, 2016, 105~114면.

72) 이러한 면모는 김시습이 유불을 하나로 통합하기를 시도했던 『曹洞五位要解』에서도 잘 드러난다. 여기에서는 「丹霞子淳禪師五位序」에 대해 김시습이 주석을 단 것을 중심으로 간략히 설명하도록 하겠다. 번역과 원문, 번호(차례), 그리고 이에 대한 해석은 최귀묵(『김시습 「조동오위요해」의 역주 연구』, 소명출판, 2006)의 것을 따랐다.

[5-3] "자, 말해보라. 어떤 것이 千聖이 중생을 이롭게 하는 宗旨인가? 바람결에 피리 소리 들려오는 해 저무는 離亭에서, 그대는 瀟湘을 향해, 나는 秦을 향해 떠나야 하네[且道 如何是千聖利生底宗旨 數聲長笛離亭晩 君向瀟湘我向秦]." : 『벽암록』 51칙을 보면 "피차가 서로 관계가 없다. 그대는 소상을 향해, 나는 진을 향해 떠나야 한다[彼此沒交涉 君向瀟湘我向秦]"라는 말이 있는데, 이를 참고해서 생각해 보면, '일천

위와 같은 부분은 『금오신화』와 관련한 서발문과 독서평에서도 발견할 수 있다. 아래는 김시습이 『전등신화』를 읽고 나서 쓴 시이다. 김시습은 『금오신화』를 창작할 때 『전등신화』의 영향을 받았으니 그 연관성을 미루어 짐작할 수 있다. 다른 한편으로 생각해 볼 수 있는 것은 『전등신화』는 그 전대의 『태평광기』의 영향력 아래에 있다는 점이다. 따라서 이 부분은 문학의 자장에서 발견할 수 있는 반성적 국면을 잘 설명해준다고 하겠다.

산양군자(구우)가 문장을 부려서	山陽君子弄機杼
등불을 돋아 기이한 말을 기록하니	手翦燈火錄奇語
산문, 시, 기사 등이 있고	有文有騷有記事
유희와 골계가 순서와 조리가 있네.	遊戲滑稽有倫序
아름답기는 봄 꽃 같고 변화는 구름 같아	美如春葩變如雲
풍류 있는 이야기 모두 담아냈네.	風流話柄在一擧
처음엔 믿을 것이 없을 듯했으나 맛을 내더니	初若無憑後有味
아름다운 경지가 마치 사탕수수를 씹는 듯하네.	佳境恰似甘蔗茹
용의 싸움, 귀신 실은 마차, 우는 꿩 등의 기록을	龍戰鬼車與雊雉
공자께서 없애지 않은 건 진실로 까닭이 있으니	夫子不删良有以
말이 세교에 관련되면 괴이해도 해되지 않고	語關世敎怪不妨
일이 사람을 감동시키면 허탄해도 기뻐할 만하네.	事涉感人誕可喜
(중략)	
사람들이 이 글을 읽으면 마음이 아늑해지고	使人對此心緬邈
환영과 신기한 일이 눈앞에 펼쳐진 듯하리라.	幻泡奇蹤如在目
홀로 산 속에 누워 봄 꿈을 깨는데	獨臥山堂春夢醒
꽃잎 두어 개 책상머리에 떨어지누나.	飛花數片點床額

성인과 중생 개개인은 피차 서로 관계가 없다. 깨달음은 오직 수행자 개인에게 달려 있는 것이다'라는 뜻을 표현하고 있는 것으로 보인다. (위의 책, 75~76면.)

한 편만 읽어도 족히 웃을 만하니 眼閱一篇足啓齒
내 평소 쌓인 불평 덩어리를 씻어내누나. 蕩我平生磊塊臆

– 김시습, 「題剪燈新話後」[73)]

『전등신화』를 읽은 독자인 김시습은 이 책에서 얻을 수 있는 교훈이 무엇인지 시를 통해 세세하게 설명해주고 있다. 하지만 이들 교훈은 앞서 〈육신전〉과 같이 효제충신이라는 실천적 유교이념과는 조금 다른 측면이 있다. 요컨대 『전등신화』류의 작품들은 효제충신의 대표적인 예시를 밝히는 것에 목적이 있기보다는 오히려 다른 부분에 관심을 둔 것 같다. 이를 조금 더 살펴보도록 하자.

화자의 말인즉 처음엔 의심과 의문이 생겼지만 이것의 맛이 있음을 알게 되었다는 것이다. 그래서 허황된 말이긴 하지만 世教와 관련되고 이를 통해 감동을 얻을 수 있다면 그것은 옳은 작품이라는 것이다. 그런데 여기에서 주목해서 봐야 할 부분은 화자가 말한 세교의 부분은 세상의 교화와 큰 관련은 없어 보인다는 점이다. 이것은 세상의 변화라는 구체적인 교화의 방법을 제시한 것이 아니라, '세상에 도움이 되는 말' 정도로 이해해야 할 것이다. 앞서의 교화에 대해 관심을 가진 저자들 혹은 독자들은 현재 세상의 무도함을 목격한 후 이에 대해 모범적인 인물을 예로 들어 그 구체적 방법을 제시하였음을 상기한다면 여기에서는 세교에는 큰 관심이 없음을 알 수 있다. 오히려 시어 중 '감동을 얻을 수 있다'라는 부분에 방점이 찍힌 것으로 보인다. 다시 말해 풍류 있는

73) 『매월당집』 권4(『한국문집총간』 13, 163면; 해석은 무악고소설자료연구회 편, 『한국고소설관련자료집』 1, 태학사, 2001, 243~245면을 참조하였다. 전체적인 해석을 따르되, 부분적으로 구체적인 단어를 풀어야 할 때는 필자의 견해를 따랐다. 아울러 이 책을 명기할 때는 『자료집』으로 칭하도록 하겠다.

기이한 이야기로 사람들을 감동시키면 어떠한 교훈적 효과가 있을지 알려주는 것이다.

그래서 화자는 사람들을 감동시키는 것에 대해 조금 더 상세히 그 효과를 알려준다. 시의 말미에서 김시습은 '사람들이 이 글을 읽으면 마음이 아득해지고 환영과 신기한 일이 눈앞에 펼쳐진 듯하리라'고 단언한다. 이를 통해 마음이 아득해진다는 것은 현실과 멀어진다는 뜻인데 허구의 세계로 진입한 독자의 반응을 그려낸 것으로 보인다. 현실과 동떨어진 세계에서 환영과 신기한 일이 눈앞에 펼쳐지는 '체험'을 하게 되는 것이다.[74] 이것이 바로 『전등신화』와 『금오신화』가 만들어낸 허구적 효과라 하겠다. 그래서 효제충열의 예시를 직접적으로 보여줌으로써 그렇게 행동할 것을 강제하는 서사와는 다르게 이들 서사적 영역에서는 기이하고 환상적인 체험을 통해 나 자신을 변화시킬 수 있게 된다.

이처럼 체험은 이 텍스트를 읽은 주체 스스로가 얻어낼 수 있는 것이기에 중요하다. 그래서 김시습도 시의 마지막 연에서 볼 수 있듯이 『전등신화』에 대해 '한 편만 읽어도 족히 웃을 만'하다고 하고, 또 '평소 쌓인 불평 덩어리를 씻어내'는 효과를 얻었다고 말할 수 있던 것이다. 체험

---

74) 이에 대해서 김경미는 김시습의 「題剪燈新話後」에 대해 다음과 같이 언급한 바 있다. "기이와 관련해서 생각해 볼 때 기이한 현실을 접하는 데서 오는 즐거움이다. 이는 곧 현실 세계가 아닌 환상적 현실, 상상적 현실을 그리는 데서 오는 심미적 즐거움인 것이다. 김시습은 〈전등신화〉를 읽은 느낌을 쓰면서 처음에는 근거 없는 것 같더니 뒤에는 묘미가 있고, 가경(佳境)은 마치 사탕수수처럼 달다고 했고, 사람들로 하여금 이 책을 읽게 하면 마음이 아득해지고 환상과 기이한 자취가 눈앞에 있는 듯한 기분이 들 것이라고 언급하였다. 김시습은 여기서 환상과 기이한 자취가 눈앞에 펼쳐지면서 상상적인 세계로 들어가는 즐거움을 언급한 것으로 생각된다."라고 하여 이 글에서 말하려는 '체험'이 김경미가 말한 '기이'와 거의 동일한 의미로 사용되고 있음을 알 수 있다. 다만 체험은 奇異라는 장르적 차원이 아닌 문학의 효용성이라는 차원에서 접근했다는 차이가 있다. 김경미, 「15세기 문인들의 '奇異'에 대한 인식」, 『한국고전연구』 5, 한국고전연구학회, 1999, 418면.

을 통한 자기 내면의 변화에 집중한 것이다.[75] 다음으로 살펴볼 것은 바로 후대의 魚叔權(?~?)이 〈남염부주지〉를 읽고 난 다음 비평한 기록이다. 여기에서도 〈남염부주지〉의 교훈성을 발견할 수 있다.

> 김시습의 『금오신화』 중에 「남염부주지」는 실로 소설 가운데 제일이다. 그 一理論은 大庭의 책문과 같고, 禪位制는 학사의 솜씨를 훨씬 뛰어넘었다. 이 뿐만 아니라 그 세간사에 대한 문답은 사악함을 배척하고 바름에 돌아가게 하였고, 治亂의 원인을 논하는 대목은 또 그의 평소의 뜻을 서술한 것이다. 나는 이것을 읽다가 어루만지며 세 번 감탄하지 않은 적이 없었으니 다만 서술의 대부분은 구종길의 『전등신화』를 답습했지만 주제와 표현은 그것을 뛰어넘었으니 어찌 청출어람일 뿐이겠는가?[76]

어숙권은 『금오신화』와 『전등신화』 모두를 읽어본 것으로 보인다. 그래서 그는 〈남염부주지〉를 읽고 『전등신화』와 비교했을 때 주제와 표현이 더 낫다고 보았는데, 여기에서 말하는 표현은 기법적인 차원을 설명

75) 김시습의 체험을 통한 내면 탐색의 경향성은 비단 「제전등신화후」에서만 나타나는 것이 아니라 다양한 글쓰기 내에서도 도처에 나타난다. 예컨대 김시습이 쓴 「釋性理經義與異端」을 보면 "불교에서는 그 敎는 방편과 진실을 병행하는 것이며 禪은 바르고 보는 것이며 頓은 실지와 실행이 맞는 말을 뜻한다. 千劫修行과 三世因緣과 依正二報, 天堂地獄을 말한 것들은 모두가 사실이 아닌 것을 설정하여 사람으로 하여금 깨닫게 하는 것(佛屠家, 教是方便, 權實竝行, 禪是直指, 頓是實語. 如千劫修行, 及一世因緣, 與依正二報, 天堂地獄, 竝是虛設, 今人惑悟. 『梅月堂續集』 卷1, 「釋性理經義與異端」)" 이라고 하여 환상성을 비현실성이 아닌 현실에 도움을 주는 상상력 정도로 바라보았다는 것을 알 수 있다. 또한 「석성리경의여이단」에는 불교의 교조화 및 세속화에 대한 비판 의식도 담겨 있다.

76) 어숙권, 『패관잡기』 권4; 『자료집』 181~182면. "金時習金鰲新話中, 南炎浮洲志, 實小說之第一也. 其一理論, 有同大庭之策, 禪位制, 遠過學士之手. 不特此也, 其對問世間之事, 旣斥邪歸正, 而商論治亂之由, 又述其平生之志. 余讀之, 未嘗不撫卷三歎, 但其敷敍大概, 以蹈襲瞿宗吉剪燈新話, 而立意出語則過之, 豈但靑於藍而已哉?"

한 것이고 주제는 유교적 가치를 말한 것이라 하겠다. 그리고 유교적 이념 부분을 더 정확히 말하자면 바로 '一理論'을 들고 있다. 어숙권은 바로 이 부분에서 기이한 세계의 체험 이야기를 듣고 기존에 본인이 알고 있던 일리론에 대한 인식을 새롭게 인식하게 되었다. 그래서 어숙권은 염부주에서의 문답을 통해 감탄을 세 번이나 했다고 언급한다. 〈남염부주지〉를 읽기 전과 읽은 후를 비교해 보았을 때 달라진 것이 있다는 것이다.

그 까닭은 〈남염부주지〉에서의 박생이 '사악함을 배척하고 바름'으로 돌아오는 것을 보여주었고 '치란의 원인'을 올바르게 대답했기 때문이다. 이를 통해 봤을 때, 비록 어숙권이 유교의 이념적 가치로 재단하여 이 작품을 해석했지만, 그럼에도 그에게는 자신의 가치관 정립에 큰 도움을 주었다고 본 것이다. 가상 체험 이야기를 듣고 일종의 자기반성과 수양의 효과가 나타났다고 하겠다. 이처럼 〈남염부주지〉는 내면의 변화 효과에 집중하려는 비평이 대부분이라고 정리할 수 있다.

이러한 본질을 회복하려는 탐색과 반성의 서사는 기본적으로 『태평광기상절』에서 보았던 종교적 체험서사의 주된 메시지와 닮아 있다. 깨닫지 못한 존재가 환상세계에서 반대급부의 체험을 통해 깨달음을 탐색하는 서사는 〈남염부주지〉의 작가가 당시에 자신의 사상을 탐색하기 위해 이용할 수 있던 가장 효율적인 도구였던 것이다.[77]

---

77) 한편 윤채근은 『금오신화』 중 〈醉遊浮碧亭記〉, 〈南炎浮洲志〉, 〈龍宮赴宴錄〉에 대하여 다음과 같이 언급한 바 있다. 그는 "(이들) 주인공들은 이계나 이계인의 체험을 통해 변화되는 인물들로, '다른 세계'가 있음을 알고부터 현실에 안주할 수 없는 운명을 겪게 된다. 따라서 작가는 이 운명의 전환을 가져온 우발적 사건의 진상을 자세히 묘사하는 데 진력하고 있다. 그렇다면 작가가 주인공을 변화시킨 운명적 사건을 통해 기대했던 효과는 무엇일까? 바로 존재의 신원에 대한 물음이다. 일상적 삶에서-즉, 소설 안에서의 체험을 겪기 전-평범했던 인물이 충격적 사건을 경험하며 이 세상에

물론 차이는 존재한다. 종교적 환상체험에서는 도사가 환상체험을 이끌어 깨달음에 도움을 주되 적극적으로 개입하지 않는 반면, 〈남염부주지〉의 염왕은 적극적인 참여로 주인공에게 깨달음을 준다. 그리고 종교적 환상체험에서는 환상체험을 경험한 뒤 결국 그 환상이 자신의 욕망이 투사된 거짓임을 깨닫는다. 이에 허탈감으로 주인공의 질적 상승과 욕망에 대한 경계가 이뤄진다. 하지만 〈남염부주지〉에서는 환상체험 내에서 분명한 깨달음의 메시지가 전해지고 깨달음을 가진 주인공이 그대로 현실로 돌아온다. 그리고 환상세계에서의 체험이 거짓이 아니었다는 점을 분명하게 인식하고 이를 현실에 그대로 적용시킨다.

그럼에도 〈남염부주지〉가 환상체험을 통해 자신의 마음을 경계한다는 의미에서는 변함이 없다. 종교적 환상체험에서는 '재력'이나 '부귀' 등의 욕망을 투영하여 그 욕망이 헛된 것임을, 그래서 자신의 본질은 그런 헛된 것을 좇는 것이 아님을 경계한다. 이것은 〈남염부주지〉가 환상체험을 통해 자신이 진실이라고 믿었던 사상과 이념을 '전복'시킴으로써 자신의 본질을 탐색한다는 점에서 『태평광기상절』과 같은 문화적 토대에 자리하고 있음을 알 수 있다. 다만 그 패턴이나 대상으로 삼는 지점이 15세기 조선이라는 공간에서 다르게 표출되었을 뿐이다. 이것을 사상적 전변의 일 양상이라고 보아도 무방할 것이다.

지금까지 살펴본 결과 〈남염부주지〉의 체험서사는 약간의 변형이 있었지만 결국 『태평광기상절』의 체험서사에 나타나는 형식을 잘 차용한

유일무이한 존재로 격상되는 과정은 주인공이 자신의 존재 가치를 확인해 가는 탐사의 과정이다. 김시습은 주인공들의 일상을 초현실적 사건으로 파괴하면서 존재의 신원 확인 작업을 하고 있다."라고 하여 필자가 피력한 '본질의 탐색'과 그 결이 맞닿아 있다고 생각한다. 그리고 이는 앞선 종교적 체험서사에서도 살펴볼 수 있었던 바이다. 윤채근, 『소설적 주체, 그 탄생과 전변』, 월인, 1999, 167면.

서사라 정리할 수 있겠다. 이것은 주인공의 변화에서 살펴볼 수 있다. 〈남염부주지〉의 주인공은 체험을 수행하면서 궁극적으로 기존의 시각을 넘어서는 새로운 시각을 갖는다. 주인공의 변화에서 오는 이 서사적 흥미는 이러한 이유 때문에 교훈적인 부분을 내포하고 있다. 그래서 이와 같이 변화하는 주인공이 등장하는 서사구조는 언제든 다양한 이념을 담아낼 수 있는 그릇이 될 수 있는 것이다. 기존 불교 사상을 담아낸 〈조신전〉이나 도교 사상을 담아낸 〈두자춘〉은 주인공의 변화를 통한 질적 상승이란 동일한 구조를 갖고 있었다. 〈남염부주지〉 역시 이와 같은 경우다. 환상을 통한 깨달음을 당시 조선식 유교로 변형해낸 것이 〈남염부주지〉에서의 일리론과 그것에 대한 전복이라 하겠다. 그러나 이것은 16세기의 문화적 국면과 만나면서 전변하게 된다. 이것은 다음 장에서 살펴보도록 하겠다.

제4장
이념형 인물의 深化

이번 장에서는 앞서 살핀 두 유형의 주인공 행위가 16세기에 들어와 어떻게 변화하는지 살펴볼 예정이다. 15세기의 작품 〈육신전〉과 〈남염부주지〉는 『소학』과 『태평광기상절』의 서술기법에 영향 받았지만 동시에 조선식으로 변형된 모습을 살펴볼 수 있었다. 앞서 이것을 조선식 변형이라 명명했지만 엄밀히 말해서 조선의 정체성을 담아낸 것이라 볼 수 없다. 요컨대 『소학』이나 『태평광기상절』의 표피적 모습만 체화한 것이라 할 수 있다. 하지만 16세기에 이들 『소학』과 『태평광기상절』이 점차 확산되고 체화되면서 이 시기의 작품은 이전의 작품들과 다른 면모를 보이기 시작한다. 이번 장에서는 이것을 검토해 보고자 한다.

그에 앞서 1절에서는 16세기의 시대적 배경을 중심으로 그 중요성과 사회 내부에서의 이념에 대한 강박에 대해 소개할 예정이다. 이로써 16세기의 조선이 비로소 유교사회로 정착하는 과정을 설명해 볼 것이다. 이 시기는 조선시대의 정체성이 형성된 시점으로 사회적 변곡점에 해당된다고 할 수 있다. 이를 통해 15세기의 서사와 16세기의 서사 사이의 차이점에 대해 상세한 설명을 가늠할 수 있으리라 본다. 특히 여기에서는 당시 역사의 전면에 등장한 사림에 주목하여 이들의 주동적 역할이 무엇이었는지를 밝혀볼 예정이며, 그리고 이들이 이념을 실천을 행할 수 있었던 철학적 기반이 무엇인지를 살펴보도록 하겠다.

2절에서는 〈오륜전전〉, 〈천군전〉, 〈기몽〉을 통해 16세기의 양상을 조망할 것이다. 〈오륜전전〉은 유교이념이 孝悌를 중심으로 忠烈로 확장되는 양상을 그린 작품이라 하겠다. 그래서 〈육신전〉이 올바른 가치관이 무엇인지를 설명하고 보여주려고 노력하는 서사라면, 〈오륜전전〉은 이미 사회에 내재화된 유교이념을 바탕으로 명확한 모범적 모델을 제시함으로써 사회의 질서를 유지하려고 노력하는 서사라 할 수 있다. 따라서 여기에서는 〈육신전〉과의 차이를 통해 16세기의 교화적 서술기법의 변화 부분을 증명할 수 있을 것이다.

한편 〈천군전〉이나 〈기몽〉은 변화하는 인물이 등장하는 서사이다. 〈천군전〉은 〈남염부주지〉와 비교할 때 선명한 유교철학을 통해 욕망을 경계하고 내면을 경계·회복하는 서사와 맞닿아 있다. 반대로 〈기몽〉은 역사적 인물을 소환하지만 이념성이 소거된 형태라 하겠다. 그래서 이 때문에 추후에는 〈기몽〉과 같은 문학 양식이 이어지지 않고 '몽유록' 양식으로 전개되는 양상을 살펴봄으로써 16세기 당시 이념성에 대한 심화와 경도를 다른 측면에서 증명할 수 있으리라 기대한다.

1. 16세기의 역사적 배경과 유교이념의 확산

[1] 16세기의 역사적 배경을 밝히기 위해서는 '士林'의 정체가 무엇인지 파악하는 것이 중요해 보인다.[1] 주지하듯 15세기를 주도한 훈척 세력

1) 이 절의 전체적인 구도와 사유는 16세기 및 사림에 관한 다양한 논의에서 빌려왔음을 미리 밝혀둔다. 사림의 사상적 운동과 군자-소인 논쟁에 관해서는 계승범, 『중종의 시대』, 역사비평사, 2014, 176~195면을 참조했고, 사림의 改善에 대한 관심은 하윤섭,

과 이를 부정하고 향촌 사회에서 사회경제적 기반을 다지고 등장하는 사림은 16세기를 전후로 치열한 정치적 공방이 발발했음은 이미 잘 알려져 있다. 그리고 그것이 '士禍'라는 형태로 표출되었음은 이를 입증하는 근거이기도 하다. 그러나 최근 사학계에서는 이러한 도식적인 이분법에 반대하고 훈구와 사림을 뚜렷하게 나눌 수 없다는 입장이 새로운 패러다임(paradigm)으로 부상하였다.[2] 그들에 따르면 사림의 존재는 오히려 훈구 안에서 파생된 지배 엘리트 계층인 것으로 보인다. 사림 운동을 주도한 趙光祖(1482~1519)를 예로 들면 그는 高祖父부터 父까지 모두 한양에서 벼슬을 한 명문거족 출신이었다는 점에서 지금까지의 통설에 의문을 자아내게 한다.[3]

그렇다면 사림은 어떠한 존재들인가. 분명 사림은 훈구와 일정 부분 대립적인 면모를 갖고 있는 것으로 보이기는 한다. 하지만 사림이라는 용어가 본래부터 훈구와 대립적인 개념으로 사용된 것은 아니다. 조광조를 위시한 기묘사림이 출현하기 전 사림에 대한 정의를 검토해보면 대체적으로 '성리학적 소양을 갖춘 지식인' 정도의 지배계층을 의미하고 있음을 알 수 있다. 그래서 당시는 士類와 士大夫가 사림의 동의어로 쓰이는 사례도 빈번했다.[4] 그러나 사림이라는 용어는 조광조 사후 사림 세력

『조선조 오륜시가의 역사적 전개 양상』, 고려대학교 민족문화연구원, 2014, 102~122면을 참조하였다.

2) 필자는 서론에서 훈구와 사림의 도식에 대해 유보적 입장을 취한다고 밝힌 바 있다. 이에 대해선 이 책 1장 각주 9번을 참조하길 바란다. 한편 최근 문학 방면에서도 이러한 구도에 대한 재검토가 이뤄지고 있다. 정치적 측면에서 나눈 '훈구-사림'을 문학적 측면으로 확장한 '사장-도학'의 구도에 대한 반론이 그것이다. 이에 대해선 정용건, 「중종대 관료 문인의 학적 지향과 문학의식」, 고려대학교 박사학위논문, 2020을 참조하길 바란다.

3) 정두희, 『조광조』, 아카넷, 2004, 69~70면.

4) 이희환, 「조선 전기 사대부·사류·사림의 용례」, 『전남사학』 24, 전남사학회, 2005,

이 조선의 중앙정치를 집권하면서부터 그 의미가 달라진다.

> 무릇 마음은 옛 도를 사모하며 몸은 儒業에 힘쓰고 입은 法言을 말하여 공론을 지지하는 자를 사림이라고 한다.[5]

李珥(1536~1584)가 이 疎를 작성한 것이 선조 2년(1569년)이다. 이이가 한 언급에 따르면 사림이란 유교적 법도와 실천, 그리고 이를 통한 공론을 지지하는 자로 정의된다. 이전까지 사림의 정의가 범범한 것이었다면 16세기 중엽 무렵에 와서는 공론을 실천하는 지식인으로서 변화한다. 그래서 단순히 성리학을 공부한 사류나 관직에서 정치를 주도하는 사대부와 다른, 변별적 의미로 사용된다. 이처럼 사림의 정의가 변한 까닭은 이전 시기에서 사림이라고 부를 수 있는 자들의 특징적 활동에 기인한 것이라 추론할 수 있다.

그들의 특징적 활동은 성리학 이념 근본주의로 정리해 볼 수 있다. 조선사회는 성리학 국가를 표방하고 창건되었지만 세조의 왕위 찬탈과 연산군의 폭정으로 이러한 이념은 유명무실해졌다. 특히 세조의 찬탈은 유교적 종법주의를 깨고 힘 있는 승자가 권력을 차지한 사례라 할 수 있다. 따라서 조선전기는 언제든 지금의 왕을 내치고 쿠데타를 통해 권력을 잡을 수 있는 위험성이 도사린 불안정한 시대였던 것이다. 이에 그러한 불안정성을 통제하기 위해 성리학 근본주의로 돌아갈 필요성이 제기되기에 이른다.[6]

176~186면.

5) 李珥, 『栗谷全書』 卷3, 「玉堂陳時弊疎」. "夫心慕古道, 身飭儒行, 口談法言, 以持公論者, 謂之士林."

6) 이런 의미에서 권력은 '피'나 '죽음'의 상징성과 결합되어 있다. 유교이념이라는 이상적 삶의 방향과 원리(성스러움)의 추구와 현실에서의 경쟁을 통한 승자 원칙(폭력)의

조광조를 위시한 사림이 등장하기 전 사육신의 단종 복위운동과 이를 동조하는 생육신, 혹은 金宗直(1431~1492)의 「弔義帝文」, 남효온의 昭陵追復 등의 활동은 15세기 무렵 이러한 움직임과 궤를 같이 한다. 하지만 그들의 활동은 사상적 배경이 전제되었음을 이해해야 한다. 즉 15세기부터 보급된 『소학』과 『周禮』, 『家禮』, 『大學衍義』, 『近思錄』 등 유교이념서가 점차 당시 지식인들에게 내재화되면서 발생한 것이다. 결국 그들은 이러한 유교이념서를 통해 이념과 현실의 모순을 발견할 수 있었고, 역행했던 현실을 바로잡기 위해 성리학 근본주의자가 될 수 있었다.

명문거족 출신이었던 조광조가 성리학 근본주의자로서 사림의 상징이 될 수 있었던 이유도 여기에 있다. 근본주의자로서의 노선 선택은 훈구와 사림을 가리지 않았다. 당시 유교화의 진행에 따라 유교이념을 내면화한 젊은 지식인층이었다면 당연히 따라야 할 시대정신이었던 것이다. 따라서 기존 정치에 대한 비판과 쇄신이 필요하다는 공감대가 16세기 중종이 재위하기 시작했던 때부터 무르익었던 것이다.[7] 이제 유교이념서를 체화한 자들이라면 이념을 지식 습득의 수단으로 그치는 것이 아니라 현실의 삶에서 실천해야 할 기준으로 변화하였다. 특히나 근본주

추구는 윤리적 안티노미 상황을 자아낸다. 이 모순은 송대에 체계화된 유교 종법론에서도 드러나는데, 유교 원리를 중시하는 종법론은 사전적으로 결정된 적장자를 우선시하지만, 경쟁 원칙을 중시하는 종법론은 사후적으로 승리를 통해 쟁취된 권력자를 중시한다. 전자는 폭력을 이념의 지휘 아래 두려고 시도하고 후자는 이념을 깨고 폭력과 피를 통해 정통성을 완수한다. 김상준, 『맹자의 땀, 성왕의 피』, 아카넷, 2011. 필자는 이것이 당시 유자들의 가치관을 절실히 보여주고 있다고 생각한다. 儒子들은 권력이 희생양이 될지언정 원리를 지속적으로 추구했던 것이다. 하지만 한 유자가 여기에서 벗어나 목숨을 보전하기 위해 권력자들이 추구하는 승자의 원칙에 서서 그 편을 든다면 그것은 군자가 아닌 利를 추구하는 소인의 행동에 가까운 것으로 여겨졌고 비판의 대상이 되었다.

7) 그리고 중종 역시 자신의 부족한 정통성으로 인해 이런 성리학 근본주의에 일정 부분 찬성할 수밖에 없었던 것도 있다.

의를 주창하기 위해선 그 기준이 될 이념서가 필요했다. 이 중『소학』은 조광조 등 기묘사림이 택한 텍스트였다. 그리고 이것은『소학』을 바라보는 시각이 시대의 흐름에 따라 변화한 것에서도 알 수 있다.

> 梁誠之를 불러 말하기를, "사람의 사람됨은 忠孝에 지나지 않을 뿐이다. 忠孝의 도리는『論語』·『小學』에 갖추어져 있으나, 經傳이 汗漫하여 그 종요로운 것을 모아서 보는 것만 같지 못하다.『孝行錄』같은 것은 보기에 조금 편리하나,『三綱行實圖』는 이미 지난 事跡을 기술하고 또 詩讚을 저술하였으되 구차한 例를 면하지 못하였다. 또 번거로움에 근심이 되니, 卿은『삼강행실도』와 諸史를 상고하여, 五倫에 관계되는 것 數十條를 찬술하여 올려라. 내가 장차 관람하고 裁定하여 萬世토록 사람을 가르치는 法으로 삼겠다." 하므로, 梁誠之가 撰進하였더니, 명하여 盧思愼과 더불어 같이 의논하여 교정하게 하고, 드디어 명하여『五倫錄』이라 이름하였다.[8]

> 禮曹에 전교하기를, "나는 생각하건대 나라를 다스리는 방법은 敎化를 먼저 하는 것이다. 일찍이 諸道에 유시하여 儒生들로 하여금『소학』과『삼강행실』을 강론하고 밝히게 하였었다. 예조는 곧 唐·虞 시대에 司徒의 관직이며, 周禮의 春官의 직임인데, 사람을 가르치고 인륜을 밝히는 것으로서 임무를 삼는 자들이니, 나의 뜻을 잘 알아서 京中의 四學 유생들도 鄕校의 사례에 의거하여 모두『소학』을 익히도록 하여 등급을 뛰어넘거나 절도를 넘는 폐단이 없도록 할 것이며, 守令들을 규찰하여 勤慢을 더욱 勸勉하는 것을 영구한 법식으로 삼아 감독하고 薰陶하여 점차로 젖게 하고, 스스로 깨닫게 하여 풍속과 교화를 좋은 방향으로 옮기게 하라." 하였다.[9]

위의 인용문 중 첫 번째 기사는 세조가 양성지에게 명해『논어』나『소

8)『세조실록』11년(1465) 7월 25일 두 번째 기사.

9)『성종실록』7년(1476) 7월 25일 두 번째 기사.

학』은 그 기사가 너무 많고 번거롭기 때문에 중요한 부분을 볼 수 없으니 『삼강행실도』와 여러 사적들을 참고하여 五倫과 관련한 기사를 찬술하라는 내용이다. 두 번째 기사는 성종이 禮曹에 명을 내리길 『소학』과 『삼강행실』을 강론할 것과 이를 통해 교화의 모범으로 삼아줄 것을 부탁하는 내용이다. 위에서 살펴보는 것처럼 15세기 중반에는 『소학』을 동몽서나 교화서 정도로 바라보고 있음을 알 수 있다. 백성을 교화시켜 사회의 질서와 정치의 안정을 위해 이 책을 활용하고 있다는 것이다.

물론 왕에 따라 『소학』을 보는 시선이 다르긴 하다. 세조의 경우는 『소학』을 통한 교화의 효용이 낮기 때문에 오히려 다른 교화서가 필요하다고 생각한 듯하다. 반면 성종은 『소학』과 『삼강행실』을 축으로 이들을 통해 적극적인 교화를 펼치고자 했다. 이것은 성종 집권 초기 韓致亨(1434~1502)이 올린 17조 상소문 중 『소학』과 『삼강행실』을 통해 교화를 실행하려는 조언을 그대로 받아들인 것으로 보인다.[10] 그래서 성종 2년(1471)부터 시행된 이 프로젝트는 성종 7년까지 이어지게 된다. 중요한 것은 『소학』은 언제나 왕들이 백성들을 교화하기 위한 교화서로만 활용

---

10) 『성종실록』 2년(1471) 6월 8일 세 번째 기사. "엎드려 원하건대 전하께서는 묻기를 좋아하고 착한 것을 즐거워하시며, 덕을 귀하게 하고 선비를 높이시며, 節義를 숭상하고 孝悌를 돈독히 하시며, 忠臣과 烈婦의 墓를 封하고 孝子와 順孫을 旌閭하소서. 또 각도 관찰사에게 下敎하여 『小學』·『三綱行實』을 널리 간행하게 하여 어른과 어린이가 없이 모두 배우게 하시며, 三德과 三行, 六德과 六行을 알게 하고 재물을 다투고 은혜를 傷하는 자에 이르러서도 징계하시며, 馳騖하여 구차하게 昇進하려는 자는 罷黜하고 사치한 것을 믿고 의리를 滅하는 자는 억제하시며, 참소하고 아첨하며 面前에서 아첨하는 자는 물리치시어 사람의 착한 마음을 感發하게 하고 사람의 방일한 뜻을 懲創하심으로써 民風을 바루고 士習을 바루게 하시며, 敎化를 먼저 하도록 힘쓰소서."(伏願殿下, 好問樂善, 貴德尊士, 崇節義, 敦孝悌, 封忠臣烈婦之墓, 旌孝子順孫之閭. 又下敎各道觀察使, 廣刊小學三綱行實, 人無大小, 皆令學之, 使知三德三行六德六行. 至於爭財傷恩者懲之, 馳騖苟進者黜之, 怙侈滅義者抑之. 讒諂面諛者退之, 感發人之善心, 懲創人之逸志, 以正民風, 以正士習, 務以敎化爲先.)

되었다는 점이다.

이러한 사실은 고려 후기의 유학자들의 인식과 그 맥이 닿아있다. 요컨대 당시의 성리학은 스스로의 내면세계를 탐구하는 이기론이나 심성론 혹은 사변적인 철학으로 발전하지 않고, 오히려 오륜을 바탕에 둔 효제충열 등의 의리와 명분론에 입각한 교화에만 관심을 두었다는 것을 알려준다.[11] 이런 점에서 수양과 교화를 절묘하게 교직하기 위해 『소학』을 편찬한 주희의 의도와는 다르게 조선의 유학자들은 오로지 교화의 도구로만 『소학』을 바라보고 있음을 알 수 있다. 때문에 『소학』은 16세기에 이르기까지 수준이 낮은, 그래서 어린 아이와 같은 초학자들이 보는 입문서 정도로만 인식되었던 것으로 보인다.[12] 그리고 『소학』에 대한 인식이 낮았던 것뿐만 아니라 『소학』을 끼고 다니면 비웃는 사람까지 존재하기도 했다.[13] 士禍에 연루된 이들이 『소학』과 관련이 깊어서 유학자들의 집에서 이를 배우지 못하게 강제했기 때문이다. 이처럼 『소학』에 대한 부정적 인식을 바꾸게 하려고 중종 및 조광조 등은 講筵의 교재로 사용함으로써 모범을 보이고자 했다.

> 석강에 나아갔다. 檢討官 奇遵이 아뢰기를, "지금 聖上께서 학술에 힘쓰고 다스리는 도리에 뜻을 기울이시나 금세의 선비는 취향할 바를 모르니, 상께서 학술에 관한 일을 바루어서 친한 이를 친하게 하고 어른을 존경하게 하여, 氣質을 배양하고 德性을 陶鑄하여 그 기본을 세우소서. 그러면 뒷날의 治化를 기대할 수 있을 것입니다. 금세의 선비는 일상 하는 것이 과거 공부에

---

11) 변동명, 『고려후기 성리학 수용 연구』, 일조각, 1995, 85~92면; 최봉준, 「14세기 고려 성리학자의 역사인식과 문명론」, 연세대학교 박사학위논문, 2013, 23~35면.

12) 『중종실록』 11년(1516) 11월 4일 첫 번째 기사; 『중종실록』 11년(1516) 11월 6일 두 번째 기사.

13) 『중종실록』 12년(1517) 8월 27일 첫 번째 기사.

마음을 두는 데에 지나지 않으므로, 한갓 經傳을 외거나 詞章을 지을 뿐이고 자기를 수양하고 남을 다스리는 사람은 거의 없으니, 말하자면 상심만 된다 하겠습니다. 먼저 『小學』으로 근본을 세우는 도리는 성상께서 몸소 행하고 마음으로 체득하시는 것이 어떠한가에 달려 있습니다. 司中이 다 經筵에서 『소학』을 進講하고자 하는 까닭은 성상께서 근본을 돈독히 하시는 방도에 있어서 아울러 돕는 일에 해롭지 않고 공경을 간직하는 방도에 더욱 관계되기 때문입니다. 성상께서 먼저 예법을 마음에 體認하고서 아래를 거느리시면 온 백성이 보고 느껴서 격려되어, 成均館·四學으로부터 家塾·黨庠에 이르기까지 하루아침에 될 수 있습니다. 예전에는 『소학』을 읽으려 하여도 속인이 孔孟의 道를 비방하므로, 이따금 옛사람의 학문에 마음을 두는 사람이 있어도 집에서만 하고 사람들이 많은 가운데에서는 읽지 못하였으나, 근래로는 상께서 숭상하시는 바가 이에 이르렀으므로, 젊은 무리가 다투어 『소학』을 끼고 두루 항간에 다니니, 이것을 보면 임금이 숭상하는 것에 관계되는 것입니다." 하니, 상이 이르기를, "위에서 좋아하는 것이 있으면 아래에서는 반드시 더욱 심하거니와, 위에서 스스로 하지 않고서 아랫사람이 바르게 되기를 바라는 것은 表像이 바르지 않으면서 그림자가 곧기를 바라는 것과 같다. 떨쳐 일으키는 방도는 위에서 어떻게 이끄느냐에 달려 있다." 하였다.[14]

바야흐로 중종 12년(1517)부터 『소학』에 대한 인식이 그저 교화만을 위한 것이 아닌 내면의 심성 및 덕성을 함양하기 위한 수단으로 변화하게 된다. 그래서 奇遵(1492~1521)은 중종에게 『소학』을 통해 자기를 수양할 수 있고 『소학』에는 내면을 단단하게 만드는 內聖의 방법이 담겨 있다고 말한다. 그리고 군주가 『소학』에 정진하기만 하면 이를 통해 아랫사람들의 교화가 자연스럽게 이루어질 것이라고 주장한다. 이는 바로 다음날인 8월 30일 申用漑(1463~1519) 등의 발언에서도 확인할 수 있는

14) 『중종실록』 12년(1517) 8월 29일 다섯 번째 기사.

데, 그는 『소학』이 "자기를 수양하고 남을 다스리는 근본으로 삼"을 수 있다고 말하기도 한다.[15] 여기에서의 마음의 수양이란 자신의 육체와 정신을 『소학』과 일치시킨다는 뜻을 갖고 있다. 그래서 실천성과 관련이 큰 것이다.

이처럼 중종 12년부터 『소학』에 대한 인식은 급격하게 변화하고 있음을 알 수 있다. 이제 『소학』은 삶을 살아가는 지표이자 수양의 교과서처럼 굳어진 것이다. 이러한 『소학』에 대해 그 가치를 높이려는 움직임은 그 이후로도 조광조 등에 의해 지속적으로 이루어진다.[16] 이후 기준은 중종에게 『소학』을 진흥시키려는 노력의 효과를 알려주는데, 한 노비가 『소학』을 읽고 감화되어 천도의 이치를 알게 되었다는 일화를 들려주기도 한다.[17] 이처럼 지속적으로 『소학』을 흥기한 결과 이제 많은 사람들이 『소학』을 하나씩 끼고 읽는 자가 많아지게 되었고,[18] 그 가치에 대해 이

15) 『중종실록』 12년(1517) 8월 30일 일곱 번째 기사.

16) 그러나 이러한 『소학』 부흥 운동은 조광조 세력이 축출되면서 새로운 전기를 맞이한다. 즉 己卯士禍(중종 14년, 1519)로 인해 유학자들 사이에 『소학』이 禁書처럼 인식이 되었다. 즉 『소학』을 읽으면 기묘사림의 무리처럼 비춰졌기에 保身을 위해서라도 이와 멀어질 필요가 있었던 것이다. 그럼에도 불구하고 조광조 세력을 축출한 南袞(1471~1527)이나 南世準(1478~1533) 등의 상소를 살펴보면 이들은 『소학』의 가치에 대해선 부정하진 않았다. 오히려 이들은 조광조 등이 『소학』을 잘못 운용했기 때문에 국가의 일을 그르친 것임을 알리고 있다. 다만 이제 『소학』은 수신의 교과서라기보다 치세에 도움을 주는 교과서로 인식되었다는 점이 다르다. 이에 시간이 지나자 중종 20년(1525)부터 『소학』의 필요성에 대한 이야기가 나오기 시작하고, 기묘사화가 일어난 대략 20년 후인 중종 36년(1541)에야 『소학』은 비로소 다시 講筵의 교재로 채택되기에 이른다. 요컨대 『소학』이라는 텍스트는 조선 사회에서 언제나 유교적 명분론 등의 기본적인 이념을 담은 교과서였기에 대부분의 유학자들은 이것의 필요성에 절감했다. 따라서 『소학』은 역사 내내 조선 유학자들의 삶의 기준으로 자리하게 되었다는 점에서 매우 중요한 텍스트라고 할 수 있다.

17) 『중종실록』 13년(1518) 4월 25일 세 번째 기사.

18) 『중종실록』 13년(1518) 7월 27일 세 번째 기사.

야기하는 일이 많아지게 되었다.[19]

그리고 이론적으로 근본주의를 체화한 젊은 지식인층은 16세기부터 성균관을 중심으로 집단적인 상소 활동을 전개한다. 公論을 주도하기 시작한 것이다. 이것은 지금의 언론과 비슷한 역할을 하였는데 국가 중대사를 결정함에 있어 중요한 여론을 형성하기도 했다.[20] 성리학 근본주의를 통해 권력을 통제하기 시작한 것이다. 이들에 대한 비판적 의견도 존재하지만 결국 원론적인 반박을 못했을 뿐더러 老臣 중에서도 이들의 의견에 동조하는 이들도 적지 않았다. 따라서 훈구와 사림이라는 이분법적 도식에서 벗어나 이들이 같은 계열에서 중층적으로 산생되었음을 알아야 한다. 신광한의 경우에도 바로 이러한 분위기에서 기묘사림들에 동조할 수 있었던 것이다. 요컨대 사림은 기존 지배 계층에서 현실의 모순을 자각하고 이에 대해 비판하던 비교적 젊은이들이 성리학 근본주의를 이론 삼아 개혁운동을 주도한 자들이라 하겠다. 혹은 이들을 '소학 실천자'라고도 볼 수 있을 것이다.[21]

2 한편 위와 같은 성리학 근본주의는 君子-小人이라는 이분법적 가치관을 배태시키는데 기여하기도 했다. 군자는 성리학적 세계관에서 유학자가 바라는 이상적 인물이다. 공자와 맹자는 군자에 대비되는 인물로 소인을 제시한다. 특히 소인은 功名과 私利를 탐하는 존재로 사회에서 언제나 배척 되어야 할 대상이다. 그런데 15세기에는 이러한 소인 군자

19) 『중종실록』 14년(1519) 7월 3일 첫 번째 기사.

20) 유호영, 「조선 중종조 상소문에 관한 고찰: 상소문신의 분석을 중심으로」, 『논문집』 9, 수원대학교, 1991; 피정란, 「조선중기 성균관 유생의 언론 활동을 통한 정치참여에 대하여」, 『성대사림』 12-13, 성균관대학교 사학과, 1997.

21) 윤인숙, 『조선전기 사림과 〈소학〉』, 역사비평사, 2016.

에 대한 이분법적 사고가 뚜렷하지 않았다. 즉 추상적인 차원을 구체화하기 위해 이론적 입장에서 군자-소인을 규정하는 경우가 많았다. 하지만 16세기에 들어와서 소인-군자는 상대방을 공격하기 위한 수단으로 활용하는 경우가 많아진다.

이것은 조선의 王安石(1021~1086)에 대한 인식 변화에서도 살펴볼 수 있다. 15세기는 왕안석에 대해 부정적 평가도 있지만 문장가로서의 그의 문장 가치를 객관적으로 평가했던 시기였다. 다시 말해 왕안석에 대한 편견이 굳어지기 전이라고 볼 수 있다. 이것은 성종 16년(1485)에 왕명으로 『王荊公集』을 인쇄, 반포할 것을 지시한 것에서도 알 수 있다.[22] 그런데 16세기에 들어와 왕안석에 대한 언급은 그를 소인으로 그려내면서 동시에 그를 통해 상대방 세력이 그와 닮았음을 보여주는 언사가 많아지게 된다. 즉 16세기에 들어와서 왕안석은 상대방을 견제하는 수단으로 활용된다.[23] 이처럼 16세기는 군자-소인 논쟁으로 점철되어 상대방을 功利를 탐하는 소인으로 공격하는 풍조가 만연하게 되었다.[24]

이것은 비단 정치에서만이 아니다. 南袞(1471~1527)이 지은 〈柳子光傳〉은 당시 政敵이었던 柳子光(?~1512)에 대한 흑색선전의 대표적인 예라고 할 수 있다.[25] 여기에서도 남곤은 유자광을 소인으로 그려내며 자신의 정치적 입장을 정당화함을 알 수 있다. 이렇게 한 인물을 입전하여 그의 소인적 행위를 직접적으로 비판한 경우는 이전에 찾아볼 수 없는

22) 『성종실록』 16년(1485) 1월 26일 첫 번째 기사.

23) 최석원·김보경, 「왕안석에 대한 조선의 평가와 인식: 『조선왕조실록』의 관련 기사를 중심으로」, 『인문과학연구논총』 41-1, 명지대학교 인문과학연구소, 2020, 48면 참조.

24) 계승범, 앞의 책, 231면.

25) 정환국, 「17세기 소설에서 '악인'의 등장과 대결구도」, 『한문학보』 18, 우리한문학회, 2008; 지촌강재철교수정년기념논총간행위원회 편, 『고전소설과 권선징악』, 단국대학교출판부, 2013, 137~140면 참조.

경우이다. 따라서 〈유자광전〉이 이 시기 탄생한 이유 역시 위와 같은 군자-소인을 이분법적으로 나누는 풍조가 자리하고 있었음을 알 수 있다. 그리고 이것은 성리학적 근본주의를 중시하면서 나타난 결과라고 정리할 수 있겠다.

이와 관련해서는 〈오륜전전〉을 주목해 볼 필요가 있다. 여기에서도 이와 같은 군자-소인의 방식을 통해 등장인물을 대비적으로 서술하기 때문이다. 그리고 이 방식은 이전 시기의 〈육신전〉에 비해 한층 강화된 형태로 드러난다. 〈오륜전전〉에서는 군자의 상징인 오륜전 한 명을 통해 그와 대비적인 것들을 규정해 나간다. 따라서 여기에서 오륜전을 그려내는 서술기법을 살펴봄으로써 16세기의 유교이념의 확산 양상을 정확하게 진단할 수 있으리라 본다. 이는 본 장의 2절에서 후술하도록 한다.

다른 한편으로 16세기의 성리학 근본주의는 '改善'에 대한 인식을 새롭게 가져간 때였다. 이것은 송대 성리학의 일반적 믿음과 그 논리가 같다. 즉 인간의 성품은 동일한 本然之性(理)을 갖고 태어나지만 개인적 성향이나 후천적 환경에 의한 氣質之性(氣)에 영향을 받는다. 그래서 인간은 惡한 존재가 될 가능성을 가진 것이다. 따라서 기질지성을 관리하여 변화시키면 언제든 善한 존재로 변화할 가능성을 가지게 된다.[26] 이것은 유교적 수양론과 밀접하게 연관되어 있다. 자신의 내면을 돌아보고

---

26) 『近思錄集解』 卷1, 「道體」. "성은 하늘에서 나오고, 재주는 기에서 나온다. 기가 맑으면 재주가 맑아지고, 기가 탁하면 재주가 탁해진다. 재주에는 선하고 불선함이 있으나 성에는 불선함이 없다. (性出於天, 才出於氣, 氣淸則才淸, 氣濁則才濁. 才則有善有不善, 性則無不善.)" 이에 대해 주희는 다음과 같이 해설을 한다. "맹자는 오로지 성에서 드러난 것을 가지고 말했기 때문에 재주에는 불선이 없다고 말했지만, 정자는 기에서 받은 것까지 아울러 말했기 때문에 사람의 재주와 바탕에 진실로 어두움과 밝음 강하고 약함의 차이가 있다고 했으니, 張載가 말한 氣質之性이 이것이다. (孟子專以其發於性者言之, 故以爲才無不善, 程子兼指其稟於氣者言之, 則人之才質固有昏明强弱之不同, 張子所謂氣質之性是也.)"

잘못을 발견하며 개선의 가능성을 타진하기 때문이다.

그런데 15세기와 16세기는 이런 인간의 변화 가능성에 대해 조금 다른 입장을 취한 것으로 보인다. 즉 15세기에서는 인간의 변화 가능성에 대해 부정적이었고 16세기에서는 보편적 성리학 사유를 그대로 따라 변화 가능성에 대한 긍정성을 내보이고 있다. 아마도 이것은 유교 철학에 대한 사유가 16세기보다 깊지 못했거나, 당시 신분질서를 공고히 하려던 지배계층의 목적 때문에 애써 외면한 결과라고 생각할 수 있다. 다음을 보자.

> ① 본성을 열등하게 타고난 자는 비록 평생 능력 있는 사람의 곁에서 지켜보아도 비슷하게 본받을 수 없다. 이에 비하여 능력 있는 자는 가르침에 의존하지 않아도 절로 하늘이 내린 공교로움이 생기니 어찌 배워서 할 수 있는 것이라 하겠는가? 이 역시 다 천성에 달린 것이다. 본성은 바꿀 수 없는데도 반드시 바꾸려고 한다면, 이는 오리의 짧은 다리를 길게 하고 학의 긴 다리를 짧게 바꾸려는 것과 무엇이 다르겠는가? 이로 보건대 본연의 성은 변할 수 있지만 기질의 성은 변하기 어렵고, 비록 변할 수 있는 사람이 있어도 그 변화가 늘 일어나지는 않는 것이라 하겠다.[27]

> ② 장령 朴薰이 아뢰었다. "學術을 알지 못하는 사람들은 학술이 있는 선비을 보면 모두들 괴상하게 여깁니다. 靖國한 초기에는 세속 사람들이 학술 있는 사람을 偏頗하고 괴벽하다고 했으나 지금은 『소학』을 성상께서도 또한 읽으시기 때문에 아랫사람들이 또한 읽기 좋아하며,

27) 成俔 著, 『浮休子談論』, 이래종 譯, 소명출판, 2002, 82~84면. "性之拙者, 雖終歲旁觀於能者之側, 不能効其彷彿. 至於能者, 則不賴教, 而自然有天巧, 此豈學而能乎? 亦其天性也. 性不可變, 而必欲變之, 不幾於鳧脛之短, 而欲使之長, 鶴脛之長, 而欲使之短乎? 由此觀之, 則本然之性可變, 而氣質之性難變, 雖或有可變之人, 而其變不恒也."

> 전날에는 비웃던 것을 도리어 좋아하는 것이라고 하게 되었습니다." 상께서 말씀하셨다. "만일 학술을 알지 못하는 사람이라면 과연 반드시 비웃을 것이다. 대저 『소학』은 한갓 어린 아이들만 읽는 것이 아니라, 세상 사람들 누구나 알 수 있다." 그러자 동지사 金淨이 아뢰었다. "『소학』과 『대학』은 모두 일상생활에 늘 행신해가는 사항으로서, 三代 때에는 누구나 이로써 덕에 나아가고 학업을 닦았었는데 후세에는 좋아하는 사람이 대체로 줄어들었으니 그 비웃는 것이 당연합니다. 이제 아래로 시정의 사람들에 이르기까지 모두 읽으니 이는 곧 성상께서 시범하셨기 때문인데 이렇게 하기를 그치지 않으신다면 온 세상 사람이 모두 순박하고 올바르게 될 것입니다." 상께서 말씀하셨다. "일시에 모두 이렇게 한다면 그 중간에 비록 착하지 못한 사람이 있더라도 또한 따라서 변화될 것이다."[28]

①은 15세기 인물 成俔(1439~1504)의 『부휴자담론』에 담긴 글이다. 그의 말에 따르면 사람의 천성은 변화시킬 수 없다고 단언한다. 하윤섭이 언급한 대로 이 부분은 분명 성리학 일반에서 규정하는 본연지성과 기질지성을 역전시켰다는 점에서 흥미롭다.[29] 결국 성현은 사람의 성품은 고정불변한 것으로 만약 변화시키더라도 다시 본래의 성품에 돌아온다는 생각을 가지고 있다. 물론 15세기 모든 지식인이 이렇게 생각하지는 않았다. 그러나 당시 성현이 조정에서 중요한 위치를 점하고 있다는

---

28) 『중종실록』 14년(1519) 7월 3일 첫 번째 기사. "掌令朴薰曰 : "不知學術之人, 見學術之士, 皆以爲怪. 靖國之初, 俗人以學術之人, 謂之頗僻, 今小學自上亦讀之, 故下人亦好讀矣, 前日之所笑, 今反謂所好之物矣."上曰 : "若不知學術之人, 則果必笑矣. 大抵小學, 非徒小兒所讀, 世人皆可知之." 同知事金淨曰 : "小學大學, 皆日用常行之事. 三代之時, 皆以此進德修業, 後世則好之者蓋寡, 其笑宜也. 今下至市井之人, 皆讀之, 此乃上之所示也. 若此不已, 一世之人, 皆可爲醇正." 上曰 : "一時若皆如此, 則其間雖有不善者, 亦從而化矣.""

29) 하윤섭, 앞의 책, 116면.

점을 생각해보면 그의 사유가 돌출된 것이라고 보기엔 어렵다. 그리고 만약 성현이 이 언급을 16세기 무렵에 했었다면 그는 이단적 사유를 체화한 지식인으로 많은 비판을 받았을 것이다. 따라서 한편으로 생각해본다면 성리학적 사유에 대해 조금 자유롭고 유연한 사유가 가능했던 시기가 15세기라 할 수 있다.

그러나 이것은 16세기에 와서 달라진다. 특히 조광조를 위시한 성리학 근본주의를 체화했던 사림들은 인간의 변화에 대해 몹시 긍정적인 사고를 소유하고 있었다. ②는 기묘사림이라 불렸던 朴薰(1484~1540)과 金淨(1486~1521)의 언급이다. 그들과 중종의 대화를 보면 당시 『소학』은 인간의 성품을 바르게 하는 도구로 인식한 것을 알 수 있다. 그래서 중종 역시 이에 동조하며 귀천을 따지지 않고 모두 『소학』을 읽어야 한다고 얘기할 수 있었던 것이다. 그리고 중종은 마지막에 중간에 착하지 못했던 사람도 변화할 수 있다는 믿음을 이야기한다. 이와 같은 언급은 중종 시기에 비교적 많이 발견된다. 즉 인간의 성품을 변화할 수 있다는 믿음이 당시 지식인 사회에서 만연했던 것이다.

위와 같은 부분에서 15세기와 16세기의 차이를 짐작할 수 있게 된다. 인간의 성품에 대한 인식의 차이는 결국 성리학 근본주의와 연결되어 있다. 다시 말해 현실에 위기의식을 느낀 사림들은 성리학 근본주의 담론의 보급과 확산을 주체적으로 주도했고 이를 통해 당시의 사회를 변혁시키려고 했던 것이다. 인간은 언제나 변화할 수 있다는 믿음을 담지하고서 말이다. 그래서 이 변화는 계급과 관련 없이, 남녀를 가리지 않고 조선이라는 공간에 살아가는 인간이라면 모두 가능하다는 전제를 갖고 있다.

이것을 이 글의 논의와 연결해서 생각했을 때 〈천군전〉을 예시로 들 수 있겠다. 체험을 통해 변화하는 주인공은 기존 문학의 자장에서 빈번하게 나타나던 사례였다. 그런데 16세기라는 특수한 시공간 아래에서 이것은 유교이념의 改善에 대한 믿음과 만날 가능성을 얻게 된다. 〈천군전〉은 심성을 의인화하여 창작된 서사이다. 하지만 이 서사가 만들어지는 데는 단순히 유교적 수양론만 개입된 것이 아니다. 본래 문학적·서사적 자장에 있던 변화하는 주인공과 16세기 개선에 대한 믿음을 담지한 지식인들의 인식이 서로 조우할 때 비로소 탄생하게 된 것이라 하겠다. 이런 의미에서 〈천군전〉은 이전 시기 변화하는 주인공이 등장하는 〈남염부주지〉와 비교했을 때 유교적 이념과 더욱 밀착된 형태로 주인공의 변화에 대해 주목해 나타나게 된 것이었다.

한편 이런 변화에 대한 믿음은 앞서 상대방 세력을 군자-소인으로 나누는 풍조와 이율배반적으로 자리하고 있다고 생각한다. 이분법을 통한 自-他의 뚜렷한 구분과 他가 自로 포섭될 가능성은 분명 거리가 있기 때문이다. 하지만 두 개의 명제가 서로 양립할 수 없음에도 16세기라는 공간에서는 이것이 가능했다. 그것은 사회가 점차 유교이념이 확산됨에 따라 당연한 것으로 받아들이게 된 까닭이다. 즉 불안정성을 해소하기 위해 성리학 근본주의를 주장하려다보니 시비의 분별과 대립이 분명해지게 되었고, 동시에 성리학 근본주의를 보급하려다보니 모든 인간의 변화 가능성에 대해서도 이야기할 수 있었던 것이다.

이처럼 사림들은 『소학』 속 유교이념에 대한 실천을 중시하여 자신과 타인의 관계를 철저하게 구분하였고, 동시에 타인인 주변 인물의 변화에도 관심이 깊었다. 그러나 그 변화는 쉽사리 해결될 수 있는 문제가 아니었다. 사림의 시각에서 보았을 때 자신이 변화하는 것은 『소학』의 지향점을 현실에 재현함으로써 수양을 통해 가능한 부분이었다. 그러나 타인의 변화는 자신이 모범을 수행하는 것만으로는 부족하다. 즉 수지적 성향의 교회는 타인의 변화에 일정 부분 영향을 주겠지만 근본적인 해결 방식이 아니었다. 그래서 타인의 변화를 위해선 조금 더 쉽고 적극적인 방안이 필요했다. 사림이 그 방안 중 하나로 선택한 것이 '소설'에서의 변화하는 등장인물이었다. 요컨대 소설이라는 문화적 자장은 사림들의 역사적 문제의식의 해결 방안과 철학적 토대를 실험하기 좋은 공간이었다. 따라서 『소학』과 『태평광기상절』의 문화적 영향력이 16세기에 자리하고, 이것이 문학에 융합되어 나타난 것은 일면 旣定된 수순이었다.

결국 16세기라는 공간에는 상호모순적인 인식이 도처에 자리하고 있었다. 이러한 상호모순적 인식은 16세기 조선에서 유교이념이 본격적으로 확산되는 도중에 파생되었던 것이다. 실제 16세기는 이념과 현실에서 상당한 갈등이 내재되어 있었던 시기였다. 예컨대 16세기는 재산상속과 제사승계에 대한 고문서들을 종합하여 살펴볼 때 『경국대전』에서 규정한 자녀균등상속과 윤회봉사는 『家禮』가 보급됨에 따라 장자승계원칙으로 변화하던 과도기적 시기였다.[30] 따라서 16세기는 기존의 관습과 새로운 이념이 충돌하면서 분쟁과 갈등이 극심하던 때였다고 할 수 있다. 이에 사림들은 자신들의 근본주의를 통한 권력의 통제라는 문제의식 때문에 이런 갈등을 외면하면서도 이념 보급에 더욱 힘을 썼다. 이것이 정착되면 분쟁이 사라질 것이라 믿었기 때문이다.

결국 16세기는 유교이념으로의 전환이 급속도로 경도되던 시기라고 정리할 수 있겠다. 또한 이 시기는 흔히 우리가 조선이라는 국가를 생각할 때 떠올릴 수 있는 부분들이 등장하기 시작한 때였다. 그리고 이러한 양상은 문학에서도 잘 드러난다. 물론 완벽히 대응되는 것은 아니지만 유교이념 확산에 따라 서사 장르에서도 이에 맞춰 유동적으로 변화해

30) 정긍식, 「재산상속과 제사승계의 실태」, 이수건 외, 『16세기 한국 고문서 연구』, 아카넷, 2004, 185~242면.

가고 있었다. 바로 이 점에 주목하여 이념의 확산에 따른 변화 과정을 다음 절에서부터 추적하고자 한다. 그럼으로써 문학이 점차 이념과 접합하고 융합하는 과정을 설명할 수 있으리라 본다.

2. 이념형 인물의 유교이념으로의 심화

1) 모범적 인물의 제시를 통한 訓育 : 〈五倫全傳〉

〈오륜전전〉은 1531년 洛西居士가 중국 명나라 丘濬(1421~1495)의 〈五倫全備記〉를 번안한 소설이다. 오륜이라는 제목에서 알 수 있듯 이 소설은 五倫의 가치를 전면에 내세워 그 주제로 삼았다. 주인공의 성을 五氏로, 이름을 倫全(형), 倫備(동생)로 정해두어 五와 倫을 떨어뜨려놨으니 중국 〈오륜전비기〉의 명칭 그대로의 의미를 살리자면 '오씨 성을 가진 윤전과 윤비의 이야기' 정도로 이해될 수 있겠다. 이런 측면에서 보자면 〈오륜전전〉은 이념성을 의인화하고 있기 때문에 寓言 양식과도 일정 부분 맞닿아 있다.

이 작품의 등장인물과 대강의 내용은 이렇다. 五典에게는 두 명의 부인이 있었는데, 첫 번째 부인은 오륜전을 낳고 일찍 죽었고 후처인 范氏로부터 오륜비가 태어난다. 그리고 오진의 벗의 아들인 安克和를 거두어 양자로 기르다가 五典이 죽게 된다. 그래서 이 작품은 이들 삼형제(혹은 주변인)가 겪는 이야기를 효제충열을 중심으로 서사한 것이라고 하겠다.

작품의 등장인물의 면면을 통해 알 수 있듯이 세 형제는 서로 異腹이거나 심지어 성씨가 다른 경우도 있다. 이와 같은 형제 관계는 그만큼 유대관계가 옅어질 수 있다. 후대의 소설 〈창선감의록〉의 등장인물 화춘과 화진 역시 이복이라는 단단하지 못한 유대관계 때문에 벌어진 갈등을 소재로 하고 있다. 화춘의 어머니 심씨의 욕망이 갈등 상황을 초래했기 때문이다.[31] 그러나 〈오륜전전〉은 분명 다르다. 이 작품은 형제 혹은 가족 간의 어떠한 갈등도 그려내지 않는다. 그래서 심경호가 이 작품을 학계에 소개한 이래로,[32] 그 서사를 두고 많은 연구자들이 '교화서 혹은 행실도類와의 비슷함'을 들어 소설적 가치가 떨어진다는 논의를 제출하기에 이른다.[33]

---

31) 송성욱, 「17세기 소설사의 한 국면」, 『한국고전연구』 8, 한국고전연구학회, 2002, 255~257면.

32) 심경호는 〈오륜전전〉을 처음으로 소개하면서 서발문을 검토하고 그 소설관을 고찰했으며 나아가 중국의 〈오륜전비기〉, 언해본 〈오륜전비언해〉의 관계를 논하였다. 심경호, 「〈오륜전전〉에 대한 고찰」, 『애산학보』 8, 애산 학회, 1989, 111~130면.

33) 대표적인 논의로 윤주필, 조동일, 정출헌, 이종필을 들 수 있다. 윤주필은 중국의 원작 희곡 〈오륜전비기〉를 번안하는 과정에서 그 예술적 생동감을 살리지 못했다고 하였고, 조동일은 이 작품이 소설의 기준에서 미달되기 때문에 그 소설적 완성도가 떨어진다고 평한 바 있다. 한편 정출헌은 16세기의 사림파가 『삼강행실도』에 나타난 교화의 방식이 천편일률적이고 식상하다고 생각하였기에 백성 교화에 한계를 느껴 새롭고 참신한 이야기를 필요로 하였고, 따라서 권선징악적 이야기를 창작해냈으리라 보았다. 그래서 서사적 감동과 교화적 목적이 배합된 〈五倫全傳〉의 탄생, 그리고 그것이 17세기 〈사씨남정기〉와 〈창선감의록〉에 영향을 주었을 가능성을 추론하였다. 따라서 〈오륜전전〉의 흥미를 지목하여 16세기 당시 이념과 흥미의 교직이라는 측면에서 이 작품을 바라보고 있다. 이종필은 행복한 결말의 출현의 의미를 16세기 소설사에서 나타난 전환 국면이라 설명하면서 〈오륜전전〉이 당시 위정자들어 흥미를 통해 교화 정책을 핀 것이라고 평하였다. 이러한 점에서 그는 정출헌의 논의를 따르고 있어 보인다. 이처럼 기존의 논의들에서는 대부분 〈오륜전전〉이 교화서류와 비슷하거나 소설이 아니라는 시각이 저변에 깔려 있었다고 할 수 있다. 윤주필, 『윤리의 서사화』, 국학자료원, 2002; 조동일, 『한국문학통사』 2, 지식산업사, 2011, 495~499면; 정출헌, 「16세기 사림파 문인의 문학사회학적 인식 지평과 문학생성 공간의 연구」, 『동양한문학연구』 24, 동양한문학회, 2007, 168~174면; 이종필, 「행복한 결말의 출현과 17세기 소설사 전환의 일 양상」, 『고전과 해석』 10, 2011, 7~11면.

그러나 최근에 제출된 허순우의 논의에 따르면 〈오륜전전〉은 애초에 교화를 목적으로 번안되었기 때문에 그 의도에 맞게 읽기를 시도해야 한다는 주장이 나오고 있다.[34] 요컨대 소설적 흥미를 따지기보다는 이 작품에서 이념의 효과적인 전달을 위해 어떤 기법을 사용했는지를 따져 봐야 한다는 주장이다. 허순우는 이 작품이 교화서류와 원작 〈오륜전비기〉와의 차이점을 통해 그 서술방식의 차이를 도출하는 시도를 하였다. 그래서 〈오륜전전〉에는 논리성과 개연성의 강화, 오륜이라는 이념 내용의 초점화, 보편적 윤리를 적용할 수 있는 범위 확장이 담겨 있다고 했다. 이에 이 책은 이 논의를 토대로 교화적 글쓰기의 변화 과정을 추적하도록 하겠다.

이러한 면모는 〈오륜전전〉에 대한 서발문에서도 찾아볼 수 있는 것이다. 작가(정확히 말하면 편집자)인 낙서거사는 이항으로 추정되는 인물인데,[35] 당시 세속이 윤리에 마음을 둔 자가 적어 혼란한 세상이 도래한 것에 대해 위기와 문제의식을 느낀 인물이다. 그래서 그는 〈오륜전전〉을 편찬할 때 중국에서 들어온 〈五倫全備記〉를 수용하는 한편 序文에서 밝힌 것처럼 그가 판단했을 때 상스럽거나 희롱하는 어휘가 드러났으면 모두 제거하였다고 하였다.[36] 이를 통해 그가 〈오륜전전〉을 일반적으로 오락성을 중시한 소설의 목적과는 다른 이유로 사회에 통용시키려 했음을 알 수 있다. 다음의 인용문을 보자.

---

34) 허순우, 「〈오륜전전〉의 교화서적 특징과 교육적 가치 탐색」, 『한국학연구』 41, 고려대학교 한국학연구소, 2012.

35) 윤주필, 「16세기 사림의 분화와 낙서거사 이항의 〈오륜전전〉 번안의 의미」, 앞의 책, 23~63면.

36) 「五倫全傳序」. "余於是反覆窮究, 有意而不暢於語者, 潤色, 語俚而不合於道者, 釐正, 凡重複浮誕之辭, 淫戲俚野之說, 並斥削而不載."

> 내 보건대, 여항의 무식한 사람들이 諺字謄書를 習傳하여 古老들이 전해주는 이야기를 책으로 베껴 밤낮으로 담론한다. '이석단, 취취의 말' 같은 것은 외설스럽고 허탄하여 진실로 취하여 볼 게 못 된다. 유독 '오륜전 형제의 일'은 자식이 되어서는 효도를 신하가 돼서는 충성을 할 수 있고, 남편과 부인에게는 예가 있고 형과 아우는 몹시 따른다. 또 붕우에게는 미덥고 은혜를 지니게 할 수 있으니 그것을 읽으면 사람들로 하여금 늠연하고 측달하게 만든다. 어찌 본연의 성품에 느끼는 바가 있기 때문이 아니겠는가? 이 책은 지금 한창 앞다투어 傳習하여 집마다 간직하고 사람마다 외운다. 만약 그 밝힌 것을 통하여 그 좋아하는 것에 나아간다면 이끌어 권유하는 방법을 여는 것이 어찌 쉽지 않겠는가![37]

위의 인용문을 통해 알 수 있듯 낙서거사는 〈오륜전전〉이 단순히 오락성을 위주로 한 소설과는 다른 이야기임을 인식하고 있었다. 여기에서 오락성을 위주로 한 소설이란 그가 언급한 '취취의 말'을 뜻하는데, 이는 『전등여화』에 실린 작품으로 남녀의 만남을 그리고 있다. 이처럼 애정을 소재로 한 傳奇小說은 언제나 체제를 흔드는 위험성을 내재하고 있음을 작가는 잘 알고 있었다.[38] 그래서 낙서거사는 유교 사회에서 추구하는 가치와 무관한 이야기를 배제하고 체제에 질서를 부여하는 이야기가 더 옳은 것이라고 인식하고 있는 것이다. 이에 그는 〈오륜전전〉을 통해 유교 사회에서 기본 이념으로 생각되는 孝悌忠烈의 가치를 오륜전이라는 등장인물을 중심으로 재현하려고 시도한다. 그리고 이렇게 함으로써

---

37) 「五倫全傳序」. "余觀閭巷無識之人, 習傳諺字謄書, 古老相傳之語, 日夜談論. 如李石端翠翠之說, 淫褻妄誕, 固不足取觀. 獨五倫全兄弟事, 爲子而克孝, 爲臣而克忠, 夫與婦有禮, 兄與弟甚順. 又能與朋友信而有恩, 讀之令人凜然惻怛. 豈非本然之性, 有所感歟? 是書, 時方爭相傳習, 家藏而人誦. 若因其所明, 就其所好, 則其開導勸誘之方豈不易耶!"

38) 윤재민, 「전기 소설의 성격」, 『한국한문학연구』 19, 한국한문학회, 1996, 333~367면.

이것을 읽는 사람들의 본성을 본래의 선함으로 돌아가게 만들어줄 것이라 희망하고 있다. 지금의 어지러운 현실을 변화시켜줄 도구가 바로 위와 같은 가치인 것이다. 따라서 백성들에 대한 교화의 수단으로 이 작품을 활용한 것임을 알 수 있다.

한편 이러한 낙서거사의 언급은 소설 비평론적으로도 가치가 크다고 보인다. 이것은 앞서의 〈육신전〉을 활용하려는 사림들의 시각과 매우 흡사한데, 모범적인 인물(사육신 혹은 오륜전 형제)의 행위를 지켜봄으로써 그것을 지켜본 사람들의 마음속에 각인되고 무의식적으로 감화되어 비슷한 행위를 재현한다는 믿음을 그 효과로 생각하고 있다는 점이다. 그래서 낙서거사는 자연스럽게 善을 이루는 것에 나아갈 것이라고 보고 있다. 세상을 변화시킬 효용성을 알아차린 것이다. 이러한 〈오륜전전〉에 대한 언술은 이항만이 아니다. 〈오륜전전〉을 접한 다른 인물들도 이 작품이 세상의 교화에 큰 효용이 있다고 내다보았다. 다음 〈오륜전전〉의 跋文을 보자.

① 柳仲郢(1515~1573)의 跋文

경술년 여름 나는 이 현의 수령으로 왔는데 외삼촌인 상사 이국주가 마침 들려 하룻밤 묵으시면서 책 한 질을 내어놓으니 바로 「오륜전전」이었다. 모자 형제의 경우에 처할 때에 그 인륜을 다하고 군신과 스승과 벗의 경우를 만나 그 의리를 지극히 하여 부부 사이에 이르니 또한 그 지극함을 쓰지 않는 곳이 없다. 읽는 자로 하여금 천년 뒤에도 사모하게 하고 자기 착한 본심을 꼭 드러내게 한다면 이 작품이야말로 어찌 한갓 입과 귀로 끝나는 것이겠는가? 그래서 이를 사랑하여 흩어진 글자들을 모아 이어서 한 질을 만드니 그 말은 비록 약간에 지나지 않지만 착한 풍속을 두터이 바꾸는 방법은 또한 옛 군자의 책에 가까울 것이다. 아아! 세상 사람들이 이 글에 마음을 보존하고 이 법전에 종사한다면 그 보탬이 어찌 미미하겠는가?[39]

② 沈守慶(1516~1599)의 跋文

경술년(1550) 여름 내가 영남을 돌아다니다 충주 지방에 들렀으니 태수 유군 언우[유수경의 字]는 내 친구라 이야기 끝에 새 책 하나를 내놓고 보이더니 발문을 쓰라고 요청했다. 받아서 다 읽어보았더니 바로 오륜전 형제의 효우충신하던 사적이었다. 그 처음은 어떤 사람에게서 나왔는지는 모르겠으나 낙서거사가 윤색하여 바로잡았음이요, 언우가 비로소 판각하여 오래 전하도록 한 것이다. 세상에 『전등신화』니 『전등여화』 등의 책이 있어 사람들이 많이 전하며 즐기니 비록 문사를 펼쳐 놓은 것이 볼만 하나 모두 골계와 극담에 불과하다. 대저 이 책이 세교를 사모하고 일상생활에 절실한 것만 하겠는가? 언우가 현을 맡은 지 몇 달 만에 이 책을 먼저 인쇄했으니 백성을 교화하고 풍속을 잘 이룰 그 뜻이 어떠한가?[40)]

③ 韓希禼(?~?)의 跋文

일찍이 수십 년 전에 언문으로 된 책 중에 〈오륜전전〉을 얻어 보고 무척 탄복하여, 진서[한글]로 번역해 세상에 펴보려 했으나 뜻을 아직 실행에 옮기지 못했다. 군에 거주하는 노유 손정준이 책 한 권을 소매에 넣어 와서 나에게 보여주더니 바로 〈오륜전전〉을 쓴 것이었다. 매우 다행으로 여기고 즉시 관찰사 강공 유후에게 고하여 판각하여 반포하니 만분의 하나라도 풍속의 교화에 보탬이 있을 것이다.[41)]

---

39) 「五倫全傳跋」. "歲庚戌夏, 余來守是縣, 表叔李上舍國柱, 適過信宿, 出篋藏一帙, 乃五倫全傳也. 處母子兄弟, 而盡其倫, 遇君臣師友, 而極其義, 以至夫婦之間, 亦無所不用其極. 使讀之者, 起慕於千載之下, 而或發其本心之善, 則是篇也. 豈徒爲口耳之歸乎? 玆用是愛, 裒集散字, 聯爲一帙, 其言雖不過若干, 而其敦化善俗之方, 亦庶幾乎古君子之書矣. 噫! 使世之人, 存心於此篇, 而從事於是典, 則其所補, 豈淺淺哉?"

40) 「五倫全傳跋」. "庚戌夏, 余遊嶺南, 還過忠原, 太守柳君彦遇, 余友也, 話餘出一新書, 使觀之, 且索題跋. 受而卒業, 則乃五倫全兄弟, 孝友忠信之事跡也. 其初不知出於何人, 洛西居士, 潤色而釐正, 彦遇始鋟諸梓, 而壽其傳. 世有剪燈新話, 餘話等書, 人多傳玩, 雖鋪張文詞之可觀, 皆不過滑稽劇談耳. 夫孰若是書之慕世敎, 而切於日用者乎? 彦遇爲縣數月, 首印是書, 其化民成俗之志, 爲如何哉?"

41) 「五倫全傳跋」. "嘗於數十年前, 得見五倫全傳於諺書中, 極其可歎, 欲爲飜眞行布於世,

위의 공통점은 바로 현령이나 군수가 된 이들은 〈오륜전전〉을 보고 나서 이것이 백성들을 교화시키는데 큰 효용이 있음을 알아차렸다는 점이다. 그래서 그들은 하나같이 풍속의 교화에 보탬이 되고자 이 책을 板刻함으로써 〈오륜전전〉 양산 사업에 참여한다. 낙서거사 이항이 〈오륜전전〉의 序文을 쓴 것이 중종 26년인 1531년이었으니 이로부터 대략 20년이 지난 1550년에 이 작품을 읽은 이가 ①과 ②에서처럼 발문을 쓰고 판각을 했다. 그리고 다시 50년이 지난 1605년에 ③과 같이 재차 〈오륜전전〉을 판각하여 백성의 교화 수단으로 삼았다.

특히 ①의 발문에서 볼 수 있듯이 이 작품을 읽은 유중영은 〈오륜전전〉의 등장인물들이 모든 윤리적인 실천을 다하지 않은 것이 없다고 말하고 있다. 삶의 표준을 제시한 것이라고 생각한 것이다. 그래서 이러한 행위들이 영원히 가치 있는 것으로 기억되길 바라고, 또한 이들의 행위를 보고 풍속(사회)이 변화하길 희망한다. 이를 통해 〈오륜전전〉은 모범적 주인공의 행위를 본받게 하기 위해 백성들을 감화시키고 이로부터 세상을 변화시키려는 노력이 드러난다고 할 수 있다. 이러한 점은 마치 앞서 16세기의 개선에 대한 믿음을 표현하는 것과 비슷하다는 점을 알 수 있다. 따라서 〈오륜전전〉은 『소학』의 목적성과 연결된다고 본다. 유교이념을 수행·실천하는 것은 『소학』에 영향 받은 서사 문화 자장에서 일어나고 있던 일이다. 그러나 〈오륜전전〉은 『소학』을 받아들이면서도 분명 〈유신전〉과 다르게 그 이념성을 당시에 맞게 변용하고 있다는 점이 더 중요하다.

이런 점에서 〈오륜전전〉은 여타 교화서류의 글쓰기 방식보다 『소학』

而有志未就矣. 郡居老儒孫廷俊, 袖一卷書來示余, 乃書五倫全傳也. 深以爲幸, 卽告于觀察使姜公裕後, 入梓行布, 庶幾有補於風化之萬一矣."

의 글쓰기 방식과 매우 흡사해 보인다는 것이 이 글의 생각이다. 교화서류에서는 이념적 행위들에 대한 다양한 사례를 담아내고 있지만, 『소학』에서는 단순한 사례를 넘어서 역사적 인물들의 행위를 통해 일상에서의 올바른 행동이 무엇인지 효제충열의 담론 내에서 그 보편성을 보여준다는 점에서 그렇다.[42] 『소학』에 실렸던 인물들이 후대의 교화서에도 실리는 경우가 더러 있는데,[43] 교화서류에는 이런 보편적 인물들 외에도 이념성의 '증험'을 믿게 하기 위해 다양한 보상이나 신이함의 사례를 담아두었다. 그래서 보편성을 확보하기보다는 남들이 하기 더 어렵고 힘든 일을 기록함으로써 특수성을 높인 것으로 보인다.

이것은 교화서류와 『소학』에 담겨 있는 일화의 면모를 그 서술기법

42) 부언하자면 『소학』과 행실도類의 차이에 대해서 언급한 하윤섭의 논의가 있다. 논자는 "여기서 중요한 것은 그들이 대안으로 제시한 『소학』의 성격이 행실도類의 그것과는 사뭇 다르다는 데에 있다. 주지하는 바와 같이 『소학』은 아침부터 저녁, 가족 내에서 조정이라는 일상적 시공 속에서 개인이 행해야 할 미시적 조목들의 실천을 주문함으로써 현실의 인간관계에서 벌어질 수 있는 모든 문제들의 원천적 차단을 企圖한다. 여기에는 물론 오륜적 관계의 당위성과 旣위반된 오륜적 질서들을 개인적 노력을 통해 회복할 수 있다는 변화된 오륜 담론이 내재되어 있다."라고 하였다. 하윤섭, 앞의 책, 148면. 즉 『소학』은 교화서와 다른 논리로 만들어졌다는 것인데 그것은 교화서가 특수한 사례를 그 예시로 놓은 반면, 『소학』에서는 이념의 보편성을 담지하기 위해서 「명륜」편에서 입론을 세운 뒤 이것을 증명하기 위해 「선행」편에서 입론에 들어맞는 바를 서술하고 있다. 따라서 이것은 개인의 미시적인 부분까지 이념에 포섭시켜 질서를 회복시키려는 목적이 담겨 있다는 것이다.

한편 조현우 역시 행실도류가 특정 시기 특정 인물의 특수한 행동에 대한 사례일 뿐 보편적인 원칙이 되기엔 부족했다고 봤다. 따라서 행실도류가 『소학』에게 그 자리를 내줄 수밖에 없었음을 논하였다. 조현우, 「〈오륜행실도〉 도상의 삽화적 성격과 그 함의」, 『한국고전연구』 20, 한국고전연구학회, 2009, 153~163면.

43) 앞서 『소학』에서 보았던 왕상 일화의 경우가 그러하다. 이 일화는 『수신기』에 처음 실렸다가 주희에 의해 『소학』으로 옮겨졌고, 이후 원대의 『이십사효』와 고려의 『효행록』으로 순차적으로 옮겨져 결국 『삼강행실도』에도 실리게 된다는 점을 언급한 바 있다.

측면에서 살펴보았을 때도 차이가 드러난다. 둘 모두 列傳의 형식을 취하고 있을지라도, 교화서류에서는 "인물 간의 대화는 별로 없고 주로 서술자의 진술에 의해 사건이 전개되는 양상이 보편적"[44]이다. 그래서 서술자의 적극적 개입을 통해 인물의 행적에 이념성을 개입시킨다는 특징을 갖는다. 교화서류에서 서술자의 목소리가 가장 크게 반영된 부분은 일화의 줄거리를 압축적으로 제시하면서도 서술자의 의견이 반영된 시(贊이나 頌)이다. 이것은 대부분의 교화서에서 볼 수 있는 흔적이다.

반면 『소학』에서는 서술자의 개입을 최소화시키는 데 주력한다. 그래서 인물의 행적을 관찰하고 그들이 처한 상황에 대해 최대한 묘사·재현하는 방식을 사용한다. 그래서 『소학』은 교화서류보다 인물 간의 대화가 더 빈번하고 한 편의 일화가 끝나더라도 뒤에 따라오는 일화와 이어지기도 한다. 일종의 옴니버스(omnibus) 방식을 차용한 것이다. 또한 서술자의 평을 위해 찬이나 시를 본문에 붙이는 것이 아니라 주석을 통해 자신의 생각을 밝히기에 『소학』 본문은 서술자의 개입의 여지가 교화서류보다 다소 적다고 할 수 있다. 심지어 주인공에 대한 평을 하더라도 그것은 서술자의 목소리가 아닌 일화 속 등장인물들의 입을 통해 그것의 이념성을 드러내는 일화가 많다. 따라서 『소학』은 등장인물의 행위를 최대한 재현하는 것을 통해 그 이념성을 전달하려고 했음을 알 수 있다.

이것은 〈오륜전전〉 역시 마찬가지다. 이 작품에서도 "직접 진술이 가능한 내용들도 되도록 인물들의 입을 빌어 진술하는 방식"[45]을 사용함으로써 교화서류와 차별되는 지점을 얻었던 것이다. 이 지점에서 〈오륜전전〉에 나타나는 인물들의 대비적 서술 방식을 조망할 수 있게 된다. 즉

44) 신은경, 「散·韻 혼합담론으로서의 〈삼강행실도〉」, 『국제어문』 4, 국제어문학회, 2009, 396면.

45) 허순우, 앞의 논문, 334면.

등장인물을 어떻게 구성해 두었는지, 그리고 대비적 서술을 통해 이 작품이 독자에게 어떤 효과를 전달하고자 하는지를 알아볼 수 있으리라 기대한다. 지금까지의 연구에서는 〈오륜전전〉의 외부 텍스트, 예컨대 서발문이나 〈오륜전비기〉와의 비교 등의 연구에 집중되어 있었다면,[46] 여기에서는 교화적 서술기법이라는 큰 틀 내에서 텍스트를 직접 살펴보도록 하겠다.

오륜전 형제들은 어머니 범씨의 요청에 따라 이웃 동네에 사는 생원 申善敎에게 배움을 청한다. 신선교의 이름과 범씨의 언급으로부터 알 수 있듯 그는 '師表', 즉 모범이 될 인물이었다. 그리고 그에게 배우는 삼 형제의 장면을 다음과 같이 기록하고 있다.

> 오륜전과 오륜비는 낭랑하게 글을 잘 읽고 총명함이 남들보다 뛰어났는데 善敎가 다시 선을 밝히고 처음을 회복하는 방법으로 가르쳤다. 글귀나 익히는 공부는 배척하고 본성과 이치의 근원을 깊이 궁구하였기에 배움이 넓으나 펑퍼짐하지 않고 알차지만 부화하지 않았다. 극화는 말을 더듬고 노둔하여 열을 가르치면 하나를 전수받으면서도 오히려 버벅거렸지만 뜻을 도탑게 하고 매우 노력하여 공을 쌓는 데 게을리 하지 않았으니 학업이 날로 진전이 있었다.[47]

46) 앞서 소개하지 못한 연구로는 원작 〈오륜전비기〉와 번안 〈오륜전전〉의 비교를 논한 성호경과 하빙빙의 연구, 서발문을 통해 소설의 효용성을 따진 이채연의 연구, 서발문을 통해 〈오륜전전〉의 모본을 추적한 이복규의 연구 등을 들 수 있겠다. 이채연, 「오륜전전 서발을 통해 본 소설의 전교적 기능」, 『한국문화논총』 12, 한국문학회, 1991, 53~70면; 성호경, 「한국문학의 중국희곡 수용 양상 연구」, 『성곡논총』 31, 성곡언론문화재단, 2000, 17~24면; 이복규, 『형차기·왕시봉전·왕시붕기우기의 비교연구』, 박이정, 2003; 하빙빙, 「〈오륜전비기〉의 문학적 변주와 소설적 전승」, 『인문학연구』 59(2), 충남대학교 인문과학연구소, 2020, 79~108면.

47) 〈五倫全傳〉. "全備琅然善讀, 聰明過人, 善教又乂教之以明善復初之方, 斥去章句之習, 深究性理之源, 故所學博而不流, 實而不華. 克和口吃而魯, 十訓一傳, 猶期期不然, 篤

위에서 볼 수 있는 것처럼 오륜전 형제는 서사가 시작되는 동시에 이념을 완벽하게 체현한 인물로 그려진다. 특히 문장을 익히는 공부는 지양하고 心學과 관련한 공부에 방점을 두어 마음을 올바르게 하는 이치를 터득한 것으로 보인다. 다만 이 심학은 일반적인 관점에서의 성리학적 수양론과 다른 실천적 유교이념을 체화하는 것에 가까워 보인다. 이것은 뒤의 서사에서 그들이 심학과 관련한 어떠한 사상·철학적 언급을 하지 않는다는 점에서 알 수 있다. 이들이 체화한 것은 실천적 이념이다. 즉 이들은 올바른 방향의 선택을 도와주는 모범적이고 교화적인 인물이 되었다는 것을 알려준다.

이것은 16세기라는 시간적 배경을 이해해야 한다. 조선이라는 국가는 유교 국가라는 정체성을 표방하며 건국이 되었지만, 그 실질적 전환은 단번에 전환되기 어려운 일이었다. 그래서 중앙 정부에 의한 다양한 교화서류와 『소학』 보급 노력에 힘입어 변화하기 시작하는데, 그 시점이 바로 16세기이다.[48] 특히 1518년(중종 13)에는 『소학』을 諺文으로 번역한 『飜譯小學』이 편찬되어 일반 백성들에게도 널리 읽히게 되었다.[49] 이외에도 『속삼강행실도』(1514년), 『이륜행실도』(1518년) 등 다양한 교화서류가 편찬되어 전국에 인출되었으니,[50] 그 실천적 이념에 대한 강박이 어느

志刻苦, 積功不怠, 學業日有所進."

48) 일반적인 인식으로 성리학(명분, 의리, 실천을 중시하는)의 보급은 사림을 중심으로 한 지방공동체를 통해 이뤄졌다고 알려져 있다. 그러나 최근 사학계에서는 이러한 명분론과 효제충신을 중시하는 실천적 유교이념(윤리적 가치)은 오히려 중앙 정부가 주체가 되었다는 견해가 제출되었다. "건국 이후 유교적 국가 체제의 정비뿐 아니라 성리학 이념의 보급 및 실천을 위해 반드시 필요한 관련 서적의 출판과 보급에 힘쓴 주체는 늘 국가, 곧 중앙 조정이었으며, 15세기 내내 중앙 조정의 핵심 세력은 바로 후대에 관학파로 불린 '학자적 관료'들이었다. 이는 국가 이념을 성리학으로 제시한 조선왕조에서 매우 당연한 현상이었다." 계승범, 앞의 책, 212면.

49) 정호훈, 『조선의 『소학』』, 소명출판, 2014, 129~157면.

정도였는지 실감을 하게 한다. 이에 대해선 앞선 1절에서 살펴본 바이다.

이처럼 〈오륜전전〉에 등장하는 인물들은 이미 이념적으로 완벽한 형태로 출현하고, 또 그러한 행위를 틀에 맞게 반복하게 되었다는 것이 중요하다. 이것은 세 가지 측면에서 중요한 의미를 갖는다. 첫째는 소설사적 측면에서 완벽한 이념형 인물의 시작점을 보여 준다는 점에서 그렇다. 앞서 살펴본 〈육신전〉의 경우에는 이념적인 인물이 등장하기는 하지만, 그들의 행위가 왜 '忠烈'에 가까운 행위인지 세조 세력과 대비시키면서 알려준다. 부가적인 설명이 필요했다는 것이다.[51] 하지만 〈오륜전전〉에서는 이들의 행위가 왜 정당한 것인지에 대한 부가적인 설명이 필요 없다. 그만큼 실천적 윤리 이념이 사회에 잘 보급되었던 것을 이를 통해 보여준다 하겠다. 그리고 이와 같은 이념형 인물은 추후 소설사의 향방을 결정 짓기 때문에 의미가 있다.

둘째는 이념을 완벽히 체화한 주인공들을 통해 보편 적용을 가능하게 했다. 이것은 허순우 역시 언급한 바 있는데, "특정인 누군가의 행위를 강조하지 않는 대신, 자식이라면, 부모라면, 신하라면, 형제라면과 같은 방식으로 보편 적용될 수 있는 이야기 형식을 취했다"[52]는 것이 중요하다. 분명 이러한 방식은 교화서류나 『소학』에서의 것보다 진일보한 점이 있다. 다만 이것은 작가의 전파 효율성에 대한 측면에서 그렇다. 그런

---

50) 이와 관련한 내용은 최근에 제출된 정용건의 논의를 참조하길 바란다. 정용건, 앞의 논문, 76~86면.

51) 물론 이들이 권력층인 세조 정권과의 정치적 대립으로 인해 그들의 행위가 왜 정당한지 설명할 필요가 있었지만, 그럼에도 불구하고 이들의 행위의 정당화를 위한 모범화 작업은 그들의 행위가 왜 정당한 것인지 모를 수도 있는 이들을 위한 친절한 안내서 역할을 하고 있다고 생각한다. 요컨대 15세기 〈육신전〉이 창작된 중반까지만 해도 성리학의 실천적 이념이 보급되지 않았기 때문에 충분한 해명을 위한 장치가 필요했다고 보인다.

52) 허순우, 앞의 논문, 340면.

데 작가가 이렇게 등장인물을 구성할 때 전파가 효율적이라는 것을 깨닫기 위해서는 독자들의 이념에 대한 이해 역시 바탕이 되어야 한다는 점 또한 고려해야만 한다. 따라서 오륜전과 같은 인물이 탄생한 이유는 당시 유교이념이 보급되어 많은 독자들에게 체화되었다는 것에서 찾을 수 있다.

마지막으로 전형성이 주는 즐거움을 발견했다는 점을 꼽을 수 있다. 이것은 앞서의 독자와 연결해서 생각해 볼 수 있는 부분이다. 일종의 수용미학에서 말하는 기대지평[53]이라고 볼 수 있는데, 완벽한 이념형 인물이 이념 전파에 유리했다는 것은 그만큼 이념적 전형성에서 벗어난 캐릭터는 조선 사회에서 수용되기 어려운 현실이었다는 점을 알려준다. 또한 무엇을 본다는 행위는 자기 자신을 어떻게든 그 대상과 연관시키고 본인의 일상에 통합시킬 가능성을 타진하는 것인데,[54] 만약 이해 범주를 넘어서는 인물이 등장한다면 난해한 독서로 변질될 가능성이 크다. 따라서 작가는 독자가 이해하기 쉬운 범주에서 전형적인 인물을 통해 그 가치를 쉽게 전달할 필요가 있다.[55] 이러한 점에서 완벽한 이념적 주인공의

---

53) 기대지평이란 작품의 수용자층(작자, 독자, 비평가)이 작품에 대해 갖는 관계나 바람, 욕망, 편견 등을 총망라한 이해 가능성의 범주라고 하겠다. 만약 독자가 이해 가능한 범주에서 벗어난 작품과 마주했을 때 독자는 그 지점에서 낯설음을 느끼고 작품 안으로의 자기이입을 통제하게 된다. 혹은 기대지평에 심하게 벗어났을 경우 작품에 대한 불쾌감 내지 혐오감을 갖게 만든다. 이에 대한 논의는 다음을 참조하길 바란다. 박찬기 외, 『수용미학』, 고려원, 1992, 61~88면.

이와 비슷한 논의로 최근 정보배의 논의를 들 수 있겠다. 그는 〈창선감의록〉과 〈심청전〉을 통해 당시 효행인물들의 형상화가 독자들의 기대를 실현시키기 위해 기능했다고 주장한 바 있다. 정보배, 「고소설의 효행인물 형상화와 독자기대의 실현-〈창선감의록〉, 〈심청전〉을 중심으로」, 『남명학연구』 67, 경상대학교 경남문화연구원, 2020.

54) 이엔 앙, 『〈댈러스〉, 보기의 즐거움』, 박지훈 譯, 나남, 2018, 51면.

55) 이에 대해선 양승민의 논의를 참조하였다. 그는 "통속소설 텍스트가 작가의식과는 별도로 독자의 수용시각 안에서 다양한 의미들을 산출할 수 있음은 이 때문이다. 따라

탄생은 이념이 통속화되는 경향의 시작점을 보여준다는 점에서 의미가 있다.

이상의 논의를 토대로 살펴보면 작가인 낙서거사는 보급된 교화서류와 『소학』을 통해 특히 『소학』의 등장인물을 재구하는 글쓰기 방식의 측면을 적극적으로 수용하여 독자들의 기대지평에서 벗어나지 않는 방식으로 서사를 구조화 했다고 생각해 볼 수 있겠다. 이제 상기의 내용을 통해 본격적인 〈오륜전전〉 작품 분석에 들어가도록 하겠다. 신선교의 가르침으로 이념을 완벽히 체화한 이들은 삼짇날 경치를 구경하기 위해 길을 나서는데 이때 가문의 종인 永安을 불러 놀만한 곳을 추천받는다.

> 영안이 아뢰었다. "가까운 곳에 노닥거릴 술집이 있나이다. 향기로운 막걸리와 아름다운 담근 술이 항아리 그득하고 술잔에 넘치니 색깔이 鵝黃보다 예쁘며 맛이 포도보다 달아서 한번 취하면 천 날이 가며 마음껏 즐길 수 있나이다." 하니 윤전 등이 이르기를, "술을 해롭다 하는 것은 이것이 미치게 하는 약이기 때문이다. 멋대로 마셔 몹시 취하면 크게는 나라를 망치고 작게는 집을 망치나니 우임금의 경계를 어찌 범할 수 있겠느냐?" 영안이 아뢰었다. "또한 따뜻하고 부드러운 기생집이 있으니 맑은 눈망울에 하얀 치아를 지녔으며, 아리따운 춤과 맑은 노래로 사향가루 냄새가 코를 찌르고 구슬 장식이 눈길을 빼앗으며 한 번 돌아보고 미소지으면 보는 자의 마음이 취합니다." 윤전이 일렀다. "여자의 앙화는 사람을 빠뜨리는 덫줄이니라. 음란함을 절제하지 못하면 심지를 고혹시키니 이른바 본성을 패는 도끼라 함이 이에 가깝습니다."[56]

서 소설의 통속화란 다름 아닌 '독자와의 거리'를 좁히는 소설사적 현상을 가리키며, 통속성은 그것을 가능케 하는 제반 서사적 특질을 의미한다. 독자의 심미안에 적합한 서사체야말로 소설 독서로의 몰입을 유도하고 공감을 이끌 수 있을 터이다."라고 하여 통속성을 작가가 독자와의 거리를 좁혀 공감을 얻기 위한 노력으로 보고 있다. 양승민, 『한문소설의 통속성』, 보고사, 2008, 38면.

위에서 보는 바와 같이 영안은 우선 삼 형제에게 두 곳을 놀만 한 곳으로 추천해준다. 하나는 술집이고 다른 하나는 기생집이다. 술집과 기생집을 묘사하는 영안의 말을 들어보면 그곳의 매력이 무엇인지 알 수 있게 한다. '향기, 빛깔, 단내'로 술을 수식하고 있고, '따뜻하고, 부드러운, 맑은 눈망울, 맑은 노래, 사향 내음' 등의 갖가지 수식어로 기생을 수식한다. 즉 둘 모두 오감을 자극하는 것으로 묘사된다. 이는 술집과 기생집의 좋은 면모만 부각한 서술이라고 하겠다. 따라서 영안의 추천은 『소학』에서 보았던 이념을 흔들기 위한 유혹에 가깝다. 육신의 즐거움이나 편안함을 위해 위의 것을 선택하라는 것이다.

이에 대해 오륜전 등은 술의 해로움을 집안과 국가의 위기의 단초가 된다고 설명하면서 이를 물리친다. 기생 역시 마찬가지다. 그 음란함을 지적하고 본성을 깎아먹는 도끼라고 표현하여 물리치는 모습을 보여준다. 이처럼 작가는 이념이 완벽하게 체화된 인물을 통해서 보통의 사람들에게 술집이나 기생집이 왜 해로운 것인가를 가르치고 있다. 이런 면에서도 모범을 창출하기 위해 대비적 서술을 이용한 것보다는 이미 창출된 모범적 인물을 통해서 대비적 상황을 제시하고 그 잘못된 부분을 알려주고 있다. 이것은 분명 〈육신전〉에서 본 것과는 다른 모습이다.[57]

---

56) 〈五倫全傳〉. "永安曰 : "隣有酒肆講歡之場, 香醪美醞, 滿樽盈疊, 色勝鵝黃, 味逾葡萄, 一醉千日, 恣爲娛樂." 全等曰 : "酒之爲害, 是爲狂藥. 縱飮沈酗, 大則亡國, 小則亡家, 大禹之戒, 安可犯也?" 永安曰 : "亦有娼店溫柔之鄕, 明眸皓齒, 妙舞淸歌, 香麝逆鼻, 珠翠奪目, 一顧微笑, 觀者心醉." 倫全曰 : "女之爲禍, 陷人之機, 荒淫不節, 則蠱惑心志, 所謂伐性之斧斤, 是可近乎?""

57) 한편 이런 유혹의 거절 양상은 환상체험 서사의 욕망을 경계하는 반성적 서사기법과는 다른 부분을 가진다. 즉 환상체험 서사에서는 직접 욕망의 늪에 빠져 그것을 체험해봄으로써 그것이 허상이라는 것을 깨닫는다면, 교화적 서술기법에서는 이념을 흔들지만 결국 흔들리지 않는 모범적 인물을 설정해둠으로써 그 욕망이 침투해 들어오는 것을 분명하게 차단한다.

이것은 다음으로 나오는 도박장이나 절과 같은 공간에서도 동일하게 나타난다. 특히 영안은 절과 향교 중에서 어느 것을 택할 것인가를 물어보는데, 오륜전 등은 절과 향교를 대비시키면서 불교를 이단으로 단정하고 그 폐단을 언급한다. 여기에서도 볼 수 있듯이 작자는 절과 향교를 이분법적으로 대비시킴으로써 절 혹은 불교의 바르지 못한 부분을 통해 향교와 유교의 올바른 부분을 부각시킨다. 이런 이분법의 분명한 적용은 분명 내재된 편견으로부터 시작되는 것이며, 올바름의 기준을 분명하게 부각시키는 효용성을 가진다. 부정성과 긍정성을 나눈 것이다. 결국 작가가 모범적인 인물을 설정해두고 유혹하는 상황을 통해 보여주고자 했던 것은 해야 할 행위와 하지 말아야 할 행위를 분명하게 보여줌으로써 이념을 정당화하려던 것이다.

이것은 바로 다음 장면에서 오륜전 형제들이 취객을 만나는 장면에서 입증된다. 취객이 노래를 부른 것을 통해 부정적 인식을 담아내고 있던 술집, 도박장, 기생집을 갔었음을 알려준다.[58] 이처럼 그는 등장부터 오륜전 형제와 대비되는 성질을 갖고 있는 자였다. 이에 작가는 취객을 통해 오륜전 형제와 말다툼을 벌이는 장면을 넣어 그의 무례함과 비윤리적인 행위를 고스란히 보여준다. 그럼으로써 부정적 인식을 담아냈던 대상이 '역시나' 부정적인 것임을 다시 한번 입증시킨다.

위와 같은 매커니즘은 〈오륜전전〉에서 반복되며, 이를 통해 오륜 혹은 효제충열의 실천적 이념성을 부각시킨다. 앞서의 취객이 과음으로

---

58) 〈五倫全傳〉. "바둑을 두노라니 하루가 가고, 노래 가락 소리에 피로를 푸노라"(碁局堪消日, 絃歌慰此身)

한편, 이것은 뒤에 취객의 부인이 "소인네 지아비 孝孫이 답청일에 술집 기생집에 놀러갔다가 오륜전 삼형제와 싸워 피살되었다"(女之夫孝孫, 踏靑日出遊於酒肆娼家, 與五倫全三兄弟, 相鬪被殺矣.)라는 것에서도 알 수 있다.

사망하자 고을원이 오륜전 형제를 잡아들여 문초하는데, 이때 형제들은 죽음을 목전에 두고서도 스스로 죄를 받겠다고 청한다. 이 장면은 마치 앞서 『소학』에서 보았던 고윤의 일화를 생각나게 한다. 고윤은 권력자(무제)의 문책에도 그 상황을 모면하기보다는 오히려 신의를 지키는 등 이념성을 붙잡은 끝에 무제의 감화를 받아낸다. 오륜전 형제들 역시 마찬가지로 '죽인 자를 바른 대로 고하라'는 고을원의 문책에도 불구하고 결국 자신의 신념대로 형제들을 위해서 희생하기를 택한다.

이것은 모친 범씨에게도 나타난다. 고을원은 범씨를 불러 아들 중 한 명을 죽일 수밖에 없으니 선택하라고 강요한다. 처음 질문에 범씨는 세 형제 모두가 죽이지 않았다고 답변한다. 두 번째 강요에서는 자신이 죽겠다고 답변하며, 마지막 강요에서는 결국 오륜비에게 죄를 달라고 청한다. 그 이유인즉 오륜전은 의붓자식이기에 자신의 친아들인 오륜비가 죄를 받는 것이 옳다는 것이다. 여기에 나타난 범씨의 선택에서도 알 수 있듯 범씨는 신의를 지키는 모습으로 나타난다. 자신의 친아들을 희생시키는 모습으로 말이다.

> ① "이상하도다. 이 세 사람이여! 무릇 사람을 죽인 자는 진상이 드러나도 다투어 미루며 곤장을 견디면서까지 불복하는데, 이 사람들은 앞다투어 자수하니 심히 괴이하도다."[59]

> ② "나는 그 보물을 다투는 것은 보았어도 죽음을 다투는 것은 아직 보지 못했다. 나는 세 사람의 말을 보니 간절하고 측은하여 끝내 분명 하늘을 감동시킬 것이니 이 어찌 남을 죽인 자이겠는가? 이는 분명 무고를

59) 〈五倫全傳〉. "異哉此三人! 凡殺人者, 事狀彰露, 爭推猶忍杖不服, 此輩則爭先自首, 甚可恠也."

당했음이 분명하다."[60]

이에 고을원은 다음과 같은 반응을 보인다. 처음 세 형제가 서로 죄를 청했을 때는 '이상하다'라는 의문을 자아내지만, 뒤에 범씨의 이야기를 들은 후에는 깨달음의 감탄으로 변화했을 알 수 있다. 이 변화는 감화에 가까운데, 감화란 모범적인 인물의 행위를 살펴봄으로써 그 이념성에 맞춰 행동해야겠다는 표지로 작용한다. 따라서 그가 감화된 부분은 무제가 고윤의 진실됨을 보고 그의 죄를 사면해주는 것과 같은 효과를 가진다. 즉 '법'이라는 권력이 이념에 교화된 모습을 재현한 것이다. 이처럼 〈오륜전전〉은 보편적 이념이 세상에 잘 구현되고 있음을 알려주는 서사로 작동한다.

특히 이 작품은 '가족'에 대한 접근을 심화시켜 준다는 것에서 의미를 찾을 수 있다. 이것은 위에서 보았던 오륜전 형제의 우애에서도 그렇지만, 작품 속에서는 집안의 질서를 우선적으로 잡는 것에 목적을 둔다는 점에서도 발견된다.[61] 과거 시험을 치러 급제를 한 이후 오륜전 형제의 지위가 부귀해지자 재상집에서는 오륜전과의 혼인을 성사시키기 위해 매파를 보낸다. 하지만 오륜전의 가문은 과거를 보러 가기 전 신선교의 딸과 성혼을 약속했기 때문에 그 의리를 저버릴 수 없다며 거절을 한다. 또한 오륜비의 약혼녀가 결혼하기 전 눈병을 얻어 실명이 되었음에도 오륜전의 가문은 의리를 내세워 그녀를 버리지 않는 결정을 한다. 그리

---

60) 〈五倫全傳〉. "吾見爭其珍寶, 未見爭死也 吾觀三人之言, 哀懇惻怛, 終必感動於天, 此豈殺人者也? 是必見誣, 明矣.」"

61) 이러한 면모는 『소학』에서도 중점적으로 다루었던 바 있다. 주자가 『소학』에서 구현하고자 했던 세상은 명명덕(나)과 신민(세상)으로의 연결을 자연스럽게 하는 것이었다. 이를 해결하기 위해 주자는 나-가족을 연결할 수 있는 사례들을 『소학』에 중점적으로 배치하였다.

고 훗날 오륜전의 후첩은 오륜전을 보필하기 위해 그가 좌천 당한 곳으로 찾아가던 중 몽군에게 붙잡힐 때도 정절을 내세워 자결을 택한다. 즉 의리라는 이념을 통해 가족 질서를 세우려는 모습이 드러난다.

이렇게 본다면 〈오륜전전〉에서는 『소학』과 다르게 가족 간의 갈등이 전혀 존재하지 않는다고 생각할 수 있다. 『소학』에서는 왕상의 계모인 주씨, 설포의 아버지 등 가족 내부에서의 불안정성을 드러내고, 가족 내부의 대비를 통해 주인공의 이념성을 드러내기 때문이다. 이것은 윤전의 가족에게서는 드러나지 않고 오로지 다른 가족들의 이야기를 통해 전해준다. 오륜전 가족은 오로지 보범적 행위의 대상으로 배치되어 있을 뿐이다. 이에 작가는 윤전이 동양현의 고을원으로 직임되어 갔을 때, 여기에서는 형제간 재산 다툼, 부부간 갈등과 같은 집안 내부의 갈등이 표출된 다양한 종류의 송사를 보여준다.

> 백성 중에 제 형이 전답을 빼앗았다고 고소하는 자가 있었으니 備가 말했다. “얻기 어려운 게 형제요, 얻기 쉬운 게 전답이다. 어찌 천륜 형제를 생각하지 않고 이욕에 빠져 그 우애의 정을 잊느냐?” 그리고 그 형을 문초하였다. “네게 자식이 있느냐?” 형이 말했다. “두 아들이 있습니다.” 비가 말했다. “네가 만약 동생을 없이 여겨 부모의 전답을 독차지한다면 네 아들도 또한 네 소행을 본받아 다투어 빼앗길 그만두지 않을 것이니 어찌하겠느냐? 한 때의 이익을 보느라 뒷날에 싸우는 풍조를 남기는 것이니라.” 백성이 이에 깨달아 뉘우치고 그 전답을 제 동생에게 돌려주었다.[62]

62) 〈五倫全傳〉. “民有訴其兄奪田者, 備曰 : “難得者兄弟, 易得者田地. 何不念大顯, 沒於利欲, 而忘其友愛之情?” 問其兄曰 : “汝有子乎?” 民曰 : “有二子矣.” 備曰 : “汝若不有弟, 而專利父母之田, 汝之子, 亦效汝所爲, 爭奪不止, 奈何? 見一時之利, 遺後日鬪狼之風.” 民乃感悟, 以其田還其弟.”

이 갈등 양상은 『소학』의 「선행」편에서 蘇瓊이 태수에 있을 때 乙普明 형제의 재산 다툼에 판결을 내려 그들을 깨닫게 한 일화와 몹시 흡사하다.[63] 물론 백성을 깨우치게 하기 위해서 논리적인 설득이 가미되어 있기는 하지만, 완벽한 이념으로 무장한 모범적 주인공이 이념을 잘 모르는 백성에게 그 이치를 알려줌으로써 깨닫게 하는 구조는 동일하다. 그래서 백성은 모범적 주인공의 말을 듣고 감화를 얻어 새로운 방향으로 나아가게 된다. 이것은 환상체험에서의 변화와는 다르다. 환상체험 서사는 주인공이 직접 경험을 통해 그 잘못됨을 알아내는 반면, 교화적 서사는 위와 같이 친절하게 무엇이 잘못되었는지를 훈계하여 그 대상이 변화한다. 부부간 갈등에서도 이런 방식으로 훈계의 방식을 채택하는데, 가족 내부에서 갈등을 초래한 인물이 감화하여 변화한다는 것은 앞서의 『소학』의 방식과 동일하다. 또한 이것은 『소학』이 가족을 중심으로 사회와의 연결을 시작하려 한다는 점과도 부합된다. 요컨대 〈오륜전전〉은 가족의 질서를 꾀한 이후 사회에 대한 관심을 갖는 서사라 할 수 있다.

그래서 오륜전이 지방 행정관으로 가서 백성들의 집안까지 감화시킨

63) 『小學集註』, 「善行」, 實明倫. "소경이 남청하태수에 제수되었는데, 백성 중에 을보명 형제가 토지를 다투어 여러 해가 지나도록 판결이 나지 않아, 각각 서로 증인을 끌어들여 증인이 마침내 백 명에 이르렀다. 소경은 을보명 형제를 불러 타이르기를, "천하에 얻기 어려운 것은 형제간이요, 구하기 쉬운 것은 토지이다. 가령 농토를 얻었더라도, 형제간의 마음을 잃는다면 어찌하겠는가?" 하고 인하여 눈물을 떨구자, 모든 증인들도 눈물을 뿌려 울지 않는 자가 없었다. 을보명 형제는 머리를 조아리고 밖으로 나가 다시 생각해 보겠다고 빌었다. 그리하여 나누어 따로 산 지 10년만에 마침내 돌아와 함께 살았다. (蘇瓊除南淸河太守, 有百姓乙普明兄弟爭田, 積年不斷, 各相援據, 乃至百人, 瓊召普明兄弟, 諭之曰, 「天下難得者, 兄弟, 易求者, 田地, 假令得田地, 失兄弟心, 如何?」 因而下淚, 諸證人, 莫不灑泣, 普明兄弟叩頭, 乞外更思, 分異十年, 遂還同住.)"

이후의 서사는 국가에 대한 관심으로 확장해 나아간다. 여기에서 마찬가지로 『소학』의 충 일화에서 있던 간신(재상)이 존재하며, 이 간신의 만행을 탄핵하는 오륜전의 모습 역시 그려내고 있다. 권력자에게 굽히지 않는 충신의 모습을 여기에서도 구현하고 있는 셈이다. 직언을 한 오륜전은 결국 몽골군과 인접한 변방 富州로 좌천된다.[64] 부주자사로 좌천된 오륜전은 결국 몽골군에게 사로잡혀 蒙主(몽골의 군주)와 일전에 자신의 친구였던 장대유를 만나게 된다.[65]

① 몽골군이 오륜전을 사로잡고 항복하기를 섭박했으나 굴하지 않았으니 윤전을 함거에 싣고 그 국도로 돌아갔다. 윤전의 벗 장대유 또한 일찍이 몽골국에 붙잡혔으나 그 왕이 그가 예의의 땅에서 태어나고 학문이 있다 하여 대접을 매우 후하게 하다가 사위를 삼아 부마로 일컬었다. 몽주가 먼저 장대유에게 오륜전을 가서 보게 하고, 한편으로 국가에서 발탁하여 장군의 임무를 맡길 뜻을 전하게 했다. 이에 대유가 와서 보고 말했다. "… 내 생각에 그대는 세상에 드문 인재로 본국에서 버림을 받아 잔약한 성에서 헛되이 늙을 것이다. 이 때문에 내 국왕에게 그대 재주를 추천하여 억지로 여기에 이르게 했네. … 그대는 본국을 섬기던 마음으로 이 나라 국왕을 다시 섬긴다면 국왕이 그대를 돌보아 대우함이 분명 나를 대접하는 정도가 아닐 것이다."[66]

---

64) 한편 오륜전의 부인은 윤전이 귀양살이를 도울 첩을 물색하여 보내게 되는데, 그 첩은 몽골군에 잡히게 되지만 자결하여 자신의 절의를 입증한다. 이 일화는 조금 개연성이 부족하게 작품 내에 삽입되었다, 아마도 烈과 節을 알리기 위해 조금 인위적으로 들어가 있음을 알 수 있다. 다만 그 내용은 앞서 『소학』에서 예시로 들었던 일화와 매우 흡사하다는 것을 알 수 있다. 폭력적 상황에서 죽음을 통해 자신의 남편 가문에 대한 충성을 증명한다는 점에서 말이다.

65) 장대유는 과거를 함께 보러간 친구였고 오륜전이 부주로 좌천되었을 때도 그의 장례 비용을 몸소 만들어줬기 때문에 오륜전에게 빚이 있다. 이 장면에서는 몽골의 부마가 된 상황이다.

② 윤전이 말했다. "그대 말을 좇는다면 부귀를 얻을 수 있으나 사람이 사람되는 까닭은 절의를 지님을 귀하기 때문이다. 사람이 좋아하는 바는 삶보다 더한 게 없으나 살더라도 취하지 않는 경우도 있고, 사람이 싫어하는 바는 또한 죽음보다 더한 게 없지만 죽더라도 피하지 않는 경우도 있다. 그러므로 백이가 굶주려 죽고 比干가 심장을 가른 것이니 선비가 두 군주를 섬기지 않음은, 마치 여인이 두 아비로 바꾸지 않음과 같다. 어찌 절의를 돌아보지 않고 두 나라를 바꾸어 섬기겠는가?"[67]

③ 이에 몽주가 더욱 화가 나서 머리채를 휘감아 짓누르고 칼을 휘두르며 목 베려고도 하고, 두 다리를 거꾸로 매달아 톱을 가운데 끼어 자르려고도 하며 사지를 결박하고 가마솥 입구에 매달아 놓기도 하였다. 윽박지르고 욕보임에 하지 않는 것이 없더니 오히려 굴하지 않자 몽주가 말했다. "후일에 다시 문초할 것이니 이처럼 무례하면 마땅히 사지를 짖고 마디를 자를 것이지만, 일단은 잡아서 가두어라."[68]

①은 장대유가 사로잡힌 윤전을 유혹하는 상황이다. 그의 요는 본국에서 오륜전의 능력을 알아주지 않고 변방으로 좌천되어 버림받았으니 몽골군에 투항하여 스스로의 재능을 펴라는 것이다. ②는 장대유의 설

---

66) 〈五倫全傳〉. "賊執五倫全, 劫之以降不屈, 以檻車載倫全, 歸其國都. … 倫全之友張大有, 亦嘗被虜於蒙國, 其王以其生於禮義之地, 而且有學問, 待之甚厚, 作甥而稱爲駙馬焉. 蒙主先使張大有, 往見五倫全, 且諭國家擢用任恃之意. 於是, 大有來見曰 : "… 我念君以不世之才, 見棄於本國, 虛老於殘城. 故薦君之才于國主, 屈君至此. … 足下以事本國之心, 更事此國之主, 則國主眷遇足下, 必不啻待我矣.""

67) 〈五倫全傳〉. "倫全曰 : "若從君言, 富貴可得, 然人之所以爲人者, 貴其有節義也. 人之所好, 莫甚於生, 生有所不取, 人之所惡, 亦莫甚於死, 死有所不避. 故伯夷餓死, 比干部心, 士之不事二姓, 如女之不更二夫. 豈可不顧節義, 而更事二國乎?""

68) 〈五倫全傳〉. "於是, 蒙主益怒, 或捽抑頭頂, 揮釰欲斬, 或倒懸兩脚挾鉅欲裂, 或結縛四肢, 垂入鼎口. 窘辱無所不至, 猶不屈, 蒙主曰 : "後日當更問, 若此無禮則, 當支解寸斬, 姑爲拘留."

득에 굴하지 않고 이념을 통해 그 올바르지 않음을 알려주는 상황이다. ③은 회유에 실패하자 화가 난 몽주가 오륜전을 고문하는 장면이다. 이들 장면은 각각 『소학』 및 〈육신전〉의 장면과도 겹친다. 이념을 흔드는 유혹자가 등장한다는 점, 유혹자의 설득에 굴하지 않고 그 논리의 허점을 이념적 논리로 반박한다는 점, 이에 화가 난 권력자가 이념적 인물을 고문한다는 점 등에서 그렇다.

다만 여기에서의 유혹은 조금 더 분명하다는 차이가 있다. 즉 〈육신전〉이나 『소학』에서는 忠이란 가치가 무엇인지 군주와 신하 사이에서 설명한다면, 〈오륜전전〉에서는 오랑캐 국가라는 극단적 상황을 설정하여 그 충성의 대상이나 가치가 무엇인지를 조금 더 분명하게 내보인다는 점이다. 그래서 오랑캐국을 섬기더라도 자신의 욕망을 채울 것인지, 아니면 자신의 능력을 알아주지 못했지만 본국을 섬길 것인가를 선택하게 하도록 한다. 이에 대한 주인공 오륜전의 답변은 不事二君으로 집약될 수 있는 바, 충신의 모범이라 할 수 있는 백이와 비간을 예로 들어 자신의 행위도 이와 같은 절의를 지키려고 한다는 점을 분명하게 말한다. 약간의 차이는 있으나 폭력적 권력에 굴복하지 않고 자신의 신념을 지킨다는 점에서는 분명 『소학』과 같은 매커니즘을 가지고 있음을 확인할 수 있다. 다만 그 장치를 만들어냄에 있어 더욱 이분법적인 사고를 뚜렷하게 투영시키고 있다는 사실을 확인할 수 있다.

아마도 등장인물이 이와 같은 이념적 행위를 했다면 『소학』에서는 주인공의 행위에 감화를 받아 변화를 해야 할 것이다. 혹은 같은 작품의 고을원처럼 감화되는 경우도 생각해 볼 수 있다. 그러나 〈오륜전전〉은 그러한 설정이 나타나 있지 않다. 그렇다면 〈육신전〉의 세조처럼 죽음으로 끝맺을 것인가. 그러나 이 작품은 다시 한번 오륜전의 이념성을 부각시키기 위해서 다른 방법을 삽입한다. 그 방법은 오륜비와 극화기

몽골국으로 가서 오륜전을 구해오는 것이다. 그래서 이들은 갖은 꾀를 내어 뇌물 쓰고자 하든가, 혹은 사신으로 위장한다든가 등을 계획하는데, 이때 오륜비는 "마땅히 지성으로 저들 마음을 감동시켜야(當以至誠感動彼心)"한다는 것을 들어 당당히 몽골국에 찾아간다. 즉 이념이 가장 큰 무기임을 알려주는 표지인 것이다.

이에 몽주는 그들을 잡아두고 죽이고자 하지만 대신들이나 장대유 등이 이에 반대한다. 그 반대의 이유는 저들을 죽이게 되면 절의를 가진 인물을 이유 없이 죽이는 것이 되니 추후에 몽골국 내에서 절의의 풍조를 숭상하지 못할까 두렵다는 것이다.[69] 이러한 논리는 〈육신전〉을 보고 화난 선조에게 신하들이 〈육신전〉이 있어야 할 이유를 설명해주는 것과 비슷하다. 요컨대 왕위 계승자의 입장에서 보았을 때 난신이지만, 국가 통치자의 입장에서 보았을 때는 충신이라는 점이다. 따라서 국가나 세교에 도움이 될 만한 모범적 인물이니 이런 인물은 국가에서 선양해야 한다는 것이다.

이 이야기를 전해 들은 몽주는 "감동하여 깨닫고 즉시 방출하기를 명령(蒙主感悟, 卽命放出)"하고 "그 절의가 특별함을 기리고 포상을 심히 넉넉히 하며 모두 예로써 송환(佳其節義異常, 褒賞甚優, 皆禮以送之)"하게 된다. 이념적 행위를 통해 위기를 넘길 수 있었던 것이다. 이런 면에서 〈오륜전전〉의 갈등 해소는 결국 이전에 고을에서 무고를 당해 했던 행위를 반복하는 형태라고 할 수 있다. 즉 고을원이나 몽주와 같은 권력자의

---

69) 〈五倫全傳〉. "蒙國大臣議曰, 「國家之初執五倫全也, 非以戮辱也. 聞其有將才, 欲用之, 以禦島夷之患也. 蔑國命傲慢無禮, 雖不得無罪, 爲其主死, 終守其節, 其忠可奬. 其弟倫備克和, 其奴永安, 皆不惜其身命, 欲貸五倫全之死. 一家節義考之. 古昔罕有其比. 特命寬貸, 以尙節義之風!」 張大有又上疏, 爲五倫全訟寃曰, 「以五倫全之忠, 終不得免其禍患, 國家何以責之節義! …」"

깨달음은 권력이 이념에 승복했음을 알려주는 상징적 장치이다. 그리고 마지막에 그 권력자를 오랑캐의 군주로 설정했으니 감화의 범위가 중화를 넘어서 변방에도 미칠 수 있다는 믿음이 내재되어 있다고 하겠다. 이처럼 오륜이라는 이념의 범위는 그 문화 자장 안의 세력뿐만 아니라 이분법적으로 반대에 있는 무리들 역시 감화시킬 수 있는 훈육 장치였던 것이다.

이런 면에서 대비적 인물들의 감화는 신이성과 보상성을 포함하고 있다고 하겠다. 이념이라는 무기에 감화된 그들은 더욱 이념적 존재로 변화하기 때문이다. 작품의 말미에는 이들이 다시 본국에 돌아오자 그들의 행위에 감화된 조정 신료들이 그들의 행위를 기리기 위해 높은 벼슬을 주는 모습이 담겨 있다. 그리고 이 작품의 결말은 이들의 충효에 감복한 옥황상제가 사자를 보내 仙境으로 오게 한다. 이처럼 이 작품은 신이성을 드러내어 그들의 이념성에 대한 보상을 보여주고 있다. 이와 같은 신이성은 앞서 완벽한 이념을 체현한 주인공들의 탄생처럼 이념의 통속화의 한 경향을 보여준다. 이념적 행위가 무엇인지 어렵게 설명하는 것보다 오륜전 형제들의 행위를 중심으로 그들과 반대되는 행위를 하는 이들을 대비시켜 어떤 것이 이념적 행위인지 알려주고, 또한 그에 합당한 보상을 시각적으로 보여주기 때문이다. 이런 지점을 서술기법 차원에서 살펴보았을 때 〈오륜전전〉은 교화서류나 『소학』의 서술기법과 다르게 더욱 뚜렷한 이분법을 활용하면서도 통속성과 섞이면서 그 이념의 절대성을 부각시키고 있다고 하겠다.

지금까지 검토한 것을 정리하겠다. 〈오륜전전〉은 지금까지 교화서류와 가깝다고 평가 받았지만 오히려 『소학』에서 나타난 글쓰기 기법과 흡사하다는 것을 알 수 있었다. 그것은 등장인물의 대화를 통해 이념성을 구체화시킨다는 점, 완벽히 이념성을 체화한 주인공을 내세워 다른 등장인물과의 대비 효과를 구체적으로 구현해 낸다는 점에서 그렇다. 그리고 이것은 16세기라는 문화적 자장 내에서 가능한 일이었다. 즉 『소학』을 내재화한 작가에 의해서 독자의 기대지평에 맞게 이념을 조직한 까닭이다. 특히 감화의 범위가 넓어졌다는 점(심지어 오랑캐 군주나 선계까지)에서 15세기와 달리 16세기 서사에서 점차 이념의 통속화가 이루어지고 있다는 점을 확인할 수 있었다.

또한 이 작품이 이념과 흥미의 교직이라는 관점 역시 조금 시각을 달리할 필요가 있다. 흥미란 현대에서 바라보는 소설적 흥미를 말하는데, 이 역시 흥미보다는 전형성을 갖춘 인물을 바라보는 것에서 오는 흥미, 즉 이념의 통속성에서 오는 흥미 정도로 바라봐야겠다. 이 서사는 기본적으로 훈육을 위한 목적하에서 이념을 전달·재현하기 쉽도록 만들어진 것임을 명확히 알아야 한다. 바로 이 지점에서 흥미를 찾을 수 있지, 소설의 관점에서 이 작품을 바라본다면 작품의 메시지를 제대로 파악할 수 없다. 다만 소설적인 부분을 첨언하자면 한 명의 주인공(혹은 그 가문)을 작품 전면에 내세워 각각의 파편화된 일화들을 모으고, 여기에 대비적인 서술기법을 작품 곳곳에 배치해 그 보편적 이념성을 구현했다는 의의를 가진다고 하겠다. 결국 이 작품은 16세기의 유교화 정착 과정을 자세히 알려주는 하나의 예시라고도 할 수 있겠다.

2) 우의를 통한 내면의 警戒 : 〈天君傳〉

〈천군전〉은 16세기 金宇顒(1540~1603)이 마음을 의인화하여 지은 寓言 작품이다.[70] 이 작품은 마음을 서사화한 '천군소설류'의 효시로 지목

70) 우언에 대한 정의와 범주를 잘라 말하기 어렵다. 우언이라는 용어는 『莊子』 「寓言」편

되기도 하였는데,[71] 이후 많은 연구자들에 의해 다양한 논의들이 제출되었다. 특히 〈천군전〉은 장르 규정 논쟁,[72] 소설사와 관련한 문제,[73] 사상과 관련한 문제 등과 복합적으로 엮여 있다.[74] 이 항목에서는 이중에서

에서 온 것으로 언어의 유비 관계를 토대로 한 우의적 이야기를 담고 있다. 우언에 대한 논의는 다음을 참조하길 바란다. 윤주필, 「우언 글쓰기의 원리와 적용 자료의 범위 연구」, 『한국한문학연구』 28, 한국학문학회, 2001, 5~35면. 그리고 필자가 지칭하는 우언은 좁은 장르에서의 우언보다는 "특정 장르에 상관없는 글쓰기 방식"이라는 넓은 범주의 우언을 말한다. 안세현, 「15세기 후반~17세기 전반 성리학적 사유의 우언적 표현 양상과 그 의미」, 『민족문화연구』 51, 고려대학교 민족문화연구원, 2009, 216면.

71) 김광순, 『천군소설연구』, 형설출판사, 1980.

72) 장르적 문제는 〈천군전〉이 허구적 서사 장르에 속하는 작품인가, 아니면 목적성을 중시하는 교술 장르에 속하는 작품인가 하는 문제이다. 이에 대해선 이민희가 최근까지의 연구사를 자세히 소개한 바 있다. 참고로 이민희는 〈천군전〉이 이전 시기인 고려 가전과는 질적으로 다르며 〈수성지〉와 같은 인과성과 선악구도의 플롯을 가지고 있기 때문에 〈천군전〉을 '의인체 소설'로 볼 것을 제안하였다. 이민희, 「〈천군전〉 장르 규정 및 명명에 관한 제언」, 『문학교육학』 42, 한국문학교육학회, 2013, 363~395면. 필자 역시 이러한 논의를 적극 수용하여 전제로 삼도록 하겠다.

73) 이들 연구는 〈천군전〉이 17세기로 가는 길목에서 어떤 역할을 담당하였는지를 밝히는 것이라 하겠다. 대표적인 연구로 장경남의 연구를 들 수 있는데, 그는 〈천군전〉이 이념성과 흥미성이 교직된 결과로 나타난 것이며 특히 적강구조의 활용, 선악대립구조의 활용 등으로 보았을 때 이념 전달의 수단으로 흥미성이 확대되어 가는 모습을 보여준다고 하였다. 이와 관련하여 조현우의 논의가 있다. 그는 권선징악에 대한 플롯을 연구하면서 그것이 16세기의 〈천군전〉에서 비롯되었을 것을 주장하였다. 한편 김현양은 〈수성지〉를 다루면서 이 작품이 상상을 통한 이념적 욕망을 배출한다고 주장하면서, 이것이 이전 소설사 맥락과 다른 모습을 보여주고 있다고 하였다. 요컨대 이전 소설사의 맥락과 가까운 〈천군전〉이 이념성을 드러내는 플롯을 가지고 있다면, 반대로 〈수성지〉는 이념성에 매몰되지 않고 현실만을 욕망의 출구로 인식하는 욕망적 주체가 성립되었다고 보았다. 장경남, 「〈천군전〉으로 본 16세기 소설사의 한 경향」, 『민족문학사연구』 25, 민족문학사연구소, 2004; 조현우, 「소설의 악과 악인 형상에 대한 문화사적 접근」, 『우리말 글』 41, 우리말글학회, 2007; 김현양, 「16세기 후반 소설사 전환의 징후와 〈수성지〉」, 『고전문학연구』 24, 한국고전문학회, 2003.

74) 이외에도 최근 엄기영은 〈천군전〉을 중심으로 저변의 정치 상황들을 분석하여 〈천군전〉이 심성론과 더불어 남명학파의 정치적 입장을 표명하고 있다고 주장한 논의도

사상과 관련한 문제에 천착해 『태평광기상절』의 서술기법과 16세기에 도래한 改善에 대한 믿음과 관련하여 그 의미를 밝혀보고자 한다.[75]

그간의 〈천군전〉에 대한 연구는 대체로 성리학적 心性論과의 연관 속에서 논의가 이루어 졌다. 대표적으로 김광순은 조식의 「神明舍圖」와의 연관 속에서 그것의 재현으로 보았고,[76] 허원기 역시 南冥 曺植(1501~1572)의 철학이 서사화를 통해 구체화된 것임을 지적했다.[77] 최근에 제출된 김인경의 논의 역시 16~17세기 심성서사들을 살펴보면서 이것이 심성론에 입각한 마음 정립과 자기 통치의 기술이라고 언급한 바 있다.[78] 이들은 〈천군전〉의 내적 수양을 중시한 관점이라 하겠다.

이와 다르게 〈천군전〉에 나타난 심성론의 교화적 방식 혹은 효과에 주목한 연구도 있다. 장경남은 〈천군전〉이 서사적 흥미가 이념을 효율적으로 전달하기 위한 도구임을 밝혔다.[79] 이기대는 이 작품이 당시의 심성론에 영향을 받아 수양에서 실천으로 옮기기 위한 노력의 일환으로 창작되었다고 주장한다.[80] 이러한 면모는 우언 서사를 통시적으로 바라

제출되었다. 사상적 관점에서 벗어나는 시도라는 점에서 의의를 찾을 수 있다. 엄기영, 「〈천군전〉, 남명학파의 정치적 상상력」, 『고소설연구』 39, 한국고소설학회, 2015, 43~72면.

75) 이 항목은 필자의 유요문, 「〈천군연의〉에 나타난 등장인물의 반성과 정치 서사로서의 의미」, 『고전과 해석』 29, 고전문학한문학연구학회, 2019 중 일부의 논의를 차용하되 이 글이 논의하려는 틀에 맞게 수정하고 새로운 자료를 첨가한 것임을 미리 밝혀두는 바이다.

76) 김광순, 앞의 책, 202면.

77) 허원기, 「천군소설의 심성론적 의미」, 『고소설연구』 11, 한국고소설학회, 2001, 115~144면.

78) 김인경, 「16-17세기 심성서사 연구」, 고려대학교 박사학위논문, 2015, 109~129면.

79) 장경남, 앞의 논문, 105~110면.

80) 이기대, 「심성론의 역사적 전개와 김웅옹의 〈천군전〉」, 『한국학연구』 30, 고려대학교 한국학연구소, 2009, 103~129면.

보는 관점에서도 동일하게 드러난다.[81] 이처럼 〈천군전〉의 사상적 연구는 심성론과 작품 간의 관계가 무엇인지를 해명하는 것이 중요하다고 생각한다.

그렇다면 〈천군전〉 내에 나타난 심성론은 무엇을 말하는 것일까. 그것은 주인공 天君의 양상에서 나타난 '타락과 회복'의 구조라고 할 수 있다. 이것은 유가 전통에서 말하는 성선설에서 기원하여 성리학에서 말하는 수양론과 일치한다. 즉 인간의 마음은 본래 선한 감정을 가지고 있기 때문에 이것이 외부의 침입에 의해 타락하더라도 마음을 갈고 닦으면 반드시 본래의 선함을 회복할 수 있다는 믿음이 바로 그것이다. 그간의 연구자들은 바로 이 지점에 주목하여 〈천군전〉 속 '타락과 회복'의 구조가 만들어내는 소설적 흥미를 발굴하려던 것이다. 이 책에서는 이 구조를 '반성의 구조'라 칭하겠다.[82]

---

81) 강혜규는 천군계 작품을 사적으로 검토하면서 이것이 초기(14~15세기)에는 유교의 우위를 드러내는 수단으로, 중기(16~17세기 초)에는 성리학의 내재화를, 후기(17세기 중~19세기)에는 교화를 목적으로 창작되었다고 밝혔다. 따라서 논자는 천군계 작품들이 심성론의 일환으로, 즉 외물로 인해 마음을 잃는 것을 회복하기 위한 일환으로 창작되었다고 주장했다. 안세현은 성리학적 사유의 우언 글쓰기 양상을 살펴보면서 15세기에는 노장 사상의 대립을 통한 심성 수양론을 정립했으며, 16세기에는 성리학 이념의 효과적인 전파를 위해 〈천군전〉과 같은 작품이 창작되었음을, 17세기에는 장자라는 타자의 시선을 통해 성리학에 대한 반성을 제기했음을 논하였다. 강혜규, 「천군계 작품의 사적 고찰」, 『정신문화연구』 통권 110호, 한국학중앙연구원, 2008, 301~326면; 안세현, 앞의 논문, 215~249면.

82) 〈천군전〉에 나타난 반성의 구조에 대해선 기존의 연구에서도 몇 차례 언급된 적이 있다. 김광순은 〈천군전〉이 충신형 인물과 간신형 인물들의 대립·갈등에서 충신형 인물들이 승리하여 나라가 태평해진다는 줄거리를 공통적으로 가지고 있다고 하면서, 천군의 改悟를 통한 회복이 중요하다고 보았다. 윤주필은 〈천군전〉과 〈수성지〉를 비교하면서 〈천군전〉의 구조를 '태평(원형)-혼란(타락)-회복'의 3단 구조로 나누어 이것을 '復初論'으로 집약한 바 있다. 김광순, 앞의 책, 1980; 윤주필, 「수성지의 3단 구성과 그 의미」, 『한국한문학연구』 13, 한국한문학회, 1990, 45~79면.

그런데 지금까지의 논의를 살펴보면 알 수 있듯이 이 반성의 구조를 심성론의 관점에서만 바라보았다는 한계가 존재한다. 물론 이 작품이 기본적으로 남명 조식의 「신명사도」를 서사화한 것임은 당연하다.[83] 그럼에도 남명의 사유에 대해 비판한 이황을 통해서도 알 수 있듯 그의 사유에는 성리학적 사유 일변도로 해명할 수 없는 부분이 있다.[84] 따라서 여기에서는 〈천군전〉의 서사가 기본적으로 성리학적(유교적) 심성론을 저변에 깔고 있다 하더라도, 다른 문화의 자장에도 일정 부분 영향 관계에 있음을 밝히는 것을 목적으로 삼겠다. 요컨대 이러한 서사가 어떤 이유에서 발생했는지에 대해 서사적 영역과 이념적 영역의 만남을 그려보고자 한다는 것이다. 그래서 여기에서는 『태평광기상절』에서 밝힌 환상체험 서사와의 관련성을 타진해보도록 하겠다.

한편 〈천군전〉을 과연 환상체험이라고 볼 수 있겠는가 하는 의문이 생길 수 있다. 하지만 이것은 '우언'이 환상과 사실의 성질을 내재하고 있다는 주장을 받아들였을 때[85] 〈천군전〉의 천군의 체험 역시 비록 그

83) 『東岡集』 卷16, 「雜著」. "〈천군전〉은 남명 선생께서 〈신명사도〉를 지을 때 선생(김우옹)에게 명하여 전을 짓게 한 것이다. (天君傳, 南冥先生作神明舍圖, 命先生作傳.)"
한편 〈신명사도〉는 마음을 사물, 특히 건축물에 비의하여 구체적인 예시를 들은 것으로 심성의 작동 원리에 대한 이해를 쉽게 전달하기 위해 만들어졌다. 최석기, 「남명의 〈신명사도〉 〈신명사명〉에 대하여」, 『남명학연구』 4, 경상대학교 남명학연구소, 1994.

84) 16세기가 비록 『소학』의 보급을 통한 성리학이 내재화된 시기라 할지라도 대부분의 학자들에게 있어 『장자』와 그에 대한 사상, 글쓰기는 기본적인 소양이었다. 심지어 그들은 이것이 이단임을 알고 있음에도 이러한 사유를 더욱 심화시켜 나갔다. 즉 이 시기를 성리학 일변도로만 보면 당시에 내재된 문화적 측면의 양면성을 외면하게 되는 결과를 초래한다. 이에 대해서는 다음의 논의를 참조하길 바란다. 정용건, 「16세기 전반 노장 사유의 문학적 수용과 그 의미」, 『한국한문학연구』 74, 한국한문학회, 2019, 7~62면.

85) 이에 대해 윤주필은 우언을 세분화하여, 寓言(허구), 重言(사실), 巵言(우의)로 나눌 수 있으며, 조선 중기부터 이것들이 합쳐지는 경향이 드러난다고 논한 바 있다. 윤주

주인공을 우의했지만 현실과의 연관성을 유지한다는 점에서는 같다. 더 중요한 점은 이와 같은 주인공의 변화가 동일한 선상에서 나타난다는 점이다. 환상체험 서사에서의 주인공은 '결핍-충족-허무-고양'이라는 단계를 통해 변화하고 질적 상승을 경험한다. 〈천군전〉에서의 천군 역시 '타락'을 통해 자신의 욕망을 발산하고 그것의 잘못된 것을 깨닫고 그 욕망을 전복시킴으로써 '회복'을 이루어 낸다. 결국 〈천군전〉은 환상체험 서사의 주인공을 토대로 改善의 가능성을 믿은 당시 지식인들의 담론과 접합한 서사라고 할 수 있다. 이제 이것을 작품을 분석하면서 증명해보도록 하겠다.

앞서 밝혔듯이 천군 서사의 공통된 구조는 천군으로 상징되는 마음이 타락하고 이를 극복함으로써 처음으로 회복하는 과정을 그린다. 따라서 천군 서사에서 천군이 마음을 상실하는 부분은 기법적인 차원에서 매우 중요해 보인다. 그런데 〈천군전〉에서는 마음을 의인화한 최초의 작품인 남효온의 「옥부」와 다르게 주인공의 이념성을 드러내는 부분을 전혀 다르게 표현했다는 점에서 그 의미가 심상치 않다.[86] 이에 〈천군전〉에서

필, 「우언의 전통과 조선전기 몽유록」, 『민족문화』 16, 한국고전번역원, 1993, 35면.

86) 물론 〈천군전〉과 단순 비교는 어렵지만 「屋賦」는 인간의 신체를 집[屋]으로, 마음을 주인[主]으로, 마음을 침입하는 外物을 나그네[客]으로 그려내어 마음을 경계하기 위해 지은 글이다. 마음을 경계한다는 측면에서는 『태평광기상절』의 종교적 체험서사와 비슷하지만 그 방식은 사뭇 다르다. 종교적 체험서사에서는 체험을 통해 직접 경험해보고 그것이 왜 경계해야 할 대상인지를 깨닫는다. 그에 비해 「옥부」와 같은 글은 교화적 서술기법이 잘 드러난 작품이라 할 것이다. 대비 효과를 통해서 주인공의 모범성을 부각시키고 그 이념성을 강화하는 수법이 나타나기 때문이다.

객은 주인옹에게 『장자』의 논리를 펴면서 그에게 집을 포기할 것을 유혹하는데, 이에 주인옹은 '오히려 등을 자리에서 옮기지 않'는 모습을 보여주며, 유혹에 흔들리지 않는다. 유혹에 길을 잃지 않는 이념의 완벽성을 보여준 것이라 하겠다. 주인공의 이념을 흔드는 유혹자가 나타나고, 이를 거부하는 모습으로 그 모범성이 부각된다고 정리할 수 있겠다. 이것은 우리가 『소학』에서 익히 보았던 부분이다. 시련을 견뎌내고

천군이 마음을 상실하는 부분을 보면서 「옥부」, 환상체험 서사들과 비교해 살펴보도록 하겠다.

> ① 이로부터 두 재상이 충성을 다하니, 군신들이 크게 화합하여 국내가 잘 다스려져서 드디어 상제의 명을 받자와 사해의 안과 우주의 밖을 통괄하여, 무릇 천지간에 생겨난 마여 국이 모두 有人氏의 소속이 되어, 남으로는 天根에 이르렀고 북으로는 月窟에 미쳐 德化의 범위 밖에 있는 나라가 없더라. 국가의 강성함이 능히 帝室과 견줄 만했으니 이는 모두 두 정승의 힘이었더라.[87]

이념성을 끝까지 유지하는 모습이야말로 교화적 글쓰기에서 추구하는 방향이라고 할 수 있다. 위와 같은 부분은 한 번 더 반복된다. 객이 다시 찾아와 "하루살이 같은 일생이니, 선과 악이 모두 헛되"며 "淫聲을 멀리할 필요 없고, 여색을 제거할 것이 없"다는 말을 통해 더 노골적으로 주인옹을 유혹한다. 더 나아가 "맛과 냄새, 탐냄과 분노, 음란과 교만, 망각과 상상, 부함과 귀함, 이익과 명예를 남몰래 맛보시고 끌어다 붙잡아두"라고 말하는 객의 말에서, 마음 수양을 방해하는 요소들이 무엇인지를 낱낱이 알려준다. 이처럼 교화적 글쓰기는 무엇이 잘못된 것인지, 무엇이 옳은 것이지를 분명한 방식으로 드러낸다는 특징이 있다. 그래서 이분법적인 성향이 강하게 드러난다.

그리고 이러한 경향은 작품의 말미에 가장 강하게 드러나는 것처럼 보인다. 객의 말을 들은 주인옹은 객에게 "장차 장자의 황당한 의논을 늘어놓아 항상 우리 유자의 敬字를 무너뜨리려 한다"면서, "내가 너를 죽이지 않으면 네가 필시 나를 죽이리라."는 선언 후에, 결국 칼을 들어 객의 목을 벤다. 즉 주인공과 객의 '공존 불가능'에 대한 선언이자, 대상에 대한 포섭보다는 제거의 방식을 택하는 것이 바로 교화적 글쓰기의 특징이라고 하겠다. 다만, 그 대상이 내 몸 안에 있는 '自'에 가까운 것이라면 교화 가능성, 즉 감화가 이뤄지겠지만, 그것이 아닌 '타자'라면 오로지 제거의 대상이 될 뿐이다. 이것은 『소학』의 효제 담론에서도 繼母나 惡父, 혹은 어리석은 형제와 같은 가족의 경우의 예를 봐서도 알 수 있는 부분이다. 이들 가족은 '自'와 가까운 이들이라고 할 수 있다. 그래서 이들은 잘못을 저질렀어도 언젠가 주인공의 이념성에 감화되어 변화한다. 물론 이들은 주인공의 이념성을 부각시키는 역할이나 도구로 활용되기는 하지만 말이다.

87) 〈天君傳〉. "由是二相得盡其忠, 群臣大和, 國內大治, 遂承帝命, 統攝四海之內, 包括宇宙之外, 凡命於兩儀之間萬餘國, 皆有人氏之屬, 南至于天根, 北至于月窟, 無有化外之邦. 國家强盛, 克配帝室者, 二相之力也."

② 천군은 微行을 자못 좋아하고 드나듦이 일정한 때가 없어 群臣들이 그 처한 곳을 알 수 없게 되자, 太宰가 이를 그만둘 것을 매번 諫하였다. 말년에는 요망한 신하인 공자 懈와 공손 傲 등이 일을 꾸며서 태재 敬을 내쫓으니, 백규 義도 그 자리가 불안하여 떠나 버리고 말았다. 이에 천군은 팔준마를 타고 八荒의 밖으로 달려나가 높이 올라 하늘을 날기도 하고, 혹은 내려가 연못을 헤매기도 하니, 법궁이 오랫동안 비어져서 모든 법도가 풀리고 해이해졌다. 銀海路에서 妖賊 華督 등이 먼저 난을 일으키매 三關의 群盜들이 벌떼처럼 일어났는데, 천군은 밖에서 노닐고 있어서 나라에 방비가 없었으므로 적이 胸海를 습격하여 칼날에 피도 묻히지 않고서 입성하게 되었다.[88)]

①은 천군의 나라가 잘 다스려지고 있는 형상을 그려낸 것이다. 하늘의 상제에게 명을 받은 천군은 太宰 敬과 百揆 義를 시켜 나라의 정치를 편안하게 만든다. 이것은 「옥부」에서 주인옹이 하늘의 명에 따라 자신의 집을 올바르게 관리하고 지키고 있는 모습과 상통한다. 즉 모든 질서가 온전한 상태라고 할 수 있겠다. 그런데 ②의 상황에 이르면 상황이 반전되기에 이른다. 위에서 살펴볼 수 있듯이 ②에서는 천군이 微行을 저지르다가 '스스로' 타락한 다음 懈(게으름)나 傲(오만함)가 득세하여 나라를 어지럽힌다. 스스로 타락한다는 점과 욕망·부정의 존재인 게으름과 오만함 및 각종 도적들이 천군의 나라에 침투해 들어온다는 점은 「옥부」와 사뭇 다른 방식으로 서사가 전개된다는 것을 알 수 있다.

「옥부」에서는 주인옹이 날마다 수양하는 모습을 보여줌으로써 그가

---

88) 〈天君傳〉. "君頗好微行, 出入無時, 群臣莫知其鄉, 太宰每諫止之. 末年, 佞臣公子懈公孫傲等用事, 逐太宰敬, 百揆不安位而去. 君於是乘八駿馬, 馳騖八荒之外, 或陞而天飛, 或降而淵淪, 法宮久空, 百度縱弛. 銀海路妖賊華督等, 首亂三關, 群盜蜂起, 君巡遊在外, 國無備禦, 賊襲胸海, 不血刃而入其郭."

언제나 욕망에 대해 경계하고 있음을 보여준다. 그래서 객이 주인옹의 집에 찾아와 노장사상의 어구를 인용하여 유혹하는 논리를 전개하는데[89] 대체로 인생의 허무함을 알려주는 것으로 나타난다. 이에 주인옹이 유교의 경전들을 끌어와 그 논리를 전개함으로써 객의 유혹을 뿌리친다. 여기에서 볼 수 있듯 주인옹은 완벽한 이념적 존재로 그려지고 있음을 살필 수 있다. 그 등장인물은 유교적 이념을 완벽히 체화한 상태로 어떠한 유혹에도 그의 신념을 흔들 수 없는 성질을 갖고 있다고 하겠다. 이것은 마치 〈오륜전전〉에서의 오륜전 형제들처럼 그들은 변하지 않는 신념을 통해 행위를 수행하는 것과 같다. 오륜전 형제들 역시 풍경으로 보러 나갈 때 술집이나 기생방, 도박장, 절 등 유혹할 수 있는 소지들을 사전에 차단한다. 주인옹 역시 이와 마찬가지의 모습으로 나타난다. 그래서 술이나 여자와 같은 유혹거리들이 찾아온들 주인옹은 그들의 존재를 완벽하게 차단할 수 있었다.

반면 ②에서 천군이 타락하는 상황을 조금 더 자세히 관찰해보자. 그는 마음을 집중시키지 못하고 이리저리 헤매는 모습으로 그려진다. 그래서 가는 곳이 일정하지 않고 이곳저곳으로 놀러 다녀 결국 宮이 비워지는 상황을 초래하게 한다. 이처럼 외물에 대한 아무런 방비가 없이 욕망에게 침식되는 주인공의 모습은 『태평광기상절』의 환상체험 서사의 주인공과 닮아 있다. 〈여옹〉에서 노생은 현실은 박복하지만 항상 부귀를 꿈꾸는 인물로 그려진다. 그래서 꿈이라는 장치를 통해 부귀를 무한하게 경험하게 만든다. 그리고 꿈을 깰 때 부귀라는 것이 자신 내면의 욕망에서 발생한 것이며 허망한 것임을 알아차리게 된다. 이처럼 〈여옹〉과 같은 환상체험 서사는 주인공이 욕망에 마음이 사로잡히는 형상이 항상

89) 안세현, 앞의 논문, 228면.

제시되어 있다. 내면의 본질보다 외부의 욕망을 중시했기 때문이다.

〈남염부주지〉에서는 이 방식을 조금 더 내면 탐색을 위한 본질적인 방법으로 활용한다. 『태평광기상절』의 서사에서는 욕망을 끊임없이 투여하고 상승시켜 그것의 허망함을 깨닫게 하지만, 〈남염부주지〉에서는 욕망 대신 자신의 확고한 '信念'이 전복되는 경험을 통해 그것의 본질을 깨닫게 된다. 요컨대 〈남염부주지〉의 서사는 확고한 신념을 지닌 박생이 염왕을 만나 자신의 신념이 흔들리지만, 서사의 마지막에는 스스로 신념의 방향을 선택함으로써 이를 초월한다. 따라서 주인공의 측면에서 봤을 때 『대평광기상절』과 〈남염부주지〉는 다른 방식으로 그 변화를 수행하지만 주인공이 깨달음을 얻고 삶의 방향을 새롭게 설정한다는 점에서는 같다. 〈남염부주지〉는 조선의 방식으로 변형해서 그것을 획득했던 것이다.

이러한 주인공 주변에 대한 새로운 인식 혹은 전복적 사고는 〈천군전〉에서 천군이 타락과 회복의 과정을 겪는 모습과 흡사하다. 주인공의 신념을 흔들리게 하는 것과 마음을 흔들리게 하는 것은 같은 방식이기 때문이다. 그리고 그것은 자신의 내부에서 발생하는 일이다. 다만 〈천군전〉에서는 스스로에 의한 타락과 외물에 의한 타락을 더욱 뚜렷하게 보여준다는 점에서 16세기라는 시공간에 영향을 받아 이분법적 시각이 스며들어 있음도 생각해볼 수 있다. 한편 해와 오는 분명 유교철학에서 수양에 방해되는 욕망에 가까운 것이다. 그래서 해와 오라는 외물은 17세기 〈천군기〉나 〈천군연의〉에서는 慾生이니 술, 여자와 같은 외물로 더욱 뚜렷하게 구체화된다.

이제 반성과 회복의 부분을 살펴보도록 하자. 천군 서사의 백미는 과연 천군이 심성을 회복하고 그의 나라를 다시 부흥시키는 부분이라 할 수 있다.[90] 이 반성과 회복의 부분은 확실히 이전의 환상체험 부분과 다르다. 그곳에서는 주인공이 꿈이나 이계체험을 마친 후 현실로 돌아오면서 얻어내지만, 〈천군전〉에서는 서사 내부에서 곧바로 변화한다. 그래서 이 부부은 〈남염부주지〉의 박생의 경우에도 해당이 된다. 박생 역시 환상체험을 마치고 깨닫는 것이 아니라 환상체험 중 염왕과의 대화에서 '서서히' 자신의 잘못된 부분을 발견하기 때문이다. 다음 〈천군전〉의 반성 부분을 살펴보자.

> 천군이 이미 나라를 잃어버리자 故家의 遺臣들이 천군을 따르는 자가 한 사람도 없으나 오직 公子 良만이 오히려 그 사이에서 주선을 하였다. 비록 등용 된 적은 없었으나 차마 버리고 떠날 수 없어 祈招의 시를 지어 천군을 경계했다. 천군은 측연히 깨달아 곧 거마를 정비하여 고삐를 돌리도록 명하고 흩어진 군사들을 불러 모았으니, 태재인 敬이 행재에 가니 다시 자리를 되찾게 했다. 이에 백성들이 구름같이 모여들었다.[91]

천군이 침입한 외부의 적으로부터 패배하고 도망치자 그 신하들도 모두 도망갔는데, 오직 공자 良만 남아 천군에게 祈招의 시를 지어 천군을

---

90) 이는 〈천군연의〉의 序에서 이 작품이 술이나 여자에게 마음을 잃기를 반복했다가 갑자기 뉘우침을 얻고 지난날의 행동을 부끄럽게 여겨 善을 추구해 회복하는 것을 장점으로 밝히는 점에서 알 수 있다. 이를 통해서도 당시의 독자들 역시 반성을 통한 선함의 회복에서 독서 쾌감을 얻었다고 생각해볼 수 있겠다. 鄭泰齊, 「天君衍義序」, "그러나 처음에는 사람들이 사욕에 꺾이고 마음을 빠트려 꽃과 술에 몸을 저버린 것을 말하다가, 장차 마음잡는 것을 반복하는 데 이르러서는 하루아침에 뉘우침에 미쳐 이전의 행동을 부끄럽게 여겨, 정성스럽고 공경한 마음에 나아가 결정하고 이와 같이 선함을 밝혀 그 처음을 회복하고 마친다(雖然始言吾人爲私欲所撓奪, 陷溺其心, 失身花酒, 將至於牿之反覆, 而及以一朝悔悟, 羞前之爲, 就誠敬上決定, 恁地明善而復其初, 終之)."

91) 〈天君傳〉. "天君旣失國, 故家遺臣無一從者, 惟公子良尙周旋其間. 雖不見庸, 不忍棄去, 乃作祈招之詩, 以警其君. 君惻然省悟, 卽命整駕回轡, 收召散卒, 太宰敬詣行在, 使復其位. 於是百姓雲集."

경계하게 한다. 이처럼 천군은 스스로 깨닫는 존재가 아닌 주변 인물에 의해서 천천히 자신의 잘못을 깨닫게 되며, 깨달은 후에는 이전의 잘못을 수습하고 회복하려는 노력을 보여준다. 이 부분은 마치 염왕과의 대화를 통해 잘못을 깨닫는 박생의 모습과 같다. 현재의 문제점을 발견하고 그 문제 상황을 타개하는 주인공과 서술기법은 독자로 하여금 흥미를 느끼게 만들면서 동시에 올바른 가치관이 무엇인지 알려주는 지침서가 된다.

주인공의 마음 변화와 이후 능동적인 문제해결 행위는 오직 김우옹의 〈천군전〉에서만 볼 수 있는 독특한 설정이다. 위 인용문에서 볼 수 있듯이 기초의 시를 본 천군은 깨달음을 얻고 거마를 정비하기도 하고, 쫓겨났던 곳으로 다시 돌아가기도 하고, 흩어진 군사를 다시 불러 모으는 등 위험 상황에 다시 '도전'하는 모습을 보이고 있다. 하지만 대부분의 천군 서사에서는 천군의 마음 상실과 그 회복만을 그릴 뿐이지 이처럼 천군이 직접 깨달음을 얻는 부분을 묘사하지 않는다. 〈천군전〉의 원천 자료라 할 수 있는 明代 程敏政(1445~1499)의 『心經附註』에 발췌된 여러 南宋代 주석들과 같은 시대 范浚(1131~1162)의 「心箴」, 그리고 朱熹(1130~1200)의 「求放心齋銘」 역시 천군의 보존과 사욕의 경계를 드러낼 뿐 〈천군전〉과 같은 천군의 반성에 대한 묘사는 보이지 않는다.[92]

시각을 조선으로 돌려도 마찬가지이다. 비슷한 시기에 지어진 高敬履(1560~1601)의 「천군전」을 보면 천군은 인욕의 침입을 막는 장수가 되어 그 아래 장수들의 직분에 맞도록 잘 통솔하고 있는 모습만 보여준다.[93] 천군 서사에서 나타나는 혼란과 회복의 도식이 보이지 않는다는 것이

92) 강혜규, 앞의 논문, 305~310쪽.

93) 高敬履, 『滄浪實蹟』 第1券, 「天君傳」.

특징이다. 다만 고경리의 「천군전」 바로 다음 실려있는 「養心求放心疑」를 보면 비록 마음을 천군에 비유하지 않았지만, 마음을 기르는 일(養心)보다 잃어버린 마음을 구하는 일(求放心)과 잃어버리지 않도록 경계하는 일을 더 중요시 생각했다는 점에서 욕망에 대한 경계를 드러내고 있다.[94] 하지만 그럼에도 고경리의 「천군전」 및 심성 서사에서는 반성과 관련한 부분이 명확히 서술되어 있지 않다.

이러한 면모는 다른 다양한 심성 서사에서도 마찬가지이다. 尹光啟(1559~1619)의 「重修神明舍記」에서는 천군이 불교를 의인화한 慈悲翁을 重用하면서 정사를 태만하게 본다.[95] 이에 여러 신하가 상소를 올려 천군을 깨우치려 하지만 깨닫지 못하다가 적이 침입하고 나서야 천군은 성을 버리고 도주한다. 여기에서도 역시 천군이 깨달았다는 장면은 존재하지 않는다. 천군은 도주한 다음 자신을 낮추고 후한 예물로 惺惺翁을 불러들여 군사들을 이끌게 하고, 성성옹은 夢覺關에서 적의 침입을 막는다. 그리고는 천군에게 "지성이면 귀신도 감동시키는데, 하물며 이런 작은 도둑들만 하겠습니까. 원컨대 주군께서는 덕을 닦으십시오(至誠感神, 矧茲小寇, 願主君修德焉)"라고 말해 천군이 3일간 덕을 닦자 적들이

94) 高敬履, 『滄浪實蹟』 第1券, 「養心求放心疑」. "경(敬)이 이미 세워지면 그것으로써 마음을 구하고, 마음이 보존되면 그것으로써 마음을 기르며, 또 욕망이 적어지면 이로써 마음을 주재할 수 있다(敬旣立焉, 則以之求心, 而心存焉, 以之養心, 而慾寡焉, 主宰由是)"

95) 尹光啟, 『橘屋拙稿』 下, 「雜著」, 「重修神明舍記」. "西方人慈悲翁, 嘗事梁武帝于天監年中, 復用其師之言 …… 其後天君, 漸怠於政" 이러한 점에서 「중수신명사기」는 17세기 작품인 〈천군기〉나 〈천군연의〉에서 보이는 외부로부터의 유입에 의해 천군 질서가 붕괴되는 것을 포착할 수 있지만, 그 원인이 외물로 인해 찾아오는 욕망이 아니라 불교라는 사상적인 적대감에서 발생되는 것으로 조금 차이가 있다. 한편 강혜규는 14세기 후반부터 15세기까지의 천군계 작품이 이단에 대한 문제를 주목했다고 주장했는데, 「중수신명사기」에서 볼 수 있듯이 그와 같은 부분이 16세기 후반까지도 지속적으로 이어지고 있음을 살펴볼 수 있다. 강혜규, 앞의 논문, 302~304쪽.

물러나게 된다. 이처럼 「중수신명사기」에서 천군은 성성옹에 의해서 행위를 변화하지만 직접 깨닫는 장면은 묘사되지 않는다.

후대에 창작된 張維(1587~1638)의 「神明舍記」에서도 마음의 의인화인 신명씨는 자주 마음을 잃기도, 혹은 회복하기를 반복한다. 이에 上帝가 신명씨의 방종함을 듣고 싫어하자 이에 신명씨는 두려워서 다시는 마음을 잃지 않고, 이전과 같은 마음으로 회복하게 된다.[96] 여기에서도 깨달음이나 반성과 같은 묘사는 전혀 보이지 않는다. 따라서 〈천군전〉에 나타난 반성의 묘사는 여타 작품과 비교해 볼 때 독특한 특징이라 할 수 있다.[97]

그렇다면 〈천군전〉의 이와 같은 반성(깨달음)과 회복의 서사는 어디에서 연유했을까. 필자는 이것을 두 가지 측면에서 조망하고자 한다. 하나는 문학적 자장에서 주인공의 변화를 통해 생성되는 흥미성이 바로 그것이다. 이에 대해선 앞서 설명한 바 있다. 다른 하나는 유교철학과 사회적 인식 부분에서 온 것이다. 이것은 16세기 사림의 등장과 함께 사회적·시대적으로 합의된 改善에 대한 믿음과 그것에 대한 철학적 근거 제시와

---

96) 張維, 『谿谷集』 第8券, 「神明舍記」.

97) 비슷한 시기에 나온 천군 서사 중 洪聖民(1536~1594)의 『拙翁集』 第6券 중 「天君遺志帥攻愁城」에서는 "지금 고요하지 않은 상태는 실로 짐에게 잘못이 있노라. 짐은 어질지 못하고 허령한 마음을 오래도록 잃었으니 주재할 수 없었고 통제할 수 없었다(今玆不靖, 罪實在了. 了惟無良, 久失虛靈, 不能主不能統)"고 하여 천군 스스로 반성하는 모습도 나타난다. 즉 천군이 마음을 제대로 단속하지 않았기 때문에 적들의 침입으로 말미암아 근심의 성인 愁城이 만들어지게 되었던 것이다. 이에 志帥를 장수를 봉하면서 자신의 잘못을 뉘우친다. 하지만 이 부분은 수성이 만들어지고 시간이 지난 다음 두 번째 침입에서 지수에게 명을 내리면서 이루어지기에 조금 차이가 있다. 그럼에도 천군 서사 중 〈천군전〉과 같이 천군의 직접적인 반성이 드러나 있다는 점에서 의미가 있다. 그리고 이 작품에서 천군이 1인칭이 되어 자신의 지난날의 잘못을 반성하며 이야기하는 부분은 후대의 〈천군기〉나 〈천군연의〉의 천군이 성성옹을 다시 부를 때 쓴 詔書와 매우 흡사하다.

관련되어 있던 것이다. 그리고 이것은 무엇보다 남명학파의 사상에서 더욱 돌출되어 나타났다고 생각한다. 즉 천군의 반성에 대한 적극성은 시대정신과 남명학파의 사상에 의해 파생된 구성이라 할 수 있다.[98] 이제부터 이것을 점검해보도록 하겠다. 방심과 회복에 대한 언급은 천군 서사에 영향을 크게 끼친 『心經附註』의 「遷善改過章」에도 상세히 등장한다.

> 정자가 말씀하였다.
> "선을 보고 옮겨 가면 천하의 선을 다할 수 있고, 허물이 있을 적에 능히 고치면 허물이 없어지니, 사람에게 유익함이 이보다 더 큰 것이 없다."[99]

『심경부주』는 1519년에 조선에 들어왔을 것으로 추정되며 많은 성리학자들 사이에서 성리학을 내재화하는 데 도움이 되었다. 그런데 『심경부주』에서 善으로 향하되 잘못된 점이 있을 때 고치면 좋다는 위의 언급은 앞서 살핀 16세기 유학자들의 改善에 대한 폭발적 관심 증가와 맥을 함께 한다. 이처럼 『심경부주』의 내용을 절실하게 따른 것이 바로 〈천군전〉이라 할 수 있겠다. 그래서 욕망에 대한 끊임없는 경계와 절제가 『심경부주』에 담겨 있는데, 주희는 「養心章」에서 "欲은 입과 코와 귀와 눈과 사지의 욕망을 이르니, 비록 사람에게 없을 수 없는 것이다. 그러나

98) 신상필은 〈천군전〉에 대해 조식의 「신명사명」의 영향을 받았으며 따라서 수동적 성향인 범준의 「심잠」(心箴)과 달리 적극적 경향이 반영되었다고 보았다. 신상필, 「천군류 출현의 철학적 기반과 서사문학적 지위」, 『한문학보』 23, 우리한문학회, 2010, 300~301쪽.

99) 程敏政, 『心經附註』, 「遷善改過章」, "程子曰, 見善能遷, 則可以盡天下之善, 有過能改, 則無過矣, 益於人者, 莫大於是." 『심경부주』에 대한 해석은 성백효 역주, 전통문화연구회, 2002를 따랐다.

많이 하고 절제하지 않으면 그 본심을 잃지 않을 자가 없으니, 배우는 자가 마땅히 깊이 경계하여야 할 것이다."[100]라고 하였다. 이처럼 16세기에 나타난 천군 서사의 문법은 『심경부주』와 같은 심성론에서 볼 수 있는 것처럼 마음에 내재된 욕망을 경계하고 자기 쇄신을 통한 수양을 강조하였다.[101]

이처럼 〈천군전〉에서 나타난 반성과 회복의 서사는 철학적·문화적 차원에서의 '改善'에 대한 믿음과 문학적 흥미를 추구하는 서술기법의 측면에서 그것의 연원을 찾아볼 수 있다. 따라서 〈천군전〉은 기존의 문학 장르에서 빈번하게 사용했던 변화하는 등장인물과 16세기부터 개선에 대한 믿음을 갖고 있던 수양적 인성론에서 연원했다고 정리할 수 있을 것이다. 〈천군전〉은 이러한 분위기에서 탄생한 서사였다.

이를 통해 16세기 유교이념으로 경도되는 한 측면을 살펴볼 수 있다. 그런데 이 경도는 새로운 인물 유형을 배태하게 한다. 단순히 변화하는 인물형이 아닌 사회적으로 넓게 퍼진 유교이념과 만나면서 방심을 통한 타락과 반성을 통한 회복을 구체적으로 보여줄 수 있는 인물이 만들어진 것이다. 이 지점에서 〈천군전〉의 서술기법 측면에서의 의의를 살펴볼 수 있다. 그리고 이것은 단순히 성리학적 이론을 그대로 재현한 것에서

---

100) 程敏政, 『心經附註』, 「養心章」, "朱子曰, 欲謂口鼻耳目四肢之所欲, 雖人所不能無, 然多而不節, 則未有不失其本心者, 學者所當深戒也."

101) 이러한 경우는 『심경부주』에서 다양하게 나타난다. 「懲忿窒慾章」에서는 "이천 선생이 말씀하였다. 몸을 닦는 도리에 마땅히 덜어 내야 할 것은 오직 분함과 욕심(욕망)이다. 그러므로 그 분노를 징계하고 그 의욕(욕망)을 막는 것이다. …… 그렇다면 어떻게 그 욕심을 막아야 하는가? 생각할 뿐이다. 배우는 자에게는 생각하는 것보다 더 소중한 것이 없으니, 오직 생각하면 욕심을 막을 수 있다(伊川先生日, 修己之道, 所當損者, 惟忿與慾, 故懲戒其忿怒, 窒塞其意欲也. …… 然則何以窒其欲, 日思而已矣. 學者莫貴於思, 惟思而能窒慾)."라고 하여 욕심에 대해 철저하게 경계하면 막아내고 제거할 수 있다고 보았다.

그치지 않는다. 그만큼 유교 철학의 이론적 성숙으로 말미암아 자유롭게 서사를 구현할 수 있는 글쓰기가 가능해졌다는 점이 중요하다.

이것은 〈오륜전전〉에서 볼 수 있었던 것과 같이 『소학』과 같은 실천적 유교이념이 사회에 체화되면서 자연스럽게 하나의 인물을 통해 이념을 제시했던 것과 동일선상에 놓여있다. 인간 개선에 대한 믿음과 공감이 이런 이야기를 만들어낸 것이다. 따라서 성리학 수양론이 〈천군전〉에 투영된 것이라는 기존의 시각에 대해 필자는 단선적 결과만을 확인했다고 생각한다. 다시 말해 改善이 필요하다는 사회적·인식적 합의와 함께 이전부터 『태평광기』에서 변화하는 주인공을 학습한 독서·서사관습에 영향을 받아 만들어진 것이 반성(타락-회복)하는 천군 캐릭터의 창출로 이어지게 된 것이다.

그리고 이것은 추후 우리 고전소설에서 '改過遷善'의 플롯이 빈번하게 등장하는 이유와도 맞닿아 있다. 고전소설에서 개과천선의 플롯이 빈번하게 삽입된 까닭은 그러한 서사가 조선 사회에서 일정 부분 올바른 방향이라고 합의되었기 때문이다. 즉 改善이 가치 있다고 판단된 이상, 그것의 가치를 옹호하고 변론해주는 담론들이 만들어지기 때문이다. 따라서 〈천군전〉은 문학 장르에서 변화하는 인물을 통한 서사의 흥미와 동시에 개선에 대한 가치를 변론해주는 한 작품이라고 평할 수 있겠다.

3) 역사를 통한 文才 과시와 이념 摸索 : 〈記夢〉

〈기몽〉을 바라보는 관점은 크게 두 가지로 분류할 수 있겠다. 하나는 장르론에 대한 것이고, 다른 하나는 작품론에 대한 것이다. 장르론과 관련한 것은 〈기몽〉이 몽유록과 어떤 연관 관계에 놓여 있는지를 탐구한 것이다. 따라서 논자에 따라 〈기몽〉을 몽유록의 첫머리를 장식하는 작품으로 보기도 하고,[102] 몽유록과 전혀 다른 특질을 가진 것으로 보기도 한다.[103] 혹은 그 중간적 성격을 가진 것으로 보는 경우도 있다.[104] 이는 필자가 살펴보려는 것과 거리가 있기에 간략한 소개로 그치고, 작품론에 대한 부분을 집중적으로 탐구해보도록 하겠다.

작품론에 대한 연구 성과들은 다음과 같다. 첫째, 인생무상이나 일장춘몽을 전하려는 것이 〈기몽〉에 담겨 있다는 것이다. 하지만 이러한 관점은 앞서 『태평광기상절』에서도 볼 수 있었듯이 종교적 환상체험 서사와 가까운 것들이다. 그래서 인생의 허무나 깨달음을 표현하려는 것과는 차이가 있다.[105] 둘째, 불우한 작가의 현실이 투영되어 있다는 것이다.[106]

---

102) 장덕순, 『국문학통론』, 신구문화사, 1960; 김기동, 『이조시대소설연구』, 성문각, 1974; 이원주, 「大觀齋의 夢記·夢謝自然志考」, 『한국학논집』 5, 계명대학교 한국학연구원, 1978.

103) 서대석은 몽유록을 방관자형, 참여자형, 주인공형으로 나눈 후 〈기몽〉을 주인공형으로 넣음으로써 후대의 유형과 다르다는 것을 주장했다. 서대석, 「몽유록의 장르적 성격과 문학사적 의의」, 『한국학논집』 3, 계명대학교 한국학연구원, 1975.

104) 신재홍은 당전기 중 〈침중기〉의 영향을 지적하면서 서술구조나 작품의 성격상 몽유록과도 구분된다고 주장하였다. 그래서 이것을 몽유전기소설로 구분하였다. 신재홍, 『한국몽유소설연구』, 계명문화사, 1994. 그러나 필자는 〈침중기〉의 영향을 받은 것이라는 지적에 대해 동의하기가 힘들다. 〈침중기〉는 『태평광기상절』에서 〈여옹〉이라는 작품으로 수록되어 있는데 이는 종교적 환상체험서사이다. 그런데 그 서사를 잘 살펴보면 주인공이 실각되기는 하지만 곧 회복하는 서사가 있다. 그리고 주인공이 일평생을 무사히 마치고 죽는 순간 각몽을 한다. 따라서 〈기몽〉이 〈침중기〉와 그 전개가 같다고 보기엔 힘든 부분이 있다.

105) 이 글의 관심사인 『태평광기상절』과의 연관성을 추적하는 논의가 비교적 이른 시기에 제출된 바가 있어서 소개하고자 한다. 김현룡은 한중 설화(필기·구전설화)와 소설을 비교하면서 〈대관재몽유록〉(〈기몽〉)이 『태평광기상절』 권5에 「신선」편에 수록된 〈崇嶽嫁女〉와 비슷하다고 주장하였는데 탁월하다고 생각한다. 다만 〈숭악가녀〉는 역사적 인물보다는 서왕모와 같은 여신선이 등장하여 시연을 주도한다는 차이가 있다. 또한 주목왕이나 한무제, 당현종과 같은 인물들이 등장하지만 주인공들이 이들에 공감하지 못하는 시의 내용을 보았을 때 이 역시 차이가 존재한다 하겠다. 따라서 〈숭악가녀〉는 역사적 환상체험으로 분류하기가 조금 주저되는 작품이다. 그럼에

여기에서는 〈남염부주지〉를 해석함에 있어 그 작가 김시습을 지나치게 투영했던 것과 비슷한 양상을 보인다. 즉 심의가 불우한 문사라는 편견이 작용된 것이다. 그래서 그가 처한 현실과 불안한 내면 등을 발굴하고 이를 통해 작품을 해석한다. 이에 재래의 연구에서는 이 작품에 작가가 스스로의 욕망을 투영했다던가, 혹은 작가가 현실을 비판하기 위해 지은 것으로 해석하기도 했다.[107)]

셋째, 문재를 과시하거나 戱作적 성격이 다분하다는 것이다.[108)] 엄기

도 이 작품에 역사적 실존 인물인 황제들이 등장한다는 것에서 그 의의를 찾을 수 있으며 어느 정도 〈기몽〉의 창작에 영향을 줬다고 충분히 인정될 수 있다고 하겠다. 따라서 〈기몽〉은 단순히 작가 개인의 창작물이기보다는 이런 문화적 영향에 민감하게 반응한 결과물이라고 이해하는 것이 옳을 것이다. 한편 김현룡은 〈대관재몽유록〉을 분석하는 마지막에 이 책에서 다루었던 〈심아지〉와의 관련성을 간략히 소개하였는데, 나는 이를 더 확충하여 〈심아지〉와 〈주진행기〉를 중심으로 〈기몽〉에 대한 분석을 진행하였다. 김현룡, 『한중소설설화비교연구』, 일지사, 1976, 236~245면.

아울러 〈기몽〉이 당시 문화적 토대를 바탕으로 창작되었을 것이라는 이 글의 주장에는 최근 제출된 양승목의 논의를 참조하였다. 그는 경험적 꿈을 토대로 한 몽기류와 허구적 꿈을 토대로 한 몽유록을 발전 단계로 바라본 것이 아니라 각자의 영역에서 서로 영향을 주고받으며 변화 동인을 지속한 것으로 바라보았다. 양승목, 「조선후기 몽기연구」, 동국대학교 박사학위논문, 2020, 237~238면.

106) 신재홍, 앞의 책, 1994; 양언석, 「몽유록 소설의 연구-대관재의 〈몽기〉를 중심으로-」, 『국어국문학』 113, 국어국문학회, 1995; 신해진, 『조선중기 몽유록의 연구』, 박이정, 1998.

107) 이 중에서 작가의 욕망이 투영되었다는 것에는 동의하지만, 이 작품에서 현실 비판적 성격이 드러난다는 관점에 대해선 동의하진 않는다. 다만 환상체험을 통한 작가의 욕망 투영이 작가의 불우한 현실을 타개하기 위한 것이 아니라, 작가의 文才를 드러내는 수단 정도로만 바라보고자 한다.

108) 신재홍, 앞의 책, 1994; 엄기영, 「〈대관재기몽〉의 창작 방법 연구」, 『고소설연구』 18, 한국고소설학회, 2004.

신재홍은 〈기몽〉이 작가의 불우한 현실을 이기기 위해 욕망을 투영한 것으로 바라보았는데, 동시에 "몽유자의 자기 능력에 대한 과시에 다름 아니"며 이것은 "〈용궁부연록〉에서 한생의 문장 능력이 용궁에서 크게 발휘되는 양상과 유사한 것"(78면)이라고 하여 일종의 희작 가능성을 제시했다. 그러나 욕망을 충족시키기 위해 환상을

영은 〈기몽〉의 창작 방식에 『열자』가 빈번하게 개입되어 있다는 점, 그리고 작품 속 심의의 언급이 송대 문인들의 언급을 통해 이뤄지고 있다는 점을 들어 기존의 연구에서 말한 작가의 불우나 현실에 대한 비판적인 부분을 재고해야 할 것을 주장했다. 다시 말해 이 작품에는 작가 자신의 博學한 지식 과시나 戲作的 성격이 강하다는 것이다. 필자 역시 이에 동의하는 바이다. 다만 조금 다른 관점에서 동의한다. 앞서 『태평광기상절』의 역사적 환상체험 서사에서 볼 수 있듯이 〈기몽〉에도 그와 비슷한 부분이 전개되고 있다는 점에서다. 이것은 역사적 공간이나 인물을 환상공간에 소환해 작자의 능력을 발휘한다는 점에서 동질적이라는 것이다.

한편 이 책 2장에서는 역사적 환상체험 서사를 분석하면서 작가가 자신의 문필적 재능을 과시하는 것 외에도 하나를 더 제시한 바 있었다. 그것은 역사적 인물을 소환하면서 그들의 事跡에 대한 정보 제시와 이를 통한 '공감'이라고 할 수 있겠다. 그리고 이것은 작품의 몰입감을 높이는 효과를 불러오며, 따라서 이를 통해 자신의 현실을 환기할 수 있다는 것이다. 다시 말해 소환 당한 이들의 역사가 반복됨을 확인하고 그것이 보편적인 성질임을 깨달음으로써 그들과 같은 일이 자신에게도 일어날 수 있다는 사실을 통해 현실을 환기하게 된다. 대표적으로 〈주진행기〉에서 권력에 희생당한 이들의 면면을 보여주고 이를 통해 보편성을 확보한 것을 들 수 있겠다. 〈기몽〉 역시 이와 비슷한 전개로 나아간다. 다만 그 소재의 관심사가 悲感이나 怨에서 文으로 옮겨 갔을 뿐이다.

이제 〈기몽〉의 줄거리를 점검하면서 분석을 시도하겠다. 이 작품은 작가이자 주인공인 심의가 평소 악몽을 자주 꾸는 것을 알려주는 데에서 시작한다. 이런 전개 방식은 〈주진행기〉와 조금 다른 면모가 있다. 〈주

이용했다는 것에 조금 더 방점이 찍혀져 있다.

진행기〉의 주인공 우승유는 과거에 낙방한 후 박태후의 묘소 근처에서 그들과 조우하는 것을 감안해 본다면 주인공에겐 결핍 요소가 다분했던 것이다. 이것은 종교적 환상체험에서도 마찬가지였다. 그러나 〈심아지〉에서는 그러한 서사가 드러나 있지 않다. 심아지는 아무런 결핍 요소 없이 秦 지역 근처에서 잠을 청했다가 자연스럽게 진목공을 만나게 되기 때문이다. 따라서 역사적 환상체험 서사에서는 현실에 대해 결핍을 가지는 상황이 그리 중요한 부분으로 작용하지 않는다고 하겠다. 이것은 환상공간이 자신의 재능 발휘를 목적으로 한다는 측면에서 그렇다. 즉 욕망에 대한 경계를 중요하게 생각하는 종교적 환상체험 서사와는 그 토대가 다르다는 것을 여기에서도 확인할 수 있다.

아무튼 〈기몽〉의 주인공은 병이 있는 것 외에는 별다른 근심이 없었다는 점이 중요하다. 그래서 심의는 곧장 문장의 왕국인 환상세계로 진입하게 된다. 이곳 환상세계는 문장 실력을 기준으로 그 지위의 고하를 결정되는데, 천자가 崔致遠(857~?)이고 그 밑으로 乙支文德(?~?), 李齊賢(1287~1367), 李奎報(1168~1241), 鄭夢周(1337~1392) 등이 나열되니 그 면면이 자못 화려하다. 이런 면에서 〈기몽〉에는 『태평광기상절』의 역사적 체험서사와 관련해서 세 가지 부분에 주목해 볼 필요가 있다.

첫째는 환상공간에서 주인공이 자신의 文才를 어떤 방식으로 과시하는가 하는 점이다. 이것은 작가의 '욕망'을 어떻게 작품 속에서 구현해 내는가와 관련이 있다. 그래서 작가가 문재를 과시하기 위해 어떤 플롯을 사용하는지를 살펴볼 필요가 있다. 둘째는 역사적 인물에 대해 어떻게 묘사하는가 하는 것이다. 이것은 역사적 인물을 소환함으로써 얻을 수 있는 '공감'의 효과와 관련되어 있다. 등장인물에 대한 정보를 상세하게 그려낼수록 독자의 몰입감을 높일 수 있는 것이 그것이다. 이에 작가가 각각의 인물들을 어떤 방식으로 묘사하는지 살펴볼 필요가 있다. 셋째는 역사적 인물을 소환함으로써 얻을 수 있는 보편적 역사는 무엇인가 하는 점이다. 이것은 역사적 환상체험 서사의 '구조'와 관련이 되어 있다. 따라서 작가가 이들을 공통적으로 소환함으로써 작품의 결말에 최종적으로 얻어낸 효과가 무엇인지를 따져볼 필요가 있다.

첫째, 문재의 과시 방식이다. 앞서 〈심아지〉에서는 자신의 능력을 과시하기 위해 詐을 정벌하거나, 혹은 공주인 弄玉이 죽자 그 슬픔을 표현하는 시를 통해 이를 해결했다. 그래서 이곳의 작가는 역사 인물을 자신의 능력을 펼치는데 활용하기만 했다는 특징이 있다. 반면 〈주진행기〉에서는 역대 왕비들을 만나 이들과 '詩宴'이라는 플롯을 마련해 이곳에서 자연스럽게 시를 주고받으며 자신의 문재를 과시한다. 물론 자신의 능력을 펼치는데 역사적 인물을 활용했다는 점에서는 같지만, 〈주진행기〉에서는 이들의 공통된 恨의 감정을 축으로 삼아 이와 관련한 주제의 시를 창작했다는 차이가 있다. 다시 말해 각 인물의 고사와 관련되면서도 감정에 들어맞는 시를 작성했다는 것이다.

〈기몽〉은 이 두 가지 방식을 모두 사용하는 것으로 나타난다. 즉 자신의 재능을 과시하기 위해 인물과 관련한 시나 고사를 거론하거나 짓고 혹은 그와 관련한 문학 이론을 내세우기도 하며, 한편으론 정벌을 통해 남다른 능력을 과시하기도 한다. 이에 각각 대표적인 예시를 들어 설명하도록 하겠다.

① 내가 또 정학사(鄭知常, ?~1135)에게 일러 말했다. "신이 영공의 '밝은 달에 簾을 걷는 이는 서너 사람이네'라는 시구를 외니, 고기 맛을 모르게 되었습니다. 제가 감히 一頭地를 사양하겠습니다." 이에 진·정 兩공이 입을 모아 대답했다. "저희들이 영공의 '바다 밑의 달이 일렁이네'라는 구절을 보고서, 이른 바 눈 위의 매화 향기를 감히 당해낼

수 없습니다. 감히 당해낼 수 없습니다."[109)]

② 조금 뒤에 보니 中使가 붉은 칙서를 받들고 왔다. 우리들이 뜰에 내려서 펴보았더니 천자가 율시를 지었는데 '風敲夜子送潮沙'란 시구에서 送자가 온당하지 못하지만 겨를이 없어 놓은 글자를 얻지 못해 학사들에게 고치는 것을 의논케 하였다. 이에 진학사는 '過'로 고치고, 정학사는 '集'으로 고치고, 나는 '落'으로 고쳤다. 천자께서는 '落'자가 좋다고 여기시어 곧 나를 大內로 들어오도록 부르고는 시의 쉽고 어려움을 물으시기에 내가 대답하였다. "신은 시를 짓는 일이 가장 괴롭습니다. 여러 날 슬피 읊조리다가 겨우 시 한 편을 짓고는 이튿날 가져다 읽으면 부족한 부분이 계속 드러나 다시 열흘이나 한 달씩 다듬어, 성률을 두루 숨구멍으로 하고 物像을 뼈대로 하고서야 겨우 詩域에 도달할 수 있습니다." 천자께서 말씀하셨다. "경의 시에 대해 논한 것은 짐의 마음에 꼭 부합한다." 그리고는 하루에 세 번씩 접견하셨다.[110)]

③ 천자께서는 공경을 거느리고 북쪽 교외로 행차하여 길에서 제사를 베풀어 전별하고는 비단주머니 한 개를 꺼내어 그것을 차게 하시었다. 나는 감사하여 무릎을 꿇고 말했다. "용병은 신속히 하는 것을 귀하게 여깁니다. 마땅히 난적들은 바람이 불면 풀이 쓰러지듯 감화받게 될 것인데 어찌 번거로이 전쟁을 꾀하겠습니까!" 바로 그날 單騎로 길을 떠났는데, 다만 붓 몇 명만 데리고 밤낮을 가리지 않고 갔다. 열흘이 채 못되어 적의 보루로 달려갔는데 무기가 햇빛에 번쩍이며 세 겹으로

---

109) 〈記夢〉. "又謂鄭學士日, "臣誦令公'明月卷簾三四人'句, 令人不知肉味. 臣敢讓一頭地." 陳鄭兩令公, 齊聲答日, "臣等見令公'婆娑海底月'句, 所謂雪上梅香, 不敢當, 不敢當."

110) 〈記夢〉. "俄見中使奉朱勑以至. 臣等下庭迓入, 拆視, 則天子作律詩, 有'風敲夜子送潮沙', 送字未穩, 宵旰經營, 未得下字, 令學士等改議. 陳學士改過, 鄭學士改集, 臣改落以啓. 天子以落爲可, 卽令召入大內, 問詩難易, 臣對日 : "臣作詩最苦. 悲吟累日, 僅能成篇, 明日取讀 瑕疵百出, 輒復旬鍛月鍊, 以聲律爲竅, 物像爲骨, 然後庶可一蹴詩域." 天子日 : "卿之論詩, 正合朕心." 日三寵待."

에워싸고 있었다. 내가 기를 돋우어 입술을 벌리고 휘파람을 한 번 불자 적은 용기가 꺾였고 휘파람을 다시 불자 만 명의 기병이 북쪽으로 달아났다. … 적장 김시습은 두 손을 앞으로 묶고 투항하며 말했다. "詞壇의 노장 沈公께서 오실 줄은 생각지도 못했습니다."[111)]

④ 마침 문천군수 김시습이 울분하여 뜻을 얻지 못하고 조정에 모반을 꾀하여 군국에 격서를 전하여 말했다. "지금 천자는 성질이 편벽하고 唐律에 빠져서 芝蘭과 같이 초췌하니 融麗하고 부귀한 기상이 전혀 없어졌다. 그래서 높은 벼슬길에 오른 이들은 모두 孟郊와 賈島와 같이 냉담하고 메마른 시풍을 짓고, 서울에 떨어진 고을의 수령들은 모두 소식과 황정견처럼 뛰어난 시풍을 갖고 있다. 우리의 날카로운 칼을 들어 저들의 시든 잎을 꺾고, 주벌하여 학사들을 當路에 세워 천자를 바꾸면, 자질구레한 것들은 멀리 쫓아버리고 우리들이 이로부터 갓을 퉁길 것이니 立朝를 창성함이 드러날 것이다."[112)]

①은 역사적 인물을 내세운 후 그와 관련한 사적이나 시를 언급함으로써 자신의 지식을 과시하는 것이다. 정지상의 시 「長源亭」 중에서 한 구절을 언급함으로써 자신의 시적 감식안을 돋보이게 만들고 있다.[113)]

---

111) 〈記夢〉. "天子率公卿幸北郊, 祖帳餞別, 袖出錦囊一襲使佩之. 臣感激跪曰 : "兵貴神速. 當使亂賊, 革面向化而已. 何煩戰鬪?" 卽日單騎發程, 帶率只尖頭奴數名, 倍日而行. 未一旬而馳詣賊壘, 干戈耀日, 圍重三匝. 臣鼓氣張唇, 嘯一發賊膽沮喪, 嘯再發, 萬騎北走. … 敵將金時習, 面縛投降曰 : "不意詞壇老將沈令公至矣!」"

112) 〈記夢〉. "適文川郡守金時習, 憤不得志, 謀亂朝政, 移檄郡國曰 : "今天子性質偏僻, 酷耽唐律, 如芝蘭憔悴, 殊無融麗富貴氣象. 故揚鞭雲路, 盡作郊島之寒瘦, 分符百里, 皆是蘇黃之發越. 擧我銳鋒, 摧彼枯葉, 誅當路學士, 易置天子, 則細瑣遠黜, 吾儕從此彈冠, 熾立朝著矣.""

113) 한편으로 정지상에게 그의 시구를 언급한다는 것은 소환한 인물에 대한 친근감을 표시하는 것이기도 하다. 그래서 이것은 독자들에게 작품에 몰입할 수 있는 효과를 일으키기도 한다. 이에 대한 부분은 추후의 서술에서 더 자세히 논하기로 하겠다.

특히「長源亭」은『東文選』,『大東詩選』,『破閑集』에도 수록되어 있는 것인데, 이를 통해서 〈기몽〉의 창작이 당시 문화적 자장에 많은 영향을 받았음을 알 수 있다.[114] 이와 같은 부분은 바로 다음 장면에서 卞季良(1369~1430)의 시 어구를 가져와 그의 시를 비판하는 것으로도 드러난다. 즉 자신의 시적 감식안을 돋보이게 하는 부분임을 알 수 있다.

②의 장면은 천자인 최치원이 학사들에게 시구를 고치게 한 후 심의가 고친 것을 좋다고 여겨 그를 불러 시론에 대해 물어보는 장면이다. 이 장면은 엄기영이 밝혔듯이 唐庚(1070~1120)과 梅堯臣(1002~1060)의 말을 합쳐놓은 것이다.[115] 이처럼 작가는 자신의 문장에 대한 박학한 지식을 드러내기 위한 장치로 당시 유행하던 시 이론을 혼용하였다. 이는 뒤에 최치원이 심의의 말에 공감하며 조서를 내리는 부분에도 똑같이 드러난다.[116] 따라서 이 역시 〈기몽〉의 창작이 다양한 문화적 자장의 영향을 받았다는 것을 알 수 있다.

③은 최치원에게 반란을 일으킨 김시습을 정벌하러 심의가 출정하는 장면이다. 여기에서 휘파람으로 적을 물리치는 장면 역시『열자』나 〈長嘯却胡騎賦〉에서 그 어구를 가져왔는데,[117] 중요한 것은 이를 통해 자신의 능력을 과시한다는 점에 있다. 이것은 역사적 환상체험 서사인 〈심아지〉에서도 성을 공격하여 공훈을 세우는 것과 같은 구조로 되어 있다. 〈침중기〉나 〈앵도청의〉와 같은 종교적 환상체험 서사에는 비록 높은 직위에 올라가지만 그것은 자신의 능력보다는 배우자의 가문 배경으로 인

114) 정용건은 〈기몽〉의 등장인물의 대부분이『동문선』과『속동문선』에 등장하고 있음을 밝히고, 이를 통해 작가가 동국 역대 문인에 대한 나름의 정리와 비평적 관점이 확립되어 있다고 하였다. 정용건, 앞의 논문, 2020, 393~397면.

115) 엄기영, 앞의 논문, 70~71면.

116) 위의 논문, 72면.

117) 위의 논문, 66~68면.

한 출세를 지향한다. 따라서 그저 자신의 결핍을 부귀를 통해 한껏 충족시키려는 욕망을 표현하는 것으로 그려진다. 하지만 〈기몽〉과 같은 역사적 체험서사는 자신의 능력이 무엇인지 구체적으로 드러낸다는 특징을 갖는다.

한편으로 ④는 김시습의 당시 그의 이미지를 잘 활용하여 그려낸 것으로 보인다. 이것을 唐詩風과 宋詩風의 대결로 보는 관점도 있다. 하지만 격서에서 김시습이 비판한 孟郊와 賈島는 唐代의 시인임에도 이 둘은 후대 北宋의 江西詩派에 영향을 미쳤다고 평해지는 인물들이다.[118] 따라서 이것은 시풍의 대결 및 최치원에 대한 비판이라는 심오한 의미보다 김시습의 이미지를 활용해서 '檄'의 문체를 실험할 플롯을 마련한 것과 관련이 깊다고 하겠다. 김시습의 체제 비판적 성향 및 이미지를 빌리는 한편, 그를 격문을 짓는 매개로 가탁했다는 것이다. 이런 의미에서 이것은 앞서 문재를 과시하려는 작가의 욕망과도 관련이 되어 있다.[119]

---

118) 북송대 문인들이 唐代 시인들의 시를 평가한 부분을 종합적으로 고찰한 연구는 최근 중국학계에서 제출된 바 있다. 그 중에서 맹교와 가도에 대한 자료는 다음에서 확인하길 바란다. 詩話 謝曉敏, 「宋代詩話與唐詩藝術學」, 安徽大學 碩士學位論文, 2019, pp.57~60.

119) 그리고 작가가 문장왕국에서 10년이라는 일대기를 구성한 이유도 아마도 이와 관련이 있을 것으로 보인다. 즉 작품을 단발적 사건이 아닌 일대기로 구성하면 그만큼 다양한 문체를 실험할 수 있는 환상적 공간이 넓어질 수 있는 것이다. 보통 환상체험서사 중 일대기적 구성은 종교적 환상체험 서사에서 드러나는 경우가 많다. 〈두자춘〉이나 〈여옹〉, 〈앵도청의〉 등의 작품에서 볼 수 있듯 작가는 이들의 일대기를 그려냄으로써 그 환상세계의 眞假에 대한 판단 여부를 흔들며 삶에 대해 다시 생각할 수 있는 전환의 계기를 만들어 낸다. 하지만 〈심아지〉나 〈주진행기〉는 대체로 단발성이 짙은 서사로 구성되어 있다. 그래서 주인공은 이것이 거짓된 환상세계임을 금방 알아차린다. 따라서 〈기몽〉은 오히려 일대기적 구성을 취함으로써 어느 정도 종교적 환상체험 서사와 역사적 환상체험 서사가 혼합되어 있음을 알 수 있다. 다만 이것은 眞假에 혼란을 주기 위한 장치라기보다 자신의 능력을 드러내기 위한 수단으로 활용한다는 점에서는 큰 차이가 있다.

정리하자면 〈기몽〉에는 역사적 환상체험서사에서 주인공이 자신의 능력을 과시하거나 드러내는 장면을 모두 활용하고 있음을 살펴볼 수 있다. 〈심아지〉처럼 성을 공격해 공훈을 세우는 장면이나 〈주진행기〉처럼 각 인물에 대한 事跡과 그가 작성한 시어를 제시해 공감을 하는 방식은 바로 이러한 것이다. 특히 당시 유행하던 시 이론을 끌고와 적절히 배합하는 것에서도 자신의 문식을 과시하려는 작가의 욕망이 잘 드러난다고 하겠다. 이것은 작가의 초점이 문장에 맞춰져 있기 때문인데, 〈주진행기〉나 〈심아지〉 역시 悲感을 어떻게 더 잘 드러내어 자신의 문식을 과시하느냐를 중요하게 여긴다.

둘째, 인물에 대한 정보 제공과 공감 가능성이다. 지금까지 살핀 것이 작가 개인적 요인에 국한된 것이라면, 다음의 것은 작가가 역사적 인물들을 소환함으로써 얻을 수 있는 효과가 무엇인지에 대해 집중해보도록 하겠다. 이를 위해서는 등장인물에 대한 정보를 잘 제시하는 것이 필요한 바, 이에 대해서는 다음을 보자.

> ① 아름다운 여인이 손으로 부축하여 일으키며 말했다. "천자께서 심 아무개를 들라고 하십니다." 나는 놀라서 땀이 등을 적셨다. 몸을 구부리고 달려 나아가니 걸음마다 다 금으로 된 연꽃이어서 인간 세상의 경지가 아니었다. 九門을 이윽고 열자 천자께서는 白玉床에 앉아계셨는데 용안이 仙鶴처럼 고상하였다. 입고 있는 옷과 면류관은 다만 다섯 가지 구름에 둘러싸여 있는 것만 보여 그 제도를 알 수 없었다.[120]

> ② 나는 무릎을 바짝 대고 국가에 대하여 물었더니 답하였다. "천자의

120) 〈記夢〉. "蛾眉十餘指敬恭扶起曰 : "天子詔沈某入." 臣駭汗沾背, 鞠躬奔趨, 步步地皆金蓋, 非人世境落也. 九門旣開, 天子坐白玉牀, 天顔淸癯如仙鶴. 所着裳冕, 但覺五雲盤繞, 莫識其制度也."

> 자는 孤雲입니다. 상제께서 특별히 천자의 자리를 만들어 재능 있는 선비를 위로하여 기쁘게 하셨는데, 세속에서는 신선이 되어 떠났다고 잘못 전해졌습니다. 지금 천자께서는 문장을 좋아하여 賢否와 귀천을 묻지 않고 개인의 한계와 자질도 따지지 않고, 오직 문장의 고하만 보고 관작을 올리고 내리며 제수합니다."[121]

①과 ②는 문장왕국의 천자인 최치원을 묘사하거나 그에 대한 정보를 제공하는 예시이다. 심의가 그를 형상화한 모습을 보면 문장왕국의 군주로서의 모습과 문인으로서의 모습을 잘 배합한 형태로 그려져 있다. 그래서 왕좌에 앉아서 여러 관료들을 거느리고 있는 모습을 통해선 문장왕국의 군주로서의 권위를, 문장을 좋아하여 귀천을 따지지 않고 문장의 능력만으로 관직을 주는 것을 통해선 문인으로서의 好學的 성격을 부각시킨다. 또한 그를 그려냄에 있어 仙趣가 만연한 분위기를 조성함으로써 그가 속세를 초월한 경지에 올라 있다는 것을 은연중에 드러낸다.

이처럼 작가가 최치원에 대한 정보를 자세히 전해주려는 까닭은 문장왕국이라는 환상공간의 질서가 어떤 방식으로 구성되어 있는지 상징적으로, 그리고 효과적으로 알려줄 수 있기 때문이다. 최치원의 인물됨과 그가 환상공간에서 추구하는 방식 등을 알려줌으로써 작중 환상공간에 처음 들어온 심의나 독자들에게 효과적으로 정보를 제공해줄 수 있게 되는 것이다. 그리고 무엇보다 친숙한 인물과 정보들을 제공함으로써 독자들과 작품을 더 가깝게 만들어줄 수 있다는 효과가 생기게 되니 중요한 설정이라고 할 수 있다. 예컨대 최치원이 세상에서 신선이 되었다

121) 〈記夢〉. "臣促膝細問國家云云, 答曰 : "天子字孤雲, 上帝特設天子位, 慰悅才士, 世俗妄傳爲仙去. 今大子好文章, 勿問賢否貴賤, 勿論箇限循資, 唯視文章高下, 以官爵陞降除授."

는 이야기는 아마도 당시에 만연해 있었을 것이다. 그런데 이 이야기가 사실이 아니라고 말하는 것은 친숙한 정보를 꺼내면서도 동시에 그것이 알고 있던 사실과 다르다는 정보를 알려줘 작품 세계의 설정이 무엇인지에 관심을 집중시키도록 만든다.[122]

한편 다른 역사적 인물들의 제시 및 나열 역시 독자에게 친숙감을 형성하는 데 도움을 준다. 그런데 이들은 꿈속 세계이기는 하지만 한편으로는 亡者이기도 하다. 역사적 인물을 소환한다는 것 자체가 과거의 인물을 현재의 시점으로(물론 환상세계이기는 하지만) 불러오는 것이기 때문에 일종의 추모의 형태를 가질 수밖에 없다. 그래서 〈기몽〉에 이름이 올랐다는 것은 그만큼 '가치'가 있는 인물이라는 자신의 인식을 드러내는 부분이라 하겠다. 이것은 〈주진행기〉에서 왕비들 중 怨을 잘 담아내고 있는 인물을 선정하는 작업과 그 목적이 같다. 그리고 자신이 가치 있다고 생각한 역사적 인물들을 작품 속에 배치해 두고 그들과 나란히 하고 있으니 작가는 등장인물들을 평가하는 주체이면서 동시에 환상공간에서 함께 체험하는 주체가 된다.

다만 여기에서의 체험은 종교적 환상체험과 같이 심각한 의미로까지 심화되지는 않는다. 오히려 한바탕 꿈이라는 관점이 더 강하게 드러나는데,[123] 요컨대 자신이 가치 있다고 생각한 인물들과 꿈속에서 한바탕 유

---

122) 러시아 형식주의자 중 하나인 쉬클로프스키에 따르면 언어는 순탄해지고 의식되지 않고 투명해지는 경향이 있다. 문학작품은 세계를 '이상하게 만듦(making strange)'으로써 그러한 언어의 측면을 적나라하게 드러내고 그렇게 하여 신선한 감흥을 받아들일 독자의 능력을 갱신시킨다. 이것을 '낯설게 하기'(ostranenie)라고 정의한 바 있다. 빅토르 어얼리치, 『러시아 형식주의-역사와 이론』, 박거용 譯, 문학과지성사, 1983, 93면 참조.

123) 그렇다고 이것이 인생무상이나 일장춘몽과 같은 허무함을 담아내고 있다고 생각하지 않는다. 선행 연구 정리에서도 언급했듯이 이것은 오히려 종교적 환상체험 서사에 가깝다.

희를 경험하고 나왔다는 것에 방점이 찍혀져 있다. 그래서 그 내부 서사에서 중요하게 작동하는 것은 바로 등장인물과의 '공감'이다. 종교적 환상체험 서사에서 주인공을 제외한 등장인물들은 주인공의 결핍을 해소시켜주는 존재로만 그려져 있는 반면, 〈기몽〉의 경우는 주인공의 결핍을 해소시켜주는 것보다 함께 놀아주는 존재로 그려진다. 그래서 역사적 환상체험 서사에서는 주인공 외의 등장인물과 비교적 빈번한 대화를 통해 서로를 공감해준다.

이 차이점은 〈기몽〉을 읽는 중요한 키워드일 것이다. 공감을 통한 즐거움의 창출이 바로 그것이다. 이 글과 비슷한 관점으로 〈기몽〉의 서사구조가 '成均館戲'와 비슷하다는 주장이 있는데,[124] 아마도 그런 놀이와 비슷할 수밖에 없는 이유가 여기에 있을 것이다. 작가는 자신이 가치 있다고 생각한 인물을 작품에 배치하고 정보를 제공하는 것으로써 공감을 느끼고 환상세계에서 즐거운 유희를 즐기는 것이다. 작가의 능력을 과시하기 위한 욕망과 역사적 인물을 소환하여 얻는 즐거움은 그래서 자연스럽게 연결될 수 있다. 즉 가치 있는 역사적 인물을 소환한 후 이들과 同列에 자신의 이름을 올려놓을 수 있게 되는 즐거움이 담겨 있다고 하겠다.

마지막으로 체험을 통해 최종적으로 얻는 것은 무엇인가에 대한 답변이 남아 있다. 이 작품의 말미, 그러니까 覺夢의 부분은 어떻게 바라보아야 할까. 〈기몽〉의 마지막은 이렇다. 10년간 벼슬살이를 한 심의는 翰苑 선생에게 탄핵을 당하는데, 이에 천자인 최지원은 그에게 잠시 고향으로 돌아가 있으라고 말한다. 여기에서 말하는 고향이란 현실세계인 바, 조금 급작스러운 전개이기는 하다. 하지만 한바탕 체험이라고 생각한다면

124) 엄기영, 앞의 논문, 78~80면.

이 역시 가능하다. 앞서 종교적 환상체험 서사에서는 일대기를 중심으로 인생의 덧없음을 표현하는 것을 목적으로 삼기 때문에 환상체험에서 빠져나올 때에도 부귀영화를 모두 누리는 모습으로 그려진다. 혹은 〈두자춘〉과 같이 욕망을 완벽히 초월하지 못한 채로 빠져나오기도 한다.

그러나 역사적 환상체험 서사에서는 항상 급작스러운 전개로 환상체험을 끝낸다. 예컨대 〈심아지〉의 경우 농옥이 죽은 뒤 연회가 열리고 진목공이 그에게 떠나라고 급작스럽게 말하며, 또한 수레를 타고 이동하다가 떨어지면서 꿈에서 깬다. 〈주진행기〉 역시 마찬가지다. 연회가 끝난 후 박태후가 우승유에게 여기에 있을 사람이 아니라고 하면서 환상공간에서 추방된다. 따라서 이러한 환상세계로부터의 '추방'은 역사적 환상체험의 특징이라고 할 수 있겠다.

① 나는 머리를 섬돌에 부딪치고 하직하였는데, 눈물이 옷을 적시었다. 집안 식구를 돌아보아 생각하니 차마 떠날 수가 없었다. 조금 있으니 상국 이색이 등을 쓰다듬으며 협실로 꾀어 들여서 나를 난초 탕에 목욕시키고는 칼로 나의 오장육부를 갈라놓고 갈아놓은 먹물 몇 말을 들어 부으며 말했다. "응당 40여 년을 기다리면 다시 여기에 와서 함께 부귀를 누릴 것이니 걱정하지 마시오." 배가 칼로 찌르는 듯이 아파와 갑자기 깨니 배가 북처럼 부풀어 올랐으며 희미한 등불은 꺼질 듯하는데 병든 아내가 곁에 누워 앓는 소리를 내고 있을 뿐이었다.[125]

② 아! 사람이 세상에 나서 궁달은 정해진 운수가 있으니, 어찌 깨어있을

125) 〈記夢〉. "臣叩頭陛辭, 涕淚沾衣. 眷戀家室, 有不忍相離者. 斯須, 李相國穡, 撫背誘致夾室, 浴臣蘭湯, 以金刀剖破臣臟腑, 用磨墨汁數斗注之曰 : "當待四十餘年, 復來于此, 共享富貴, 毋憂也" 腹心岑岑如刺, 蘧然而覺, 則腹漲如鼓, 殘燈欲翳, 病妻臥側, 呻吟而已."

> 때와 꿈꿀 때를 동시에 할 수가 있겠는가? 아! 괴이하여 꿈을 기록하노라.[126)]

이러한 추방의 플롯은 〈기몽〉에서도 마찬가지인데, 특히나 ①에서 볼 수 있는 것처럼 마지막 부분을 더욱 극적으로 표현해내고 있다. 오장육부를 갈라 그 안에 먹물을 부어 버리는 행위는 분명 의미심장하다. 기존 연구에서는 이를 두고 "이 작품 전체의 성격이 '먹물'로 상징되는 문장에 대한 평가에 있었다는 점"이라고 해석했다.[127)] 이에 대해서는 대체로 동의하는 바이다.[128)] 그러나 여기에는 어떤 심오한 의미를 담아내고 있다고 생각하지 않는다. 단순히 문장 왕국에서의 체험을 표현한다고 생각한다. 오장육부에 먹물이 채워진다는 것은 여러 문인들을 환상세계에 소환하여 그들을 평가해보기도 하고 시론을 펼쳤던 행위가 자신의 몸 안에서 일어났던 일임을 상기시키게 한다는 것이다. 혹은 문장왕국에서 다양한 형태의 글을 수도 없이 써보았으니 충분하다는 감정, 즉 '물림현상'이라고도 할 수 있겠다. 결국은 만족스럽게 욕망을 펼쳤다는 비유라고 생각된다. 그리고 이것은 작중 주인공이 꿈속의 체험이 분명한 거짓임을 알아차리는 효과를 가진다. 이것은 〈심아지〉나 〈주진행기〉에서

---

126) 〈記夢〉. "噫! 人生於世, 窮達有數, 豈有覺夢兼之者? 咄! 怪而志夢."

127) 신재홍, 앞의 책, 79면.

128) 한편 신재홍은 이를 두고 "몽유자는 꿈속에서 자신의 욕망을 성취했지만, 작품의 끝부분에 가서는 翰苑선생의 탄핵으로 인해 좌천되어 고향으로 돌아가게 된다. 욕망이 다시 좌절되는 것이다. 이는 〈침중기〉에서 노생이 모함을 입어 좌천되는 것과 동일한 전개이다."라고 하였다. 위의 책, 80면. 필자는 이와 생각이 다르다. 이 작품에서 주인공의 욕망이 좌절되었다고 보기에는 조금 모호한 부분이 있기 때문이다. 필자의 논의대로 한바탕 꿈이라면 아쉬움이 남는다 뿐이지 좌절까지는 아니라는 것이다. 그런 의미에서 차용주(『몽유록계 구조의 분석적 연구』, 창학사, 1979)는 이를 불우한 현실로의 복귀라고 보았는데 이 역시 쉽게 동의하기 힘들다.

이러한 괴이한 일이 왜 발생했는지 추적하려는 주인공과 닮아 있다. 그래서 〈기몽〉에서는 환상에서의 체험을 현실세계로 끌고 오지 않는다.

이는 ②와 같은 서술자의 목소리에서도 알 수 있다. 괴이한 꿈이기에 기록해둘 뿐이지 환상세계에서의 체험이 주인공의 현실 행위에 어떠한 변화를 일으키는 것은 아니다. 하지만 동시에 어느 정도의 현실에 대한 환기 작용은 일어나게 된다. 꿈에서의 체험은 괴이하고 믿을 것이 못되지만, 그래도 꿈에서라도 자신의 욕망을 풀어보았으니 이로써도 괜찮다는 긍정의 자세가 담기게 된다. 이것은 서술자의 마지막 말에서 잘 드러난다. '아! 사람이 세상에 나서 窮達은 정해진 운수가 있으니, 어찌 깨어 있을 때나 꿈꿀 때나 동시에 가질 수가 있겠는가!'라는 말은 운명에 대한 순응이면서 동시에 가상세계와 현실세계 모두를 긍정하는 인식을 담아내고 있다. 모두 가질 수는 없으나 꿈속 세계인 〈기몽〉의 세계에서만큼은 행복하니 이 또한 괜찮다는 것이다.

이 역시 『열자』에서 그 문장을 빌려온 것인데,[129] 그것을 빌려온 『열자』의 일화에서도 부자의 하인이 꿈에서는 왕이 되고, 부자는 반대로 꿈속에서 하인이 되는 모습을 보여준다. 즉 현실과 환상의 세계는 이처럼 뒤바뀔 수 있으니 지금에 충실하자는 뜻이 담겨 있다.[130] 따라서 『열자』의 하인의 말처럼 '무엇이 원망스럽겠습니까?'라는 답변에서 알 수 있듯

129) 엄기영, 앞의 논문, 64~66면.

130) 『列子』第3「周穆王」篇. "週之尹氏大治產, 其下趣役者侵晨昏而弗息, 有老役大筋力竭矣, 而使之彌勤. 晝則呻呼而即事, 夜則昏憊而熟寐, 精神荒散, 昔昔夢爲國君. 居人民之上, 總一國之事. 遊燕宮觀, 恣意所欲, 其樂無比. 覺則復役. 人有慰喩其懃者. 役夫日, 「人生百年, 晝夜各分. 吾晝爲僕虜, 苦則苦失, 夜爲人君, 其樂無比. 何所怨哉?」尹氏心營世事, 慮鍾家業, 心形俱疲, 夜亦昏憊而寤. 昔昔夢爲人僕, 趨走作役, 無不爲也, 數罵杖撻, 無不至也. 眼中噑囈呻呼, 撤旦息焉. 尹氏病之, 以訪其友. 友日, 「若位足榮身, 資財有餘, 勝人遠矣. 夜夢爲僕, 苦逸之復, 數之常也. 若欲覺夢兼之, 豈可得邪?」尹氏聞其友言, 寬其役夫之程, 減己思慮之事, 疾並少間."

작가 역시 현실이 불우할지라도 전혀 원망스럽지 않다는 것을 알려준다. 문학을 통한 현실의 환기와 삶에 대한 긍정이 일어난 것이다. 따라서 지금까지 이 작품을 작가의 불우한 세계를 투영하였다거나, 혹은 현실 비판적인 성격이 드러난다는 논의는 재고될 필요가 있다.[131)]

수 많은 곳에 기생하는 것은 허망한 것이 아니니,	寄生何地不爲虛
십 년 동안의 일이 南柯一夢의 나머지라네.	十載南柯一夢餘
만사를 동등하게 보면 모든 것이 즐거우리니,	萬事等觀皆可樂
물고기가 마땅히 나를 알고 내가 물고기를 안다네.[132)]	魚應知我我知魚

위의 시는 심의의 조카 심사순이 삼촌의 〈기몽〉을 보고 난 후 작품의 말미에 칠언절구로 지은 시를 부기해 놓은 것이다. 이것은 일종의 독서평이라 할 수 있겠다. 심사순의 시에는 꿈속이든 현실이든, 즉 어디에서든지 삶을 살아간다면 허망한 일이 아니라는 사유가 담겨 있다. 즉 심사순은 〈기몽〉에서의 주인공 심의의 환상 속 체험을 무의미한 것으로 여기지 않는다는 점이 중요하다. 특히 심의가 문장왕국에서의 10여년의 벼슬살이를 두고 긍정적으로 바라보고 있다는 점에서도 이를 알 수 있다.

보통의 유자라면(앞서 〈오륜전전〉의 낙서거사와 같은) 이것을 허탄한 것으로 치부해 버리겠지만, 이러한 꿈 체험을 현실의 삶에서도 의미 있는 것으로 본다는 지점은 보통의 유자와 다른 사유를 하고 있다고 보인다. 그래서 이를 통해 '만사를 동등하게 보면 모든 것이 즐겁다'라고 말할 수 있는 것이다.[133)] 이것은 〈기몽〉의 글을 교훈적인 것으로 인식한다면

131) 혹은 작가의 불우한 삶이나 현실 비판적 성격이 이 작품에 드러난다 하더라도 현실의 삶을 긍정하는 작가의 의식은 〈남염부주지〉의 그것과 다르지 않다고 생각한다.

132) 沈思順, 『大觀齋亂稿』 卷4, 「記夢; 敬書一絕」.

삶의 즐거움을 깨달을 수 있음을 나타낸다. 그리고 마지막으로 『장자』를 인용해 莊子가 물고기의 마음을 이해했던 것처럼 자신도 〈기몽〉을 이해하고 있음을 알려주고 있다.[134)]

결국 〈기몽〉은 역사적 인물을 환상공간에 소환함으로써 자신의 문재를 과시하는 텍스트라 정의할 수 있겠다. 그러나 이 작품은 16세기라는 문화적 공간에서 큰 공감을 얻었다고 보기 힘들다. 심의와 교유관계에 있던 인물들만 그의 작품을 돌려 보았을 뿐 사회적 반향을 얻지 못했다는 측면에서 그렇다. 요컨대 16세기에서 사회적으로 합의된 시대정신을 감안해서 봤을 때 〈기몽〉에는 당대인들의 흥미를 끌 요소가 별로 없었다는 것이다. 당시는 유교이념의 보급과 확산, 그리고 내재화로 인해 이념적 서사에 대한 관심이 고조되던 때였다. 따라서 서술기법에 있어 기존의 환상체험 서사를 끌어와 변용시켰음에도 당시 사람들의 흥미를 끌기에 역부족이었던 것이다.

이것은 〈기몽〉에 유교이념이 투영되었다고 볼만한 것이 존재하지 않기 때문이다. 〈오륜전전〉에서 등장하는 완벽한 이념을 체화하여 문제를 해결하는 오륜전이나 〈천군전〉에서처럼 타락과 회복을 통한 改善에 대한 믿음을 보답하는 천군이라는 등장인물이 〈기몽〉에는 존재하지 않았다. 오로지 자신의 문재 과시라는 욕망을 투여하기 위해 서사를 진행한 것이다. 그래서 〈기몽〉의 주인공은 이념성을 체화한 형태로 그려지지도

---

133) 시어 중 '等觀'은 불교 용어로 모든 것을 동등하게 본다는 의미를 가지고 있다. 이렇게 볼 때 도교적 사유만 가지고 〈기몽〉에 대한 작품 해석을 시도한다는 것은 조금 무리가 있다고 생각한다.

134) 『莊子』, 「秋水」. "莊子與惠子, 遊於濠梁之上, 莊子日, 「儵魚出遊從容, 是魚之樂也.」 惠子日, 「子非魚, 安知魚之樂?」 莊子日, 「子非我, 安知我不知魚之樂?」 惠子日, 「我非子, 固不知子矣. 子固非魚也, 子之不知魚之樂, 全矣.」 莊子日, 「請循其本.子日, '汝安知魚樂云者,' 旣已知吾, 知之而問我. 我知之濠上也.」"

않고, 체험을 통해 선을 회복하는 서사 역시 가지지 않는다. 이런 이유 때문에 〈기몽〉과 같은 서사는 이후 조선에서 찾아볼 수 없는 것이다.

이를 통해 16세기 이념성의 심화가 문학의 영역에 어떤 영향을 미치고 있는지 알 수 있게 해준다. 이제 조선의 서사에서 이념성이 소거되었거나 혹은 그것에 반하는 서사가 출현하게 된다면 그것은 독자들의 흥미와 멀어지게 되었다는 것을 알려준다. 이러한 독자의 외면은 우리 고전소설이 점차 이념성으로 경도되는 양상으로 진행하고 있다는 점을 또한 나타낸다. 〈천군전〉이 후대의 〈천군기〉나 〈천군연의〉와 같은 심성소설류로 전변한 것을 생각해 본다면 〈기몽〉과 같이 이념성이 옅은 환상체험 서사는 문학의 자장에서 외면당하게 된 것이다.

그러나 〈기몽〉의 의의가 전혀 없지는 않다. 〈기몽〉에서의 문재 과시, 역사적 인물의 소환을 통한 공감 등은 이후 본격적으로 창작되는 몽유록 양식에 영향을 미치게 된다. 이것은 몽유록 양식이 배태된 원인과 관계가 깊다. 몽유록 양식은 〈기몽〉의 서술기법을 따르면서도 이념성을 투입시킨 결과물이라고 볼 수 있을 것이다. 〈원생몽유록〉이 창작된 이래 이것을 자신의 先祖가 창작했다고 주장하는 이가 많았다. 왕권을 위협하는 불온한 서사였음에도 말이다. 그리고 동시에 많은 지식인들 사이에서 읽힌 작품이기도 했다. 어떤 이유에서 그럴까? 이것이 비록 '經史子集'이라는 전통적 문학 영역에 속하지 않는 허구적 小說에 불과하지만 이 작품에 유교적 이념성이 잘 담겨져 있다고 생각했기 때문이다. 즉 읽는 사람도, 이것을 썼다고 주장하는 사람도 부끄럽지 않았다. 비록 문재를 과시하는 환상체험 서사라고 하더라도 유교이념을 잘 담아내어 독자들에게 공감을 주기만 한다면 '좋은' 서사라고 인식되었던 것이다.

이런 지점에서 〈기몽〉은 당시의 시대적 조류를 잘못 읽은 서사라고도 할 수 있겠다. 물론 이것이 본인 스스로의 만족을 위해 지어진 글이라고 할지라도, 당시의 이념적 담론을 충분히 반영하지 못했기에 많은 사람들의 공감을 사기 어려웠다는 점에서 한계가 있다. 다만 이 작품은 16세기의 유교이념으로의 심화를 알려주는 한 사례이기도 하다. 작자의 개인적 만족만으로는 더 이상 조선사회에서 합의된 시대적 공감을 충족시킬 수 없었다. 유교이념이 함께 담겨있어야 비로소 흥미로운 서사라고 인식된 것이다. 이어지는 장에서는 바로 이런 지점에 조금 더 주목해보고자 한다. 즉 분명 작자 개인의 문재 과시 욕구를 펼치면서도 그 텍스트 내에 유교이념을 담아내는가 하는 서술기법이 바로 그것이다. 이것을 〈원생몽유록〉과 〈최생우진기〉를 통해 살펴보고자 한다.

제5장
이념형 인물의 融合과 持續

지금까지의 논의를 살펴본바 조선중기의 시작 단계부터 이념성에 관한 다양한 탐색이 있어 왔던 것으로 이해될 수 있겠다. 이것은 『소학』에서의 실천적 이념성을 어떻게 서사화하는가, 다른 한편으로는 『태평광기상절』의 철학적 교훈성을 어떻게 서사화하는가와 맞닿아 있다. 이 책에서 탐구한 『소학』과 『태평광기상절』은 비록 조선초기부터 유입되어 왔지만, 결국 그 문화적 저변을 확대하면서 15세기 말부터 16세기까지 조선의 방식으로 변화하여 다양한 서사체에 영향을 주었다.

그런데 각 다른 문화에 속해 있던 글쓰기 관습은 서로 섞이기 어려운 것처럼 보인다. 요컨대 『소학』과 『태평광기상절』은 이념성이라는 측면에서는 공통분모를 갖고 있지만, 『소학』은 사회의 교화를 목적으로 하고 있고 『태평광기상절』은 개인의 변화를 목적으로 하고 있었다. 따라서 그 목적하는 방향이 다르므로 용해되기 어려운 성질의 것이 자리하고 있던 것이다. 그러나 16세기로 들어서면서 『소학』의 실천적 유교이념이 사회에 더욱 내재화되기 시작하면서 점차 환상체험 서사에 이념성이 깊이 개입되게 되는 결과를 초래하게 된다. 이들 양극이 융합되기 시작한 것이다. 그 융화의 양상을 밝히는 것이 바로 이번 장에서 수행하고자 하는 목표라고 하겠다.

그리고 각 글쓰기 관습의 융합의 과정을 가장 잘 설명해주는 것이 이번 장에서 살펴볼 〈원생몽유록〉과 〈최생우진기〉라고 필자는 생각한다. 〈원생몽유록〉은 구조적 측면에서는 『태평광기상절』의 글쓰기 관습의 영향을, 내용적 측면에서는 『소학』의 글쓰기 관습의 영향을 받은 것으로 보인다. 후술하겠지만 여기에서는 환상공간에 역사적 인물을 소환하는 것과 이를 통한 육신의 모범화 작업, 그리고 그들과의 공감의 양상이 잘 나타나 있다. 또한 환상체험을 통해 자신을 반성하는 주인공의 모습까지 엿볼 수 있는데, 이것은 이제까지의 다른 문화에 속해 있던 서술기법을 융합시켜 놓은 양상이 전개된 것이라 하겠다.

이와 달리 〈최생우진기〉는 내용적인 측면에서는 『태평광기상절』의 글쓰기 관습의 영향을, 구조적인 측면에서는 『소학』의 글쓰기 관습의 영향을 받은 것으로 판단된다. 이 또한 후술하겠지만 여기에서도 마찬가지로 액자식 이계 체험을 통해 그것을 수행한 모범적 인물과 그러지 못한 인물을 대비시키며 이계 체험에서의 공감과 이를 전해 들은 이의 반성과 변화 양상이 잘 담겨 있다.

따라서 이러한 작품이 산출된 까닭은 물론 작가 역량의 발전도 있겠지만, 무엇보다 각기 다른 자장의 문화적 글쓰기 관습이 서로 영향을 미치면서 침투해 들어왔기 때문으로 보인다. 〈원생몽유록〉과 같은 경우는 지금까지 〈육신전〉과 같은 교화적 글쓰기의 자장에 머무르지 않고 스스로를 변화시켜 그 모습에서 탈피했던 것이고, 〈최생우진기〉는 〈남염부주지〉와 같이 전기 장르에 국한되지 않고 스스로 이념성을 끌어들임으로써 이러한 작품들의 탄생을 가능케 하였던 것이다. 그리고 융합된 글쓰기 관습은 후대의 이념성이 완비된 작품들에게 영향력을 행사하게 되니, 16세기에서 살펴볼 이 작품들은 우리 고전소설의 전형성 이전의 양상을 탐색할 수 있는 좋은 자료인 셈이다. 이제 위의 내용을 토대로 〈원생몽유록〉과 〈최생우진기〉에 담겨진 각각의 서술기법의 양상들을 살펴봄으로써 그 의미 도출을 시도해보겠다.

1. 역사체험을 통한 이념적 인물의 소환과 활용 : 〈元生夢遊錄〉

본격적인 논의에 앞서 선행연구를 살핀 후 여기에서 몇 가지 문제를 제기함으로써 연구 방향을 설정하고자 한다. 첫째, 작가에 대한 문제다.[1] 이 작품은 고소설 연구가 진행된 이래 문제적인 작품 중 하나로 현재까지도 많은 연구자들에 의해 다양한 설들이 제시되고 있다. 이처럼 연구자들에게 많은 관심을 끌었던 까닭은 아마도 그 작가가 누구인가 혹은 比定된 작가의 방외인적 성격에 기인한 바가 컸기 때문이다. 그런데 여기에서 문제가 발생한다. 작품이 慷慨한 성격을 가지고 있기 때문에 비정된 작가의 성격과 부합하는 것으로 귀결된다는 것이다. 그래서 이러한 점은 작품에 대한 순환적 해석을 불러오게 만들었다고 필자는 생각한다.[2] 그 반대의 경우도 마찬가지다. 비정된 작가의 세계관이 작품

---

1) 작가가 누구인가에 대한 논의는 고전소설사 초기부터 다양한 주장이 제기되어 왔다. 대표적으로 김태준(1932)은 임제설을 주장했고, 이가원(1961)은 원호설, 장덕순(1959)은 김시습설을 주장했는데, 이러한 주장의 큰 줄기는 변하지 않고 그대로 임제작의 정출헌(2012)이나 원호작의 양승민(1998) 등으로 이어져 내려오고 있다. 이에 대해선 윤주필, 「〈元生夢遊錄〉 연구의 비판적 이해」, 간행위원회 편, 『고소설연구사』, 월인, 2002, 189~195면을 부분적으로 참조했다.

2) 이에 대해 전성운은 "작가 문제는 〈원생몽유록〉 연구의 중핵을 이루고 있다. 작가 시비는 원전 비평과 관련된 이본 문제, 작가 의식이나 주제 의식은 물론이고 형상화 방식이나 문학사적 의미를 해명하는 부분에까지 깊이 간여하고 있다. 작가가 누구인가에 따라서 작가 의식에 대한 평가가 달라지고, 문학사적 위상과 의미가 변하기 때문이

에 잘 반영되었다고 한 것 역시 이러한 예시라고 하겠다.[3]

이러한 이유에서 夢遊錄이라는 장르론을 중심으로 그 특징을 소설사적 맥락에서 드러내려는 연구가 신재홍에 의해 개진되었다.[4] 이것은 〈원생몽유록〉의 작가를 최대한 비정하지 않고 작품 내적인 구조나 서술기법을 탐구한 부류라 하겠다. 그에 따르면 '좌정-토론-시연'의 몽유 양식의 출현과, 이것이 17세기 이후까지 연결된다는 점을 언급하였다. 그리고 그 발생 원인을 현실에 대한 비판 의식 혹은 대안을 탐색하기 위한 것으로 해석했다. 요컨대 몽유록은 작가 내면의 비판 의식을 담아내기 알맞은 도구 장치라는 주장이다. 그런데 그 결론에서도 볼 수 있듯 이마저도 작가 임제의 방외인적 성격과 연결되거나 혹은 훈구와 사림의 대립 구도 속에서 사림의 모순적 자의식이 반영된 것과 연결되어 해석되었다.[5] 결국 이러한 해석은 결국 작가론의 자장에서 벗어나지 못했다는

다. 〈원생몽유록〉의 작가 문제는 작품 내적 연구나 문학사적 위상을 결정짓는 척도가 된다."라고 하여 작가가 누구인가에 따라 작품의 해석에 대한 순환론이 반복되고 있다는 문제를 지적했다. 필자도 이에 크게 동의하는 바이다. 전성운, 「〈원생몽유록〉에 구현된 情調와 문예적 의미」, 『우리어문연구』 28, 우리어문학회, 2007, 255~256면.

3) 대표적인 연구는 다음과 같다. 정학성, 「몽유록의 역사의식과 유형적 특질」, 『관악어문연구』 2, 서울대학교 국어국문학과, 1977; 윤주필, 「〈원생몽유록〉의 종합적 고찰」, 『한국한문학연구』 16, 한국한문학회, 1993; 신재홍, 『한국몽유소설연구』, 계명문화사, 1994; 장효현, 「17세기 몽유록의 역사적 성격-〈피생명몽록〉을 중심으로」, 『한국고전소설사연구』, 고려대학교출판부, 2002; 김정녀, 「몽유록의 현실대응 양상과 그 의미」, 고려대학교 석사학위논문, 1997.

4) 신재홍, 앞의 책, 98~106면.

5) 최근 엄기영은 이 논문에서는 한문소설사 서술에 있어 다양한 맥락에서의 문제점들을 발견하고 이에 대해 재론함으로써 새로운 시각의 필요성을 주장하였다. 특히 훈구와 사림의 대립 구도가 문학에 그대로 투영되었음에 대해 회의적인 시각으로 바라보았다. 또한 몽유록에 대해선 현실비판에 대한 담론이 지배하고 있음을 밝히고 조금 더 유연한 접근이 필요하다고 하였다. 엄기영, 「조선 전기 한문소설사 서술에 있어서 몇 가지 문제」, 『한국한문학연구』 65, 한국한문학회, 2017, 155~186면.

한계를 가진다.

이에 이 글은 조금 의식적으로 비정된 작가의 세계관을 배제하고 작품을 해석하겠다. 다만 작가와의 완전한 결별은 또 다른 위험성을 초래할 가능성이 있다. 따라서 이 글에서는 우선적으로 작품 내부에 집중하여 그 글쓰기 양상이 무엇인지를 탐구하되 마지막으로 시대 상황과 작가 의식을 연결할 계획이다.[6] 특히 앞선 절에서의 내용들을 통해 각기 다른 문화 자장이 이곳에서 어떻게 융합되고 펼쳐지는지에 대해 집중적으로 살펴보도록 하겠다.

둘째, 詩宴에 대한 문제다. 〈원생몽유록〉은 대체로 詩를 주고받는 형식으로 구성되어 있는 바 이를 '감정'과 관련해서 분석해왔다. 그리고 그 감정은 대부분 앞서 언급한 慷慨와 면밀하게 연결되어 있다고 본 것이다.[7] 혹은 슬픔(悲)이나 시름(愁), 즉 비회의 정조도 드러나 있다는 연구도 개진되었다.[8] 이를 통해 보면 작품의 시 전반에 강개와 비회 등의 감정과 관련되어 있음은 확연한 사실이다. 그럼에도 필자의 생각으로는 작품의 시에서 강개와 비회의 감정만 주되게 흐르고 있지 않다는 점에 주목하고자 한다. 즉 사육신에 대한 찬양이나 평가하는 면모가 감정적인 부분과 함께 시를 관통하고 있다고 보았다. 그것이 바로 사육신에 대한

6) 본론에서도 밝히겠지만 글쓰기의 양상을 통해 작가 임제만의 의식이 투영된 것이 아니라 16세기 지식인들의 공통된 의식과 관련이 깊다는 것을 입증하겠다. 다시 말해 선행 연구에서는 이 작품에 대해 작가의 역사 현실, 정치 현실 등과 관련지어 탐구했지만, 필자는 이 작품이 정치적인 이유뿐만 아니라 당대 작가의 삶의 태도 혹은 가치관과 큰 관련이 있다고 생각한다.

7) 이러한 대표적인 예로 윤주필은 〈원생몽유록〉에 나타난 시를 면밀히 분석하며 "본 작품의 일관된 정서는 '慷慨'이다. … 강개함이란 바로 역사의 과거, 현재, 미래를 하나의 공감으로 연결시켜주는 정서이자 작품의 허구성과 사실성을 결합시키는 우의이다."라고 하였다. 윤주필, 앞의 논문, 100~101면.

8) 전성운, 앞의 논문, 253~282면.

이념적인 부분이다. 그러면서도 동시에 이들과 시를 통한 공감이 여기에서 주로 흐르고 있음을 살필 수 있다. 이를 확인해봄으로써 작가가 독자에게 전달하고자 하는 의도를 더 다채롭게 파악해 볼 수 있으리라 기대한다.

마지막으로 허구에 대한 문제다. 여기에서 말하는 허구란 '꿈'에 대한 장치, 그러니까 환상체험이 어떻게 기능하고 있는지, 그것을 통한 효과가 무엇인지를 밝히는 것과 관련이 깊다고 할 수 있다. 이에 대해 조현우는 〈원생몽유록〉에 나타난 서사기법 중 초점의 변화에 주목하여 분석한 결과 그 기능이 독자에게 제한된 정보만을 제공함으로써 리얼리티가 생성된다고 밝혔다.[9] 한편 정출헌은 〈육신전〉과 〈원생몽유록〉에 나타난 정치적 맥락에 주목하여 이들이 충절의 담론을 어떻게 생산하고 있는지 재구하였다. 그래서 〈원생몽유록〉은 〈육신전〉의 담론을 받아들이면서도 그 비판적 서술 층위는 조금 낮추고 꿈이라는 허구적 장치를 통해 모순된 역사를 복원하려는 작업의 소산이라는 것이 그의 주장이다.[10] 결국 기존 논의에서의 허구의 활용은 〈육신전〉의 메시지를 훼손하지 않고 그대로 가져가느냐, 혹은 얼마나 더 보완하고 있는가에 대해 집중했음을 알 수 있다. 따라서 '꿈'이라는 장치가 가지고 있는 기능에 대해 조금 더 확인해볼 필요가 있다. 이에 이 글은 '체험'과 '변화'라는 것을 중심으로 작품에 나타난 꿈 장치의 효과를 살펴보도록 하겠다.

문제를 정리하면서 앞으로의 서술 방향을 구체적으로 가져가도록 하겠다. 지금까지 〈원생몽유록〉에 대한 논의는 작품의 해석에 있어 작가

9) 조현우, 「「元生夢遊錄」의 리얼리티 생성 방식」, 『고소설연구』 10, 한국고소설학회, 2000, 151~176면.

10) 정출헌, 「〈육신전〉과 〈원생몽유록〉-충절의 인물과 기억서사의 정치학-」, 『고소설연구』 33, 한국고소설학회, 2012, 5~47면.

의 성향에 따라 재단되어 왔다. 혹은 그 반대의 경우에도 작품을 정치적 상황에 연결시켜 이것을 해석해 왔다. 한편 시연에 대한 해석 역시 이러한 상황에 부합하여 강개 혹은 슬픔의 부분에 치중되어 있었다. 이것은 작가론과 장르론이 서로 현실에 비판적 성격을 가진 작품으로 만들어내기 위한 일종의 공모의 관계를 형성하게 된 것이다. 따라서 논의를 진행하기 위해 작가를 어느 정도 배제한 뒤, 詩宴을 통해 그 양상을 먼저 살펴보도록 하겠다. 지금까지의 시연은 대부분 감정과 관련하여 주목했으나 이 글에서는 감정 외에 이념적인 부분을 통해 그 의미를 발견하고자 한다. 그리고 이러한 이념의 원인이 다름 아닌 꿈에서의 체험을 통한 반성의 과정을 위해 기능하고 있음을 밝혀보고자 한다.

1) 詩宴에 나타난 사육신의 모범화

작품에서 소환된 이들(단종과 사육신, 복건자)이 원자허라는 인물의 꿈에 소환되는 까닭은 바로 그의 정서적인 어떤 부분과 어느 정도 '共鳴'했기 때문으로 이해할 수 있다. 그렇다면 그가 가지고 있는 감정이란 무엇이었을까? 작품에서는 그가 '강개한 선비'(慷慨士也)라는 점과 세상에 '불평한 기질'(不平之氣)을 가지고 있음을 알려주고 있다. 다시 말해 무언가 세상의 잘못된 부분에 대한 슬픔을 가지고 있다는 것이다. 그래서 사육신이란 존재는 원자허이 강개함과 슬픔을 더욱 가시적으로 보여줄 수 있는 인물들이 소환되어 활용된 것이라 할 수 있다. 따라서 사육신의 존재 또한 강개와 슬픔을 가지고 있는 인물이라고 추론할 수 있다.

그럼에도 소환된 이들과 몽유자인 원자허의 '情調'가 과연 동질적인 것으로 봐야 하는지는 의문이다. 분명 원자허가 소환한 대상물인 사육신의 존재는 그의 공명하기에 같은 정조를 가지고 있다. 이는 작품 내에서 단종과 사육신, 그리고 복건자의 언행에서도 충분히 드러나는 부분이다. 하지만 필자가 이러한 의문을 품은 까닭은 이들이 소환된 이유가 단순히 작가의 감정을 드러내는 용도로만 한정되어 사용되었을까 하는 점에서 그렇다. 왜냐하면 작품 면면을 꼼꼼하게 읽어나가다 보면 강개와 슬픔을 자극하는 것 외에도 작가가 사육신에 대한 찬양으로의 목적이 뚜렷하게 나타나기 때문이다.

따라서 사육신들의 언행에서 강개와 슬픔의 정조를 '걷어낸' 부분들을 중심으로 그 양상을 살펴보도록 하겠다. 이렇게 함으로써 작가가 사육신을 내세운 이유에 대해 작가의 감정적 부분뿐만 아니라 이념적으로 판단했던 근거들을 알아볼 수 있으리라 본다. 그렇다면 감정적인 부분과 이념적인 부분의 판단 기준은 무엇일지 궁금하지 않을 수 없다. 이를 포착하기 위해서 사육신과 복건자의 詩宴 장면을 중심으로 이를 살펴보도록 하겠다. 굳이 시연 장면을 그 대상으로 선정한 이유는 詩라는 장르적 특성상 이 부분에 인물들의 감정적인 요소가 잘 드러나고, 또한 작가의 의식을 반영한 화자(서술자)의 개입이 활발하게 발생하고 있어 판단 기준의 대상으로 삼을만하다.[11)]

〈원생몽유록〉에서의 시연은 '단종-사육신(유응부 제외)-복건자-원자허-유응부'의 순으로 이뤄지고 있다. 이때 단종은 시연에 앞서 사육신들에게 "각자 뜻(감정)을 말하여 깊은 원한을 풀어보지 않겠소?(卿等盍各言其志, 以敍幽寃乎?)"라고 하며 시 쓰기를 제안한다. 단종이 이 시연에

---

11) 한 가지 더 지목하자면 시의 경우는 〈원생몽유록〉의 다양한 이본 중 변개가 가장 '적은' 부분이기 때문이다. 다시 말해 서사 부분에는 원자허나 복건자의 행위나 생각 등에 대해 첨가된 것이 많지만, 시에서만큼은 이러한 변개 부분이 가장 적다. 따라서 여러 이본들에서도 시의 경우는 원본 〈원생몽유록〉 원본의 것을 그대로 따르고자 했음을 알 수 있다.

서 주로 이끌고자 했던 바는 '깊은 원한'을 펼쳐보이는 것이라 하겠다. 그래서 육신들은 단종에게 "전하께서 먼저 노래를 지으시옵소서. 신 등이 화답하겠습니다"(王庸作歌, 臣等賡焉)라고 말한다. 이 지점에서 분명 육신들은 단종의 시에 화답할 것을 언명하고 있음을 볼 수 있다. 따라서 독자들은 어느 정도 '원한'이 담긴 시가 진행될 것으로 예상하고 이 작품을 감상하게 될 것이다.

강 물결 목이 메어	江流咽咽兮
끝없이 흐르니	無有窮
나의 원한도 길고 길어	我恨長長兮
저 강물과 같아라.	與之同
살아서는 제후일러니	生爲千乘兮
죽어서 외로운 넋이 되었도다.	死作孤魄
新의 王莽은 거짓 임금이요	新是僞主兮
義帝란 칭호도 겉 높임이었네.	帝乃陽尊
그 시절의 신하들	故國人臣
모두 항우에게 들어가니	盡輸楚籍
예닐곱 신하들과 함께하여	六七臣同
겨우 혼을 의탁하게 되었노라.	魂庶有托
오늘 저녁은 어떤 저녁인가?	今夕何夕
강가의 누대에 함께 올랐네.	共上江樓
물결치는 소리, 달빛이랑	波聲月色
나의 시름 지아내누나.	使我心(愁)
슬픈 노래 한 곡조에	悲歌一曲
천지도 悠悠하네.	天地悠悠

위의 시는 작품 속 단종의 시이다. 위를 통해 볼 수 있듯 이후 진행된

시들은 대부분 원한, 비감, 아쉬움 등의 감정과 가까운 시어를 택하여 이를 가감 없이 드러내고 있다. 특히 단종의 시에서는 강물이 길게 흘러가는 것을 자신의 원한의 긴 모습에 이입하여 알려주기도 하며 '千乘'의 지위에 있었던 시절과 '孤魄'이 된 현재의 자신이 위치를 대비시켜 그 감정을 극대화하기도 한다. 이러한 대비 효과는 '新'과 '帝'의 대비에서도 알 수 있는데, 이는 나라를 훔쳐 新나라를 세우고 거짓 왕노릇(僞主)하는 王莽을 세조에 비의하고 항우가 거짓으로 지존을 세웠던(陽尊) 義帝를 자신에 비의하는 것을 통해서도 이를 알 수 있다. 다시 말해 왕망과 항우와 같은 인물들이 자신의 주인을 배신한 일에 대한 悲感의 정조가 흐르는 것이다. 그래서 이 시의 말미에는 화자의 '시름을 자아내고'(使我心愁), '슬픈 노래'(悲歌)를 지었음을 표현하고 있는 것이다. 이를 통해 단종의 시에서는 자신의 감정을 잘 드러내는 시를 지었다고 평할 수 있겠다.

하지만 사육신들의 시에서는 단종의 이러한 감정과는 조금 이질적인 것이 곳곳에 흐르고 있음을 살펴볼 수 있다. 이들의 시들에서는 이전에 있었던 일들에 대한 안타까움, 아쉬움, 슬픔의 정조가 흐르고 있음은 물론이다. 하지만 이들의 시의 면면을 자세히 관찰해보면 이것은 작가 자신이 사육신이 되어 직접 화자로 몰입하여 쓴 것과 사육신의 행적에 대한 자신의 감상평이 섞여있다는 것을 알 수 있다. 그래서 작가가 직접 사육신의 입을 통해 몰입하여 쓴 부분은 대체적으로 슬픔의 감정이 도드라지게 나타나고, 행적에 대한 평가를 내리는 부분에서는 감정보다는 이념적인 부분이 나타남을 살펴볼 수 있다.[12] 다음의 인용문을 보자.

---

12) 물론 이러한 부분이 단선적인 형태로 나타나는 것은 아니나 박팽년의 시를 제외하면 대부분의 시에서 이러한 공통점이 발견된다.

어린 임금 맡을 만한 재주가 아님을 한스럽게 여기니	深恨才非可托孤
왕위는 바뀌고 군주는 망하여 다시 목숨까지 잃었네.	國移君亡更捐軀
이제 올려다보고 굽어보아도 천지에 부끄러우니	至今俯仰慙天地
당시 일찍 스스로 도모하지 못함을 후회하노라.	悔不當時早自圖

전조(前朝)에게 명을 받아 그 총애 받음이 융성한데,	受命先朝荷寵隆
위험에 임해서 비천한 내 한 몸 아낄 것인가.	臨危肯惜殞微躬
가련히도 일은 버려졌지만 이름만은 굳세게 되니	可憐事去名猶烈
義를 취해 仁을 이룸이 부자가 서로 같구나.	取義成仁父子同

위는 사육신 중 첫 번째와 두 번째 시를 지은 朴彭年과 成三問의 부분이다. 우선 박팽년의 시를 살펴보자. 여기에서 알 수 있듯이 자가는 박팽년의 목소리를 활용함으로써 스스로 화자가 되어 옛 일을 언급하는 부분이 잘 드러나 있다. 작가는 박팽년의 입을 통해 과거의 일을 반추해보고 자신이 행했던 일의 부족함이나 그것에 대한 悔恨의 감정이 잘 묻어나오고 있다. 이것은 바로 앞선 단종의 시의 감상을 잘 받아서 이어간 것이라 평할 수 있다. 요컨대 '깊은 원한'(幽寃)을 잘 표현해내고 있는 것이다.

그러나 이러한 면모는 두 번째 시를 지은 성삼문에서 조금 변화하기에 이른다.[13] 작가는 성삼문을 통해 자신이 모시던 옛 왕들에게 총애를 입었고 그 은혜를 저버릴 수 없기에 목숨을 바쳤다는 사실을 적시하고

13) 백팽년과 성삼문의 시의 이러한 급격한 변화의 요인에 대해선 여러 가지를 생각해 볼 수 있겠지만, 가장 중요한 요인은 아마도 〈육신전〉에서 취할 수 있는 이념적 부분이 성삼문 편에서 더 컸던 것으로 판단할 수 있겠다. 박팽년의 부분은 앞서 〈육신전〉을 분석한 부분에서도 볼 수 있듯이 단종복위운동 전반에 대한 이야기를 보여준 다음 박팽년의 이념적 모범 행위가 짧게 나타나는데, 여기에서는 세조를 임금이라고 칭하지 않고 나리라고 칭했으며 신하라고 쓰지 않았다 정도만 드러나 있다. 따라서 모범적 행위를 드러내기보다는 단종의 시를 이어 그 울분의 정조를 드러내는 것에 더 치중한 것으로 보인다.

있다. 이는 2연의 '微躬'이라는 시어를 통해서도 알 수 있는데, 그 뜻은 '비천한 몸'으로 자신을 칭하는 1인칭 대명사의 謙辭다. 따라서 1연과 2연은 과거 행위에 대한 반추보다는 자신이 이러한 행동을 했던 '마땅함'에 대해 합리화하는 모습이 강하게 드러난다. 즉 '忠'이라는 이념적 주제가 이 시를 관통하고 있으며, 이는 시연의 주제로 삼은 '깊은 원한'과도 거리가 먼 모습이다.

특히 성삼문의 시 중 3연과 4연의 경우는 성삼문을 화자로 삼지 않고 제 3자의 위치 혹은 과거에 대한 후세대의 시점에서 성삼문의 행위를 평가하고 있다. 세조에 반하여 단종을 복위시키려는 계획은 무산되었지만 그렇게 행동한 것에 대한 일종의 '찬양'을 시를 통해 읊었다고 할 수 있다. 그리하여 仁과 義를 동시에 얻음으로써 성삼문과 그의 아버지 成勝이 비슷한 가치를 이룩했음을 알린다. 그렇다면 여기에서의 '가치'란 바로 옛 주군을 배신하지 않고 은혜를 알며, 그 은혜에 대해 목숨을 바칠 수 있는 행위에 대한 소중함이라 할 수 있겠다. 그리고 이것은 성삼문의 입을 빌어서 말하고 있지만, 3자의 위치에서 그의 행위에 대한 평가를 내리고 있기 때문에 작가의 언행이기도 하다.

이러한 면모는 연속적으로 제시하고 있는 사육신들의 시에서도 동일하게 나타난다. 요컨대 작가는 사육신의 입을 빌어 직접 화자가 되어 옛 일에 대한 슬픔을 논하면서도, 동시에 제 3자의 위치가 되어 그들의 행위에 대한 평가를 드높이는 것이 혼재되어 있다고 하겠다. 예를 들면 河緯地의 시 2연에서 "고관대작이 되어도 오히려 고사리 캘 마음을 지녔네"(金章猶抱采薇心)라고 하여 '고관대작'이라는 현실 속 이익과 '고사리'라는 이념적 이상향의 시어를 대비시킴으로써 伯夷와 叔弟를 환기시키고 그가 지닌 忠節의 행동에 대해 평가를 내리는 모습을 발견할 수 있다. 한편 3연과 4연에서는 "내 몸 한 번 죽어 어찌 말할 것이 있으리오. 당년에 임금께서 郴땅에 계신 것을 통곡하노라"(殘軀一死何須說, 痛哭當年帝在郴)라며 작가가 하위지를 화자로 설정하여 그의 입을 빌어서 슬픈 감정을 비추고 있는 것을 볼 수 있다.

그렇다면 작가가 시를 이렇게 배열한 까닭은 무엇인가. 다시 말해 작가가 시를 통해 구현하려고 했던 바는 무엇인가. 앞서 살펴보았듯이 하나는 분명히 슬픔과 강개를 표현함으로써 이들과 공감하기 위해서였고, 다른 하나는 이들의 행위를 평가하여 그들의 이념적인 부분을 드높이려는 목적이 분명하게 드러난다는 점이다. 바로 이 지점이 〈원생몽유록〉의 창작 목적과 밀접한 연관이 있다고 생각한다. 이것은 사육신의 시 다음에 나오는 복건자의 시를 통해서 단적으로 알려주고 있다.[14] 다음 복건자의 시의 일부를 살펴보자.

흥망에 마음이 놀라 간장이 찢어지고	心驚興敗肝膽裂
忠逆에 분함이 사무쳐 눈물 쏟아지네.	憤切忠邪涕淚垂
	…(중략)…
한 편의 야사 후세에 전해지니	一篇野史堪傳後
오래도록 마땅히 선악의 스승 되리라.	千古應爲善惡師

복건자의 시 역시 지금까지 설명한 바와 일치하는 경우다. 즉 작가가 복건자의 정체인 南孝溫의 입을 빌어 감정을 말하고 그에 대한 평가를 내린 것이다. 특히 그에 대한 평가는 의미 있어 보이는데, 위에서 칭한 '野史'라 한은 바로 그가 지은 〈六臣傳〉을 의미하는 것이고, 바로 이를

14) 복건자의 시 이전에 "袖手端坐, 若不與當時之謀, 猶爲忠憤所激, 自以節義, 終其身者也"라고 하여 그의 행위와 생각을 읽을 수 있는 단초를 제공해주지만 대부분의 이본에서는 이것이 소거되어 있다. 이에 대해선 장효현 외, 『교감본 한국한문소설2 : 몽유록』, 고려대학교 민족문화연구원, 2007, 68면 194번 각주를 참조하실 바란다.

통해 善惡의 기준을 보여준다는 점이다. 그리고 '스승'이 되었다는 지점에서 드디어 작가가 지금까지 사육신과 복건자를 통해 그들의 행위를 드높이려는 목적을 드러냈다고 본다.[15] 여기서 말하는 스승이란 바로 어떤 행위에 대한 '모범'을 삼는 것이다. 이에 대해 정리하자면 작품에서 등장인물들의 감정적 언사를 걷어낸 나머지의 정체는 바로 그들의 행위를 表彰하는 작업과 관련이 깊으며, 그 행위를 통해 독자는 忠이나 義와 같은 가치를 체화시키는 것에 있다. 결국 어떠한 행위를 할 때 옳고 그름을 판단하는 기준을 제공한다는 점이 중요하다. 요컨대 앞서 시들의 이념적인 부분은 바로 모범을 세우려는 노력과 관계가 깊다.

한편 이들의 행위가 시에서는 자세히 드러나지 않는데, 어떻게 모범 삼을 것인가 하는 문제가 떠오른다. 이에 작가는 이를 〈六臣傳〉이라는 인접 텍스트(context)를 통해 해결하고 있다. 〈원생몽유록〉을 읽는 자라면 마땅히 〈육신전〉을 어느 정도 이해하고 있어야 한다는 것이다.[16] 이

---

15) 이에 대해 전성운은 "왕과 여섯 신하의 사건을 일반화하려는 의도의 표출"이라고 하였는데, 다시 말하자면 작가는 단종복위운동과 같은 역사적 사건을 특수한 사건에 대한 분노가 아닌 보편적 시각에서의 분노를 포착한 것이라고 보았다. 필자 역시 이러한 그의 논의에 동의하는 바이다. 전성운, 앞의 논문, 265면.

정출헌 또한 "그렇다면 〈원생몽유록〉의 창작 의도는 자명하다. 단종의 복위와 사육신의 복권을 통해 일그러진 역사를 바로 세우고자 했고, 거기에 더해 그들을 기억하게 만든 남효온도 포함시키고자 했던 것"이라며, 〈원생몽유록〉을 작가가 남효온과 사육신을 숭상하게 만들기 위해 남긴 작품이라고 본다. 정출헌, 앞의 논문, 30면.

16) 〈원생몽유록〉과 〈육신전〉의 관계에 대해 윤주필이 비슷한 논의를 편 바가 있다. 이에 대해 그는 "그 둘은 이질적인 특성을 지니고 있어도 상호 복합적이다. 특히, 사실은 작품 외부의 사실 그 자체가 아니라 허구 안에 재배치된 사실이다. 사실을 단순히 확인하는 것이 아니라, 사실이 지닐 수 있는 의미를 상상적인 계기를 통해 추구하는 데 작품의 총체성이 존재한다."라고 하여 〈원생몽유록〉을 이해함에 있어 필수적인 요소로 〈육신전〉을 지목했다. 이와 더불어 〈육신전〉의 사실적 기술 방법(傳)과 〈원생몽유록〉의 허구적 기술 방법(幻)의 이질적이라는 사실을 지적한 점을 필자가 제기한 논의에 맞게 추론해보면, 바로 교화적 글쓰기와 반성적 글쓰기의 다름을 지적한 것이

것은 복건자의 시에서도 볼 수 있듯이 작가가 이미 남효온이 지은 〈육신전〉을 읽었다는 점에서도 알 수 있다. 그래서 〈원생몽유록〉에서의 시는 〈육신전〉에 나타난 사육신들의 행위와 일정하게 연결되고, 그럼으로써 그들의 행위를 간략하게 소개할 수 있었던 것이다. 따라서 〈원생몽유록〉을 온전히 이해하기 위해선 〈육신전〉에 대한 지식이 필요하다. 그러므로 〈육신전〉에 나타난 사육신들의 양상이 어떠한지 살필 필요가 제기된다고 할 수 있겠다.

앞서 논하였듯이 〈육신전〉은 육신들이 그들의 반역 행위가 세조 정권에 발각된 후 世祖와 대면하는 자리에서 그들의 언행에 주목하여 그 서사를 전개한다. 특히 작가는 세조와 그 반대편의 사육신들을 '대비'시켜 사육신들의 행위에 대한 모범성을 더 깊이 있게 만든다. 이것은 세조라는 서사적 장치를 활용한 것이라 하겠다. 상술하자면 권력을 지키려고 눈앞의 이익을 좇는 것에 급급한 세조는 小人의 기질을 가진 것으로, 옛 주군을 버리지 않고 충절을 지키며 죽음 앞에서도 의연한 자세를 가진 사육신을 군자의 기질을 가진 존재로 그려낸다. 그럼으로써 〈육신전〉을 읽는 독자들은 사육신의 행위를 '모범'적이고 '가치'에 맞는 올바른 것으로 인식하게 된다고 앞서 논한 바 있다.

따라서 어떤 행위를 모범적이고 가치 있는 것이라 인식하려면 그와 반대되는 비교 대상이 존재해야 한다. 하지만 〈원생몽유록〉에는 이러한 대비 효과에 대해서 그려내고 있지 않다. 그것은 앞서 언급한 것처럼 〈육신전〉이 이를 보완해주고 있기 때문으로 보인다. 〈육신전〉을 읽은

라 하겠고 이것이 서로 상존할 수 없음에도 〈원생몽유록〉에서는 상호복합적으로 일어나고 있음을 지적한 것이라 하겠다. 윤주필, 앞의 논문, 100면.

그러나 필자는 〈원생몽유록〉의 작가가 정신적인 방향에서 더 높은 차원의 효용을 만들어내기 위해 〈육신전〉을 활용했음을 밝히고자 한다.

이들에겐 세조와 육신의 대비적 성격이 머릿속에 내재해 있을 것이고, 이를 바탕으로 〈원생몽유록〉을 독서한다면 각 육신들의 시에서 그들의 훌륭한 지점이 자연스럽게 부각될 것이다. 물론 옛 일에 대한 아쉬움이나 슬픔을 토로하는 것과 더불어 말이다. 그럼에도 작가는 세조와 같은 변절자들, 즉 올바른 가치를 체화하지 못한 인물들에 대해서 무관심한 것은 아니었다.

예컨대 작품 중 李塏의 시에서 "죽으면서 남긴 시 한 수 그 뜻이 아름다우니, 두 마음 가진 사람을 부끄럽게 할 수 있네"(將死一詩言也善, 何(可)能慚愧二心人)라는 구절을 들 수 있겠다. 여기에서 이개가 죽으면서 남긴 시는 〈육신전〉을 읽어야만 알 수 있는 사실인데 이 뜻을 온전히 해석하려면 〈육신전〉에 드러난 배경지식의 보완이 필요하다. 〈육신전〉에서 이개가 죽기 전 남긴 시에는 '顯陵'이라는 시어를 통해서 선왕인 文宗에 대한 信義를 지켰음을 알려주고 있다. 즉 절의를 지켜 죽었기 때문에 영광스러운 감정이 잘 묻어난 시라고 평할 수 있겠다.

이에 〈원생몽유록〉의 작가는 이 시를 읽은 사람들은 함부로 주군에 대한 두 마음을 품을 수 없을 것이라 생각한다. 왜냐하면 이 시를 읽고도 만약 두 마음을 품는다면 어려운 상황에서도 절의를 굽히지 않는 이개의 행위와 대비되어 스스로가 부끄러워지기 때문이다. 그러므로 〈원생몽유록〉에서는 비록 〈육신전〉처럼 모범을 창출하기 위한 대비적 인물이 전면에 나타나지는 않지만, 독서를 위한 바탕으로 〈육신전〉을 활용함으로써 사육신과 이를 창작한 남효온의 행위를 '모범'적인 것으로 인식하도록 평가를 덧붙이고 있다고 정리할 수 있다. 그리고 작가가 이런 장치를 만든 까닭은 곳곳에 세조와 같은 올바른 가치를 체화하지 못한 자들 혹은 현실의 독자들이 스스로 부끄러움을 자아낼 수 있도록 만들어내기 위함이었다.

지금까지 살펴본 결과, 몽중에 소환된 인물들인 사육신과 복건자(남효온)이 지닌 효과가 이들의 행위를 통해 모범을 창출하고, 그럼으로써 여기에 미치지 못한 자들이 스스로가 부끄러움을 느끼게 만드는 효과를 자아낸다고 보았다. 여기에서 말하는 '미치지 못한 자들'이란 작가가 생각하기에 유교적 가치를 체화하지 못한 자들로 읽힐 수도 있고, 혹은 모범적인 존재와 비슷해지기 위해 부단하게 노력하는 자들로 생각할 수도 있겠다. 다시 말해 앞서의 이개의 시를 다시 예로 들자면 이 시는 두 마음을 품은 자들에게 한편으로는 어떤 행위가 올바른 것인지 그 기준을 명확히 보여준다는 점에서 이념적 境界의 선을 시시하게 될 것이다. 다른 한편으로는 경계를 통해 자신이 여기에 미치지 못함을 깨닫고 스스로 부끄러움을 느낌으로써 모범적인 이들의 행위에 맞게 스스로를 '채찍질'할 수 있는 효과도 가질 수 있게 된다.

따라서 〈원생몽유록〉에서 설정한 모범의 기대 효과는 크게 독자로 하여금 판단의 근거를 제시하는 교화의 효과와, 독자 스스로 깨닫고 변화할 수 있는 반성의 효과를 동시에 간취할 수 있다. 여기에서 교화의 방법은 일차적이다. 일차적이란 바로 모범을 제시함으로써 세상을 살아감에 있어 올바른 방향을 보여주기(Showing)만 하면 된다. 아마도 일반적인 '傳'(혹은 傳記)이었다면 모범적 주인공을 세움으로써 교화의 효과만 기대하는 것에서 만족했을 것이다.[17] 이러한 지점은 〈육신전〉의 말미에 太史氏의 논평에서 드러나는데, 이를 살펴보도록 하겠다. 물론 여기에서

17) 루샤오펑은 아서 라이트를 인용하여 다음과 같이 말한다. "전기는 후손에게 성공과 칭찬을 받는 행위 과정을 보여주면서 본받아야 할 모델로서 기능하기도 하고, 가끔은 하지 말아야 할 잘못을 설명하는 위협적인 예로서 기능하기도 한다." Arthur F. Wright and Denis Crispin Twitchett, eds, Confucian personalities(Stanford : Stanford Univ. Press, 1962, p.29; 루샤오펑, 『역사에서 허구로-중국의 서사학』, 조미원·박계화·손수영 譯, 길, 2001, 158면 재인용.

의 태사씨는 남효온의 생각을 그대로 투영한 서술자라고 할 수 있다. 우선 그의 말을 들어보도록 하자.

> 누군들 신하가 되지 않겠는가마는 六臣의 신하 됨은 지극하기도 하다. 누군들 죽음이 있지 않겠는가마는 육신의 죽음은 참으로 장대하다. 살아서는 임금을 사랑하여 신하 된 도리를 다하였고, 죽어서는 임금에게 충성하여 신하 된 절개를 세웠으니, 忠憤은 白日을 꿰뚫고 義氣는 秋霜보다 늠름하여 百世의 신하 된 자로 하여금 한 마음으로 임금 섬기는 의리를 알아 節義를 천금처럼 여기고 목숨을 터럭처럼 여김으로써 仁을 이루고 義를 취하게 하였다.[18)]

위에서도 볼 수 있듯이 태사씨는 육신들의 행위에 대한 평가를 높은 도덕적 행위의 결과로 인식하고 있다. 그가 六臣의 신하됨이 지극하다고 판단한 근거는 바로 '職分'을 어기지 않고 그 역할을 충실히 수행했기 때문이다. 이런 의미에서 사육신은 '禮'라는 우주적 질서 혹은 '道'의 무늬에 맞게 행동하는 자들이라고 할 수 있다. 다시 말해 죽음을 두려워하지 않고 도리를 수행하는 이들의 모습은 '百世의 신하 된 자로 하여금' 모범을 삼을 수 있는 판단의 근거를 제공해준다. 한마디로 모범적 주인공을 내세워 올바른 방향이 무엇인지를 잘 보여줌으로써 교화의 효과를 기대한 것이라 하겠다.

한편 태사씨는 분명 육신의 행위에 대해 옹호하면서도 바로 뒤의 평가에서는 그들의 반대급부에 있는 惠莊大王(世祖)의 위대한 德에 대해 칭송하고 있다.[19)] 이를 모순적인 것으로 볼 수 있지만, 이것은 〈육신전〉

18) 〈六臣傳〉 "孰不爲臣, 至哉六臣之爲臣. 孰不有死, 大哉六臣之有死. 生而愛君, 盡爲臣之道, 死而忠君, 立爲臣之節, 忠憤貫乎白日, 義氣凜乎秋霜, 使百世之爲人臣者, 知所以一心事君之義, 千金一毛。成仁取義."

19) 〈六臣傳〉. "성대하도다, 惠莊大王이여. 영의정으로 黃閣에 있을 때에는 그 공훈이 周

의 핵심을 오히려 잘 드러내고 있는 것으로 보인다. 태사씨는 왕위를 찬탈한 세조의 공훈을 '周公'와, 덕성을 '舜'에 가까운 것으로 표현한다. 그러나 〈육신전〉에서 지속적으로 보여줬듯이 세조는 사육신을 고문하는 등 그 '폭력성'이 적나라하게 드러나는 인물이다. 심지어 〈육신전〉에서도 세조를 周公과 비교하여 그의 올바르지 못함을 비유하는 장면도 삽입되어 있다. 따라서 〈육신전〉을 읽은 독자라면 세조라는 인물이 주공이나 순임금과 정 반대라는 것을 충분하게 인지할 수 있다. 순이나 주공과 같은 인물이 상징하는 바는 '天道'에 맞게 통치를 행함으로써 어떤 분란의 소지를 해결하는 자들이다. 하지만 세조는 우주적 질서의 이치를 거스르고 분란을 일으킨 자다. 유교적 종법 질서를 거스른 폭력적 존재인 것이다. 그리고 태사씨의 세조에 대한 평은 사육신들의 행위와 대비되어 나타난다. 이처럼 〈육신전〉의 마지막까지 세조는 대비적인 기법 장치로 활용되어 그 모범적 행위와의 차이를 창출해내고 있다. 또한 이를 매개한 〈원생몽유록〉의 안에서도 이런 효과를 자아내고 있었다. 결국 〈원생몽유록〉은 『소학』의 문화 자장에서 그 글쓰기 규범을 잘 투영시킨 작품이라고 정리할 수 있겠다.

2) 원자허의 반성과 인식의 변화

지금까지 봤듯이 〈육신전〉에서는 모범을 보여줌으로써 올바른 행위

公에 비견되고 왕위에 올라서는 그 덕이 순 임금과 같으셨기에 높고 크며 넓고 원대한 덕을 무엇이라 형용할 수 없었으니, 육신이 복종하지 않은 것이 무슨 허물이 있겠는가. 伯夷가 西山에서 고사리를 캐어 먹었으나 周나라 武王의 덕이 실추되지 않았고, 嚴光이 桐江에서 낚시질했으나 한나라 光武帝의 공이 손상되지 않은 것과 같다."(盛矣, 惠莊大王. 其處黃閣, 功比周公, 暨負晝扆, 德侔虞舜, 巍巍蕩蕩, 無能名焉, 六臣不服, 有何累哉. 伯夷采薇於西山, 周王之德不墜, 嚴光釣魚於桐江, 漢帝之功無損.)

의 판단 근거를 제공하는 교화의 효과를 중심으로 그 글쓰기가 전개되었다고 하겠다. 그리고 이것은 세상의 질서에 어떤 문제나 모순이 있다는 점을 알아차릴 수 있는 효과를 가지고 있다. 문제는 앞서 언급했듯 독자가 모범적인 사례를 본 이후 스스로 깨닫고 변화까지 나아가기 위한 작가의 '이차적인' 기대 효과라 하겠다. 〈원생몽유록〉의 작가는 이 지점에서 독자 스스로의 반성이라는 효과를 원했고, 그럼으로써 몽유 공간에서의 '가상 체험'을 활용했다. 이것이 바로 〈육신전〉과의 차이라고 하겠다. 앞서 보았듯이 〈육신전〉에서는 독자로 하여금 판단의 근거를 제공할 뿐, 스스로 부끄러움을 느끼도록 만들지는 않는다. 요컨대 〈육신전〉은 세계 질서의 모순을 대비 효과를 통해 적나라하게 폭로하는 교화적 효과를 목적으로 하는 반면, 〈원생몽유록〉에서는 이를 바탕으로 자신의 부족한 지점을 깨닫고 변화를 일으키는 반성적 효과를 가진다는 것이다.

작품 속 가상 체험을 하는 행위자는 몽유자인 원자허다. 그는 자신의 꿈속에서 사육신과 복건자의 행위를 직접 보고 체험하는 주체이기도 하면서, 동시에 독자에게 그의 시선을 그대로 전달해주는 카메라 역할, 즉 서술자 혹은 매개자의 역할을 한다. 그래서 작품 속 그의 행위와 양상을 살펴보는 것이 중요하다고 할 수 있겠다. 작가의 의식과 가장 밀접하게 연결되어 있으면서도 동시에 독자의 반응을 이끌어내는 장치를 여기에서 담당하기 때문이다. 그러므로 여기에서는 앞의 사육신의 경우와 마찬가지로 원자허의 시를 통해 그 양상을 살펴보고, 그가 가진 반성적 서술기법의 효과를 논해 보도록 하겠다.

몽유 세계의 체험자 원자허는 작품 내에서 두 번 시를 읊는다. 첫 번째는 그가 몽중 세계에 들어온 후 단종과 사육신, 복건자를 소환하는 의식의 의미를 내포한다. 때문에 앞서 언급했듯이 그의 情調는 슬픔에 가득 차 있었고 이에 사육신과 같은 冤魂들이 照應하여 원자허의 눈앞에 소환된 것이다. 여기에서의 주된 정조는 슬픔 혹은 강개로 집약될 수 있다. 두 번째 시는 단종이 주최한 시연이 모두 끝난 후 이를 감상한 원자허가 자신의 감정을 내비친 부분이다. 따라서 여기에는 지금까지 사육신들의 시를 듣고 정리함으로써 이 체험에서의 '所懷'를 吐破한다는 의미가 있다.

한편 이들과 시연을 열어 역사적 인물과 공감한다는 측면은 앞서 『태평광기상절』의 〈주진행기〉에서 볼 수 있었던 부분이다. 여기에서의 역사적 인물은 비록 중국의 역대 왕비와 후궁이었던 인물이지만, 이들은 모두 권력에 희생당한 恨을 체현한 인물들이었다. 작가는 이들과의 공감을 통해서 자신의 문재를 과시할 수 있었고, 또한 이들에 대한 정보를 투입시킴으로써 그들이 희생당한 이유에 대해서 더욱 분명하게 깨달을 수 있는 효과를 얻게 되었다. 〈기몽〉 역시 이러한 차원에 있는 작품이었다. 즉 역사적 환상체험에서 볼 수 있는 이 서술기법은 〈원생몽유록〉에서도 재현이 된다. 이에 대해선 아래에 더 상술하도록 하겠다.

따라서 원자허의 두 시는 사육신을 만나기 전의 시 부분과 사육신을 만난 후의 것으로 나눌 수 있으며, 이 차이를 비교함으로써 체험을 통해 얻은 체험자의 소득을 정확히 살펴볼 수 있다는 것이다. 그리고 독자에게 카메라 역할을 하는 원자허의 체험 결과를 통해 독자도 이와 비슷한 경험을 느낄 수 있으리라 예상할 수 있다.[20] 원자허의 두 시는 다음과 같다.

---

20) 〈원생몽유록〉의 서술시점은 3인칭으로 되어 있는 반면, 〈주진행기〉나 〈기몽〉과 같은 역사적 환상체험 서사들은 1인칭으로 되어 있음을 알 수 있다. 이것은 서술자가 환상공간 내에서 자신의 문재를 마음껏 발휘함으로써 자신의 욕망을 채우고 이를 통해 현실의 긍정적인 효과를 보기 위해서였다. 즉 직접 체험에 참여함으로써 얻을 수 있는 효과라 하겠다. 그러나 〈원생몽유록〉은 역사적 인물을 환상적 공간 내에 소환하면서도 3인칭으로 그려내고 있는데, 이 까닭은 원자허라는 인물을 통해 3인칭으로 육신을 조망해야 그들의 모범적 행위를 너욱 부각시길 수 있기 때문일 것으로 생각한다. 따라

한 서린 장강에는 목메어 흐르질 못하는데　　恨入江波咽不流
갈대꽃 단풍잎에 찬바람 우수수 불어오네.　　荻花楓葉冷颼颼
분명 이곳은 長沙의 언덕일러니　　分明認是長沙岸
달 밝은 밤 英靈은 어디서 노니는가.　　月白英靈何處遊

지난 일 누구에게 물어볼까.　　往事憑誰問
황량한 산에 한 무더기 흙뿐이로다.　　荒山土一邱
한이 깊은 精衛의 죽음이고,　　恨深精衛死
혼이 끊어지는 두견새의 시름이라.　　魂斷杜鵑愁
옛 나라로는 어느 때 돌아가려나.　　故國何時返
강가 누각에서 이 날을 노닐러라.　　江樓此日遊
몇 곡의 노랫가락 슬픔이 깊은데,　　悲凉謌數闋
지는 달 갈대꽃 핀 가을이로구나.　　殘月荻花秋

첫 번째 시에서는 원자허가 꿈 속에 들어온 후 그 공간을 '長沙'에 비유하며 이곳이 틀림 없을 것이라 추측한다. 장사라는 공간은 楚나라의 땅으로 屈原이나 義帝가 죽은 공간으로도 유명하다. 특히, 굴원은 초나라를 위해 충성을 다했지만 모함을 받고 쫓겨난 위인으로, 후에 장사의 汨羅水에 투신하며 죽을 때 그의 絕命詩인 〈懷沙〉라는 賦를 쓰기도 했다. 그리고 〈회사〉의 마지막에는 "君子들에게 분명하게 밝히노니, 내 장차 모범(類)이 되고자 하노라"(明以告君子兮, 吾將以爲類兮)라는 굴원

서 이러한 카메라의 효과에서 〈원생몽유록〉의 작가가 비록 역사적 환상체험을 그 플롯으로 삼았지만, 담긴 내용이 교화적 글쓰기의 방식을 염두에 두었다는 것을 살펴볼 수 있다고 하겠다. 또한 원자허를 3인칭으로 둠으로써 얻을 수 있는 효과는 그가 환상체험 후 어떻게 변화했는지를 가장 객관적으로 보여줄 수 있다는 점에서, 그 반성적 서술기법을 염두에 둔 것이라고도 생각해 볼 수 있다. 이에 대해서는 본 절의 마지막 부분에서 더 첨언하도록 하겠다.

의 말이 담겨 있다. 이처럼 〈원생몽유록〉의 작가가 장사라는 공간을 설정한 이유는 굴원이라는 인물을 환기시킴으로써 그에게 담긴 원한과 슬픔, 그리고 그에게 모범 삼을 바가 곧 소환될 사육신과의 어느 정도 같은 궤에 있음을 알려주는 장치라고 할 수 있겠다. 요컨대 그러한 비슷한 행위를 한 인물들에 대한 공감을 통해 정서적 거리를 좁히는 장치라고도 볼 수 있겠다. 이에 원자허는 사육신들을 직접 만나기 전까지 이들에 대한 단상은 '슬픔'에 가까운 것으로 볼 수 있겠다.

그러나 사육신들과의 만남 이후 원자허는 이들에 대한 단상이 변화하기 시작한다. 이것은 두 번째 시에서 잘 드러나는데 결론부터 말하자면 이 시에는 슬픔과 동시에 허무함과 분노가 자리하고 있다.[21] 사육신들의 이야기를 들은 그는 '몇 곡의 노랫가락'(歌數闋)으로 '슬픔이 깊어'(悲凉)지기도 하지만, 동시에 그들이 道에 합치되는 모범적인 행위를 했음에도 권력의 희생양으로 전락해 원혼이 되었다는 사실은 그에게 몹시 충격적이었던 것이다. 그래서 그는 그들이 '한 무더기 흙'(土一邱)으로 돌아갔음을 깨달은 것에서, 또 '옛 나라'(故國)에 대한 향수를 통해서 허무함을 느끼고 '정위'(精衛)나 '두견'(杜鵑)과 같은 시어에서는 슬픔을 넘어선 분노를 느끼고 있다. 이처럼 슬픔이라는 감정이 분노로 변화하도록 만든 중요한 계기는 바로 모범적 행위에 대한 보상이 불충분했다는 것에 있다.

이러한 변화는 중요하다. 원자허는 사육신을 만나기 전에는 이들에

---

21) 원자허의 두 번째 시에 분노가 드러나 있음은 전성운이 앞서 지적한 바 있다. 그는 "원자허의 심사는 왕과 오륙 명의 신하를 만나 본 후에 … 비분의 성소가 더욱 심화된 것이다."라고 하였다. 그리고 이 분노는 앞서도 밝혔듯이 개인적인 분노보다는 역사 일반의 모순의 보편성에 대한 분노에 가깝다. 다만 필자가 보았을 때, 이러한 분노뿐만 아니라 허무함도 함께 드러나 있다고 생각하며, 역사 일반의 모순의 실체가 바로 道에 합치된 모범을 보인 이들이 겪는 고통에 대한 의분이었음을 더 상세하게 증명하고자 한다. 전성운, 앞의 논문, 263~264면.

대해 단순히 슬픔이나 원한이 가득 찬 인물로 인식했지만, 만남 이후에는 이들 원한의 까닭을 명확히 알아차림으로써 스스로가 분노할 수 있게 되었기 때문이다. 요컨대 원자허가 분노한 이유는 이들의 행위가 이상적인 가치를 체현함에도 현실에서는 모순되었기 때문이다. 이 모순으로 인해 자신이 모범이라고 생각했던 가치에 대해 懷疑하게 되었고, 따라서 세상에 대한 불만이 분노로 표출된 것이라 하겠다. 가치에 대한 상실은 허무함과 분노를 촉발하게 한 것이다.

그런데 이러한 변화의 양상은 〈남염부주지〉에서도 살펴볼 수 있는 것이었다.[22] 흔들리는 자신의 신념을 붙잡기 위해 일리론이라는 논문을 지은 박생은 환상체험에서 자신의 신념과 동질적이면서도 이질적인 존재인 염왕과 만나면서 자신의 기존에 가지고 있던 가치가 흔들리게 된다. 여기에서도 염왕은 박생에게 본질에 대해 몇 가지 언급을 함으로써 박생의 삶의 가치가 무엇인지에 대해 진중하게 모색할 기회를 만들어준다.

필자가 생각하기에는 이러한 부분이 〈원생몽유록〉 내에서도 그려지고 있다고 본다. 六臣을 환상공간에서 만나기 전 원자허의 인식은 슬픈 존재라고만 생각했다. 하지만 그는 환상체험을 통해 육신과 대면하게

---

22) 필자의 논의와 비슷한 견해를 가지고 있는 연구자들이 비교적 이른 연구에 있어 지면을 빌어 소개하고자 한다. 장덕순은 『금오신화』의 〈남염부주지〉와 〈용궁부연록〉이 몽유록과 친연성을 가지고 있으며, 오히려 〈왕랑반혼전〉과 같은 불교계 작품이나 〈구운몽〉과 같은 작품도 몽유록과 전혀 다른 이질성을 띠고 있다고 보았다. 조희웅도 〈원생몽유록〉의 작자 문제를 거론하면서 〈남염부주지〉가 몽유록과 비슷한 구조를 가지고 있음을 언급한 바 있다. 그러나 이들의 주장은 그 근거가 꿈이라는 환상체험의 공통분모를 언급한 정도에서 그치는 것이기에 이 글에서 논의하는 문화적 토대에서 기인함을 주장하는 것과는 전혀 다르다. 장덕순, 「몽유록 소고」, 『동방학지』 4, 연세대학교 동방학연구소, 1959; 조희웅, 「원생몽유록 작자 재고」, 『문리대학보』 19, 서울대 문리대, 1963. 한편 조희웅의 논고는 우쾌제 編, 『〈원생몽유록〉 작자 문제의 시비와 의혹』(박이정, 2002, 19~36면)에 재수록 되었다.

되고 그들과의 시연을 통해서 그들과 공감할 수 있게 되며, 이로써 분노의 감정으로 변화하게 되는 것이다. 기존 가치에 대해 새롭게 모색함으로써 전복시키는 플롯이 여기에도 적용되었다고 하겠다. 그러므로 이런 부분에서 〈원생몽유록〉이라는 작품은 『태평광기상절』의 문화적 영향력 아래에 있다고 볼 수 있다.

그렇다면 이 작품에서 궁극적으로 말하고자 한 바는 세상에 대한 모순을 폭로하고 그 분노를 드러내는 것에 그치는 것일까? 기존의 연구에서는 이에 대해 작가가 방외인 혹은 사림이기 때문에 세상에 대한 부정적이고 비판적 태도가 담겨 있다고 보았다.[23] 그러나 이 작품의 작가는 현실에 대한 모순을 목도하고 분노했을지언정 사육신의 행위에 대한 가치는 포기하지 않은 것으로 보인다. 조금 거칠게 말한다면 세상에 대한 부정적인 태도보다는 긍정적 가치를 더욱 역설적으로 말하고 있다는 것이다. 이것은 원자허의 시 바로 뒤에 등장하는 兪應孚를 통해서 이 사실을 알려준다. 다시 말해 원자허의 변화는 처음 허무함과 분노의 감정으로 표출되지만, 궁극적으로는 마지막 사육신인 유응부와의 만남을 통해 최종적인 변화를 거친다는 것이다. 이에 유응부의 시를 살펴볼 필요가 있다.

바람이 쓸쓸히 부니	風蕭蕭兮
나뭇잎 지고 물결 차구나.	木落波寒
장검 어루만지며 긴 휘파람 부니	撫劍長嘯兮
북두칠성이 비스듬하구나.	星斗闌干
살아서는 충효를 온전히 했고	生全忠孝

23) 대표적으로 다음을 들 수 있다. 임형택, 「이조전기의 사대부문학」, 『한국문학사의 시각』, 창작과 비평사, 1984; 정학성, 「임백호 문학연구」, 서울대학교 박사학위논문, 1985; 신해진, 『조선중기 몽유록의 연구』, 박이정, 1998.

죽어서는 굳센 혼백 되었네. 死作毅魄
이내 마음 어떠한가? 襟懷何似
강물에 뜬 둥근 달과 같아라. 一輪江月
아아! 당초 계획부터 잘못되었으니 嗟不可與慮始兮
썩은 선비들을 어찌 책망할꼬? 腐儒何責

이 시 역시 〈원생몽유록〉 일반의 시들과 마찬가지로 감정과 이념적 부분이 적절하게 배합되어 있다. 특히 전반부에는 단종을 향한 슬픔의 정조가, 후반부에는 이념적 평가 부분이 강하게 드러난다. 여기에서 중요하게 살펴볼 부분은 마지막 구절인 '腐儒何責'이다. 이 구절은 〈육신전〉에서 드러나 있는 바를 그대로 차용해서 시에 옮긴 것인데, 〈육신전〉에서 얘기하는 것과는 조금 다른 의미로 사용된다. 이에 대해 논하자면 〈육신전〉에서는 '腐儒'를 의미 그대로 '쓸모없는(썩은) 선비'로 이해할 수 있으며 성삼문의 우유부단함에 대한 유응부의 원망이 담겨 있다. 하지만 〈원생몽유록〉에서는 이 단어를 차용했지만 그들에게 책임을 전가하지 않는다. 즉 '어찌 책망하겠느냐'라는 물음은 오히려 당시의 형세가 그러했을 뿐이기에 잘못된 결과가 초래한 것이지, 이들 六臣의 행위는 책망의 대상이 아님을 보여주고 있다. 그래서 유응부의 마지막 시를 들은 원자허는 육신의 행위가 옳은 행동임을 인지하게 된다.

> 자허의 벗 해월거사가 이야기를 듣고 애통해하며 말했다. "대저 예로부터 임금이 어리석고 신하가 어리석어 끝내 나라가 망하는 데 이르는 경우가 많았다. 지금 이 임금을 보아하니 생각컨대 분명 현명한 군주이며 이 여섯 신하 또한 모두 충성스럽고 의로운 인물이다. 어찌 이와 같은 신하들이 이와 같은 군주를 모셨는데도 이렇게 참혹한 일이 있단 말인가? 아아, 형세가 그렇게 한 것인가? 시세가 그렇게 한 것인가? 이는 아마도 시세에 돌리지

> 않을 수 없으며 또 天地에 문제를 돌리지 않을 수도 없다. 하늘에 원인을 돌리면 복선화음은 천도가 아닌가? 하늘에 원인을 돌릴 수 없다면 답답하고 막연해지니 그 이치를 알기가 어렵도다. 우주는 아득한데 한갓 뜻있는 선비의 한만 더해질 따름이다."[24)]

이러한 판단은 원자허의 친구인 海月居士의 논평 부분에서도 똑같이 드러난다. 해월거사의 평은 원자허의 이야기를 듣고(특히 유응부가 일갈하는 시까지 듣고) 이에 대한 소회를 밝힌 것이기 때문에 독자비평에 가깝다. 그의 평을 보면 사육신들의 참로를 보면서 그 원인을 '時勢'에 맞지 않았기 때문으로도 보기도 하고 '하늘'에 돌리기도 한다. 그런데 하늘에 돌리자니 복선화음이라는 천도에 맞지 않기 때문에 하늘 탓만도 아니다. 이에 곧 해월거사는 이 일이 발생한 까닭을 알 수 없어 선비의 恨만 돋게 된다고 말하면서 논평을 끝낸다.

해월거사의 언행에서 중요하게 살펴볼 수 있는 부분은 사육신의 행위는 분명 보상이 있어야 했지만, 그것이 없는 세계에 대한 의문이다. 그리고 그 의문에 대한 정확한 답은 알 수 없다는 것이다. 그럼에도 그의 마음에 恨이 만들어지는 근원적인 이유는 사육신과 같은 행위나 마음가짐을 포기하지 않고 지속해야 함을 알기 때문이다. 만약 그런 행위를 포기하게 된다면, 다시 말해 사육신과 반대되는 세조의 무리들과 비슷한 행위를 하게 된다면, 그에겐 과연 恨이 없었을까? 작품 전체에서 확인할 수 있듯이 사육신을 모범 삼으려고 이 작품을 만든 인물의 성향을 비춰

---

24) 〈元生夢遊錄〉. "子虛之友, 海月居士, 聞而痛之日 : "大抵自昔以來, 主暗臣昏, 卒至顚覆者, 多矣. 今觀此主, 想必賢朝之士, 此六臣者, 亦皆忠義之人也. 安有以如此等臣, 如此等君, 而若是其慘酷者乎? 嗚呼! 勢使然耶? 時使然耶? 此盖不可不歸之於時勢, 而亦不可歸之於天地也. 歸之於天, 則福善禍淫, 非天道乎? 不可歸之於天, 則冥然漠然, 此理難詳. 宇宙茫茫, 徒增志士之恨耳.""

보았을 때 기회주의적인 행동은 그에게 오히려 더 큰 恨 혹은 죄책감을 낳게 만들었을 것이다. 그리고 작가는 그런 행위를 할 때 자신이 이상적으로 여긴 모든 가치와 질서가 부정되는 형태로 돌아옴을 잘 알고 있었을 것이다.

이런 의미에서 원자허의 사육신에 대한 최종적 인식은 '슬픔→분노→믿음'으로 변화하는 것으로 알 수 있다. 해월거사의 마지막 말인 '무릇 뜻있는 선비의 한만 돋을 따름'이라는 언급은 문면 그대로 恨을 자아낸다 정도로 읽어야지 이것에 대해 현실 비판적 측면이 드러나거나 작가의 불우성이 내재되어 있다고 읽기는 무리가 있다는 것이다. 따라서 작가에게 현실에 대한 불만족스러운 부분이 있을지언정 그 불만족이 지금의 현실을 변화시키지는 않는다는 사실을 깨닫는 것, 그리고 더 나아가 그럼에도 사육신과 같은 행동을 통해 현실의 불만족을 타개할 수 있다는 믿음이 내재된 것으로 읽어내어야 한다고 필자는 생각한다. 이것이 〈원생몽유록〉이 최종적으로 전해주려던 메시지인 것이다.[25]

이것은 육신을 환상공간에 소환할 때부터 내재하고 있었던 것이다. 〈기몽〉에서 작가가 가치 있다고 판단한 인물을 소환한 까닭은 역사적 인물과 함께 즐기기 위해서였다. 이것은 그 서술자가 1인칭 주인공 시점을 택함으로써 가능한 것이었다.[26] 한편 〈원생몽유록〉은 3인칭 관찰자

---

25) 이에 대해 비슷한 맥락에서 신재홍은 "이들 몽유록 작품에 공통적으로 나타나는 주제는 현실과 이념 사이의 모순을 제기하고 이를 다시 이념의 관철로써 무마시키는 것이라고 정리할 수 있다. 이에 몽유록은 당대의 현실적 고민을 문제삼아 작품에 반영하고, 또 그 문제에 대한 해결책으로서 유교적 이념을 제시한다는 공통점을 거듭 확인할 수 있다."고 하여, 〈원생몽유록〉이 현실에 대한 비판적 메시지를 담은 것도 있지만 이것을 넘어서려는 노력이 내재되어 있음을 알려주고 있다. 신재홍, 앞의 책, 112면.

26) 이러한 면모는 우승유를 주인공으로 하여 1인칭 시점을 택한 〈주진행기〉에서도 잘 드러난다.

시점을 택함으로써 작가가 가치가 있다고 판단한 인물을 환상공간에 소환하고 이들의 모범을 '관찰'할 수 있게 된다. 그리고 관찰한 바를 토대로 작가는 이들이 그저 슬픔을 표상하는 존재가 아닌 모범 삼을 부분이 충분한, 즉 道를 회복시킬 수 있는 인물들이라는 인식으로까지 전환하게 된다. 이것은 종교적 환상체험에서 보았던 주인공의 질적 상승의 부분이다. 이것은 16세기라는 배경에서도 이해할 수 있다. 인간과 사회의 改善에 대한 믿음은 바로 이런 부분에서 당시 사람들에게 큰 공감을 주었으리라 본다.

그리고 한편으로 이것은 '몽유록' 장르의 시작을 알리는 부분이기도 하다. '좌정-토론-시연'과 같은 구성이 〈원생몽유록〉부터 어떤 이유로 출현하게 되었는가는 바로 역사적 환상체험 서사의 관찰자화와, 또한 그 안의 역사적 인물들에 대한 공감과 함께 모범화 작업이 이루어졌기 때문으로 보인다. 다시 말해 모범과 반성의 서술기법이 융합되면서 출현한 작품이 바로 〈원생몽유록〉이라고 할 수 있겠다.

따라서 재래의 연구에서 〈원생몽유록〉이 현실에 대한 비판적 시각이 내재되었다고 보는 주장은 조금 재고될 필요가 있다. 필자의 견해를 피력하자면 이 작품은 현실에 대한 비판보다 현실을 긍정하는 서사가 강하게 자리하고 있어 보인다. 사육신의 행위를 통한 모범삼기와, 그들을 통해 인식을 변화시키는 주인공이 그것을 말해준다 하겠다. 이것을 일종의 이념적 주인공을 통한 감화 효과라고 볼 수도 있겠다.[27]

---

27) 여기에서는 다루지 않았지만 이러한 면모는 바로 뒤에 이어지는 몽유록인 〈琴生異聞錄〉에서도 나타나는 현상이다. 그 내용은 금생이 꿈속에서 정몽주, 길재, 김종직 등의 역사적 인물을 만나 그들에게서 이념적인 행위(예를 들면, 수양법 등)를 보고 듣고는 꿈에서 나와 감화되는 구조로 되어 있다. 이처럼 당시 몽유록은 점차 이념성과 관련해서 그 모범성과 그들을 통한 감화 구조로 변화해 갔다고 하겠다.

지금까지 살펴본 결과, 〈원생몽유록〉에는 『소학』과 『태평광기상절』이라는 각기 다른 문화적 자장에서의 서술기법이 서로 융합되고 있음을 볼 수 있다. 이전까지의 고전소설은 각각의 작품에서 실천적 유교이념(예를 들면 〈오륜전전〉)과 철학적 유교이념(예를 들면 〈천군전〉)을 다루고 있었다. 하지만 〈원생몽유록〉부터는 실천적 유교이념과 철학적 유교이념이 교직되는 글쓰기 현상의 시작 지점을 여기에서 목격할 수 있다. 그러나 이것은 동등한 교직이라고 볼 수 없을 것이다. 문학적 자장에서 서사적 흥미를 추구했던 작품들이 16세기의 이념적 담론들이 문학의 영역으로 퍼지면서 이로 인해 〈원생몽유록〉과 같은 작품이 산생되었음을 이해해야 한다.

이제 다음 항에서는 〈최생우진기〉를 통해 지금의 양상을 다시 증명해 보도록 하겠다. 다만 분석에 앞서 미리 알려둘 지점은 〈원생몽유록〉이 실천적 유교이념을 강하게 드러낸 작품이라면, 〈최생우진기〉는 철학적 유교이념을 조금 더 강하게 투사한 작품이라는 점이다. 이는 아마도 장르의 영향에서 비롯된 바인 듯하나, 더 중요한 것은 장르를 넘어 이념성을 자연스럽게 드러내는 방법이 16세기부터 전변되기 시작했다는 사실이다.

2. 이계체험을 통한 이념적 인물의 제시와 반성 : 〈崔生遇眞記〉

16세기 소설 『企齋奇異』는 申光漢(1484~1555)이 창작한 네 편의 소설들을 묶은 소설집이다.[28] 『기재기이』에 대한 연구는 소재영의 소개로부터 시작하였는데,[29] 그 출발은 다소 부정적이었다. 16세기에 출현한 『기재기이』를 15세기와 17세기를 잇는 이행적 작품이라고 평하거나 혹은 15세기에 나온 『금오신화』보다 그 작품성에서 뒤떨어지는 작품으로 평했다는 점에서 그렇다.[30] 하지만 이러한 평가는 곧이어 제출된 논의들로 인하여 수정됨은 물론이고 『기재기이』를 문학사에서 중요한 위치로 부상시킬 수 있게 하였다.[31]

『기재기이』의 연구는 크게 두 가지로 나눌 수 있다.[32] 첫째, 작가론에 관한 연구,[33] 둘째, 서술기법과 구조에 관한 연구[34]가 바로 그것이다. 최

---

28) 본 절은 유요문, 「〈최생우진기〉에 나타난 증공의 기능과 삶의 성찰」, 『고전문학연구』 56, 한국고전문학회, 2019, 61~90면을 근간으로 하되, 기존의 생각들에 대해 보완할 수 있는 자료들을 보충하고 서술의 순서를 완전히 바꿨다. 또한 불필요하거나 과한 표현은 이 책에서 주장하는 논지에 맞게 수정을 가했음을 미리 밝혀두는 바이다.

29) 소재영, 「신광한의 『기재기이』」, 『숭실어문』 3, 숭실대 국어국문학과, 1986, 231~283면.

30) 대표적인 논의는 다음과 같다. 김종철, 「서사문학사에서 본 초기소설의 성립문제」, 『고소설연구논총』, 다곡 이수봉 선생 회갑기념논총, 1988, 204면; 박희병, 「한국 고전소설의 발생과 발전단계를 둘러싼 몇몇 문제에 대하여」, 『관악어문연구』 17, 서울대 국어국문학과, 1992, 31~53면; 조동일, 『한국문학통사』 권2, 지식산업사, 1994, 467면.

31) 김근태는 양식에서의 발전적 변모 양상을 살핀 후 신광한은 화해를 기반으로 한 낙관론적 자세를 보인다고 결론지었다. 김근태, 「초기 서사유형의 모색과정과 『기재기이』」, 『열상고전연구』 6, 열상고전연구회, 1993, 274~304면.

32) 연구사에 대한 논의는 다음 유기옥의 논의를 참조하였지만 필자 나름대로의 관점에서 재해석하였다. 유기옥, 「『기재기이』의 연구 동향과 쟁점」, 우쾌제 외, 『고소설 연구사』, 월인, 2002, 75~100면.

33) 대표적인 연구 몇 가지만 언급하고자 한다. 『기재기이』 작가론은 정재현(「기재 신광한 연구」, 단국대학교 석사학위논문, 1993, 1~101면)에 의해 처음으로 시도되었고, 소인호에 의해서 더욱 구체화되었다. 소인호(『한국 전기소설사 연구』, 집문당, 2005, 161~182면)는 거시적으로 소설사를 규명하면서 『기재기이』가 신광한의 정치적 입장과 매우 밀접한 관계가 있음을 지적하였다. 신광한이 정치적으로 중립적 색채가 짙었다는 이러한 논자의 논의는 추후 『기재기이』를 해석하는 데 주요한 방법론으로 이어지게 된다. 신해진(「〈안빙몽유록〉의 주제의식 고찰」, 『한국한문학연구』 20, 한국한문학연구회, 1997, 211~243면)은 〈安憑夢遊錄〉을 작가의 생애와 시대적 배경과 관련하여 고찰하였는데, 특히 신광한이 훈구파와 사림파 양자 사이에 길항되는 정신적 역정을 겪은 인물이며 훈구파와 사림파 사이의 전이적 의식성(고뇌에 기반)을 보인 인물이

근에는 『기재기이』 작가론에 대한 자성의 목소리가 나오는 상황이다. 전성운은 "작가가 훈구 출신이니 작품도 그러한 특징을 지닐 수밖에 없고, 작품의 우의성이 모호한 것을 보면 작가의 중간적 처지 혹은 고립된 개인으로 이해하는 것이 마땅하다는 순환 논리"가 『기재기이』에 포화 상태로 퇴적되었으며, 따라서 "신광한과 『기재기이』에 대한 다양하고 심화된 이해가 이루어질 수 없는 연구 상황이 초래"되었다고 평하고 있다.[35] 요컨대 신광한의 정치적 우의에 입각하여 작품을 해석할 경우 모든 작품의 내용이 신광한의 정치성향으로 귀결된다고 하겠다.

반대로 작품을 서사기법 중심으로 해석한다면 작가의 삶이 배제되어 설득력을 크게 잃을 가능성이 높다. 그러므로 신광한의 정치적 성향을 어느 정도 배제할 필요와 더불어 서술기법만으로 매몰되지 않을 방법론을 사용할 필요성이 제기된다. 이에 이 글에서는 작가에 대한 정치 성향을 가능한 배제하고자 작품에 나타난 서술기법을 중심으로 그 의미를 밝혀낸 후 작가의 '삶'과 연결하고자 한다. 여기에서 말하는 작가의 삶이란 작가의 정치 성향이나 역사 상황을 작품에 대입하는 것과는 차이가 있다. 그 삶은 작품에서 보이는 작가의 삶의 태도나 인생관과 관련이

라고 하였다. 윤채근(「『기재기이』: 우의의 소설미학」, 『한국한문학연구』 24, 한국한문학회, 1999, 159~187면)은 신광한의 경험 중 '己卯士禍'가 『기재기이』 창작에 큰 영향을 미쳤을 것으로 보고 논의를 진행하였는데, 이에 『기재기이』를 정치적 寓意로 보았다. 이처럼 작가론에 대한 기존의 연구는 대부분 작가의 정치적 성향이나 특정 시기에 국한되어 작품을 해석한 경향이 있어 왔다고 정리할 수 있겠다.

34) 유기옥, 「신광한의 기재기이 연구」, 전북대 박사학위논문, 1990; 김근태, 앞의 연구; 문범두, 「〈최생우진기〉의 구조와 의미」, 『어문학』 72, 한국어문학회, 2001; 신상필, 「『기재기이』의 성격과 위상」, 『민족문학사연구』 24, 민족문학사연구소, 2004; 엄기영, 「『기재기이』의 창작방법 연구」, 고려대 박사학위논문, 2007; 김현화, 「〈서재야회록〉의 분위기 구현 양상과 문예적 특질」, 『반교어문연구』 36, 반교어문학회, 2014.

35) 전성운, 「신광한의 삶의 태도와 소옹 지향」, 『한국언어문학』 90, 한국언어문학회, 2014, 205면.

깊다고 하겠다. 그래서 작품을 『기재기이』 중 〈崔生遇眞記〉로 한정하여 증공의 기능을 통해 작가와의 관련성을 타진해보도록 하겠다.

한편 지금까지 〈최생우진기〉에 대한 논의들은 최생의 용궁 혹은 선계 체험에만 집중되어 있었지 이것을 듣고 나중에 사람들에게 '전파'의 역할을 하는 證空에 대해서는 무관심한 편이었다.[36] 요컨대 지금까지 증공이라는 존재는 최생의 용궁 체험에 대한 해석에 있어 어떠한 역할을 수행하는가에만 초점을 맞춰졌다는 점이다. 하지만 작품의 주변인물인 증공을 어떤 쓸모에 의해서 작가가 만들어 낸 것인지, 더 나아가 그것이 가지는 기능을 살펴본다면 〈최생우진기〉에 대한 새로운 시각을 도출할 수 있을 것이다. 이에 증공이 서사 안팎에서 수행하는 기능들을 조금 더 본격적으로 다뤄볼 예정이다.[37]

---

36) 〈최생우진기〉의 구조를 다시금 살펴보면 현재의 시점에서 증공은 독자에게 과거의 최생이 체험한 이야기를 전달해주는 서술자의 역할을 하고 있다. 이러한 증공의 역할은 작품에서 무척 흥미롭다. 마치 17세기 전기소설 〈운영전〉의 등장인물 柳永처럼 증공은 작품 속에서 작가-독자의 '중간자 혹은 매개자'로서의 위치를 점하고 있다는 점이다. 그럼으로써 증공의 위치는 최생보다 오히려 증공이 작가의 의식과 더 큰 관여를 할 수 있는 여지가 생기게 된다. 이에 작가 신광한의 의도를 정확히 파악할 수 있으려면 증공과 최생을 아울러 살펴보아야만 할 것이다. 따라서 이제 최생에게만 집중되어 있던 시선을 증공으로 돌릴 필요가 있다.

한편 〈운영전〉의 유영에 대한 논의로 이상구는 "몽유록의 형식을 빌고 있는 〈운영전〉 전체를 통합적으로 볼 때, 이들의 술회는 몽유자 유영의 꿈에 불과하다. 즉 운영과 김진사의 비극적인 사랑은 당사자들이 술회한 것을 그대로 기록한 형태인 것처럼 서술되어 있지만, 내용상 이들의 이야기는 유영 자신이 꾸었던 꿈을 형상화한 것이라고 할 수 있다. 이런 점에서 유영은 작가를 내번하는 서술자인 셈이다. 따라서 〈운영전〉의 안평대군은 유영과 같은 인물의 시각에서 형상화된 것이라고 할 수 있다."고 하여 이 글에서 보고자 하는 증공의 매개자 역할을 말하려는 논지와 일치한다. 이상구, 「운영전의 갈등양상과 작가의식」, 『고소설연구』 5, 한국고소설학회, 1998, 157면.

37) 증공에 대한 논의는 다음과 같다. 김근태는 증공의 역할이 최생으로부터 선계 체험을 듣고 간접 체험한 것을 작가에게 전달해주며, 작가는 독자에게 전달하게 되면서 증공이 일종의 '시간적 여과' 장치를 한다고 보았다. 그래서 증공은 객관성 확보의 과정을

그러므로 이번 절에서는 목표하는 바를 정리함으로써 〈최생우진기〉에 대한 논의를 이어가도록 하겠다. 이 글에서는 증공이 작품에서 수행하고 있는 기능 두 가지를 간취해볼 예정이다. 증공은 작품에서 몹시 어설픈 인물로 묘사되어 있다. 이것을 작가의 불교에 대한 비판적 시각이 내재되어 있는 것으로 보는 주장도 있다.[38] 그러나 필자의 견해로는 이것은 종교의 차원이 아닌 행위의 차원에서의 비판적 시각이 깔려 있는 것으로 생각한다. 그래서 주인공의 행위와 대비적인 효과를 자아낸다는 사실에 착안해 필자가 탐색하려는 교화적 서술기법, 즉 『소학』에서 빈번하게 사용되었던 모범화 작업을 여기에서도 찾아볼 수 있으리라 기대한다. 이것이 증공의 첫 번째 기능이다.

두 번째 기능은 증공이 최생의 행위를 보고 무엇을 얻을 수 있는가

담보해주는 기능을 담당한다고 주장했다. 신재홍은 액자 밖의 경우에는 1인칭 서술자가 사건을 언급하고 있는 반면, 최생의 용궁 체험담부터는 3인칭 서술자로 변화한다는 지점에 주목하였다. 그래서 작가가 증공의 시점을 택한 것은 최생의 환상적 경험에 의혹이 일어나도록 만들고 다양한 해석의 여지를 남겨둘 수 있는 효과를 자아낸다고 보았다. 한편 이경규는 작가가 증공의 무능력을 계속해서 보여주는 까닭은 작가의 排佛사상과 밀접하게 연관되어 있으며, 따라서 증공의 이야기를 허구성을 드러내는 역할로 정의했다. 엄기영은 증공을 단순히 이야기 전달자라는 기존의 시각에서 더 나아가 모든 '不信'을 조장하는 인물로 본다. 즉 증공은 자신의 잘못을 덮는 이야기를 꾸며내는 존재로서 '가공의 것'을 증명하려 한다는 것이다. 결국 논자는 〈최생우진기〉가 신뢰할 수 없는 화자인 증공의 이야기를 부정함으로써 얻어지는 현실 인식의 강화라고 보았다. 이러한 증공에 대한 시각은 엄태식과 전성운의 논의에도 일정하게 이어진다. 엄태식은 작품을 기묘사화와 연결하여 증공의 존재가 신광한의 모순된 인식을 드러낸 것이라고 보았고, 전성운은 증공의 거짓을 통해 당대 유자 의식을 반영한 것이라고 보았다. 김근태, 앞의 논문, 294~297면; 신재홍, 앞의 책, 87면; 이경규, 「기재기이 연구」, 한남대 석사논문, 1999, 58~66면; 엄기영, 『16세기 한문소설 연구』, 월인, 2009, 157~166면; 엄태식, 「〈최생우진기〉의 서사적 의미와 신광한의 현실 인식」, 『민족문화』 42, 한국고전번역원, 2013, 35~39면; 전성운, 「〈최생우진기〉의 서사 기법과 의미」, 『어문논집』 71, 민족어문학회, 2014, 133~139면.

38) 이경규, 앞의 논문, 66면.

하는 점이다. 이 질문을 조금 더 세밀하게 다듬자면 증공을 통해 작가가 우리에게 전해주고자 하는 메시지가 무엇인가를 밝히는 작업이라고 할 수 있다. 이 역시 후술하겠지만 증공은 최생의 행위를 보고 깨달음을 얻고 변화를 하는 인물로 그려진다. 그래서 이것은 『태평광기상절』에서 보았던 환상체험을 통한 주인공의 질적 상승과 관련되어 있다.

물론 드러나고 있는 두 서술기법은 이제 『소학』과 『태평광기상절』에서 많이 멀어져 있다. 『소학』에서는 실천적 유교이념의 주인공을 모범으로 세우는데, 〈최생우진기〉에서는 실천적 유교이념이 아닌, 행위에 대한 올바름을 모범화하고 이를 이념화한다. 하지만 우리가 〈오륜전전〉에서 봤던 변하지 않는 완벽한 이념형 주인공을 여기에서도 찾아볼 수 있다. 한편 〈최생우진기〉에서는 주인공이 아닌 주인공의 체험을 듣는 관찰자에 가까운 인물이 변화를 한다. 이것은 마치 〈원생몽유록〉에서 봤던 원자허가 六臣들의 모범 행위를 보고 인식이 변화한 것과 같은 효과를 자아낸다. 다음으로는 위의 내용에 따라 〈최생우진기〉를 분석하도록 하겠다.

1) 최생의 모범성과 이념화된 주인공

본 논의를 진행하기에 앞서 〈최생우진기〉에 대한 대략적인 내용을 소개하고자 한다. 〈최생우진기〉의 배경은 진주부 서쪽에 두타산이라는 산인데 현재의 강원도에 있다. 주인공인 최생은 일찍이 禪 공부를 하는 證空이라는 스님과 더불어 세상을 등지고 두타산 무주암에서 은거하고 있었다. 하루는 최생이 『靑囊秘訣』을 읽다가 洞天의 한 바위를 밟으면 선계체험을 할 수 있다는 증공의 말을 듣고 이를 실천해 보기로 마음먹었다. 최생은 증공과 함께 그곳을 가서 증공의 만류에도 불구하고 바위

위에 올라갔다가 낭떠러지에 떨어지고 만다. 이에 증공이 혼자 돌아온 지 여러 달 후에 최생이 玄鶴을 타고 돌아와 자신의 선계체험 이야기를 하게 된다. 최생이 방문한 곳은 바로 용궁인데 그곳의 신선들과 함께 연회를 즐기다가 증공을 생각하여 10년 후 선계에서 재회하자고 약속한 후 인간세계로 돌아오게 된다는 이야기였다. 이에 최생은 증공에게 이를 알려주면서 신선의 하루가 인세의 수월이라고 말하고는 그 후 세속에 관심을 두지 않고 입산하더니 不知所終하게 된다.

위의 줄거리를 통해 알 수 있듯이 이 작품은 최생과 증공의 관계를 해명하는 일이 몹시 중요해 보인다. 그런데 이들은 두타산이라는 곳에 함께 거처하고 있으며 선계를 갈망하던 인물들이었다. 그래서 증공은 최생에게 선계체험이 가능할 장소를 알려준다. 따라서 작품 초반에 나오는 이 '洞天의 바위'는 이 작품을 읽는 중요한 키워드로 보인다. 선계로 향할 수 있는 열쇠이기 때문이다. 다음 증공의 말이 다소 길더라도 다음의 인용문을 살펴보도록 하자.

> 일찍이 그 골짝이 신비롭다는 말을 듣고, 진인이 그곳에 살고 있을 듯하여 가서 그를 만나보고 싶은 생각이 간절하여, 바위 구멍이거나 벼랑 틈이거나 물이 조금이라도 흘러나오는 곳은 탐색해보지 않은 곳이 없으나, …… 벼랑 끝머리에 넓적한 바위가 하나 있었으니 서너 사람이 앉을 만한 것이었는데, 밟았다하면 기우뚱거려서 비록 아슬아슬한 바위에 잘 올라서는 伯昏無人 같은 사람이라 할지라도 밟기 어려운 바위였습니다. …… 제가 일찍이 부처님의 힘을 믿고 선뜻 한 발을 내디뎌 바위 위에 올려놓고 그 골짜기 입구를 굽어보니, 아득히 아무 것도 다른 것은 보이지 않고 푸르고 푸른 용추와 멀리 학이 날는 것만 보였습니다. 머리가 아찔하고 간담이 서늘하여 엉금엉금 기어서 물러나왔습니다. 그대가 이 바위를 딛고 올라설 수 있는 자여도 대단한 것이니 그대가 어찌 이 골짜기를 구경할 수 있겠습니까?[39]

증공이 최생에게 '바위'에 대해 언급한 대로 자신이 그곳에 올라서 골짜기 밑을 보니 선계가 있었지만, 밑이 아득하여 두려움에 내려왔다는 내용이다. 증공은 위의 인용문을 통해 알 수 있듯이 선계에 대한, 즉 이상세계 혹은 '眞'에 대한 동경이 매우 강한 인물이다. 그래서 골짜기 구석구석을 탐색하여 이상세계로 가는 길을 求道하는 자로 행동한다. 이는 최생 역시 마찬가지이다. 그러나 이상세계로 가는 길은 바위 위에 올라서는 오직 하나의 길만이 존재한다. 다시 말해 목숨을 걸 정도의 위험에 정면으로 맞설 때 이상세계로 향할 수 있다는 것이다.

하지만 증공은 이상세계를 직접 눈으로 목격하면서도 바로 앞에서 그 두려움을 이기지 못하고 현실세계로 돌아오는 인물이다. 요컨대 '이상을 욕망하지만 현실에 벗어나지 못하는' 인물이 바로 증공인 셈이다. 그의 이상세계에 대한 욕망은 뒷날 최생이 절벽으로 떨어진 후 다시 무주암에 찾아왔을 때 최생에게 반복적이고 강박적으로 그곳에 대해 질문한다는 점에서도 알 수 있다. 이처럼 증공은 아직 바위를 딛고 올라 설 수 있는 자가 아니고 그러한 경지에 도달하기 위해 노력하는 자라고 정의할 수 있겠다.

그렇다면 작가는 작품 내에 왜 이러한 설정을 넣어둔 것일까. 작가인 신광한은 최생과 증공의 역할 분담을 통해 독자에게 보여주고자 했던 바가 있었을 것이다. 이들의 공통점은 바로 이상세계에 대한 열망이다. 하지만 그것을 대하려는 태도에 있어서는 서로 반대되는 모습을 보인다. 작가가 등장인물들의 목표를 같은 것으로 설정했으면서도 다른 행위를

39) 〈崔生遇眞記〉. "嘗聞洞之靈秘, 意有眞人存焉, 頗懷往從之志, 石竇崖罅, 泉脉滲漏處, 靡不探索 …… 則崖盡前頭, 有盤石, 可坐數人, 步輒傾搖, 雖能履危石如伯昏者, 亦難履此. …… 貧道嘗恃佛力, 亟出一履, 俯瞰洞口, 茫不見物, 龍湫蒼然, 鶴飛杳然. 頭眩膽悸, 匍匐而退. 子若能履此石者, 足矣, 了焉能遊此洞乎?"

하게 만든 까닭은 무엇일까. 이것을 알아낸다면 작가가 의도한 것에 한 발 더 가까워질 수 있을 것이다.

여기에서는 최생과 증공의 행위가 대비되었다는 점에 착안하여 그 효과를 알아보도록 하겠다. 예컨대 바위에 찾아가려는 최생을 말리는 증공의 외침(殆而殆而! 已而往者殆而!)은 최생과 증공의 모습을 선명하게 대비시키고 있다. 즉 어떠한 어려움에도 굽히지 않고 이상세계의 길을 찾으려는 최생과 이상세계를 욕망하지만 두려움으로 인해 현실로 돌아오는, 혹은 위험을 감지하여 현실과 타협하는 증공의 모습은 매우 대비된다고 할 수 있다.

확실히 최생은 '이 바위를 딛고 올라 설 수 있는 자'라고 할 수 있겠다. 그래서 예측할 수 없는 위험에 빠질 수 있었음에도 확실에 찬 듯 바위에 올라선다(生振迅長往, 若翰若羽). 바로 이 점에서 최생은 '초인'적인 존재라고 하겠다.[40] 이것은 앞서 증공이 언급했던 '伯昏無人'의 예시와 맞닿아 있다. 백혼무인과 바위의 일화는 『莊子』의 「田子方」편에 수록되어 있는데, 列禦寇가 활 솜씨를 백혼무인에게 뽐내자 백혼무인은 그를 위험한 바위에 올라서서[履危石] 활을 쏘게 한다. 이에 백혼무인은 먼저 바위에 올라선 다음 열어구를 바위 위에 올라오게 하니, 열어구는 바위에 오른 후 그만 '땅에 엎드린 채 식은땀을 흘려 발꿈치에까지 이르'[伏地汗流至踵]는 모습을 보여준다. 그리고 백혼무인은 열어구에게 다그치듯 수

---

40) 최생을 '超人'으로 설정한 논의가 있어 주목된다. 김현화는 최생에 대해 "인간의 한계를 극복한 이상적 인간이란 의미의 '초인'이다. 보통 인간의 능력으로는 갈 수 없는 선계에 발을 들인 그 자체만으로도 초인으로서의 성격은 그려진다."고 하여 필자가 제기하려는 논의와도 어느 정도 부합하면서도 초인에 대한 정의를 그 능력적인 차원에 한정하고 있기에 다르다. 이 글에서는 최생의 초인적인 능력보다도 오히려 '실천'에 대한 '의지'가 보통의 인간과 다르다는 의미로 보았다. 김현화, 「〈최생우진기〉의 배경묘사 양상과 기능」, 『한국언어문학』 87, 한국언어문학회, 2013, 138면.

행이 부족하여 바위 위에선 화살을 명중시키지 못한 것이라고 말하며 계도한다. 다시 말해 최생은 백혼무인과 같은 이상적인 면모를 갖춘 자인 셈이다.

이것은 세상 사람들이 그의 진면모를 모르고 그 우활함에 대해 비웃지만 최생은 그것에 아랑곳하지 않고 자신만의 길을 걷는다는 점에서 알 수 있다. 그래서 여러 명산을 돌아다니기도 하고, 혹은 儒子이지만 승려와도 함께 지내기도 한다. 이는 증공과 함께 無住庵에서 지내면서도 그것에 안주하지 않고 끊임없이 이상세계와 진리를 찾기 위해 나서는 모습에서도 나타난다. 즉 일상을 깨트리고 변화를 두려워하지 않는 삶을 사는 것이다. 이러한 최생의 삶의 태도는 매우 이상적인 모습이며 현실에서는 찾아보기 힘든 모습이다. 작가가 이처럼 비현실적인 인물을 등장시킨 것은 바로 작가가 추구하는 이상적 모델을 '의도적으로' 제시하고 있다 할 수 있다. 작가는 바로 여기에서 최생과 증공의 대비 효과를 기대한 것이다.

그렇다면 증공은 어떨까. 최생이 바위에 올라간 직후 최생은 증공에게도 바위에 올라올 것을 권한다. 이에 증공은 "얼굴을 가리고 벼랑에 엎드려 발꿈치에까지 온몸에 땀을 흘리면서(空蒙面伏崖, 汗流至踵)" 본인은 올라서려다가 혼이 났었다고 말하며 최생과 완전히 대비되는 모습을 보여준다. 이런 모습은 바로 『장자』에서 열어구가 '땅에 엎드린 채 식은 땀을 흘려 발꿈치에까지 이르는' 모습과 거의 일치한다. 하지만 여기에는 공통점과 차이점이 존재한다. 열어구는 백혼무인이 바위에 올라오라는 말을 듣고 바위에 올라가서 활을 쏘려는 최소한의 '시도'라도 수행한다. 반면 증공은 일전에 그 바위에 올라섰지만 두려움 때문에 내려온 경험이 트라우마처럼 박혀 바위에 올라서려는 시도조차 하지 않는다. 비록 이상세계를 욕망한 능동적인 그였지만, 바로 이 지점에서 최생과 다른 선택을 한 것이다.

작가는 이처럼 최생과 증공의 행위를 대비적으로 서술함으로써, 즉 증공을 이용함으로써 최생의 모범성을 부각시키고 있다. 이것이 바로 증공의 첫 번째 기능이다. 요컨대 작가는 교화적 서술기법을 활용해 무엇이 올바른 행동인지 알려주려는 것이다. 이런 면에서 봤을 때 『소학』의 서술기법을 차용했지만, 문학의 자장으로 들어왔을 때 뚜렷한 변별지점이 만들어지게 되는 것을 살펴볼 수 있다. 효제충열이라는 실천적 유교이념을 체화하지 않은 주인공이라도 이처럼 교훈적인 메시지를 전해줄 수 있다면 언제든지 활용할 수 있다는 가능성이 열린다 하겠다. 이러한 면모는 이전의 작품들에서는 찾아볼 수 없는 것이다. 특히 전기소설에서는 이처럼 군자-소인의 이분법과 같이 등장인물을 이분하는 경향은 존재하지 않는다. 이를 통해서도 당시 사회에 내재된 이분법 풍조를 이 지점에서 알게 해준다.

『소학』에서는 이런 이념을 수행하는 주인공이 그 외부의 압력에 의해 고통 받는 면모를 그려내고 있는데, 〈최생우진기〉에서도 이와 다르지 않다. 현실에 안주한 증공은 바위 밑으로 내려오고, 현실에 안주하지 않은 최생은 바위 아래 골짜기로 떨어지게 된다는 점에서 이를 알게 해준다. 최생이 바위에서 떨어진 몇 달이 지난 후 최생은 다시 증공을 찾아온다. 증공은 최생에게 이상세계에 다녀온 이야기를 해달라고 요청하면서 최생의 과거 용궁에서의 체험담이 전개된다. 작은 액자가 작품 내에 구현된 것인데, 이제 작가의 시점은 최생에게로 고정되어 있다. 최생이 이상세계인 용궁으로 가는 과정은 순탄치만은 않다. 분명 傳奇的인 요소가 포함되어 있으면서도 마치 『소학』의 주인공처럼 갖은 고난을 헤쳐나가는 최생의 모습을 보여준다. 특히 골짜기에 떨어진 후의 최생의 모습은 이상세계를 지극히 원하는 그의 비장한 모습이 잘 담겨있다.

> 한쪽이 바위 벼랑에 조금 가까워 조심조심 잡고서 벼랑을 향해 나아갔다. 이르러 보니 깎아지른 듯한 벼랑 바위 끝에 덩굴 한 줄기가 간들간들 드리워져 있었다. 그것을 붙잡고 몸을 구부리고 한 걸음 거리를 아홉 번이나 발을 디디며 올라가니, 윗부분이 온통 절벽이어서 다시 발붙일 곳이 없었다. 최생은 이젠 분명 죽게 되었다고 생각하고는 한숨 쉬며 슬프게 탄식하며 한편으로 어쩔 줄 모르고 한편으로 방황하였다. …… 최생이 이 굴을 통해 혹시 통하는 길이 있을 수도 있겠거니 여기고 어차피 죽을 바엔 죽더라도 굴속에서 죽는 것이 낫다고 생각했다.[41]

최생의 행동은 앞서에서의 행동과 동일한 모습을 보인다. 두렵지만 위험을 감수하면서도 도전하여 상황을 변화시키는 힘이다. 특히 '어차피 죽을 운명이라면 죽더라도 굴속에서 죽어야겠다'고 생각하는 최생의 모습은 읽는 독자로 하여금 어떠한 파격을 느끼게 한다. 왜냐하면 독자들로 하여금 '과연 내가 저 상황이 닥치더라도 저런 행동을 할 수 있을까?' 하는 의문을 자아낼 수 있게 하기 때문이다. 이러한 최생의 행위는 분명 바위를 딛고 올라선 행위를 똑같이 반복·재현한 것이다. 따라서 아마도 이 이야기를 직접 듣고 있는 증공의 경우에 더 가깝게 다가올 것으로 예상된다. 그리고 이 글을 쓰고 있는 작가 역시 마찬가지일 것이다. 현실에 안주하지 않고 이상으로 질주해 나가는 최생의 모습은 평범하지 않기에 그래서 모범으로 삼기에 적합하다. 이는 작가나 증공이 지향하는 바이지만, 행동으로 쉽사리 옮기지 못하는 행동이다.

> 드디어 굴 속으로 길을 찾아 들어갔다. 캄캄하여 주위를 분별할 수 없었는

41) 〈崔生遇眞記〉. "一邊稍近岩崖, 惴惴拮据, 向崖而行. 至則崖石斗斷, 有蘿一條, 裊裊而垂, 攀援曲僂, 一步九躡, 上皆壁立, 更無着足. 生自分必死, 嘆吒悲嘯, 一回躑躅, 一回彷徨, …… 生以爲由此竇或可通, 等死雖死竇中, 可也."

> 데 걸음마다 발소리가 났으니 금 모래 옥자갈을 깔아놓은 듯 했다. 최생은 무척 피곤했으나 길을 더듬어 밤길을 행했는데 마치 갔다가 다시 돌아오는 듯 하며 대략 수십 리 정도 가니 점차 밝아지는 게 느껴졌으며 굴 또한 끝이 났다.[42)]

최생은 굴 속으로 들어간 후에도 바로 이상세계로 들어가는 것이 아니다. 그에 대한 시험은 계속 된다. 오랜 기간 여러 시험을 거친 후 최생은 드디어 굴을 통과하여 이상세계인 용궁으로 들어갈 수 있었다.[43)] 위험을 무릅쓰고 이상세계를 끝까지 탐험한 보상은 매우 컸다. 이것은 용왕을 알현하고 三仙(洞仙, 島仙, 山仙)과 함께 연회를 즐기는 최생의 모습에서 알 수 있다. 이상세계 속에는 실제로 그에 부합하는 인물들이 살고 있었던 것이다. 그리고 그 이상세계엔 모든 존재가 싸우지 않는 화합의 모습을 보여주고 있다. 이는 최생의 시에서 堯나 湯의 통치에 대해 언급(九年水唐堯, 七載旱商湯)함으로써 최생 혹은 작가의 이상세계를 구체적으로 제시하는 것을 통해 알 수 있다. 즉 증공과 최생이 그토록 그리던 세계라는 것이다.

이처럼 〈최생우진기〉는 인물뿐만 아니라 세계, 그리고 모든 사물에 대한 대비를 통해 그 올바른 이념성이 무엇인지 드러낸다. 이것은 堯와 湯을 언급한 최생의 시를 음미한 용왕이 최생을 가리켜 "최생은 이치에 통달한 자(崔生可謂達理者)"라고 洞仙에게 일컫는 것에서도 알 수 있다. 최생의 시에서 나타난 생각이 모범을 삼고 교훈적인 사람으로 삼기에

---

42) 〈崔生遇眞記〉. "遂尋竇而入, 但黑闇, 不辨物色, 而步步鏘然, 若金砂玉礫. 生疲頓亦極, 索途冥行, 如往而復. 約行數十里, 漸覺開朗, 竇且盡."

43) 용궁 내에서도 위험 속에서 용기를 내는 모습이 엿보인다. 〈崔生遇眞記〉. "生愕眙不敢進, 其人相嗅, 掉舌曰, 此間有血肉之臭. 生計無所出, 冒死前立曰, 臨瀛崔某, 欲謁爾王, 爾輩急宜報達."

적합하다는 것이다. 이어지는 다음 인용문을 보자.

> 최생은 이치에 통달한 자라고 할 수 있습니다. 그렇지 않습니까? 자기 임금에게 아첨이나 하는 속세의 유자들은 대부분 홍수나 가뭄을 하늘의 운수 탓으로 돌립니다. 만약 홍수나 가뭄을 하늘의 운수 탓으로 돌리고 사람이 할 일을 게을리 했다면 요 임금과 탕 임금에게 무슨 훌륭함이 있겠습니까? 요 임금과 탕 임금이 홍수와 가뭄의 재앙을 잘 막아내셨으니 하늘의 운수라 해서 근심할 게 무엇이겠습니까? 그러므로, 정치 교화가 아름답고 밝을 때에 가뭄이 들고 홍수가 났던 것은 요 임금과 탕 임금이 훌륭해서 그들을 더 면려해준 것이고, 하는 짓이 어둡고 어리석은 때에 물이 마르고 산이 무너졌던 것은 幽王과 厲王이 못나서 그들을 경계시킨 것이었으니, 모두가 상제의 인애하신 마음에서 나온 것으로서 내가 공경히 받들어 시행한 것입니다.[44]

용왕은 堯와 湯일지라도 자신의 직분을 제대로 수행하지 못하거나 할 일을 게을리 했을 땐 훌륭한 업적이 존재하지 않는다고 말한다. 용왕이 최생을 가리켜 이치를 깨달았다고 말한 이유는 홍수의 예를 들었지만 운수나 운명에 의지하는 것이 아니라 행위에 따라 결과가 다르게 이어진다는 것을 알고 있었기 때문이다. 그리고 堯와 湯의 행위와 幽와 厲의 행위의 대비는 마치 작품에서의 최생과 증공의 대비를 재현해 놓은 효과를 가진다. 다시 말해 모범적이고 이상적인 행위를 하면 보상이 오고 그에 반하는 행위를 하면 재앙이 찾아온다는 것이 용왕이 한 말의 핵심이다.[45] 하지만 堯나 湯처럼 이상적인 행위를 하라는 명령식의 발만 하

44) 〈崔生遇眞記〉. "崔生可謂達理者, 非耶? 世儒有諂其君者, 多以水旱委諸天數. 如以水旱爲天數, 而不修人事, 則何貴乎堯湯? 堯湯能禦水旱, 則何患乎天數? 故治敎休明, 而有亢陽愆陰者, 是以堯湯勉之. 作爲暗昧, 而有水渴山崩者, 是以幽厲戒之. 皆出於帝心之仁愛, 而寡德之所寅亮也."

45) 용왕의 이런 언급에서 〈최생우진기〉의 모범성이 드러난다고 하겠다. 복선화음이나

는 것이 아니라 이와 더불어 그 반대편에 속해 있는 幽나 厲와 같은 왕들의 모습을 함께 보여줌으로써 그들의 잘못을 통해 교훈을 삼고 반성하게끔 만든다. 말하자면 잘못을 '자각'하게 만드는 것이 중요하다. 이 중 후자는 바로 증공의 두 번째 기능에 해당된다. 이에 대해선 다음에서 더 세부적으로 언급하도록 하겠다.

지금까지 살펴본 바 〈최생우진기〉의 주인공 최생은 환상체험을 하는 주인공임에도 불구하고 모범성을 드러내는 인물로 그려지고 있다 하겠다. 환상체험 서사에서는 체험하기 전의 주인공과 체험한 후의 주인공이 삶을 인식하는 차원에서 극명하게 달라지는 지점이 있다. 하지만 최생은 이러한 서사문법에서 벗어난 경우라 하겠다. 체험하기 전의 최생과 체험 후의 최생은 아무런 변화가 없다는 것이다. 기존에 간직했던 신념을 변화시키는 존재로 그려지지도 않고, 혹은 가치 있다고 믿은 욕망이 환상임을 깨닫는 존재로도 그려지지 않는다. 그렇다고 문재를 과시하기 위한 수단으로 환상체험을 이용하는 것 역시 아니다. 오히려 〈최생우진기〉에

권선징악 플롯은 반드시 악인이 등장해야 나타나는 것이 아니다. 이것은 조현우 역시 언급한 바 있는데, 불선한 자 역시 이러한 대비적 서술기법, 그러니까 교화적 서술기법의 하나라고 볼 수 있다. 물론 조현우는 선악의 대비가 인간과 세계, 그리고 선-불선의 대비로 보았다는 차이가 있다. 하지만 필자가 논의한 〈최생우진기〉를 통해 조현우의 논의를 적용시키면 증공은 불선까지는 아니지만, 현실에 안주하는 증공의 모습은 불선에 가까운 면모가 존재한다. 따라서 〈최생우진기〉에서 전하고자 하는 메시지는 위와 같은 용왕의 복선화음 언급과 맞닿아 있다. 그리고 이러한 복선화음의 메시지는 도를 회복하려는 당대인들의 욕망이 담겨진 메시지라고도 과감히 주장할 수도 있겠다. 조현우, 「고소설의 악과 악인 형상에 대한 문화사적 접근-영웅소설을 중심으로」, 『우리말 글』 41, 우리말글학회, 2007.

한편 이는 또한 이종필이 언급한 '행복한 결말의 출현'과도 연관되어 있어 보인다. 최생의 행위가 모범적이며 따라서 교화적 성격을 담지하고 있다면 〈최생우진기〉 역시 그러한 모범성을 보인 인물에게 보상이 돌아가게 되었으니 행복한 결말이라고 생각해 봄 직하다. 이종필, 「행복한 결말의 출현과 17세기 소설사 전환의 일 양상」, 『고전과 해석』 10, 고전문학한문학연구학회, 2011.

나타난 최생의 환상체험은 최생의 행위가 얼마나 올바른지, 혹은 기준 삼을 만한 행위인지에 대해 초점을 맞추고 있다. 따라서 이러한 변화는 교화적 글쓰기가 내면화되고 있는 한 부분을 잘 보여준다.

2) 증공의 반성과 자기 훈육

이처럼 작품은 증공을 이용해 이상세계 혹은 '眞'을 들여다보기 위해 지속적이면서도 끊임없이 탐색하고 있다. 그리고 후술하겠지만 증공은 욕망하는 구도자이면서도 동시에 최생에게 들은 체험담을 통해 자신도 변화하고 그러한 진리를 독자들에게 전달해주는 매개자이기도 하다. 요컨대 작품의 이상세계에 대한 정보는 최생과 더불어 증공에게도 동시에 연결되어 있다고 하겠다. 따라서 지금까지 거짓을 증명하는 증공에 대한 해석은 조금 재고되어야 한다. 증공은 거짓을 증명하고 발설하지만 이와 더불어 진리를 구도하는 자이면서 그러한 행위가 부질없음을 스스로 깨닫고 현실로 돌아오는 존재이기도 한 것이다. 이번 항에서는 작가가 이러한 증공을 최생과 관련지어 어떤 방식으로 활용하고 있는지 증공의 두 번째 기능에 대해 살펴보도록 하겠다.

한편 앞서 바위의 일화에서 볼 수 있었던 것처럼 이상세계 혹은 眞에 다가갈 수 있는 방법을 알면서도 제대로 실행하지 못하는 증공의 모습은 마치 '현실'에 있는 우리들의 모습과 겹쳐진다. 그리고 작가 역시 독자와 같이 현실적인 범주에서 살고 있는 한낱 증공과 같은 인물이다. 작가가 증공을 통해 말하고 싶은 부분 역시 이와 같은 것이다. 최생의 모범적이고 이상적인 행위를 보면서 현실에서 나태해져 있는 스스로를 채찍질하려는 것이다.[46]

그래서 작가는 자신의 모습과 어느 정도 포개지는 증공과 같은 인물을 설정해 두었다고 볼 수 있다. 여기에 멈추지 않고 작가는 증공을 바위에 올라서는 것조차 못하는 모습으로 그려내어 『장자』와 다른 문학적 효과를 더하였다. 이처럼 증공과 최생의 대비 효과는 작가가 최생의 모범성을 그려내는 동시에 증공의 변화 가능성 또한 그려내고 있다. 그런데 작가는 최생과 증공의 대비를 통해 인물의 행동만 대비시키는 것이 아니다. 이들이 속한 세계도 대비를 시키고 있다. 다음 용왕의 언급을 보도록 하자.

> 당시의 임금들이 이를 살피지 않고 하늘의 뜻을 끊어버렸으니 매우 슬프다 하지 않을 수 있겠습니까? 세교가 쇠퇴하고 도덕이 희미해지고부터 河圖와 洛書가 숨어버린 지가 오래입니다. 음양 오행의 감응함이 어찌 순조로롭겠습니까? 백성들의 삶이 애처롭습니다.[47]

이제 확실히 이상세계와 현실세계는 뚜렷하게 대비된다. 마치 최생과 증공의 대비처럼 말이다. 이제 공간의 분리가 이루어짐으로써 청자인

---

46) 이러한 부분은 당시 유자들에게서 자주 볼 수 있는 스스로에 대한 '경계'의 방법과 몹시 흡사하다. 이 경계는 '수치' 혹은 '부끄러움'과 관계가 깊은데, 수치는 언제나 타자에의 노출을 전제한 감정으로서 '누군가의 앞에서 나에 대한 부끄러움'이기 때문이다. 타자와의 관계 속에서 자기 자신을 체험하는 수치야말로 유가적 윤리적 주체가 탄생하는 지점이다. 그래서 유가적 수치의 주체는 타자 앞에서 자기 자신 전부를 무력하고 왜소하며 부적절한 것으로 체험한다. 이에 수치에 대한 대응은 타자와의 관계에 적절하게 자기 모습을 바꾸게 된다. 이는 『大學』「傳」6장에 보면, "小人閒居, 爲不善, 無所不至, 見君子而后, 厭然揜其不善, 而著其善"에서도 볼 수 있다. 이러한 유자들의 감정에 대해 김미정은 "군자의 모범적 행위에 노출된 것만으로도 소인이 자기 자신을 돌이켜보면서 불선을 감추고 선을 드러내려는 부끄러움의 과정을 가동시킨다."(107면)라고 언급한 바 있다. 김미정, 「보론-유교의 관계 지향적 윤리에 대한 재구성」, 『차이와 윤리』, 소명출판, 2014, 102~114면.

47) 〈崔生遇眞記〉. "時君不察, 乃絕于天, 可不謂大哀歟? 自世敎衰道德微, 圖書之秘久矣, 二五之應, 惡得若乎? 則民之生憫矣."

증공은 본인이 있는 세상을 불완전한 공간으로 여기게 된다. 작가의 修辭 장치는 이런 점에서 빛이 나는 것으로 보인다. 만약 '내'가 최생처럼 모범적으로 살았다면, '나'는 '남'에게 좋은 영향을 미쳤을 것이고 그러한 좋은 영향은 '사회'로 미치게 된다. 즉 최생이 행위와 체험 이야기를 경험함으로써 제대로 인식하지 못했던 지금의 현실세계를 청자인 증공이나 독자들이 어떠한 성격의 공간인지 간접적으로 깨닫게 된 것이다. 이를 통해 우리는 지금 우리의 세계를 반성할 수 있게 된다.

이는 앞서 '바위를 딛고 올라서는 행위'처럼 위험을 감수하지 않은 대가라고 볼 수 있다. 최생처럼 행동하지 못함으로써 얻은 일종의 '죄'인 것이다. 따라서 자신의 삶을 돌아보았을 때 최생처럼 행동하지 못한 자신에 대한 반성이 밀려오면서 동시에 현재 자신의 불만족스러운 삶을 반추할 수 있게 된다. 따라서 작가가 설정한 이러한 대비 기법의 효과는 읽는 독자·청자인 증공·작가인 신광한으로 하여금 반성의 효과를 만들어 낸다고 할 수 있다.

그렇다면 신광한이 회고하려고 했던 것은 무엇이었을까? 그것이 기묘사화일 가능성도, 혹은 어떤 정치적인 관계에서 파생했을 가능성도 있다.[48] 무엇이든 다 가능하다는 것이다. 결국 중요한 것은 어떤 '특정한

48) 기존의 〈최생우진기〉 논의에서는 작품이 창작된 시기를 기묘사화를 우의하여 원형리은거 기간(1521~1538년)이라고 보았다. 하지만 최근 논의에서는 이러한 근거가 불충분하다고 보고 을사사화(1545년) 이후에 창작된 것이라고 보는 견해도 제출되고 있다. 윤채근(앞의 논문, 1999)은 처음 기묘사화를 우의한 작품이라고 보았지만, 이후 제출된 논의(「『기재기이』의 창작 배경과 그 소설적 의미」, 『고전문학연구』 29, 한국고전연구학회, 2006, 339~375면)에서는 오히려 신광한 노년에 창작되었을 가능성이 높다고 주장했다. 엄기영(「『기재기이』의 작가 신광한의 자기인식」, 『고소설연구』 32, 한국고소설학회, 2011, 97~122면) 역시 이러한 주장을 받아들여 〈안빙몽유록〉과 〈서재야회록〉을 통해 『기재기이』의 창작 시기를 을사사화 이후라고 논하였다. 필자는 최근의 논의에 대해 어느 정도 동의하는 바이지만, 아직 창작 시기에 대한 분명한 근거가

역사적 사건'이 아니라 오히려 본인의 '삶'을 돌아보았을 때 어떤 '태도'를 가지고 살았는가 하는 것이다. 작가는 분명 이 태도를 반성하려는 것이고, 따라서 현실이 아닌 가상에서의 서사적 공간 〈최생우진기〉를 통해서, 특히 최생과 증공이라는 가상인물을 통해서 삶에 대해 반성을 행했다는 것이다. 바로 이것이 증공의 두 번째 기능이라고 하겠다.

그렇다면 증공은 과연 이러한 깨달음을 얻었는가?[49] 앞서 작품초반의 증공의 면모를 살펴보면 그는 이상세계 혹은 진리를 끊임없이 추구하는 求道者의 특성을 갖고 있었다. 이러한 증공의 이상세계에 대한 욕망은 결말부에서 최생의 용궁 체험담을 들은 후 깨달음을 얻고 다른 방향으로 나아가게 된다. 이상세계를 욕망하는 존재에서 깨달음을 수행하는 존재로 변화한 것이다. 다음을 보자.

> 그 뒤 최생은 입산하여 약초를 캐며 살았으니 그 뒤로는 알 수가 없다. 증공은 늙도록 무주암에 거처하며 이 일을 자주 이야기하곤 했다고 한다.[50]

없는 상황이기에 조금 조심스럽게 접근하고자 한다. 그래서 〈최생우진기〉가 기묘사화나 을사사화와 같은 특정 정치적 사건이 작품에 우의된 것보다는 다양한 삶의 경험이 녹아들어 있는 작품으로 보고자 한다.

49) 〈최생우진기〉의 깨달음과 관련해서는 이미 한 편의 논문이 제출된 바 있다. 이 논문은 증공에 집중한 것은 아니지만, 禪宗의 화두집인 『碧巖錄』의 구조와 〈최생우진기〉의 것이 유사함을 들어 작품이 추구하는 것은 禪話처럼 遊山 과정을 통해 최생을 깨달음으로 인도하는 것이라고 논하였다. 필자 또한 이러한 논의에 어느 정도 동의하는 바이다. 그러나 깨달음이 있다면 그 존재는 변화해야 하는 것이 마땅하다. 필자는 〈최생우진기〉에서 최생은 변화하지 않는 인물이라고 생각한다. 이런 의미에서 증공만 깨달음을 얻는다고 생각하며, 이러한 증공의 깨달음이 작품에 있어 더 중요한 것으로 본다. 김현화, 「〈최생우진기〉의 선소설적 미학」, 『어문연구』 57, 어문연구학회, 2008, 120~127면.

50) 〈崔生遇眞記〉. "其後, 生入山採藥, 不知所終. 證空老居無住菴, 多說此事云."

작품의 마지막 부분인데, 노인이 된 증공은 사람들에게 이 이야기를 자주 이야기 해주고 있다. 결국 최생은 선계로 들어가 그 종적을 알 수 없게 되었고 증공은 현실에 머무르게 되었다. 그런데 재밌는 부분은 처음의 증공과 마지막의 증공의 성격이 달라져 있다는 점이다. 작품의 말미에 무주암에서 최생의 일화를 사람들에게 전해주는 증공의 모습은 이제 이상세계를 욕망하지 않는 인물로 그려진다. 혹은 일말의 감정이 남아 끝까지 욕망하는 것으로 볼 수도 있다. 하지만 분명한 것은 이상세계에 대한 그의 태도가 변화했다는 점이다. 최생이 세 명의 선인들과 만나 증공을 데려오기 위해 그에게 약을 전해준다고 언급하자 洞仙은 최생에게 다음과 같이 말한다.

> "그대는 신선을 구할 수 있다고 여기는가? …… 세상에서 신선의 연분이 없으면서 선약을 복용하는 것은 단지 목숨을 재촉할 따름입니다."[51)]

증공은 신선들이 자신에 대해 '분수가 안된다'는 이야기를 최생으로부터 전해 듣고 이전처럼 이상세계에 대해 무리하게 '욕심'내지 않는다. 오직 그가 처한 현실에서 과거를 회상할 뿐이다. 이 변화는 삶을 바라보는 태도에 있어 중요한 차이를 가진다. 증공은 평생 '바위에 올라서지 못한 자'가 되겠지만, 그럼에도 바위를 올라서지 못했다는 죄책감이나 괴로움에서 해방될 가능성을 가진다. 요컨대 바위에 올라서려는 이상세계에 대한 자신의 욕망이 욕심이라는 것을 깨달을 때 새로운 삶의 방향을 모색할 수 있다는 것이다. 다른 방향으로 깨달음을 수행하는 존재가 된 것이다.

51) 〈崔生遇眞記〉. "爾謂神仙可求歟? …… 世之無仙分而服仙藥者, 適足以促其壽也."

이처럼 어떤 것에 대한 한계를 '인식'하는 것은 자기 모습을 있는 그대로 바라보는 행위이며, 그래서 한 차원 더 높은 자신을 이루게 만드는 원동력이 된다. 괴로움의 원인을 깨달은 것이다. 이것은 마치 불교의 진리를 담아내고 있는 것처럼 보이지만, 유교에서 말하는 中庸의 핵심과도 맞닿아 있고 도가에서 말하는 흔들리지 않는 마음을 유지하는 것[52] 과도 관련이 되어 있다. 하지만 필자가 생각하기에 이것은 유·불·도의 진리보다도 작가 삶의 경험에서 오는 통찰이 더 중요하다고 보인다. 그 통찰은 인생을 살아가는 데 있어 어떤 태도를 가지고 살아갈 때 행복해질 수 있는가 하는 점이다. 그리고 그 태도란, 높은 열망을 꿈꾸되 그것의 한계를 정확하게 직시하고 현실의 삶에 대해 만족을 추구하는 방향이라 할 것이다. 이와 같은 작품의 방향 설정은 이것을 읽고 기록한 독서평에서도 찾아볼 수 있다. 다음을 보자.

> 자고로부터 지금까지 썩지 않은 것이 세 가지 있는데 立言이 그 중 하나이다. 經史子集 이하로 말한다면 齊諧와 稗官이 그러한 것이다. 그러나 이러한 사람이나 이러한 책들은 단지 언어나 문자의 말단에만 힘을 쏟아 義理의 측면에서 살핀다면 공허하니 尙論하는 선비들이 어찌 취할 만하겠는가. 이 『기재기이』 한 질은 지금 찬성사 상공께서 저술하신 것이니, 일찍이 장난삼아 지은 것으로 기이함에 뜻을 두지 않았는데 절로 기이하지 않을 수 없었다. 그 지극함에 이르러서는 사람을 기쁘게 하고 놀라게 하여, 세상에 모범이 될 만한 점도 있고 경계를 삼을 만한 점도 있으니 백성의 도리를 잡아 名敎에 공이 있는 것이 한 둘이 아니다. 저 대수롭지 않은 소설과는 같은 급으로 말할 수 없으니 세상에 널리 유행하는 것이 당연하다.[53]

---

52) 앞서 『태평광기상절』의 종교적 환상체험 서사에서 보았던 도가에서의 욕망에 대한 경계도 여기에 해당될 것이다.

53) 申濩, 「企齋奇異跋」. "自古昔以來, 不朽有三, 立言其一也. 下經史子集而言, 若齊諧稗

위의 인용문은 『기재기이』에 대한 申濩의 발문이자 비평이라고 할 수 있다. 발문에서 보이듯이 신호는 傳奇類의 소설에서는 이념적 가치를 찾아볼 수 없다는 것도 분명하게 인식하고 있다. 하지만 신광한의 글은 자연스럽게 기이한 글이 되었고 그 기이함이 지극함에 이르러서는 세교에 도움이 되는 글이 되었다고 서술하고 있다. 물론 신광한의 문인이었던 신호의 말을 전부 신뢰할 수는 없고 일반적이고 보편적인 문법으로 쓰인 발문이라 할지라도, 그가 『기재기이』를 읽었을 때 어느 정도 그의 『기재기이』에 대한 '방향성'이 드러난다는 것에 주목할 필요가 있다.[54)]

우선 썩지 않는 것이 세 가지 있다고 했는데, 신호가 밝히지는 않았지만 그것은 덕을 세우는 것(立德), 공을 세우는 것(立功), 말을 세우는 것(立言)을 말한다. 그런데 덕을 세우는 것은 바로 근본을 세우는 것으로 道學의 측면과 맞닿아 있다. 글은 윤리적이거나 도덕적이어야 한다는 것이다. 그 반대편에 바로 말을 세우는 것이 자리하는데, 말이란 지엽적인 것으로 문장의 꾸밈과 관련된 것이다. 하지만 신호는 근본인 입덕을 중요하게 생각하면서도 동시에 입언을 통해서 입덕의 경지까지 올라설 수 있다고 주장한다. 그리고 그것을 증명하는 글이 바로 신광한의 『기재기이』라는 것이다. 이런 신호의 논리는 전시대의 徐居正(1420~1488)의 序

官是已. 然而之人也, 之書也, 徒能騁力於言語文字之末, 顧於義理, 空空焉, 尙論之士, 烏足取哉?記異一帙, 卽今贊成事企齋相公所著也, 嘗游戲翰墨, 無意於奇, 而自不能不奇. 及其至也, 使人喜, 使人愕, 有可以範世, 有可以警世, 其所以扶民彝, 有功於名敎者, 不一再. 彼尋常小說, 不同年以語, 則盛行於世, 固也. 第寫本承訛, 好事者, 病焉"

54) 진성운은 신호의 발문을 인용하면서 다음과 같이 밝히었다. "신호의 평을 액면 그대로 받아들일 수는 없다. 일반적인 발문에서 충분히 말할 수 있는 격식적 표현일 수 있기 때문이다. 그렇지만 신호의 글이 〈최생우진기〉 이해에 일정한 방향을 제시하는 것은 분명하다. 신호는 『기재기이』의 가치 측면에서 民彝를 붙들어 名教에 공로가 있다고 했다." 필자 역시 이러한 의견에 공감하는 바이며, 신호의 발문에서 〈최생우진기〉의 이념적 성격이 다분히 드러난다고 보았다. 진성운, 앞의 논문, 140면.

文에서도 나타난다. 서거정은 말을 세우는 것을 옹호하면서 德·功·言이 모두 하나라고 주장한다.[55] 요컨대 비록 말을 세우는 것에서 시작했지만, 그 내용이 덕을 세우는 것과 관련되었다면 그것은 괜찮다는 점이다.

여기에서 주목할 것은 『기재기이』가 사람들을 기쁘게도, 놀라게도 만들고, 세상의 모범과 경계가 되기도 한다(使人喜, 使人愕, 有可以範世, 有可以警世)는 점이다. 즉 『기재기이』를 통해 어떠한 교훈과 관련한 가치를 읽어냈다는 것이다. 조금 더 상세히 살펴보자. 신호가 말한 바 사람들을 기쁘게 하거나 놀라게 만드는 것은 독자의 감정적 반응과 연결된다. 그래서 앞서 살핀 『전등신화』를 읽은 후의 김시습의 반응이나 〈남염부주지〉를 읽은 후의 어숙권의 반응과 일맥상통함을 알 수 있다. 또한 신호가 세상의 모범과 경계가 된다고 말한 부분은 앞서 언급한 부분과도 밀접한 연관이 있다. 모범이 된다는 것은 어떤 인물이 가치 있다고 여겨질 만한 행위를 행했으니 이를 따르려는 의지를 보인 것이고, 경계가 된다는 것은 어떤 인물의 잘못된 행동을 보고 스스로 그러한 행위는 하지 말아야겠다는 반성의 태도가 드러난 것이다.

이는 〈최생우진기〉에도 어느 정도 반영될 수 있다고 본다. 작품의 제

55) 徐居正, 『四佳集保遺』 卷2, 「太虛亭集序」. "옛사람의 말에 '영원히 사라지지 않는 것이 세 가지이니, 덕을 세우는 것과 공을 세우는 것과 말을 세우는 것이다.'라는 말이 있다. 대개 덕을 세우는 것과 공을 세우는 것은 사람이 기필하기 어려운 것이거니와 말을 세우는 것에 이르러서도 어찌 쉽겠는가. … 그러니 말을 세워 영원히 사라지지 않는 데에 있어 어찌 앞에서 말한 여러 군자들에게 양보하겠는가. 또 들으니, 덕을 세우는 것을 學이라고 하고 말을 세우는 것을 文이라고 하는데, 말이 문장을 이루면 이 또한 사문에 공이 있는 것이니, 덕과 공과 말은 세 가지가 서로 연관되어 하나일 뿐이다. 어찌 학문의 지극한 공이요, 작자의 능사가 아니겠는가."(古人有言, 死而不朽者三, 立德立功立言也. 夫立德立功, 人所難必, 至於立言, 亦豈易哉. … 其所以立言不朽, 又何讓於向之數君子者乎. 抑聞之, 立德之謂學, 立言之謂文, 言之成章者, 亦有功於斯文者也, 德也功也言也, 三者相因, 一而已矣. 豈非學問之極功, 作者之能事乎.)

목처럼 최생이 진짜 세계(眞境)를 체험한 이야기는 이상세계를 향해 가는 도정과 그 도정에서의 고난을 극복하는 모습을 그려냄으로써 작가는 최생을 모범적인 인물로 설정해 놓는 한편, 증공을 통해서는 그가 이상세계에 대한 진실되지 못한 모습을 그려냄으로써 경계할 인물로 설정해 놓는다.[56] 이렇듯 최생의 모범적인 행위는 세상 사람들로 하여금 이상적인 행위의 기준으로 여겨지게 만든다. 또한 최생의 모범적 모습과 증공의 대비되는 모습을 보고 신호 자신도 감화되어 스스로의 마음을 경계삼을 수 있게 된 것이다. 이처럼 신호는 가상 체험을 통해 마음 내면의 세계를 들여다 볼 기회로 삼았다고 볼 수 있다. 따라서 〈최생우진기〉에는 세상을 변화시키려는 교회와 자신의 마음을 수양하려는 교훈성이 동시에 표출되어 있다고 하겠다.

지금까지 작품을 분석해본 결과 〈최생우진기〉는 분명 우의적인 작품은 맞다. 그러나 그 우의가 정치적인 것에 국한된 것이 아닌 신광한의 삶에서 과거를 반추하고자 만든 서사라고 보인다. 따라서 이 작품은 등장인물들의 위치와 기능을 재고하면서 신광한을 비춰보아야만 작가의 입장을 더 정확히 파악할 것으로 사료된다. 특히 '바위에 오르지 못한 행위'는 어느 특정 시점 혹은 사건에서의 행위로 치환해서 볼 것이 아니라 오히려 전체의 삶을 돌이켜 보았을 때 언제나 그리고 매일같이 현실과 타협하는 텍스트 밖 신광한과 증공 혹은 우리들의 모습을 떠올리게 한다.

---

56) 〈남염부주지〉의 이계 체험이 이계 내에서 염왕과의 문답을 통해 이념적 가치를 풀어놓음으로써 내면의 반응을 실현했다면, 〈최생우신기〉는 이계 체험 과정을 통해 내면의 반응과 더불어 어떤 것이 모범적인 것인지 사회적으로도 효용성이 있는 부분을 중요하게 생각했다고 보인다. 이런 점에서 이상을 추구하려던 사회의 압력이 반영된 서사라고도 볼 수 있음 직하다.

결국 작가는 이 작품을 통해 자신의 삶을 지속적으로 반성하고 있었다. 여기에서 반성이란 최생을 무조건적으로 모방함으로써 이루어지는 것이 아니라 무엇인가 잘못되었다고 '자각'하는 것에 있다. 다시 말해 작품에 나타난 반성의 실체는 전범이 될 등장인물의 모방과 함께 작가 혹은 독자의 '修養'에 중점이 있다는 것이다. 그러므로 작품의 말미에서 이상세계에 도달하지 못한 증공이 이 이야기를 우리에게 전해주는 것은 조금이나마 최생처럼 살라는 작은 가르침과 자신의 행동하지 못한 것에 대한 일종의 반성이라고 하겠다.

이러한 점에서 우리는 중요한 부분을 간취할 수 있다. 바로 종교적 환상체험 서사에서 볼 수 있었던 주인공의 변화가 여기에서도 나타난다는 점이다. 종교적 환상체험에서는 기존의 가치를 전복시킴으로써 자기 내부의 탐색을 시도한다고 언급한 바 있다. 증공의 이러한 면모가 그와 닮아 있다. 선계체험을 욕망하던 그가 최생의 선계체험 이야기를 전해 듣고 자기 내부의 욕망을 인식한 후 경계함으로써 새로운 길을 모색하는 것이다. 따라서 증공의 반성적 성격은 『태평광기상절』의 문화적 토대와 改善 가능에 대한 16세기 담론의 영향으로 봐야 할 것이다. 그리고 이것은 〈남염부주지〉와 〈천군전〉에서 보았던 '추락-타락' 구조와도 연관되어 있다. 다만 주인공의 흔들림과 그에 대한 회복이 주변인물을 통해서 나타난다는 점에서 다르다.

다시 말해 주인공의 질적 상승이 작품의 주인공이 아닌 주변 인물에게 일어난다는 점은 몹시 특이한 지점이다. 앞서 최생이 완벽한 이념성을 체현하여 변하지 않는 주인공이었다면, 그와 반대로 증공은 마치 자신이 체험을 한 것처럼 변화하는 인물로 그려져 있다고 하겠다. 이것의 의미는 주변 인물이 모범적 주인공의 행위에 감화되어 변화한다는 점에서 몹시 새롭게 다가온다. 특히 3인칭 관찰자 시점을 택하여 주인공의 모범성을 관찰하고, 이를 통해 변화하는 주변인물의 모습까지 담아내는 것은 마치 〈원생몽유록〉의 원자허의 모습과 상당 부분 겹쳐지게 된다. 그리고 이것은 변화 유형이 점차 교화적 서술에 포섭되는 것을 일면 보여주기도 한다. 변화하는 인물이 주인공 혹은 이념적인 존재를 직접 보고 이를 통해 변화하는 주변인물이기 때문이다. 그리고 이러한 양상이 발생한 것은 단지 문학적 차원에서 일어난 것이 아니라 16세기의 근본주의를 지향하려는 움직임과 이분법적 사고, 개선에 대한 믿음 등의 담론에서 파생되었던 것이다.

따라서 완벽한 이념을 체화하여 변하지 않는 주인공(오륜전·사육신·최생)과, 이러한 주인공을 통해 감화를 받는 주변 인물(원자허·증공)의 구조는 후대의 이념적 전형성이 담긴 소설의 출현을 예견하게 한다. 이에 대해선 다음 장에서 더 자세히 살펴볼 것인데, 17세기에 나타난 소설들에서는 점차 이러한 전형성을 갖는 양상으로 산출되기에 이른다. 체험은 이제 자신의 내부를 경계하는 것보단 이념성을 체화한 인물을 조망하는 것으로 전변하며, 모범은 점차 완벽한 이념을 체화한 채로 주변 인물을 감화시킨다는 점에서 그러하다.

결국 〈원생몽유록〉과 〈최생우진기〉는 지금까지 각기 다른 문화 영역에 있었던 『소학』과 『태평광기상절』에서의 글쓰기를 융합시킨 작품이라고 정리할 수 있겠다. 이 두 글쓰기는 목적하는 바가 달랐지만, 지금까지 살펴본 바로는 이것을 훌륭하게 성공시켰다. 이것은 바로 『태평광기상절』의 글쓰기가 『소학』 등의 이념서 보급과 함께 조선사회에 나타난 현상으로 보아야 마땅할 것이다. 물론 한 작가의 천부적 자질이 이러한 작품을 남기게 되었을 터이지만, 이것을 가능케 하는 것은 결국 문화의 내재화에 의한 것이라 하겠다.

결론적으로 16세기를 이념성 차원에서 조망했을 때 이념성이 점차 그 영역을 넓혀 문학 텍스트의 글쓰기 차원으로까지 확장된 것을 나타내고 있다고 필자는 생각한다. 그리고 이것은 조선의 방식으로 고안한 이념적 이야기의 정착 과정의 한 예시를 잘 설명해준다고 하겠다.

제6장
이념형 인물의 完成과 分化

17세기는 전란이 조선을 휩쓸고 갔던 시기이다. 임진왜란과 병자호란이라는 거대한 소용돌이 속에서 동아시아 세계가 만주족인 청나라로 재편되는 결과를 초래하게 된다. 그래서 기존의 연구에서는 이들 전쟁의 요인으로 인해 소설의 형태가 변화했다고들 말한다. 이에 현실성의 측면이 강화되었음은 물론 가문을 중시하는 형태의 소설들이 출현하게 되었고, 이념적 전형성을 갖춘 작품들이 산출되었다고 보았다. 그리고 이들 작품들은 효제충열이라는 소재적 차원을 내면화하면서도 권선징악 및 복선화음이라는 철학적 플롯과 주제를 뚜렷하게 갖춘 부류라 하겠다.

물론 兩亂은 조선사회의 문화에 큰 파장을 일으켜 그 변동에 영향을 주었을 것이다. 다만 지금까지 보았듯이 이전부터 수행하던 문화 현상이 완전한 단절의 형태로 나타나진 않았을 것이라는 점이 필자의 견해이다. 오히려 큰 변화의 지점이 있었던 것은 16세기였고, 그 문화적 영향력이 17세기까지도 행사를 하고 있었다고 보는 것이 그것이다. 따라서 전형성을 갖춘 소설의 출현은 하루아침에 이루어진 것이 아니라고 필자는 생각한다. 그러므로 외부의 전쟁 요인에 집중하기보다 내부의 움직임에 주목해야만 우리 고전소설의 전형성이 어떻게 완비되었는지를 조금 더 세밀하게 살펴볼 수 있으리라 본다.

위와 같은 문제의식을 토대로 지금까지 살펴본 『소학』과 『태평광기상절』의 영향력이 어떻게 변화하고 있는지 그 서술기법 차원에서 탐색해 보았다. 또한 16세기가 추구하던 면모가 무엇인지도 살펴본 바 있다. 특히 16세기의 〈원생몽유록〉과 〈최생우진기〉를 통해 알아볼 수 있었듯 이들의 서술기법은 절묘한 융합을 성공시켰다. 이것은 등장인물을 활용하여 교화적 차원에서의 모범 만들기와 반성적 차원에서의 변화와 깨달음이 적절히 배합이라고 정리할 수 있다.

특히 〈원생몽유록〉의 작자는 환상체험 내에 사육신이라는 역사적 인물을 소환함으로써 그들의 행위를 모범삼았고, 체험자이자 관찰자인 원자허는 이들과의 만남을 통해 인식을 새롭게 다질 수 있었다. 한편 〈최생우진기〉의 작자는 증공이라는 허구적 인물을 활용하여 최생과의 대비적 서술을 통해 최생의 행위를 모범적인 행위로 인식하게 하였고, 최생의 환상체험을 전해들은 증공이 변화하는 모습을 담아내는 것으로 작품을 창조하였다. 그리고 이러한 창조는 작가의 소산이기도 하지만 동시에 기존에 전개되었던 문화적 영향력이 발휘된 셈이다.

이제 본 장에서는 두 문화의 영역이 다시 어떻게 전변하는지, 곧 어떤 방식으로 이념적 전형성을 갖춘 소설로 변화해 가는지를 추적해보도록 하겠다. 이를 위해선 한 가지 짚고 넘어갈 지점이 있어 보인다. 하나는 16세기의 작품들이 환상체험을 바탕에 두고 있는 바, 그 연속성을 위해서라면 17세기의 작품 역시 환상체험을 바탕으로 하는 작품을 전면에 내세워야 할 것이다. 그러나 17세기 초반의 작품 〈강도몽유록〉, 〈최척전〉은 이러한 면이 드러나지만, 이 글에서 최종적으로 추적하고자 하는 〈사씨남정기〉나 〈창선감의록〉은 환상체험 서사와는 거리가 멀다. 그러나 문학적 자장 내에 이념이 강하게 개입된다는 측면에서는 공통점이 있다.

따라서 본 장의 첫 번째 절에서는 〈강도몽유록〉과 〈최척전〉을 중심으로 논의를 전개하도록 하겠다. 이들에 나타난 이념적 서술기법은 분명 16세기의 것과 비슷하면서도 주인공이나 그 주변인물을 다루는 부분에서 확실한 차이를 드러내고 있어 보인다. 특히 주인공이라고 볼 수 있는 존재인 여성들은 비록 이념성을 체화한 형태로 묘사되지만, 지금까지의 주인공들과 다른 면모가 나타난다. 후술하겠지만 이들 여성들은 〈원생몽유록〉의 사육신이나 〈최생우진기〉의 최생과 비교했을 때 공동체 봉합을 위한 도구로 활용된다는 특징을 가진다.

두 번째 절에서는 〈사씨남정기〉와 〈창선감의록〉을 중심으로 논의를 진행하겠다. 이들 작품은 공통점도 있지만 분명 차이점도 드러난다. 그럼에도 17세기 초에 산생된 소설들의 이념성이 다른 형태로 변화하기에 그 지점에 천착하여 살펴보도록 하겠다. 그래서 여기에서는 지금까지의 논의들을 종합해서 주인공과 주변 인물들의 면모를 서술기법 차원에서 논의하도록 하겠다. 또한 이 시기에는 교화적 서술기법을 우위로 하여 반성적 서술기법이 포섭되는 국면을 포착해보도록 하겠다.

위의 논의를 통해서 우리의 고전소설이 왜 이런 형태로 배태되었는지, 그리고 무엇을 중요하게 생각하였는지에 대한 의문에 어느 정도 답변이 될 수 있으리라 본다. 〈사씨남정기〉와 〈창선감의록〉이라는 전형성이 담긴 작품이 출현하게 된 까닭은 무엇보다 16세기부터 시작된 조선의 이념에 대한 내재화 과정의 산물인 셈이다. 그리고 그것이 소설이라는 표피로 드러나게 되었다고 할 수 있다. 이에 대해서는 다음의 본문에서 더 사세히 다루도록 하겠다.

1. 이념형 인물의 소환을 통한 共同體 봉합

1) 節義를 지킨 여성들과 죽음의 理想化 : 〈江都夢遊錄〉

본 항에서 〈강도몽유록〉을 분석하는 방법은 크게 두 가지를 중점적으로 살펴보려고 한다. 하나는 작품 내 환상공간에 비판과 찬양의 언사가 동시에 있는데, 이 중 찬양의 언사를 중점적으로 탐색하는 것이다. 여기서 비판이란 역사적으로 강화도를 지키지 못한 인물들의 무능, 지배세력, 공신세력, 사대부 남성에 대한 폭로라 할 수 있고, 찬양이란 절의를 지킨 여성들, 척화신들에 대한 추모 작업이라 하겠다.

작품의 비판적 성격과 관련한 논의는 상당한 양의 논의가 제출된 바 있다.[1] 이들 논의의 대부분은 여성이 화자가 되어 당시 관료들의 失政을 비판하는 것이 주된 논지라고 할 수 있다. 한편 이러한 비판적 성격이 내재되어 있다는 것은 이 작품이 정치적인 성격이 강하다는 면모를 알려준다.[2] 이에 김정녀는 역사의 재구성적 측면에서 몽유록을 바라보면서

---

1) 서대석, 「몽유록의 장르적 성격과 문학사적 의의」, 『한국학논집』 3, 계명대학교 한국학연구원, 1975; 정학성, 「몽유록의 역사의식과 유형적 특질」, 『관악어문연구』 2, 서울대학교 국어국문학과, 1977; 유종국, 『몽유록소설의 연구』, 아세아문화사, 1987; 장효현, 「17세기 몽유록의 역사적 성격」, 『인문논총』 10, 호서대학교, 1991(추후 『한국고전소설사연구』, 고려대출판부, 2002에 재수록); 조혜란, 「〈강도몽유록〉 연구」, 『고소설연구』 11, 한국고소설학회, 2001.

2) 한편, 〈강도몽유록〉의 정치적인 부분에 대해서는 다루지 않기로 한다. 분명히 밝혀둘 점은 〈강도몽유록〉은 정치적 견해가 드러난다는 점이다. 다만 정치적인 부분을 다루게 되면 이 책에서 말하고자 하는 이념성을 드러내는 서술기법에 대한 부분이 흐려질 소지가 있게 된다. 예를 들면 작품 초반에는 강화도 수비에 실패한 김경징에 대한 변론의 모습도 보이고 있기에 당시 정치적 정당화 부분이 다기하게 얽혀서 개입되어 있다고 생각한다. 따라서 이 글은 작품 초반의 김경징에 대한 언급은 최대한 지양하도록 하겠다. 김경징의 변론에 대한 논의는 김일환의 것을 참조하길 바란다. 김일환은 〈강도몽유록〉의 등장인물들의 정체를 역사적 자료를 통해 추적하고 그 의미를 밝혀내었다. 그런데 이 연구도 윤씨 가문에 대한 비판이 드러난다고 하는 지점에서 이쪽

공적 기억에 대한 '대항 기억', 즉 친청파에 대한 반청파(혹은 斥和臣)의 비판적 의식이 여기에 담겨 있다고 주장하였다.[3]

한편 작품에 담긴 절의에 대한 논의 또한 많은 진전이 있어 왔다. 여기에서는 여성 화자의 비판적 언행을 주목하지 않고 이들의 언행에 담긴 이념성을 포착하는 작업을 수행했다. 이에 차용주는 정절을 지키기 위해 자결한 여인과 척화를 주장한 인사들에 대한 찬양으로 이를 해석하기도 하였고,[4] 신재홍은 몽유록의 이념성을 언급하면서 여성들의 발언이 모두 정절 관념의 확고한 고수와 정절을 지킨 것에 대한 자부심이 나타나 있음을 지목한 바 있다.[5] 유교적 대의명분을 통해 무너져 가고 있는 사회 질서를 회복시키려는 의도로 작성되었다고 주장한 장경남의 경우도 여기에 해당된다 하겠다.[6]

그런데 지금까지 이들 논의는 비판적 성격만을 부각하기 위해 절의를 끌어온 측면이 강했다고 생각한다.[7] 그런데 필자의 관점에서 봤을 때

연구 목록에 해당된다. 다만 이 연구는 필자가 보고자하는 서술기법의 차원의 접근은 아니지만, 등장인물의 정체를 밝혔다는 점에서 텍스트 해석에 있어 어느 정도 참조를 하였다. 김일환, 「숨긴 것과 드러낸 것-'변호'의 텍스트로 〈강도몽유록〉 다시 읽기」, 『민족문학사연구』 51, 민족문학사연구소, 2013.

3) 김정녀, 「병자호란의 책임 논쟁과 기억의 서사-인조의 기억과 '대항기억'으로서의 〈강도몽유록〉-」, 『한국학연구』 35, 고려대학교 한국학연구소, 2010.

4) 차용주, 『몽유록계 구조의 분석적 고찰』, 정학사, 1979, 179면.

5) 신재홍, 『한국몽유소설연구』, 계명문화사, 1994, 129~130면.

6) 장경남, 「병자호란의 문학적 형상화 연구-여성 수난을 중심으로-」, 『어문연구』 통권 119호, 한국어문교육연구회, 2003, 206면.

7) 물론 신재홍은 〈강도몽유록〉에 나타난 비판적 성격에 내해 언급하지 않고 이념적 성격만을 언급하였다. 하지만 비판적 성격도 함께 보아야 〈강도몽유록〉의 면모를 제대로 이해할 수 있으리라 본다. 이에 이념성을 조금 더 부각시키되 작품에 드러난 비판적 측면이 어떤 기능을 하는지에 대해 중점적으로 살펴보려고 한다. 그럼에도 이 글의 착안 시점은 신재홍에게서 얻은 바가 크다.

〈강도몽유록〉은 교화적 서술기법이 잘 적용된 사례라 생각한다. 대비효과를 통해 절의를 지키는 인물과 비판하려는 인물의 행위가 구분되는 바를 살피는 것이 중요해 보인다는 것이다. 이를 통해 모범형 인물이 어떤 식으로 활용되고 있는지 살펴볼 수 있으리라 본다.

작품에서 중요한 다른 하나는 작품의 체험자인 淸虛禪師가 어떤 의미가 있는지에 대한 부분을 탐색하는 것이다. 이에 대해서도 구조론 측면에서 몇 가지 논의가 제출된 바 있다. 차용주는 청허선사를 두고 방관자형으로 분류한 바 있고,[8] 신재홍은 체험자가 스님인데 이런 몽유자의 형태가 스님으로 몽유록 장르에서는 흔치 않는 모습이라고 언급하였다.[9] 양언석은 차용주의 방관자형을 더욱 발전시켜 작가관찰자 시점으로 볼 것을 제안하였다.[10] 하지만 이를 통해 알 수 있듯이 청허선사의 기능에 대해선 조금 소략한 면이 있다. 이 글에서 주목할 부분은 앞서 환상체험을 통해 변화한 인물인 원자허나 환상체험을 듣고 변화한 증공과 어떤 부분에서 달라지는지에 대해 조금 더 고찰해보고자 한다.

결국 〈강도몽유록〉을 해석함에 있어서는 이 두 가지 측면을 동시에 조망해야 작품에 담긴 의미를 제대로 파악할 수 있으리라 본다. 이에 첫 번째 절에서는 절의를 지킨 인물들과 그들을 모범화·이념화시키는 서술기법에 대해 살펴볼 것이고, 두 번째 절에서는 청허선사의 양상을 조망해봄으로써 그 서술기법이 어떤 지점에서 달라졌는지를 알아보도록 하겠다.

1 논의에 앞서 〈강도몽유록〉의 줄거리를 간단하게 짚고 가도록 하겠

8) 차용주, 앞의 책, 175면.

9) 신재홍, 앞의 책, 129면.

10) 양언석, 『몽유록소설의 서술유형 연구』, 국학자료원, 1996.

다. 〈강도몽유록〉은 청허라는 선사가 강화도를 지날 때 병자호란 중 죽은 시체가 산더미처럼 쌓여있는 것을 발견한다. 이를 불쌍히 여긴 청허 선사는 제문을 지어준다. 그날 밤 꿈속에서 15명(기녀까지 포함)[11]의 부녀자들의 원혼들이 나타난다. 부녀자들의 원혼들은 사대부 남성들의 행위를 규탄하고 자신이 어떻게 절개를 지켰는지에 대해 말하는데, 이것을 청허선사가 몰래 엿듣고 그에 대한 기록을 적었다는 내용으로 구성되어 있다.

따라서 여기에서 중점적으로 다룰 부분은 바로 '죽음'이다. 〈강도몽유록〉은 역사적 환상체험 서사에서 보았던 것처럼 역사적 인물을 환상공간에 배치하지만, 그들은 자신들이 구천을 떠도는 亡者라는 점을 확실하게 인식한다는 것에서 여타의 역사적 환상체험 서사와 조금 이질적인 면모가 있다. 〈원생몽유록〉의 예를 들자면 단종과 사육신들이 스스로 죽은 존재인 것을 인식하기는 하지만, 환상공간에서 자신들만의 세계를 이룩하고 있는 모습을 보여준다. 저승세계에서의 질서를 잘 따라간다고 하겠다.

이것은 〈주진행기〉나 〈기몽〉 역시 마찬가지다. 〈주진행기〉에서는 왕비들의 원한은 드러낼지언정 박태후의 무덤에서 왕궁 내부의 질서를 그대로 옮겨온 형태로 나타나고, 〈기몽〉 또한 문장 왕국을 통해 나름의 질서를 체화한 존재들이라 하겠다. 요컨대 비록 망자이지만 속해 있는 세계가 있는 것이다. 그래서 이 작품들의 환상체험 공간은 현실과 그 경계가 분명하며 환상체험자는 환상공간에 '방문'하는 속성이 강하다.

---

11) 김정녀는 재래의 연구에서 〈강도몽유록〉의 등장인물을 14명이라 언급한 것에 대해 착종이 일어난 것이며 이 작품의 등장인물은 15명이라고 밝히 바 있다. 필자 역시 이를 따른다. 김정녀, 「신 자료 국문본 〈강도몽유록〉의 이본적 특성과 의미」, 『고소설연구』 27, 한국고소설학회, 2009, 13면, 각주 10번.

그러나 〈강도몽유록〉은 현실과 망자들의 세계의 경계가 모호하다. 이것은 망자들의 속한 세계가 불분명하다는 점에서 그렇다. 결국 그들은 구천을 떠도는 귀신인 셈이다. 따라서 이들은 자신이 어디에 속할 수 없는 존재임을 스스로가 잘 알고 있다. 이것은 이 작품이 '죽음'에 대해 지속적으로 언급할 것임을 미리 알려주는 표지로 작용한다. 그러므로 〈강도몽유록〉을 읽는 데 있어 이들의 죽음을 이해하는 것은 중요한 키워드라고 할 수 있겠다.

> 선사는 매우 이상하게 여겨져 가까이 가서 엿보았더니, 댈열마다 行을 이루었으며 여자가 아님이 없었다. 어떤 이는 홍안이 이미 시들어 흰 살쩍이 드리웠고, 어떤 이는 청춘이 아직 늙지 않았으며 녹운을 쪽 틀었다. 젊은 사람과 늙은 사람은 겉을 보아 알 수 있었으며 선후를 따지지 않고 뒤섞여 앉은 격조 높은 모임이었으나, 황급하고 처량한 기색을 띠지 않는 이가 없었다. 이에 걸어 나아가 살펴보니, 한 장 쯤 되는 끈과 한 자쯤 되는 칼이 가느다란 목을 매달기도 하고 딱한 뼈에서 피가 나기도 하며, 머리가 전부 함몰되기도 하였으며, 입과 배에 피를 머금기도 했으니 그 참혹한 모습은 차마 볼 수가 없었으며 또한 이루 기록할 수도 없었다.[12)]

위의 인용문을 통해 알 수 있듯이 〈강도몽유록〉은 구천에 떠도는 귀신들을 매우 자세하게 묘사하고 있다. 칼이 꽂힌 채로 덜렁덜렁한 목을 달고 다니는 여성, 머리가 함몰되어 얼굴의 형체를 알아볼 수 없는 여성, 물속에서 죽어 살이 퉁퉁 부은 여성 등 다양한 모습으로 죽은 사람의

---

12) 〈江都夢遊錄〉. "禪師大異之, 近而窺之, 則列而成行, 無非女子. 而或紅顏已凋, 白髮垂鬓, 或靑春未老, 綠雲凝鬟. 其老也其少也, 從表可解, 而莫念先後, 亂坐高會, 其蒼黃之態, 悲愴之氣, 莫不有矣. 於是, 進其步, 慣其視, 則丈餘之索, 尺許之鋒, 或係於纖頸, 或懸於粉骨, 或頭腦盡破, 或口腹含血, 其慘惻之形, 不可忍視, 亦不可勝言."

모습을 묘사한다. 그래서 서술자는 그 참혹한 광경을 '이루 다 기록할 수 없는' 지경에 이른다. 이런 지점이 앞서 언급했듯 역사적 환상체험 서사의 등장인물과 이질적 분위기를 풍긴다고 하겠다. 본래 역사적 환상체험에서는 역사적 인물을 소환함에 있어 그들의 생전 모습을 당대의 이미지에 맞춰 최대한 복원하려고 한다. 그런데 〈강도몽유록〉에서는 생전의 모습이 아니라 죽고 난 후의 모습을 간직한 것으로 되어 있다. 이것은 서술자가 의도적으로 이들의 죽음을 부각시키기 위해서 그러했음을 알 수 있다. 그래서 그들의 죽은 모습을 그대로 그려냄으로써 그들의 죽음에는 어떤 곡절이 담겨 있을 것이라는 것을 추론할 수 있게 해준다.[13]

> [여성 4] 한 부인이 그 마음을 토로하려고 앉았던 자리에서 빠져 나왔는데 꽃이 떨어지는 듯 쇠잔한 모습이었다. 그리곤 마침내 탄식하면서 말했다. "나는 본디 왕비의 형이요, 重臣의 아내입니다. 부귀했던 평생동안 노래와 춤으로 긴 봄을 보냈으니 어찌 오늘 사람의 일이 이렇게 될 줄 예상했겠습니까? 아! 저의 죽음이 다른 사람과 같다면 貞烈이 저절로 표창되고 넋에도 빛이 날 것입니다. 하지만 내 자식이 어질지 못해 처사가 잘못되었으니 도적의 칼날이 닥치기 전에 먼저 저에게 죽음을 강요했으나 내가 자결하지 않았거늘 어찌 남들의 말이 없었겠습니까? 남이 강권해서 정절을 이루었다면 세상 사람들 모두 욕하고 비웃을 것인데 더구나 오늘날 旌門을 내리는 것이 무슨 소용입니까?[14]

---

13) 〈강도몽유록〉은 15명 여성들의 발화로 구성이 되어 있기에 그들의 언급을 세세히 살피는 것이 중요하다고 본다. 따라서 후술될 인용문에서는 언급한 순서대로 여성인물의 번호를 매겨 구분을 하도록 하겠다. 한편 여성 1에서 여성 3까지의 발화는 金慶徵(1589~1637)의 여성 3대, 그러니까 김경징의 어머니, 처, 며느리의 발화인데 이들은 김경징을 변론하면서도 李敏求(1589~1670)나 金自點(1588~1651), 沈器遠(?~1644)을 비난하는 언급을 하고 있기에 정치적인 관계가 얽혀있다고 생각하여 그 인용을 피하였다.

14) 〈江都夢遊錄〉. "一婦人, 思吐其情, 挺出其坐, 則春風已過, 落花衰容, 遂歎息而言曰 :

[여성 5] 또 한 사람이 푸른 눈썹을 찡그리고 붉어진 얼굴을 잠시 숙이며 분개하다가 탄식하며 말하였다. "하늘의 운명이 이미 정해졌으니 기구한 운명을 도망치기 어렵습니다. 남의 후처가 되어 청춘을 헛되이 보냈으니 살아서 인간 세상에 있은들 무슨 즐거운 일이 있었겠습니까? … 그러나 낭군은 승정원의 가까운 신하로 임금님의 큰 은총을 무겁게 입고 있었으니 당대의 총해받는 신하는 낭군이 아니면 누구겠습니까? … 아! 명부의 염라대왕은 사람의 선악을 두루 살피지 않음이 없습니다. 이 때문에 지하로 처음 들어올 때 사자에게 이렇게 명을 전했습니다. '큰 재앙이 장차 닥치자 칼을 뽑아 자결했으니 옛 사람에게 구하여도 드물게 있는 경우였다. 그러나 너의 남편은 임금을 잊고 적에게 절하며 구차하게 살기를 구걸했으니 그 죄가 진실로 무거워 너 또한 연좌를 면하기 어렵다. 이 때문에 그를 지옥에 던져 영원히 환생하지 못한다.' 저에게 있어서는 슬픈 일이지만 어찌 하겠습니까!"[15]

먼저 여성 4와 여성 5의 언급을 살펴보자. 여성 4는 높은 신분의 인물로 鄭百昌(1588~1635)의 처 西原 韓氏로 비정할 수 있다.[16] 여성 5는 이견의 소지가 있지만 국문본과 한문본 모두 韓興一(1587~1651)의 처로 되어 있고, 실기 자료와도 부합된다고 보아 한흥일의 처로 볼 수 있다.[17] 이처럼 〈강도몽유록〉의 발화자는 작품의 말미에 등장하는 기녀를 제외하고 모두 사대부가의 순절한 실존 여성들이라고 할 수 있다. 그리고 이들은

"我本王妃之兄, 重臣之妻也. 富貴平生, 歌舞長春, 則豈料今日人事若此? 嗟余一死, 果他人, 則貞烈自彰, 魂有光彩, 吾兒不良, 處事顚倒, 賤鋒未迫, 先投一釰, 則非我自處, 豈無人言? 勸成貞節, 世皆罵笑, 矧伊今日, 旌門何事?""

15) 〈江都夢遊錄〉. "且有一人, 翠眉雙嚬, 紅顔乍低, 慨然而歎曰 : "天分已定, 薄命難逃. 爲人後妻, 靑春虛光, 則生在人間, 何事爲樂? … 然郎君近侍銀臺, 重被鴻恩, 則今代寵臣, 舍此其誰? … 嗚呼! 冥府閻羅王, 人之善惡, 莫不洞燭. 故入地之初, 中使傳命曰 : '大禍將迫, 引刀自决, 求諸古人, 鮮有此流. 而惟爾之夫, 忘君拜賊, 苟且偸生, 罪固重也, 難免其坐. 是以投之地獄, 永不還生'云, 在余悲懷, 爲如何哉!""

16) 김정녀, 앞의 논문, 2009, 17면.

17) 김일환, 앞의 논문, 265~270면.

위의 인용문처럼 모두 자신들의 남편이나 아들을 비판하는 대목이 담겨 있는데, 대부분 관직을 지낸 이들이라고 할 수 있다. 그런데 작가가 굳이 여성들을 내세워 자신의 가족을 비판하게 만든 까닭은 무엇일까.

기존의 연구에서는 이것을 두고 지배계층인 사대부 남성들의 무능을 비판한 것으로 바라보았다. 하지만 필자가 생각하기엔 비판의 초점보다는 오히려 비판을 통해서 사대부 여성들의 절의를 숭상하게끔 만드는 효과가 더 커 보인다. 요컨대 절의를 지킨 여성들과 그러지 못한 남성들을 대비시킴으로써 여성의 절의가 왜 모범적인지를 알려준다는 것이다. 이러한 부분은 작품 내에서 모든 여성 발화자들에게 해당이 된다. 따라서 작가가 여성을 배치시킨 까닭은 사대부 남성을 비판하는 것도 있겠지만, 무엇보다 여성들이 죽음을 무릅쓰고서라도 어떻게 절의를 지켰는지에 대한 부분에 초점을 맞춰 그녀들을 형상화한다.

이것은 여성 4의 발화를 통해 볼 수 있다. 자신은 비록 아들의 강요로 강화도에서 자결했지만 이것은 자신이 원해서 죽은 것이 아니었다. 아들의 강요에 의해 자결을 선택받은 것이다. 그래서 여인은 스스로가 자결을 한 것이 아니기에 貞烈을 이루지 못했다고 생각한다. 그런데 문제는 그런 그녀에게 旌閭門을 내리려 한다는 점이다. 그녀에게 정려문을 내리는 대상은 국가인데, 국가는 사실 관계를 확인하지도 않은 채 강화도에서 죽은 여인들에게 정려를 내리는 것을 알 수 있다. 그리고 이를 방관하고 동조하는 것은 여성 4가 속한 정씨 가문이자 그녀의 아들이기도 하다.

이러한 면모는 『소학』의 충열 부분에서 살펴본 일화와 관련이 있으면서도 차이가 있다. 『소학』의 여성들 역시 죽음과 가까운 행위, 즉 자신의 신체를 훼손하는 것을 통해 자신의 이념을 흔들려는 유혹들에 대해 저항한다. 〈오륜전전〉에서 오륜전의 후첩이 오륜전을 만나러 가다가 蒙軍에게 붙잡혀 자결하는 장면 역시 정절을 지킨 그녀의 행위를 드러내기 위해서였다. 이것은 가문 혹은 국가를 위해 희생하는 것과 무관하다. 스스로의 떳떳함을 증명하기 위한 행위였다.

〈강도몽유록〉에서도 여성의 이러한 자결의 모습이 보이긴 한다. 그런데 여기에서의 자결은 〈오륜전전〉이나 『소학』의 자결과는 조금 차이가 있어 보인다. 이 작품에 나타난 자결은 자신의 떳떳함을 증명하는 것에 있는 것이 아니라 사회적 차원의 의리를 회복시킨다는 점에서 그렇다. 이것을 두고 烈女의 의미가 변화한 것이라고도 생각할 수 있겠다. 그래서 여성 4는 자신과 다르게 행동한 자신의 가족들을 비난할 수 있던 것이다. 따라서 〈강도몽유록〉에서의 여성 죽음은 국가나 사회에 대한 의리를 수호하는 모습으로 확장되었다는 것을 알 수 있다. 이를 통해 가족의 차원에서의 의리보다는 사회 차원의 의리가 더욱 중요시되었다는 것이 확인된다.[18]

다만 이러한 모습의 양태는 전란에 의해서 확장된 측면도 있겠지만, 16세기부터 내면화되던 이념성이 발휘된 것으로 필자는 생각한다. 실천적 유교이념이 명분론으로 변화해가는 도정에서 이루어진 것이다. 이것은 조선초 정몽주 배향과도 관련되어 있는데, 조선의 성리학이 실천적 면모를 끊임없이 중요시 했다는 점을 들 수 있겠다. 따라서 실천적 유교이념을 중시한 조선의 성리학은 16세기를 지나 17세기에 와서 節義라는 명분론을 배태시킬 수 있었던 것이다.[19] 그리고 이러한 점은 16세기의

18) 이와 관련해 장경남은 "이 작품에 등장하는 여인들은 節死로 戰亂에 대응한 자신들의 행위를 當爲로 생각하는 철저한 儒教 倫理 수행자들이다. 忠孝烈로 대표되는 유교윤리는 士大夫 남성뿐만 아니라 부녀자들에게도 전란에 대응하는 精神的 支柱였으며 行動樣式의 基準이었다. 전란에 의해 혼란이 일어난 忠孝烈이라는 道德과 規範의 秩序를 확고히 하려는 목적이 이 작품에 드러나고 있다."라고 하여 필자의 논의를 보충해준다. 장경남, 앞의 논문, 206면.

19) 이에 대해선 다음의 논의를 참조하길 바란다. 계승범, 『중종의 시대』, 역사비평사,

군자-소인론의 이분법적 사고와도 맞닿아 있다. 이 작품에서 국가와 가문을 위해 희생한 여성들은 군자의 행동을 한 여성으로, 그와 다른 행위를 한 남성은 私利를 탐한 소인으로 그려내고 있기 때문이다. 이것은 앞서 살핀 〈원생몽유록〉에서도 드러난다. 〈육신전〉에서의 사육신은 단종이라는 왕 하나를 위한 충신이었지만, 〈원생몽유록〉에 가면 사육신은 절의를 지킨 충신의 표상으로 그려진다. 그래서 천도의 질서를 회복시킨 인물로 모범화 된다. 결국 조선사회에서 실천적 이념성의 지속적인 중요성 부각이 〈강도몽유록〉의 여성 인물형을 만들어내었다고 하겠다.

한편 무엇보다 이것은 유교의 교조화·통속화와도 관련이 깊다. 여성5의 발화를 살펴보자. 그녀는 왕의 총애를 받던 사대부의 후처였는데 남편은 살고 자신만 죽었다. 그런데 그 죽은 과정과 대비적 서술이 흥미롭다. 그녀가 죽어서 저승에 갔더니 염라대왕의 말을 전하는 저승의 사신이 그녀에게 말을 건넨다. 여성은 화가 닥쳐왔을 때 자결을 했으니 만고에 길이 남을 일을 한 것이지만, 자신의 남편은 적에게 투항하였기에 목숨은 연명할 것이라는 것. 그러나 이 일로 인해 그녀 또한 그 죄를 연좌 받아 훗날 지옥에 가서 환생하지 못하리라는 것이다. 이 역시 자신과 자신의 남편 행위를 대비시킴으로써 자신의 정절 행위를 부각시키는 서술기법이라 할 수 있다. 비록 자신은 환생하지 못하지만 떳떳하다는 점이 여기에 잘 드러난다.

그런데 이념에 충실하지 못한 인간은 결국 지옥에서 그 죗값을 치룰 것이라는 이 관점은 이원론적 세계관이 내재해 있음을 알 수 있다. 현실에서는 그의 죄에 대해 묻질 못하니 환상의 세계에서라도 죄의 대가를 받는다는 것인데, 이러한 관점은 유교이념에서 봤을 때 허용되지 않는

2017, 237~270면.

다. 이것은 〈남염부주지〉의 일리론에서도 살펴볼 수 있었듯 보통의 유학자들은 세계가 하나로 이뤄져 있음을 믿는다. 그럼에도 지옥의 개념을 끌어와 연좌의 죗값을 치르게 한다는 점은 유교의 이념이 결과적 측면을 중시하는 것으로 변화했음을 보여준다. 즉 이념을 수행하기 위해서는 어떤 이단적인 것도 허용이 된다는 점을 〈강도몽유록〉을 통해서 알 수 있다. 그리고 죽은 이후의 세계에 대해 언급하는 것을 통해 유교이념의 실천이 내세로까지 이어진다는 작가의 신념을 엿볼 수 있다.

이런 지점은 몹시 흥미롭다. 15세기의 이념성을 담은 〈남염부주지〉에서는 박생이 스스로 一理論이란 글을 지어 유교적 이념에 대해 흔들리지 않는 가치관을 담아내었다. 그러나 박생은 염부주라는 지옥을 경험하면서 세상이 일리론으로 이루어져 있지 않다는 깨달음을 얻는다. 이념과 경험의 부조화를 그곳에서 발견한 것이다. 이에 염라대왕이라는 모순적 존재와의 문답을 통해 다시 일리론에 대한 생각을 전복시킨다.

그런데 17세기 초의 〈강도몽유록〉에서는 이러한 사상이나 철학적 유교이념과 관계없이 義와 節이라는 가치가 저승과 선계 모두에 적용되고 있다는 것을 보여주며, 또한 이것을 잘 지키면 '극락'으로 간다는 언급도 한다. 이제 이념에 대한 회의나 모색은 전혀 없는 것이다. 그래서 이미 유교이념의 가치를 입증할 필요만 있으면 되었지 자신이 살고 있는 세계가 올바른 유교 가치로 이뤄지고 있는 것인지 의문을 담을 필요가 없었던 것이다. 이에 오로지 유교의 가치와 이념을 수행을 위해 극락을 보장해주기만 하면 된다. 따라서 이 지점에서 우리 고전소설에 복선화음의 전형성이 나타나기 시작한 것이라 생각해볼 수 있다.[20] 그리고 이런 부

20) 〈오륜전전〉에서도 작품의 마지막에 오륜전이 선계로 향하는 모습을 보여줌으로써 이념에 대한 보상을 묘사하기는 한다. 그러나 이것은 수행과 보상의 단선적인 방편만을 알려주고 있다. 반면 〈강도몽유록〉은 이념 수행이 왜 올바른 것인지, 그리고 이를

분은 유교이념의 교조화·통속화 현상의 裏面을 알려준다 하겠다.

이런 방식을 택한 까닭은 다양한 이유가 있겠지만 무엇보다 유교이념이 점차 내재화되면서 이런 현상을 가져왔다고 생각한다. 유교이념을 수행하라고 지시하는 교화적 서술기법은 아무래도 당시 17세기의 독자들에게는 수행의 합리성을 보장해주지 못했다. 유교이념이 내면화되면서 현상에 대한 시비를 분명하게 알게 된 당대인들은 양란이라는 현실과 직면하면서 모순을 직시할 수 있었다. 이에 교화적 서술기법으로 설명하기 역부족한 부분을 환상적·문학적 방식을 통해 해결하고자 했다. 그 방식의 하나가 염라대왕이나 선계를 끌어와 보상을 보장해주는 복신화음의 구조였다. 이처럼 17세기의 인물은 점차 모범을 수행하면서도 은연중 보상을 원하는 방식으로 그 양상이 굴절되기에 이른다.

이제 모범적 행위는 유교의 이념에 충실한 것에서 더 나아가 죽음이라는 키워드와 밀착되어 나타나게 된 것이다. 〈육신전〉이나 〈원생몽유록〉에는 이념에 충실한 사육신을 등장시키지만 그들의 죽음과 보상이 모순적인 관계로 남아 작자나 독자로 하여금 무엇이 올바른 것인지를 생각하게끔 제공한다. 하지만 〈강도몽유록〉에서는 그들의 節死를 찬양하고, 그들의 절사가 다른 세계에서 보상받는 가치 있는 것이라는 점을 지속적으로 알려준다.

따라서 〈강도몽유록〉에서도 목숨을 구걸하지 않고 옳은 것을 행한 행위에 대한 추모가 이어진다. 죽음에 대해서 더 자세하게 기록할수록 읽는 사람은 그들의 행위에 대해 공감하게 되고 그들의 죽음을 의로운 행위로 인식하게 된다. 자신과 다르게 행동한 가족들과의 대비를 통해서 말이다. 이것은 당시 사람들이 자발적으로 이들을 추모하는 것에 영향을

통해 구체적으로 어떤 보상이 주어지고 있는지를 자세히 설명해주고 있다고 보인다.

주는 전략적인 서술기법이라 하겠다. 그리고 다른 한편으로는 모범성을 만드는 방법이 통속화된 것이라 생각할 수 있다. 이것은 다음의 인용문을 통해서도 살펴볼 수 있다.

[여성 13] … 자결하는 것을 달게 받아들여 넋이 저승에 들어갔으니 이름이 이미 향기로우니 어찌 광명이 없겠습니까? 염라대왕이 제게 일러 말했습니다. '아름답도다! 이 사람이여! 맑은 바람처럼 초연하고 가을 서리 같이 늠름하며 우레와 번개를 피하지 않고 도끼도 두려워하지 않았으니, 갑자년의 변란 때는 원훈의 목을 벨 것을 청했으며 정묘년의 난 때에는 화의를 앞장서서 배척하여 강도를 불태우자고 청했다. 또 국가가 떨쳐 일어날 술책을 일렀으며 대의명분을 세운 뒤에 형제국의 맹약을 깨트렸으니 충성심이 지극하고 앞날을 내다보는 밝음이로다. 朱雲 같은 곧은 정절과 汲黯 같은 충간을 이 사람이 없다면 이을 자가 누구이겠는가? 이 사람이 바로 너의 아비다. 너 또한 그 뜻을 본받고 그 절개를 삼가 절의를 위해 죽었으니, 그 정절, 그 의를 포상하여 장려하지 않을 수 없다. 그래서 극락세계에서 소요하게 하겠노라.'라고 했습니다.[21)]

[여성 13] 상제께서 다 보시고는 명부에 조서를 내려 말씀하셨습니다. '짐이 중요하게 여기는 것은 義이니 사람이면 그것을 실천해야 하고, 짐이 귀하게 여기는 것은 절개이니 사람이면 그것을 지켜야 한다. 그것을 지킨 자와 그것을 실천한 자는 천당에 들어가게 하여 그 몸을 안락하게 하는데, 아무개의 경우 시아비와 며느리의 덕이 또한 그 절개를 나란히 하니 짐이 이들을 매우 아낀다. 짐이 장차 그들을 포상할 것이니 명부에 두지 말고 玉虛

21) 〈江都夢遊錄〉. ""… 甘心自決, 魂入重泉, 則名已香矣, 豈無光歟? 閻羅王謂余曰, '美哉人也! 淸風洒落, 秋霜凜烈, 不避雷霆, 芥視鈇鉞, 故甲子之變, 請斬元勳, 丁卯之亂, 首斥和義, 請燒江都, 獻振起之策, 旣立請論, 破兄弟之盟, 忠心至也, 先見明矣. 朱雲直節, 汲黯忠諫, 非有此人, 則繼者其誰也? 是人乃爾之父也. 爾亦體其義, 愼其節, 死其節義, 則其節也其節也(원문중복 표기)其義也, 不可不褒奬, 故使之逍遙於極樂世界'云. …""

의 淸宵桂殿으로 보내어 월궁에 있는 항아와 함께 노닐며 낮에는 은하에서 직녀와 함께 날아다니게 할 것이다. 그렇다면 염라대왕이 정절을 표창하여 밝힐 것이니 짐이 義烈을 존숭함이 어떻게 되겠는가?'[22]

[여성 14] 뼈는 인세에서 썩고 넋은 저승으로 가서 염라왕이 말했습니다. '광해의 말년에 조정이 혼탁하여 임금은 임금답지 않았고 신하는 신하답지 않았으나, 오직 너의 조부는 취한 사람 가운데서 혼자 깨어 있었고, 뜻에는 고결함이 있었다. 강화도가 어려운 지경에 이르러 절의를 저버리고 삶을 도모하는 사람이 많았으되 유독 너는 여자의 몸으로 그 치욕을 받음에 즐거이 죽음에 나갔으니, 전후의 같은 절의가 남녀에 무슨 차이가 있겠는가? 먼저 그 조부가 있고 이어서 이 손녀가 있으니 어찌 아름답지 아니한가?'[23]

위의 인용문은 〈강도몽유록〉에서 尹鑴(1617~1680)의 며느리로 추정되는 인물이 저승에 가서 염라대왕에게 들은 이야기를 그대로 전한 것이다. 또한 작중에 '여성 가운데 과연 1인자(女子叢中, 果爲一人也)'라는 묘사를 통해 이 인물의 발화가 중요하다는 점을 상기시키고 있다. 그녀의 말에 따르면 그녀의 시아버지 윤휴는 순절한 자는 아니지만 그의 척화 행위는 저승세계에서도 숭상되고 있으며, 병자호란 당시 강화도에서 순절한 이 여성도 윤휴을 본받아 똑같이 절개를 이루었으니 둘 다 극락세계에 보내겠다는 것이다. 여기에서도 여성의 죽음이 유의미한 죽음으로

---

22) 〈江都夢游錄〉 "「… 天帝覽畢, 詔於冥府日 : '朕之所重者義, 而人也行之, 朕之所貴者節, 而人也守之. 其所守之者行之者, 使入天堂, 安樂其身, 而至於某人, 舅父之德, 亦參其節, 朕甚惜之. 朕將褒之, 莫置冥府, 而送之玉虛淸宵桂殿, 與月娥逍遙, 白日銀河共織女翱翔. 則王之彰明貞節, 朕之尊崇義烈, 爲如何哉?' …」"

23) 〈江都夢遊錄〉. "「… 骨朽人間, 魂歸泉下, 則閻羅王曰, '光海末年, 朝廷溷濁, 君不君臣不臣也, 唯爾之祖, 衆醉獨醒, 志在高潔, 江都風雨, 傾洞白日, 則人多毁, 以圖其生, 獨爾女子, 恥受其辱, 樂就其死, 則前後一節, 男女何異? 先有其祖, 繼有其孫, 則豈不美哉!' …」"

정당화되고 있다. 무엇보다도 저승과 선계에서도 질서로 통하는 義와 節이기 때문에 현실세계에서 잘 지킨 사람은 후한 보상을 받는다는 믿음이 내재되어 있다. 이러한 믿음은 앞서 〈오륜전전〉의 마지막 부분에서 오륜전 형제가 선계로 가는 모습과 부합한다. 다만 그녀들은 죽음을 통해서 이것을 이루었다는 점이 중요하다.

이런 면모는 바로 뒤에 나오는 여성 14에서도 드러난다. 그 여인도 강화도 난 때 병든 남편을 지키다가 칼에 맞아 죽었는데, 저승에 가서 염라대왕에게 들은 말을 그대로 전한다. 이것은 절의 앞에서는 남녀의 유별이 없다는 것을 알려주며, 또한 이렇듯 목숨을 던져 절의를 지키는 여성들과 그러지 못한 존재들을 대비시켜 그녀의 절행을 부각시킨다. 이처럼 〈강도몽유록〉 내에서도 절의를 지킨 자와 지키지 못한 자로 나눔으로써 그 대비 효과를 선명하게 가져오며, 이로써 절의를 지킨 여성들을 모범적 행위로 인식하게 만든다.

한편 이것을 두고 지금까지의 연구에서는 척화신에 대한 찬양을 강조하고 주화파에 대한 비판이라 해석하였다. 당연한 말이지만 동시에 여성의 절행을 부각시키는 측면도 보인다. 척화신의 행위에 감화된 여성의 절행 실천은 모범 삼기에 적합하다. 그렇다면 작품에서 척화신을 등장시킨 이유는 무엇일까. 단순히 주화파에 대한 비판이었을까.

필자가 생각하기로는 이것은 주화파에 대한 비판보다는 17세기 당시 절행이란 무엇인가를 보여주는 교과서적인 역할을 하는 것에 더 가깝다고 생각한다. 그리고 척화신에게 감화된 그들의 행위는 대명의리라는 명분론에 무조건적인 동조의 모습을 그려내고 있다고 보인다. 이 작품은 斥和와 主和 사이의 17세기 내 정치적 역학관계도 드러내고 있지만, 무엇보다도 당시의 이념의 척도를 알려주는 기능을 한다는 점에서 그렇다. 요컨대 이 작품은 전쟁의 비극이라는 개별적 역사에 초점을 맞추기보다는 그 비극 속에서도 어떠한 행위를 해야 할 것인지를 알려주는 보편적 역사를 지향하는 것이라고 볼 수 있다. 여성들의 절행은 어떤 시기나 공간에 한정된 것이 아니라 언제든 수행되어야 할 이념적, 명분적 보편성을 보여준다.

그런 의미에서 〈강도몽유록〉에서 여성을 통해 이념성의 대비를 강박적으로 보여주는 것은 교화의 차원에서 수행되었던 차원을 가져오면서도, 그 통속화된 면모를 통해 선악의 구분이 무엇인지 명확히 알려주는 표지로 활용된다. 이런 지점에서 『소학』의 글쓰기의 문화적 자장 내에 있던 〈육신전〉, 〈오륜전전〉과 같은 작품과 다른 면모를 보여주기 시작한다 하겠다. 〈육신전〉 등에서는 그 대비 효과를 통해 선함과 불선함을 나누긴 하지만 불선함에 대한 위험성을 언급하진 않았다. 그러나 〈강도몽유록〉에서는 그 모범성만을 부각시키기엔 부족한 감이 있었다. 따라서 선/불선의 차원이 아닌, 선/악의 분명한 이분법으로 나눔으로써 이념성을 수행하지 않음에 대한 '위험성'을 동시에 부각시킨다. 이 위험성은 국가라는 질서를 전복시킬 수도 있다는 가능성이다.

이것은 16세기에 만연했던 상대방에 대한 소인 만들기 현상의 연장선상에 있다. 그래서 이것은 물론 정치적인 것이지만 동시에 이념적인 것이다. 성리학적 근본주의를 따르는 이들에게 있어 아버지인 明을 저버리고 淸을 따르는 행위는 비판 받아야 마땅한 행위였다.[24] 이처럼 〈강도몽유록〉의 여성들의 이념 수행은 어쩔 수 없는 선택이었다. 다시 말해

24) '조선중화주의'의 긍정성에 대한 논의로는 우경섭, 『조선중화주의의 성립과 동아시아』, 유니스토리, 2013을 참조하실 바란다. 그는 기존 중화주의에 대한 비판적 시각을 정리하고 '당시' 맥락에서 이들이 왜 '중화'에 대해 매달리게 되었고, 또한 어떤 고심을 했는지를 읽어내었다. 결국 조선의 중화주의는 유학의 도통을 계승하겠다는 의지의 표방이자, 보편성 속에 조선을 위치시키려던 노력의 일환이었다는 것이 우경섭의 주장이라고 요약할 수 있겠다. 필자 역시 이에 동의한다.

성리학적 근본주의의 노선을 따른 순간부터 결정된 방향이었다고 하겠다. 병자호란 중에 척화파가 항상 우세했던 연유도 이곳에 기인한다. 근본주의 노선에서 벗어난 행위는 금수와 같은 행위였기에 다른 선택은 비판의 대상이 될 수밖에 없었다. 따라서 여성들의 죽음은 이러한 배경에서 이해해야만 한다. 여성들의 행위가 모범적이라고 찬양받을 수 있었던 까닭은 의리를 재현했기 때문이다. 여기서 말하는 의리란 국가에 대한 의리, 명에 대한 의리, 가문에 대한 의리, 곧 가부장제(대타자) 혹은 신념이라고 부를 수 있는 대상에 대한 희생이라 할 수 있다. 따라서 〈강도몽유록〉은 이념 수행 방식을 가장 통속적으로 알려준 서사이다.

한편 이것은 양승민의 한문소설의 통속성에 대해 언급한 바와 같이 "작가 개인의 이념 혹은 자아를 표출하는 데 몰입하지 않는다"[25]는 원칙을 잘 드러내주고 있다. 환언하자면 이념성을 체화한 여성 인물들을 통해 작가가 보여주고자 했던 것은 독자의 거리를 좁히기 위한 공감의 산물이라고 하겠다. 그래서 〈강도몽유록〉에 나타난 이념에 경도된 모습은 비록 염라왕같은 이단적인 것을 끌어들이더라도 유교적 이념성을 가장 알기 쉽게 보여주기 위한 산물인 셈이다. 보통 '환상'은 비현실적인 것이기 때문에 현실과 함께 할 수 없는 것이다. 그러나 17세기에 들어와 '환상'은 유교이념과 맞닿으면서 점차 그 이원론적 세계관(현실-실제)이 일원론적 세계관으로 흡수되는 한 경향을 보여주고 있다. 〈강도몽유록〉의 저승의 등장은 깨달음을 위한 공간이 아닌 이념 수행의 목적성을 위해 현실과 내세를 통합시켜주는 기능을 자처하기 때문이다.

그리고 이것은 교화적 서술 차원의 〈오륜전전〉이 환상공간에서 더욱 강하게 발화된 것이라 하겠다. 물론 양식적 차이는 있겠지만 그럼에도

25) 양승민, 『한문소설의 통속성』, 보고사, 2008, 35면.

이념에 대한 경도와 통속적 면모는 〈강도몽유록〉에서 잘 드러난다. 하지만 이런 형태가 배태되기 위해선 앞서 16세기의 〈원생몽유록〉이 존재했음을 기억해야 한다. 이곳에서도 비록 이념의 통속성까진 아니었지만 환상체험 속에서 이념성을 어떻게 구현시키는지 그 방법에 대해 제시해 주었기 때문이다. 결국 〈강도몽유록〉이 산생될 수 있었던 것도 〈원생몽유록〉이라는 작품이 존재했기 때문에 가능했다. 따라서 〈강도몽유록〉은 다만 정치적인 면모 이외에도 당시의 명분론이라는 이념성을 적극적으로 활용함으로써 후대에 통속적 이념성을 체화한 주인공이 등장하도록 토대를 제공했다는 의미를 생각해봐야 할 것이다.

② 다음으로 살펴볼 부분은 환상을 체험하는 수체인 정허선사다. 그런데 앞서 살펴볼 수 있듯이 〈강도몽유록〉의 체험자는 지금까지의 환상체험의 인물들과 다른 면모가 내재한다. 그것은 지금까지의 환상체험에서는 주인공이 직접 환상공간에 들어가 그 안에서 인물들을 만나 '경험'을 토대로 자신의 인식이 변화하는 것을 간직하는 것에 비해 청허선사는 그런 면모가 전혀 드러나지 않기 때문이다. 심지어 바로 이전 시기인 〈원생몽유록〉의 원자허도 3인칭 관찰자 시점에서 사육신과 만남을 통해 그들과 시를 주고받는 형태로 나타난다.[26] 〈최생우진기〉의 증공 역시 마찬가지다. 그는 비록 환상체험을 직접 경험하지는 못했으나 최생에게 선계의 이야기를 전해 듣고 간접 체험을 통해 변하한다.[27] 그러나 청허선

26) 이것은 앞서 3장에서 설명했듯이 보통 역사적 환상체험 서사에서는 1인칭을 사용하지만 〈원생몽유록〉은 환상체험 내의 사육신들의 이념성을 살펴보기 위해 3인칭을 활용했다고 논의한 바 있다. 즉 그들의 행위를 관찰하기 위해 3인칭을 택한 것이다.

27) 최생이 환상체험을 한 부분은 액자 구성으로 되어 있는데, 여기에서는 비록 3인칭을 사용하고 있지만, 최생의 심리를 몹시 세부적으로 그려내는 전지적 시점을 사용하고 있다.

사는 이들의 성질과 다른 형태로 묘사된다. 다음을 보자.

> 청허선사는 그 유골에 주인이 없음을 딱하게 여겨 한 번 염을 해보려고 생각했다. 손에는 버드나무 가지를 잡고 날아가듯 강물을 건너니, 인가가 전부 없어져서 의탁할 곳이 없었다. 燕尾亭 남쪽에 풀을 베어 움막을 지어 거기서 佛事를 했다. 달밤에 어렴풋이 한 꿈을 꾸었더니 하늘빛과 물빛이 모두 한결같이 푸르렀으며 수심을 머금은 모였다가 흩어지고 슬픈 바람이 그쳤다가 이어져 밤기운이 처량하고 심상치가 않았다. 선사가 손에 쇠 지팡이를 잡고 달밤을 거닐고 있었는데 밤중이 되어 바람을 타고 몇 마디 소리가 들렸으니 곧 노래소래와 웃음소리와 곡소리였다. 그 노래소래와 웃음소리와 곡소리는 모두 부녀자들이 한 곳에서 여 내는 소리였다.[28]

위처럼 청허선사는 환상체험에 대한 어떤 욕망 없이 들어간다는 것을 알 수 있다. 다시 말해 기존의 환상체험 서사에서는 주인공이 현실에 대한 불만족이나 결핍을 환상 속에 투영시킨다는 점, 혹은 자신의 문재 과시를 위해 환상공간을 이용하였는데 청허선사는 이러한 면모가 잘 보이지 않는다. 〈원생몽유록〉의 원자허는 강개한 선비로 역사책을 읽는 인물로 그려지며, 따라서 사육신을 추모하는 감정이 어느 정도 감지된다. 그래서 환상공간에 들어와서 직접 그들을 기리는 시를 짓기도 하는 등의 적극성을 보인다. 〈최생우진기〉의 증공 역시 애초부터 이상세계에 대해 욕망을 가진 존재로 그려지고 그것을 최생으로부터 듣고자 하는 적극성도 가지고 있었다.

---

28) 〈江都夢遊錄〉. "淸虛禪師憐其無主, 思欲一斂. 手把楊枝, 飛渡江流, 則人家蕩盡, 無處可依. 燕尾亭南, 誅草爲幕, 法事於斯. 月日夜, 假成一夢, 則天光水色, 涵得一碧, 愁雲聚散, 悲風斷續, 夜氣凄凉, 不尋常矣. 禪師手携金錫, 步月逍遙, 夜將半, 風傳數聲, 則乃歌也笑也哭也. 其歌也其笑也其哭也, 總是婦女咸聚一."

그러나 청허선사에겐 어떠한 결핍이나 불우함이 나타나 있지 않다. 그리고 〈강도몽유록〉 내에는 詩가 한 편도 작성되어 있지 않다는 점에서도 문재를 과시하려는 욕망이 없음을 알 수 있다. 이런 점을 보았을 때 그는 역사적 인물을 만나고 싶은 어떠한 욕망도 내재해 있지 않다고 생각해 볼 수 있다. 그것은 그가 작품 내에서 소환된 이들에게 접근하지 않고 숨어서 그들의 양태를 지켜본다는 점에서 간취할 수 있다. 이는 그들과 만남을 직접 경험하지 않는다는 점에서도 알 수 있다. 결국 그는 다른 환상체험의 인물들보다 매우 수동적인 존재로 나타난다는 점이다. 그리고 이런 자발적인 행동이 결핍되었다는 점에서 체험 후 교훈을 얻어가는 서사 역시 부재한다. 다음 작품의 마지막 장면을 보자.

> 이 말을 막 마치자 여러 부녀들이 다같이 통곡했는데, 그 소리가 너무나 슬퍼서 차마 들을 수 없었다. 선사는 혹시 알려질까 두려워 수풀 아래에 숨어 있다가 날이 밝아지기를 기다려 이윽고 물러 나왔는데, 어느덧 놀라서 정신을 차려보니 곧 한바탕 꿈이었다.[29]

위를 통해 알 수 있듯이 청허선사는 몹시 수동적인 형태로 사건을 관망한다. 그리고 오히려 망자들에게 들킬까봐 두려워 수풀에 숨어 있는 모습까지 보이며 소환된 인물들을 기피하는 행위를 한다. 이처럼 청허선사는 환상체험을 경험하지만 직접 참여하지는 않았으며, 따라서 이들과의 어떠한 공감대를 형성할 수 없었다.[30] 물론 타자인 여성들의 목소리

29) 〈江都夢遊錄〉. "此語纔訖, 諸婦女, 一時痛哭, 其聲慘惻, 不忍聞也. 禪師或恐有知, 隱於林下, 待天之曙, 乃退而出, 忽然驚覺, 卽一夢也."

30) 물론 청허선사의 이들에 대한 연민 의식은 엿보인다. 하지만 이 연민의 감정을 그들과 공감했다고 생각하면 곤란하다. 연민은 주체의 감정이 타자를 통해 발생하는 것인데 반해, 공감은 주체와 타자가 같은 감정을 공유하는 것이기 때문이다.

에 귀 기울였다는 사실을 통해 이들의 '連帶'를 주장하는 논의도 있지만,[31] 이는 여성들의 원한의 원인과 그녀들의 정절 행위를 객관적으로 관찰한다는 점에서 '注視'에 가까워 보인다. 분명한 점은 청허선사와 그녀들에겐 감정적으로 큰 연결고리가 없다.

그렇다면 왜 이런 양상으로 나타나게 되었을까. 이에 대한 필자의 생각은 앞선 부분에서 이미 서술하였듯이 17세기 실천적 유교이념이 강화되면서 몽유록 장르 내에서도 그 변화가 일어난 것은 아닌가 추정한다. 다시 말해 16세기 몽유록인 〈원생몽유록〉이나 〈금생이문록〉은 모범적 인물을 환상공간 내에 소환시킴으로써 그 이념성을 바라보고 깨달음을 얻으며 변화하는 인물을 설정해 두었다. 이것은 유교적 이념이 내면화되면서 가능했던 것이다.

그러나 17세기로 들어오면서 실천적 유교이념에 대한 강박 관념이 유교적 사상이나 철학 이념을 압도하게 되면서 통속화된 이념적 인물을 조망하게 되었음은 앞서 살펴본 바 있다. 이에 작품 속 체험자는 그 이념적 당위성을 조망하는 도구로 사용될 뿐 체험자가 변화하는 모습으로 그려지지 않는 것이다. 따라서 청허선사는 환상공간을 만들어내는 창조의 역할은 하지만 문면 뒤로 숨어버린다는 점에서 불필요하다고 생각할 수도 있다. 이것은 작품에서 청허선사를 존재를 지워도 작품에서 큰 의미 변화가 없다는 점에서 그렇다. 요컨대 체험자는 카메라의 기능만 가지고 있을 뿐이다.

이러한 면모는 같은 時期 몽유록의 특성에도 잘 드러나 있다.[32] 17세기

---

31) 이에 대해 조현설은 "작가가 자신의 분신과도 같은 청허를 몽유자로 작품 속에 등장시켜 타자·여귀들의 목소리에 귀를 기울이려 했다는 것, 다시 말해 그들과 연대하려 했다는 사실"을 거론한 바 있다. 조현설, 「17세기 전기·몽유록에 나타난 타자 연대와 서로주체성의 의미」, 『국문학연구』 19, 국어국문학회, 2009, 19면.

중반에 나온 〈金華寺夢遊錄〉[33]를 보더라도 여기에서의 체험자 成生은 체험공간에서 소환된 역사적 인물들을 조망할 뿐 직접 그 현장에 참여하지 않는다. 그리고 여기에 인물들의 행동과 언행을 통해 中華 관념에 입각한 이념을 채워 넣고 있음을 알 수 있다. 또한 작품의 말미에서도 체험자의 어떠한 변화도 드러나지 않고 있다. 따라서 이것은 몽유록 양식의 변화이기도 하지만 동시에 실천적 유교이념이 명분론으로 변화해 가는 과정에서 몽유록에도 이러한 이념성이 침투한 결과라고 할 수 있다.

그렇다면 이러한 청허선사가 가지고 있는 기능은 무엇인가. 전혀 불필요한 존재인가. 환상공간 속 등장인물을 관찰하면서도 변화하지 않는다면 그는 어떤 기능을 가지고 있는 것일까. 지금까지 살펴보았듯 청허선사는 다른 환상체험의 체험자와 다르게 관찰자의 역할만 수행했다. 그런데 이 관찰자의 기능은 당연하게도 자신의 어떠한 생각을 개입시킬 수 있는 여지를 줄어들게 만든다. 따라서 불필요한 정보나 생각 혹은 편견을 소거시킴으로써 대상에 대한 세세한 관찰이 가능하도록 한다. 그래서 전쟁의 참혹한 광경과 여성들이 어떤 방식으로 죽었는지를 기록할 수 있고 그녀들의 정절 행위는 무엇인지를 객관적으로 알려줄 수 있게 된다. 따라서 체험자인 청허선사는 변화하는 존재가 아니라 오히려 이념을 '注視'하는 관찰자에 가깝다.

다만 그럼에도 변화를 추론할 수 있는 근거는 있다. 문면을 들여다보면 청허선사는 처음 이들에 대해 연민을 가지고 있었다가 꿈속에서 이들

---

32) 물론 모든 몽유록이 그렇다는 것은 아니지만 〈강도몽유록〉으로부터 이러한 경향으로 움직이는 일 양상을 생각한다면 의미가 있어 보인다.

33) 아직 〈금화사몽유록〉의 창작 시기를 확정할 수 없지만, 대략 17세기로 그 연대를 추정하고 있다. 이에 대해선 다음을 참조하길 바란다. 김정녀, 「〈금화사몽유록〉 연구사」, 우쾌제 외, 『고소설연구사』, 월인, 2002, 227~231면.

을 만나고 호기심이 동해서 이들의 이야기를 계속 듣게 된다. 15명의 대화를 모두 듣고 있다는 점에서 호기심을 해결하기 위함임을 알 수 있다. 그리고 이들은 말이 마치자 통곡을 시작하는데 청허선사는 '그 소리가 너무나 슬퍼서 차마 들을 수가 없었다'라고 표현한 점에서 이들의 이야기에 어느 정도는 공감한다고 볼 수 있을 것이다. 하지만 그럼에도 불구하고 확실한 점은 이전의 환상체험 서사의 체험자와 다르게 깨달음을 통한 질적 상승과 같은 변화의 부분이 잘 드러나지 않는다는 점이다.

아마도 그 의미는 이 등장인물의 변화가 부재한 현상은 『태평광기상절』 글쓰기의 과도기적 현상이라 할 수 있다. 지금까지 환상체험에서의 교훈을 통한 질적 상승은 개인(작가)에게만 해당되는 현상이었다. 그런데 이념성이 강하게 투여되는 사회가 찾아오면서 이 질적 상승을 개인이 아닌 사회 차원으로 확장시킬 필요성이 있게 되었다. 물론 〈원생몽유록〉의 원자허처럼 모범적 인물과 만나 감화를 통해 변화하는 기법도 창안하게 되었지만 이것만으로는 사회의 다양한 이념성을 포섭시킬 수는 없었다. 따라서 새로운 방법이 필요하게 되었다. 〈강도몽유록〉은 이것의 전단계로 볼 수 있다. 환상체험 서사 내에 교화적 서술기법을 투여하고 반성적 서술기법을 제거하면 어떠할 것인가를 문화적 자장에서 실험해 본 것이라 하겠다. 그리고 그 대신 반성적 인물보다는 환상을 통한 보상(통속성)으로 현실의 모순을 해결하는 방식을 고안했던 것이다. 따라서 변화하는 등장인물의 사라짐 현상은 몹시 일시적인 것이었다.

오히려 17세기 말의 〈사씨남정기〉와 〈창선감의록〉은 이러한 질적 상승을 다른 식으로 변용하게 된다. 바로 '性善說'과의 조화라고 하겠다. 본래 악한 인물이 체험을 겪고 다시 주인공의 세계·사회로 통합되는 이 변화의 변증법은 추후 우리 고전소설의 전형성을 확보하는 데 중요한 축을 이룬다. 그리고 그것은 주인공이 아닌 주변인물에게서 그 질적 상승이 이뤄진다는 점이 중요하다. 주인공은 앞서 16세기부터 계속 진행되어 왔던 완벽한 이념을 가진 주인공이 계속 유지된다. 그래서 주인공의 변화가 없어진 부분은 17세기에도 계속 이어진다고 할 수 있다.

이와 같은 의미에서 〈강도몽유록〉의 소설사적 의미는 이념성이 강화되면서 비난을 통한 선/악이라는 이분법적 시각이 돌출되기에 이른다. 한편 이것은 동시에 환상이 축소되고 동시에 그것을 담아내는 체험자의 반성까지 축소시켰다. 그리고 이것은 추후의 소설의 형태를 결정 짓는 중요한 자양분이 된다는 점에서 그 의의를 찾을 수 있다. 이제 다음 항에서는 이에 대해서 〈최척전〉을 통해 더 상세히 다뤄보도록 하겠다.

2) 생존한 여성의 節義와 改善의 통속화 : 〈崔陟傳〉

앞서 〈강도몽유록〉에서는 절의를 지킨 여성들의 이야기를 보았다. 하지만 그들의 절의는 전쟁이라는 상황에서 '어쩔 수 없는 죽음'을 통해 이뤄진 것이라 할 수 있겠다. 즉 교조화 된 유교이념 의한 수동적 절의 지키기에 다름 아니었다. 만약 그녀들이 죽음을 택하지 않고 목숨을 구하기 위해 적군에게 투항했다면 어떠했을까. 아마도 죽는 것보다 더 못한 삶을 살아갔을 것이다. 그것은 적군의 손에서 그러한 것이 아니라 적군이 떠난 후 가족이나 사회에서 버림받을 것이라는 점에서 그렇다. 비록 문면에 나타나지 않았지만 자결을 강요한 여성 4의 아들을 통해서도 알 수 있는 부분이다.

따라서 그녀들은 그것이 마땅한 행위라 생각하고 죽음을 택했고 사회에서는 그에 대해 당위적 논리를 세움에 있어 비유교적인 부분을 끌어들이는 것에 거침이 없었다. 그래서 〈강도몽유록〉에서는 절의를 지킨 자들에게 빈번하게 염라대왕이 등장하고 선계가 등장하는 것이다. 절의·명분을 지키기만 한다면 사후세계에서 보상을 받는다는 이 논리는 명분론의 믿음을 보장해주는 '상상적인' 사회 유지수단이라 할 수도 있겠다.

한편 〈강도몽유록〉과 동일한 궤도에 놓여 있는 작품이 있으니 비슷한 시기에 출현한 〈최척전〉이다. 이 작품의 주인공 옥영은 앞선 여성들이 죽음을 통해 절의를 재현한 것과 달리 '생존'을 통해서 여성의 절의를 재현한다는 점에서 다르다. 하지만 그녀의 생존은 조선 사회에서 여성들을 추모하기 위한 또 다른 방식 중의 하나였다. 요컨대 그녀의 생존은 당시 조선사회의 질서를 유지하기 위해 필요한 것이었다. 이와 같은 부분은 〈최척전〉이 위험을 낭만적으로 극복한다는 점에서 중요하다. 다시 말해 이념을 온전히 수행한 자는 다른 한편으로 살아남을 기회가 부여된다는 점에서 〈강도몽유록〉에서 보았던 사후세계의 보상과 동일선상에 놓여 있다고 보인다.

〈최척전〉에 대한 그간의 연구는 꾸준히 이뤄져 왔다.[34] 장르의 문제부터 동아시아적 공간까지 다양한 차원에서 이 작품을 조망한 바가 있다. 여기에서는 문제를 축소키기 위해 〈최척전〉에 나타난 가족, 열녀에 대한 연구를 중점적으로 살펴보도록 하겠다. 이 작품의 제목은 비록 〈최척전〉이지만 '옥영전'이라 칭할 정도로 작품 내에서 옥영은 주체적으로 행동하는 여성으로 그려진다. 그래서 옥영의 이야기 구조와 비슷한 『어우야담』 소재 〈홍도〉와의 비교 속에서 많은 연구들이 이뤄진 상황이다.[35] 하지만

34) 〈최척전〉의 연구사는 민영대, 「최척전 연구사」, 우쾌제 외, 『고소설연구사』, 월인, 2002, 151~169면에서 자세히 이뤄진 적이 있다. 다양한 주제론에 대한 연구는 이곳으로 미룬다. 이 글에서는 2000년대 이후에 제기된 문제들로 한정하여 문제의식을 예각화하겠다.

35) 크게 3가지로 구분할 수 있는데 1)〈홍도〉 선행설, 2)〈홍도〉와 〈최척전〉 무관설, 3)〈최척전〉 선행설이 그것이다. 김기동, 「불교소설 최척전 소고」, 『불교학보』 11, 동국대학교 불교문화연구원, 1974; 박일용, 「장르론적 관점에서 본 최척전의 사회적 성격」,

최근 홍도와 옥영이 전혀 다른 문화적 기반에서 탄생했음을 주장하는 논의들에 의해 이러한 시각은 다소 주춤한 상황이다. 이에 최근에는 옥영의 '열녀'로서의 측면을 주목하기 시작했다. 그리고 1이것은 가족의 문제와도 맞닿아 있으니 먼저 가족에 대해 탐구한 연구들을 소개하겠다.

처음 〈최척전〉의 가족에 대한 문제를 제기한 것은 소재영에 의해서였다. 그는 이 작품을 두고 가족의 이산과 재회의 기구한 역정을 통해 가정과 사랑의 위대함을 입증한 소설이라 평가하였다.[36] 이후 박희병은 전란이 초래한 가족이산의 고통과 가족애를 통한 재회에 초점을 두고, 이것이 조위한과 당시 사회적 관심에 영향 받은 것이라 주장했다.[37] 김문희는 작품에 드러난 결핍과 충족의 구조를 들어 가족 공동체를 재현했다고 언급한 바 있다. 당시 전란의 상황에서 가족이란 존재는 주체의 정체성을 구성함에 있어 필수 요건이었기 때문이다.[38]

이와 비슷한 상황이 진행되면서 가족 회복 지향 의미에 대해 천착한 연구들이 진행되었다. 여기에서는 주요 논의들을 간략히 소개하겠다. 이종필의 경우 기존 연구에서 옥영의 열녀 형상을 지목한 점에 착안하여[39] 그녀가 가족(가문-가부장제) 체제 유지를 위한 수단으로 떠오른 새

『조선시대의 애정소설, 집문당, 1993; 김재수, 「최척전의 소설화 과정」, 『논문집』 26, 광주교육대학, 1985; 민영대, 『조위한과 최척전』, 아세아문화사, 1993; 박태상, 「최척전에 나타난 애정담과 전쟁담 연구」, 『조선조 애정소설 연구』, 태학사, 1996; 정환국, 「17세기 애정류 한문소설 연구」, 성균관대학교 박사학위논문, 2000; 장효현, 「형성기 고전소설의 현실성과 낭만성 문제」, 『민족문학사연구』 10, 민족문학사연구소, 1997; 양승민, 「최척전의 창작동인과 소통과정」, 『고소설연구』 9, 한국고소설학회, 2000.

36) 소재영, 「기우록과 피로문학」, 『임병양란과 문학의식』, 한국연구원, 1980.

37) 박희병, 「최척전-16, 7세기 동아시아의 전란과 가족 이산-」, 『한국고전소설작품론』, 집문당, 1990.

38) 김문희, 「〈최척전〉의 가족 지향성 연구」, 『한국고전연구』 6, 한국고전연구학회, 2000.

39) 엄태식, 「〈최척전〉의 창작 배경과 열녀 담론」, 『한국고전여성문학연구』 24, 한국고전여성문학회, 2012.

로운 인물 형상임을 들었다.[40] 이와 비슷한 논의로 〈최척전〉의 가족 회복의식의 내면에는 낭만적 해결을 통해 체제 모순을 은폐하려던 시도임을 밝힌 황병홍의 연구도 있다.[41]

위의 연구들을 종합해서 정리하면 다음과 같다. 첫째, 작품의 가족 회복 서사는 무엇을 의미하는가. 이에 대해 당대인들의 정체성을 구성한다는 점, 혹은 가부장제 체제에 기여한다는 점으로 나눌 수 있겠다. 필자의 생각으로는 이 두 가지 측면 일정 부분 합당한 것으로 보인다. 둘째, 옥영의 열녀로서의 행위는 무엇을 의미하는가. 이것은 기존 옥영을 주체적 여성상으로 바라본 것과 달리 체제 유지에 있어 상상적으로 기여한다는 점에서 앞서 가족 회복 서사와 맞닿아 있다. 따라서 옥영의 이념적 수행 양상에 대해 주목하면서 그녀가 수행하고 있는 가족 회복 서사가 어떤 의미를 가지고 있는지에 대해 살펴보도록 하겠다.

1 주지하듯 옥영은 작품 내내 烈女로 그려지고 있다.[42] 여기에서 말하는 열녀란 貞節을 지킨 행위라고 할 수 있다. 이것은 17세기 당시 戰後 여성의 신체를 性的으로 종속시키는 「列女傳」의 전형적인 패턴과 흡사해 보인다.[43] 이 열녀들은 죽음을 겪음으로써 이뤄지는 것이지만 결국 스스로의 신체를 잘 '보존'한 여성에게만 주어지는 이름이었다. 그리고 그 이름은 가부장제에서 주는 일종의 보상 방식과 같다. 이런 점에서 〈최척전〉의 옥영 역시 이들 열녀와 같은 형태로 그려진다. 작품 초반

40) 이종필, 「조선중기 전란의 소설화 양상과 17세기 소설사」, 고려대학교 박사학위논문, 2012.

41) 황병홍, 「기이한 만남과 가족의 회복을 통해 본 〈최척전〉의 지향 의식」, 『우리문학연구』 57, 우리문학회, 2018.

42) 이 부분은 엄태식, 앞의 논문의 논지를 부분적으로 인용했음을 미리 밝혀둔다.

43) 강명관, 『열녀의 탄생: 가부장제와 조선 여성의 잔혹한 역사』, 돌베개, 2009.

최척과 옥영이 서로를 만났을 때 이 둘은 각자의 가문 몰래 관계를 이어가지만, 이들은 끝내 정을 통하진 않는다. 이것은 편지를 주고받을 때 옥영이 다음과 같이 말하는 부분에서도 알 수 있는 사실이다.

> 제가 비록 지식은 없으나 원래 사족으로서 애초에 저자에서 노니는 무리가 아닌데, 어떻게 담벼락에 구멍을 뚫고 몰래 만날 마음을 가질 수 있겠습니까? 반드시 부모님께 아뢰어 마침내 禮에 따라 혼례를 치른다면, 비록 먼저 사사로이 시를 던져 스스로 중매하는 추태를 범했으나 정절과 신의를 지키어 擧案之敬을 다하고자 합니다.[44]

이처럼 옥영은 최척과 몰래 만남에 있어서도 野合의 서사까지는 이어지지 않는다. 보통 전기소설에서 남녀주인공이 몰래 만났을 때 야합까지 단번에 이뤄진다는 점을 봤을 때 〈최척전〉은 이와 다른 점이 분명 존재한다. 예컨대 〈이생규장전〉의 경우 이 둘은 담장을 넘어 몰래 만나 하룻밤 사이에 사랑을 곧바로 나눈다. 그리고 이후 일이 발각될 때가 되어서야 그 부모에게 진실을 고한다. 이러한 경우는 〈운영전〉도 마찬가지다. 다시 말해 보통의 전기소설 문법에서 사랑은 진실의 폭로와 은폐 사이의 아슬아슬한 줄다리기와 같다. 그러나 〈최척전〉은 편지를 주고받은 즉시 옥영의 요청에 따라 매파를 구해 양가 사이의 공식적인 만남을 추진한다. 이러한 점 때문에 〈최척전〉은 일반적인 전기소설의 문법에서 벗어난 것이라 볼 수 있다.

이것은 이후 이어지는 서사를 통해서도 알 수 있다. 그녀는 최척과의 약속을 지키기 위해 자살을 선택하기도 함으로써 信義 있는 여성으로

---

44) 〈崔陟傳〉. "妾雖無狀, 初非依市之徒, 寧有鑽穴之逃? 必告父母, 終成委禽之禮, 則貞信自守, 敢懈擧案之敬?"

그려진다. 대체의 전기소설 여주인공들은 남주인공과의 만남을 더 이어가지 못하고 신의를 지키지 못하는 수동적 모습으로 그려진다. 그래서 그녀가 병들어 죽기 전 부모에게 야합한 사실을 알려주면서 문제적 상황을 해소한다. 따라서 옥영은 분명 기존 전기소설의 여주인공과 이질적인 부분이 있다.

이런 옥영의 행위는 『소학』에서 보았던 여성 형상이라고 하겠다. 『소학』에서 하후영녀가 再嫁를 권유하는 친정에 맞서 자살을 시도하는 것이 비슷하기 때문이다. 즉 전기소설 문법에서 남성과의 신의를 지키기 위해 극단적으로 자살을 택하는 여성은 등장하지 않는다.[45] 〈최척전〉의 이런 독특한 면모는 전기소설의 문법보다는 오히려 『소학』의 문법과 비슷하다. 그러므로 옥영은 보통의 전기소설의 여주인공들과 다르게 이념을 수행하는 존재라고 할 수 있다. 다시 말해 남녀의 野合을 그린다는 측면에서 〈최척전〉은 분명 전기소설적인 부분이 존재하지만, 그 야합을 공식적인 六禮로 바꾸려 한다는 점에서 이 작품은 이념적으로 보인다.

이처럼 작품 초반 옥영은 정절과 신의를 수행하는 존재라고 할 수 있다. 그런데 흥미로운 점은 그녀에게 부여된 이러한 성격이 작품 마지막까지 이어지게 된다는 점이다. 이런 점에서도 이제 이념성을 체화한 주인공이 소설의 자장 내에 잘 자리하게 되었음을 살펴볼 수 있다. 〈최생우진기〉의 최생과 같이 변하지 않는 이념적 주인공들이 등장하게 된 것이다. 이들은 작품의 마지막까지 그 이념의 순수성을 간직함으로써 모범적 행위를 하는 존재로 좌정한다. 失節하는 주인공을 우리 고전소설에서 발견할 수 없는 까닭도 이러한 이념성에 대한 조선사회의 강박적 모

45) 물론 앞서의 〈운영전〉은 제외지만 이것은 결말에 이르러 다른 선택의 여지가 없자 자결을 택한 것이기에 〈최척전〉의 경우와도 또 다르다.

습을 잘 보여준다.

예를 들면 중국 明末淸初의 소설집 『十二樓』의 10번째와 11번째 작품 〈奉先樓〉와 〈生我樓〉의 경우 이곳의 여성 주인공들은 전란에서 가문을 지키기 위해 자신의 육체를 희생시킨다. 분명 그녀들의 행위는 유교이념에서 失節이지만, 작품에서는 가족의 재결합과 회복을 위해 불가피한 선택으로 간주된다.[46] 이처럼 같은 시기 중국의 서사에서 여성의 정절은 가족의 회복과 그다지 연관성이 크지 않았음을 알 수 있다. 그러나 조선의 서사에서 여성의 정절은 가족의 회복과 관련하여 필수적인 요소였다. 즉 이것은 그녀가 실절을 당해 더럽혀진 존재가 되면 순수한 이념성을 잃어버린 것이며, 따라서 가족·가문에서 화합될 수 없는 이방인의 존재가 되어버린다는 것을 의미한다. 그러므로 당시 조선사회는 중국보다 여성의 이념(정절)에 대해 더욱 강박적 모습을 보이고 있다고 얘기할 수 있는 것이다.

이처럼 옥영과 같은 캐릭터가 등장하게 된 것은 우연이 아니다. 이것은 옥영이 작품 후반까지 실절하지 않는 모습을 그려냄으로써 완성되게 된다. 작품 후반부는 전란의 상황 속에서 최척 가족 구성원들의 이별과 재회를 반복하는 구조로 되어 있다. 필자가 생각하기에 이처럼 전반부에 '굳이' 전기소설에서 보았던 애정 서사를 삽입하면서까지 옥영의 이념을 묘사한 이유도 후반부의 전개를 위한 예비 작업이라고 생각된다. 다음 임진왜란 이후 옥영의 모습을 살펴보도록 하자.

---

46) 이에 대해선 박소현, 「17세기 중국과 한국의 단편 소설에 나타난 가족의 이산과 재회」, 『중국문학』 58, 한국중국어문학회, 2009를 참조하길 바란다. 논자는 이 서사가 명말청초 지식인들이 명을 버리고 청에 복종하게 된 어쩔 수 없는 선택을 변명하기 위해 쓰여진 정치적 알레고리로 보았다.

> 이때 옥영은 왜병인 頓于에게 붙들렸다. 돈우는 인자한 사람으로 살생을 좋아하지 않았다. 그는 본래 부처님을 섬기면서 장사를 업으로 삼고 있었으나, 배를 잘 저었기 때문에 왜장인 平行長이 뱃사공의 우두머리로 삼아 데려왔던 것이다. 돈우는 옥영의 영특한 면모를 사랑하였다. 옥영이 붙들린 채 두려움을 떠는 것을 보고 좋은 옷을 입히고 맛있는 음식을 먹이면서 옥영의 마음을 달래었다. 옥영은 물에 빠져 죽으려고 두세 번 바다에 뛰어들었으나 사람들이 번번이 발각되었다. 어느 날 밤에 옥영의 꿈에 장육금불이 나타나 말했다. "나는 만복사의 부처다. 삼가 죽지 않으면 후에 반드시 기쁜 일이 있을 것이다." 옥영이 깨어나 그 꿈을 기억해 곱씹어보며 전혀 희망이 없는 것은 아니라고 생각했다. 그래서 마침내 억지로라도 밥을 먹으며 죽지 않았다.[47)]

옥영은 가족과 헤어지면서 왜적인 頓于에게 사로잡히게 된다. 때마침 옥영은 남복을 하고 있었기 때문에 남자로 오해한 돈우는 옥영과 함께 지내며 일을 하게 된다. 작가는 옥영의 정절을 지키기 위해 남복의 플롯을 삽입했음을 알 수 있다. 전반부의 정절 서사에는 최척에게 단호히 말함으로써 六禮를 실행할 수 있었다. 그러나 후반부에 들어와 '전쟁'이라는 상황에서 정절을 지킬 수 있는 방법은 환상적 해결밖에 존재하지 않았다. 그래서 옥영이 돈우에게 붙들리지만 옥영은 남복을 했다는 이유로 여성성을 숨기고 정절을 지킬 수 있었다.[48)]

이처럼 '환상'은 이제 이념의 순수성을 유지하고 지킬 수 있도록 도움

---

47) 〈崔陟傳〉. "時玉英則見執於倭奴頓于. 頓于老倭, 本不殺生. 慈悲念佛, 以商販爲業, 習御舟楫, 倭將行長, 以爲舡主而來. 頓于愛玉英機警. 惟恐見逋, 給以華衣美食, 慰安其心. 玉英欲投水溺死, 再三出舡, 輒有所覺. 一夕, 丈六金佛夢玉英而告曰 : "我萬福佛也. 愼無死, 後必有喜." 玉英覺而諗其夢, 不能無萬一之冀, 遂强食不死."

48) 천리대본에는 "옥영의 마음을 달랬다"라는 표현 뒤 더 명확하게 "그리고 여자인지 몰랐다(而不知其爲女子也)"라는 표현이 들어가 있다.

을 준다. 여기에서의 환상은 비현실이나 낭만과 교집합적인 개념이다. 비현실은 현실에서 불가능한 일을 '강제로' 가능하게 만들 때 사용되고, 낭만은 작가나 독자가 '이랬으면 좋겠다'라는 욕망을 투영할 때 사용되는 개념이라고 한다면 〈최척전〉의 환상성은 남복을 통해 이념의 순수성을 지키는 수단으로 활용된다는 점이다. 따라서 옥영의 남복은 비현실적이고 낭만적인 해결 방식으로 옥영의 실절 행위를 막아내는 데 타당한 논리를 제공한다고 할 수 있다.

〈최척전〉은 〈강도몽유록〉에서 보았던 이념 수행을 위한 정당화 기법이 잘 드러나 보인다. 〈강도몽유록〉에서는 여성들의 이념 수행에 대한 보상을 위해 염라대왕과 같은 환상을 끌어온다. 〈최척전〉에서도 이념 수행을 지속시키기 위해 남복과 같은 환상적 시사를 끌어올 수밖에 없는 것이다. 이것은 앞서 설명했듯 양란이 발발한 상황에서 단순히 유교이념을 선전·보급하는 것만으로 그 논리성이 부족하기 때문에 이와 같은 환상이 필요했다고 정리할 수 있겠다. 이와 같은 부분은 〈최척전〉 전반에 흐르고 있는 특징이다. 위의 인용문에 잠시 등장하는 '장육불' 역시 이념을 수호하는 환상적 수단 중 하나이다. 다음 인용문을 보면서 더 자세히 알아보도록 하겠다.

> 당시 옥영은 항주에서 관군이 함몰되었다는 소식을 들었다. 최척도 전장에서 비명횡사했으리라 의심하지 않고 밤낮으로 통곡하는 소리가 끊이지 않았다. 반드시 죽기로 기약했으니 물과 미음도 입에 넣지 않았다. 그런데 갑자기 어느날 밤에 꿈속에서 장육금불이 나타나 머리를 어루만지며 말했다. "삼가 죽지 않으면 뒤에 반드시 기쁜 일이 있으리라." 옥영이 잠에서 깨어나 아들 몽선에게 말했다. "내가 일본에 끌려간 날 물에 빠져 죽으려고 했는데, 남원 만복사의 장육금불이 꿈에 나타나 나에게 말하길 '죽지 않으면 뒤에 반드시 기쁜 일이 있으리라'라고 했다. 그리고 4년 뒤에 안남 바닷가에서 네 아버지를

만났다. 이제 내가 죽으려고 했는데 또 꿈이 이러하구나. 네 아버지가 어찌 전쟁터에서 벗어나신 게 아니겠느냐? 네 아버지가 만약 살아계신다면 나의 죽음이 또한 산 것처럼 여기는 것이니 얼마나 한스럽겠느냐?"[49]

시간이 흘러 최척이 전쟁 중 포로가 되었을 때 옥영은 최척이 죽었을 것을 가정하고 자결을 결심하게 된다. 이때 장육금불이 다시 옥영의 꿈에 나타나 자결을 말리는데, 이를 통해 옥영은 최척이 살아있을 것임을 확신하게 된다. 이에 옥영은 남원으로 돌아가려는 의지를 표방한다. 이를 통해서도 옥영이 신의를 수행하려는 모습을 반복적으로 묘사한다. 최척과 결혼을 약조했지만 시련이 찾아오고 이것을 극복하려는 의지를 표방한 것과 최척의 생존을 깨닫고 시련을 극복하여 그를 만나는 것은 모두 옥영의 신의를 드러내주는 플롯이라 하겠다. 그런데 작품의 후반부에는 장육불의 환상성이 개입되어 이념 수행에 대한 합리화를 더 적극적으로 가능하게 해준다.

〈최척전〉에서 장육불이 등장하는 것은 3번인데, 장육불은 옥영의 꿈에서만 顯現하는 존재이다.[50] 처음 두 번은 위의 인용문의 장면에서 볼 수 있고, 마지막의 현현은 옥영이 중국에서 조선으로 향하다가 해적을 만나 모든 것을 빼앗기고 무인도에 갇히게 되었을 때 등장한다. 따라서 장육불이 나타나는 상황은 옥영이 삶을 포기하려고 마음먹을 때임을 알

---

49) 〈崔陟傳〉. "當是時, 玉英在杭州, 聞官軍陷沒. 以爲陟橫屍戰場無疑也, 晝夜哭不絕聲. 期於必死, 水醬不入口. 忽於一夕, 夢見丈六佛, 撫頂而言曰 : "愼無死, 後必有喜." 覺而語夢仙曰 : "吾於被擄之日, 投水欲死, 南原萬福寺丈六金佛, 夢余而言曰, '無死, 後必有喜.' 後四年, 得見爾父於安南海中. 今吾欲死, 而又夢如是, 汝父豈或免於鋒鏑歟? 汝父若存, 吾死猶生, 顧何恨焉?""

50) 이에 대해선 강진옥, 「〈최척전〉에 나타난 고난과 구원의 문제」, 『이화어문논집』 8, 이화여자대학교 이화어문학회, 1986을 참조하길 바란다.

수 있다. 그래서 장육불의 기능에 대해서 긍·부정적인 시각으로 나누어져 있는 상황이다. 이를 긍정적으로 보는 경우는 "노력하는 사람에게 항상 예기치 못한 초월적 존재의 도움"[51]이 있다는 점을 들어 제한적인 조력자로서의 면모를 피력한다. 반면 장육불의 기능을 부정적으로 보는 경우는 "여성들을 향한 남성들의 또 다른 훈육"[52]으로 생각한다. 즉 장육불이 가부장제라는 조선사회의 질서 유지를 위해 여성을 강제로 구원하는 기능을 도맡고 있다는 것이다.

두 가지 시각 모두 일정 부분 타당한 근거를 들고 있기에 쉽사리 장육불의 기능이 무엇인지에 대해 결론 내리기가 어렵다. 다만 두 가지 시각에서 공통적으로 지적했듯이, 장육불이라는 환상적 존재가 당시 조선인들의 삶을 지탱하는 기능을 수행하고 있다는 점은 부인하기 힘들 것 같다. 그리고 삶을 지탱하기 위해선 무엇보다 자신의 삶이 올바른 가치와 방향으로 향한다는 믿음이 있어야 한다. 이처럼 장육불은 옥영의 삶이 올바른 방향으로 인도하는 안내자이자 그녀의 행동이 올바른 것이라는 믿음을 심어주는 표지로 기능한다. 이 역시 앞서 〈강도몽유록〉에서 보았던 염라대왕이나 선계처럼 유교이념 외의 환상적 존재를 통해 유교이념을 정당화하는 도구로 활용된 예라고 할 수 있다.

이 지점에서 〈최척전〉이 이전의 전기소설과 달리 사실성이 강화되었다는 지적은 환상성이 유교이념을 정당화하는 도구로 활용되었기 때문으로 봐야한다. 환상체험 서사에서의 환상은 언제나 주인공이 욕망을 채우거나, 환상을 통해 깨달음을 얻게 함으로써 자신을 돌아보게끔 했었다. 그러나 17세기로 들어서면서 환상은 이념과 만나 점차 깨달음을 위

51) 신해진, 「〈최척전〉에서의 '장육불'의 기능과 의미」, 『어문논집』 35, 안암어문학회, 1996.

52) 이종필, 앞의 논문, 61~62면.

해 기능하지 않고 이념 수행이 왜 올바른 것인지를 알려줌으로써 현실의 이념 수행에 도움을 준다. 그래서 환상성이 옅어지고 사실성이 강화된 것처럼 보이는 것이다. 따라서 장육불의 환상성은 유교이념의 굴절·변질되는 통속화의 경향을 또한 알려준다고 하겠다.

② 앞서 옥영의 정절 행위와 관련하여 그 이념성을 가늠했다면 여기에서는 옥영의 '변화' 부분에 집중하도록 하겠다. 지금까지 살핀 것을 상기해보자. 변화하는 등장인물은 『태평광기』의 환상체험 서사에서 빈번하게 존재하던 것이었다. 그리고 이 서사에서는 주인공이 환상체험을 통해 깨달음을 얻고 변화하기 때문에 일정 부분 서사적 교훈성을 담지하고 있다고 하였다. 주인공의 질적 상승을 통해 이전과 다른 인물로 다시 태어나기 때문이다. 따라서 이 서사에는 어떠한 이념이라도 개입될 여지가 생긴다. 그런데 이 변화는 주인공만 얻을 수 있는 것이었다.

하지만 16세기에 『소학』을 위시한 실천적 유교이념이 문학의 영역으로 깊숙이 침투해 들어오면서 이러한 양상은 조금씩 변화해 간다. 주인공은 이제 순수한 이념성을 갖춘 완벽한 인물이어야 하기 때문이다. 그래서 〈최생우진기〉의 최생처럼 잘못을 저지르지 않는 완벽한 이념적 인물이 만들어진 것이라 할 수 있다. 이에 변화하는 등장인물은 증공과 같은 주변인물로 옮겨가게 된다. 모범을 보여주는 주인공과 대비하여 그들의 행위를 보고 변화를 얻는 방식이 그것이다. 또한 이들의 이러한 변화는 당시 사회적으로 합의된 개선에 대한 믿음이 널리 퍼져 있었기 때문에 이와 관련한 다양한 서사가 만들어지게 되었다.

17세기 초 〈최척전〉의 옥영 역시 이런 흐름에 속해 있다고 하겠다. 다시 말해 전쟁으로 인해 옥영과 같은 새로운 인물이 탄생한 것이 아니라, 16세기부터 내재하고 있던 문학 속 이념성이 발휘된 것이 옥영과 같은 인물인 것이다. 옥영은 이 작품의 주인공이기도 하지만 동시에 최척이라는 가부장의 가문에 종속될 수밖에 없는 여성이기도 하다. 따라서 당시의 관점에서 보았을 때 옥영은 여성이라는 수동성을 가졌으면서도 환상체험을 통해 능동적으로 '밖'(가문 밖, 조선 밖)을 체험하는 기이한 존재였을 것이다. 이런 지점에서 옥영의 캐릭터는 몹시 흥미롭다. 주인공이면서도 주인공이 될 수 없는 태생적 한계가 있기 때문이다. 요컨대 옥영은 정절을 무조건적으로 지켜야 하는 이념적 인물이면서도, 그 이념에서 언제든 벗어날 수 있는 가능성이 열린 모호한 존재라고 할 수 있다. 옥영의 변화 가능성은 바로 이 지점에서 생각해 볼 수 있다.

보통 이념을 재현하는 오륜전이나 최생, 사육신과 같은 주인공들은 어떠한 시련이나 유혹에도 흔들리지 않는 모습을 보여준다. 그러나 옥영은 이들과 비슷하면서도 다른 독특한 면모가 있다. 작품에서 그녀가 생을 포기하고 자살을 결심할 때마다 장육불이 나타난다는 사실은 그녀가 이념 수행과 보상에 대해 의심을 하고 있다는 의미이기도 하다. 자신의 이념 수행이 올바르다고 생각하는 이념적 주인공은 자신이 이념을 제대로 수행하기만 한다면 언제나 모든 것이 제자리에 정확히 자리할 것이라 믿어 의심치 않는다. 그러나 옥영은 이들과 달리 시련에 크게 영향을 받는 존재로 그려진다.

① "이들은 필시 해적들일 것이다. 내가 들으니 해적들의 섬이 조선과 중국의 사이에 있는데, 수시로 출몰하여 재물을 약탈하되 사람은 죽이지 않는다고 하더구나. 이들이 그 놈들임이 분명하다. 내가 아들의 말을 듣지 않고 억지로 떠났다가 하늘이 돕지 않아 이런 낭패를 당하게 되었구나. 이미 배와 노를 잃어버렸으니 다시 무엇을 할 수 있겠느냐? 어두운 하늘과 드넓은 바다를 날아서 건너갈 수도 없고 竹葉이나 마른 떼 등 몸을 실어 띄울 것도 없으니, 오로지 죽기만을 기다릴 수밖

에 없구나. 나야 이미 죽은 목숨과 다름이 없기 때문에 상관이 없지만 너희 부부가 어질지 못한 이 어미 때문에 죽게 된 것이 가련키만 하구나." 말을 마친 옥영이 아들 내외와 함께 슬프게 우니, 그 소리가 매우 처절하였다. 바닷가에 맺힌 한이 파도를 타고 겹겹이 밀려옴에 바다는 오므라들어 펴지지 않는 듯했으며, 산귀신은 얼굴을 찡그리고 신음하였다. 옥영이 해안으로 올라가 바다에 투신하려고 하자 아들과 며느리가 함께 만류하여 물속에 빠질 수가 없었다.[53]

② 몽선은 어머니[옥영]를 부축해 언덕에서 내려와 겨우 바위 동굴에 엎드려 쉬게 하였다. 날이 밝자 옥영이 아들과 며느리에게 말했다. "내가 기운이 빠지고 몸이 피곤하였는데, 문득 장육불께서 또 현현하셔서 말씀하시니 참으로 이상하구나." 세 사람은 서로 마주 보고 염불을 외고 기도를 올리면서 말했다. "세존이시여! 세존이시여! 우리를 생각하여 주시옵소서! 우리를 생각하여 주시옵소서!" 이틀 후 홀연 돛단배가 먼 바다로부터 떠오고 있었다.[54]

위의 인용문은 장육불이 3번째 등장하는 장면으로 작품 말미에 있다. 옥영 일행은 중국 항주에서 조선으로 향하는 도중 풍랑을 만나 무인도에 좌초된다. 설상가상으로 무인도에서 배를 수리하던 중 해적을 만나 배를 빼앗겨 버리는 상황을 맞게 된다. 이처럼 이들 일행은 조선으로 향할

53) 〈崔陟傳〉. "玉英曰: "此必是海浪賊也. 吾聞海浪賊, 在於華鮮之間, 出沒搶掠, 不喜殺人. 此必是也. 我不聽兒言, 而强作此行, 昊天不助, 終致狼狽. 旣失舟楫, 夫何爲哉? 接天溟海, 不可飛越, 枯槎難信, 竹葉無憑, 但有一死, 吾死晩矣, 可憐吾兒, 因我而死." 卽與子婦, 相扶哀號, 聲震岩岸, 恨結層波, 海若瑟縮, 山鬼嚬呻. 玉英登臨絶岸, 將欲投身, 子婦共挽, 不得投."

54) 〈崔陟傳〉. "遂扶下來, 夜伏于岩穴. 天且曉, 玉英謂子婦曰: "我氣困神疲, 彷彿之間, 丈六佛又見, 其言云云, 極可異也." 三人相對, 念佛而祝曰: "世尊! 世尊! 其念我哉! 其念我哉!" 過二日, 忽風帆, 自杳茫中出來."

수 있는 모든 수단과 희망이 사라진 상태이다. 이에 옥영은 하늘이 자신을 저버렸음을 한탄하면서 죽음을 결심한다. 그래서 해안으로 가서 바다에 투신하고자 한다. ①의 인용문은 이 부분을 묘사한 것이다.

하지만 이내 몽선은 그런 옥영의 행위를 말리고 옥영은 쓰러져 꿈에서 장육불을 만나게 된다. 앞서 논의했듯이 장육불이라는 환상적 존재는 옥영의 이념 수행을 올바른 방향으로 돕는 기능을 가진다. 다시 말해 장육불은 옥영의 이념 수행이 잘못된 방향으로 흘러갔을 때 올바르게 교정해주는 안내자이다. 한편으로 작품의 차원에서 봤을 때 장육불은 작품의 메시지가 잘못 전달되지 않도록 적극적으로 개입하는 서술자의 역할과 같다.

그래서 옥영은 모범적으로 이념을 수행하는 존재이기도 하지만 위의 인용문처럼 언제든 이념 수행을 포기할 수 있는 연약한 존재이기도 하다. 후대의 〈사씨남정기〉의 사정옥과 옥영을 비교했을 때 사정옥 역시 시련의 상황을 마주했을 때 자결을 택했던 존재다. 黃陵廟에서 아황과 여영을 만나기 전 그녀는 懷沙亭에서 투신을 결심한다. 하지만 사정옥의 경우는 가부장의 가문으로부터 그녀가 실절했다는 억울한 누명을 쓴 경우이다. 그녀는 이것을 해소하기 위해 자결을 택한 것이다. 즉 수절했음을 증명하기 위해 죽음을 택하는 것이니 더 큰 이념성을 수행하는 것이라 할 수 있다. 따라서 사정옥의 행위는 연약한 존재라기보다 영웅적 존재에 가깝다. 기꺼이 자신의 신체를 훼손해서 자신의 순수성을 증명하기 때문이다. 이것은 『소학』의 열녀의 모습과 비슷하다.

하지만 옥영은 이와 다르다. 옥영의 경우는 '가족 회복'이라는 이념적 목표를 수행하지만 시련 앞에서 언제든 탈선할 수 있는 존재다. 따라서 이런 인물에게는 보조적 인물이 필요하다. 영웅소설에서는 도사나 승상과 같은 존재가 주인공을 보조하겠지만 이것은 후대의 소설에서 나타나는 경우이다.[55] 〈최척전〉에서는 이러한 보조적 인물이 바로 장육불이라 하겠다. 장육불은 시련에 쓰러진 옥영을 다시 곧추세워 이념을 수행하는 존재로 변모시키게 한다. 즉 옥영에게 변화를 가해 이념을 새롭게 환기시키는 역할을 한다는 것이다.

이러한 옥영의 변화는 이전 환상체험 서사의 변화형 등장인물과 전혀 다른 모습을 갖는다. 이전 환상체험 서사의 변화형 등장인물은 '개인'의 변화, 환언하면 이들은 질적 상승을 통해 자기 주변을 새롭게 인식하고 기존의 의식을 전복하는 데 치중한다. 그러나 옥영은 변화는 개인적 차원이 아닌 사회적 차원을 지향한다. 그녀가 변화를 통해 얻을 수 있는 것은 가족 회복 이외에 아무런 것도 없다. 또한 그녀의 변화에는 기존 의식에 대한 어떠한 전복도 나타나지 않는다. 오히려 사고를 전복시키는 것이 아니라 기존의 것을 다시 충만하게 채우는 작업과 가깝다. 장육불과 만날 때마다 가족 재회에 대한 목표 수행의 다짐을 새롭게 하기 때문이다.

이러한 지점은 몇 가지 사실에서 중요한 부분을 알려준다. 하나는 '가족'이라는 공동체가 개인의 위험을 감수하면서까지 필수적인 존재로 떠올랐다는 것이다. 『소학』에서 보았듯 이념을 수행하고 완성하기 위해서는 언제나 시련이 상황을 극복해야만 한다. 왕상의 계모 주씨가 왕상에게 불가능한 상황을 제시한다는 점은 이와 상통한다. 옥영 역시 마찬가지다. 그녀는 왕상과 같은 존재로 가족 공동체의 안녕을 위해서 언제나

55) 물론 영웅소설에서의 주인공은 애초부터 순수한 이념성을 타고난 존재로 그려진다. 예컨대 〈유충렬전〉의 주인공 유충렬은 국가를 수호하기 위해 국가의 적과 태생적으로 섞일 수 없다. 따라서 영웅소설의 주인공이 보조적 인물의 도움을 받는다하더라도 보조적 인물은 그의 이념성 수행에 도움을 주는 것이지 그의 성질을 변화시키지는 않는다. 이에 비해 〈최척전〉의 장육불은 옥영을 도와주는 보조적 인물이면서 그녀의 의식을 변화시키는 더 적극적인 존재로 기능한다.

자기희생을 감수하며 이념을 수행하는 것으로 나타나는 것이다. 이런 점에서 점차 『소학』을 위시한 실천적 유교이념이 전기소설 장르 내부로 더 깊숙하게 들어왔다는 것을 깨달을 수 있다.

두 번째는 이념적 행위를 수행하면 '보상'이 따라온다는 점을 추상적으로 알려주고 있다는 점이다. 옥영이 이념 수행으로 얻어낸 결과는 가족 구성원의 회복이다. 그런데 보통의 열녀 이야기에서는 보상이 정려라는 형태로 내려온다는 점을 감안할 때 〈최척전〉에 나타난 보상은 조금 색다르다. 가족 구성원 회복은 정려와 달리 구체적인 물질 형태로 드러나는 것이 아니다. 하지만 앞서 살펴보았던 것처럼 당시 가족이라는 개념이 필수적인 것으로 부상했다면 이야기는 달라진다. 자신의 존재 기반을 여기에서 찾을 수 있기 때문이다. 이러한 부분에서 가족이라는 의미가 당시를 살아가는 주체에게 만족감과 안정감을 주었음을 알게 해준다.[56]

따라서 가족을 회복시키기 위해 옥영은 상상적으로나마 존재해야만 한다. 그래야 그녀의 정절과 신의를 지킨 행동을 본받고 위와 같은 안정감을 얻을 수 있다고 믿는 사람들이 많아질 것이기 때문이다. 그래서 이것은 국가나 사회 차원에서 환상적 해결 과정을 보여주어야만 했다. 즉 믿을 수 있는 당위적 논리를 제공해야만 했다. 장육금불의 존재도 바로 이러한 논리의 일환이라고 하겠다. 가족 확장과 회복을 위해서라면 허구적인 것도 거침없이 첨가해야 한다는 점이다. 이것은 유교이념에서 할 수 없는 기능이다. 이런 부분에서 〈강도몽유록〉의 여성들이 자결을 통해 절의를 수행하고 염라대왕에게 보상받을 것을 믿는 부분과도 맞닿아 있다. 결국 〈최척전〉에는 이념의 수행을 목적하기 위해 여러 당위적

---

56) 정신분석학적으로 이것은 주체가 자신을 사회의 일부라고 여길 때 오는 상상적 만족감과 동일하다. 대타자의 명령에 복종하는 주체는 자신이 대타자가 된 것처럼 여긴다. 그래서 이것은 우리가 윤리적 행동을 수행하고 나서 얻는 만족감과도 동일하다.

논리를 활용하고 있음을 알 수 있다.[57] 그리고 이것은 통속화된 유교이념의 한 양상을 알려준다.

16세기에 나타난 '개선'에 대한 믿음은 본래 개인의 심성차원에서 타진한 것이었다. 잘못된 심성이 바른 심성으로 회복될 수 있다는 믿음이 바로 그것이다. 그러나 17세기를 지나오면서 이 개선에 대한 믿음은 개인의 차원을 넘어 사회의 차원으로 확장되기에 이른다. 옥영의 변화와 개선은 개인적인 차원이 아닌 사회적인 차원으로 확장되었다는 점에서 그렇다. 그래서 잘못된 것이 올바른 것으로 회복된다는 개선의 믿음은 이제 심성의 차원이라기보다 가족의 회복이라는 점에서 제도적 차원으로 나아간 것으로 보인다. 그리고 이것 역시 이념 수행을 위해 당위적 논리를 환상적으로 제공한다는 점에서 의미가 있다. 그러므로 〈최척전〉은 여성 인물을 등장시켜 이념을 수행하는 주체로 그려내지만, 그것은 장육불이라는 환상적 존재를 통해 그녀의 포기를 '포기'하게 하여 더 뚜렷한 이념적 주체로 만들어 내는 서사라고 할 수 있다. 주인공의 변화는 더 이상 질적 상승과 전복을 목표로 하는 것이 아닌 이념 수행 목표를 달성하기 위해 기능한다. 따라서 환상은 이제 이념에 종속된 형태로 출현하게 되는 것이다. 이러한 점은 후대의 〈사씨남정기〉나 〈창선감의록〉에서 주변인물의 변화가 주인공의 이념 세계에 종속된 형태로 나타난다

57) 알튀세르에 따르면 억압적 국가장치는 하나로 존재한다면 이데올로기적 국가장치의 경우 여러 개가 복수로 존재한다. 전자가 공적 영역에 속하여 폭력적으로 작동한다면 그것에 비해 후자는 사적 영역에 속하여 그 권력을 은폐하고 사람들로 하여금 지식 권력을 작동시켜 의식적으로 자발적 복종을 유도한다. 이데올로기적 국가 장치들은 일견 복잡해보이지만 실상 지배 이데올로기에 기여한다는 점에서 통일되어 있다. 따라서 법, 국가 등의 상부 구조는 결구 지배 계급에 의한 피지배 계급의 착취를 가능케 하는 생산 관계의 재생산을 보장해주는 데 목적이 있음을 확인할 수 있다. 루이 알튀세르, 「이데올로기와 이데올로기적 국가장치」, 『재생산에 대하여』, 김웅권 譯, 동문선, 1995, 366면.

는 것을 예고해주기에 중요하다고 할 수 있겠다.

2. 이념형 인물의 통속성과 반성의 도구화 : 〈謝氏南征記〉, 〈倡善感義錄〉

이번 절에서는 17세기 말에 나타난 소설을 중심으로 이념형 인물에 대해 살펴보도록 하겠다. 여기에서 주로 탐구할 작품은 가정소설 장르인 〈사씨남정기〉와 〈창선감의록〉이다. 〈사씨남정기〉와 〈창선감의록〉은 고전소설사에서 중요한 작품으로 평가받으며 상당한 연구가 누적된 상황이다. 특히 이들의 이념성에 대한 연구가 많이 개진되어왔는데 이를 간단하게 집고 말하고자 하는 방향을 설정하도록 해보겠다.

이 책은 대비 효과를 통해서는 모범을 창출하고 교화에 도움이 된다는 점을 주장했고 반성 효과를 통해서는 내면의 변화를 창출하는 데 도움이 된다고 주장했다. 이에 〈사씨남정기〉의 대비 효과와 관련된 것은 사씨와 교씨를 중심으로 반성 효과와 관련된 것은 유연수를 중심으로 그들의 기능을 살핀 연구 성과들을 정리하겠다. 한편 〈창선감의록〉의 경우엔 대비 효과를 창출하는 인물이 반성하는 인물과 겹쳐 있기 때문에 하춘과 심씨에 주목하여 그들의 기능을 살핀 논의들을 찾아 정리하겠다.

그간의 〈사씨남정기〉 연구는 대체로 목적소설로 보는 관점, 장르 설정에 관련한 논의, 작가의 세계관과 관련한 논의 등으로 나눌 수 있었다.[58] 그러다 이후 본격적인 〈사씨남정기〉에 대한 작품론이 등장하는데,

58) 〈사씨남정기〉의 2000년대 이전까지의 논의는 한아름(「〈사씨남정기〉 연구사」, 우쾌제

작품에 드러난 욕망에 대한 문제,[59] 선악의 대립,[60] 조선사회의 이념과 현실[61]과 관련하여 다양한 논의들이 축적된 상황이다. 이들 논의들의 공통된 사항은 바로 사씨의 이념과 교씨의 욕망이 대립적인 형태로 나타난다고 지목한 점이다.[62] 〈창선감의록〉 역시 이와 상황은 다르지 않다. 이들 연구사는 크게 작가 설정에 대한 문제,[63] 장르 규정의 문제,[64] 인물

외, 『고소설연구사』, 월인, 2002, 451~480면)의 것으로 미루도록 하겠다. 한편 이 글에서는 〈사씨남정기〉와 〈창선감의록〉과 관련한 2000년대 논의들을 간략하게 정리하고 2010년대 이후의 논의에 집중하여 이 글이 탐구하고자 하는 문제를 설정하도록 하겠다.

59) 김현양, 「〈사씨남정기〉와 욕망의 문제」, 『고전문학연구』 12, 한국고전문학회, 1997.

60) 이상구, 「〈사씨남정기〉의 작품구조와 인물형상」, 정규복 외, 『김만중문학연구』, 국학자료원, 1993; 신재홍, 「〈사씨남정기〉의 선악 구도」, 『한국문학연구』 2, 고려대학교 민족문화연구원 한국문학연구소, 2001; 조현우, 「〈사씨남정기〉의 악녀 형상과 그 소설사적 의미」, 『한국고전여성문학연구』 13, 한국고전여성문학회, 2006; 정환국, 「17세기 소설에서 '악인'의 등장과 대결구도」, 『한문학보』 18, 한국한문학회, 2008; 신해진, 「〈사씨남정기〉 교씨의 인물형상과 의미-형상의 소종래를 중심으로-」, 『고전과해석』 11, 고전문학한문학연구학회, 2011.

61) 박일용, 「〈사씨남정기〉의 이념과 미학」, 『고소설연구』 6, 한국고소설학회, 1998; 정출헌, 「가부장제적 가족제도의 질곡과 〈사씨남정기〉」, 『배달말』 27, 배달말학회, 2000; 강상순, 「〈사씨남정기〉의 적대와 희생의 논리」, 『고소설연구』 12, 한국고소설학회, 2001; 이원수, 「〈사씨남정기〉, 가문의 운명과 규문의 역할」, 『어문학』 90, 한국어문학회, 2005.

62) 지연숙의 논의는 이들의 논의와 초점이 다른데, 그는 사정옥의 이념성이 현실성에 의한 움직임이었음을 밝히고 있다. 따라서 그 행위는 교씨와 대비는 되지만 자신의 생존과 직결된 문제였음을 지적함으로써 이념성이 오히려 사정옥의 행위를 포장하기 위한 것임을 밝히고 있다. 지연숙, 「〈사씨남정기〉의 이념과 현실」, 『민족문학사연구』 17, 민족문학사연구소, 2000.

63) 이에 대한 논의는 진경환, 「〈창선감의록〉의 작품구조와 소설사적 위상」, 고려대학교 박사학위논문, 1992에서 자세히 다뤄지고 있으니 참조하길 바란다. 이후 정길수(「〈창선감의록〉의 작자 문제」, 『고전문학연구』 23, 한국고전문학회, 2003)나 이지영(「조성기 사유와 〈창선감의록〉 작자의식의 간극에 대하여」, 『고전문학연구』 38, 한국고전문학회, 2010)이 조성기 창작설에 대한 반론을 제기했지만, 대체로 학계에서는 조성기 창작설로 굳어지고 있다.

형상 및 주제에 대한 문제[65]로 나눌 수 있겠다. 특히 인물 형상 및 주제에 대한 문제에서 박일용[66]은 〈창선감의록〉의 인물군을 이상적인 유가 이념을 지향하는 인물들, 현실적 욕망을 추구하는 인물들, 유가 이념을 지향하면서도 낭만적 지향을 소망하는 인물들로 나눔으로써 앞선 논의들을 진일보시킨 의의가 있다. 다만 이를 통해 볼 수 있듯이 〈창선감의록〉의 인물에 대한 연구는 〈사씨남정기〉와 마찬가지로 화진의 이념과 화춘의 욕망을 대립적 구도로 바라보면서 그 논의를 진행하고 있다고 보인다. 필자 역시 이에 동의하는 바이며 이들 논의를 토대로 주장한 교화적 서술 기법과의 연관성 아래에서 그 의미를 밝혀보고자 한다.

한편 2010년대로 들어오면서 이들 작품에 대한 새로운 시각이 제기되고 있는 상황이다. 이지영[67]은 〈창선감의록〉이 주인공 화진의 이념성 속에서 현실적 면모를 발견할 수 있다는 반론을 제기한 상황이고, 엄태식[68]

---

64) 규방소설로 유형화한 임형택의 논의, 초기 가정소설로 파악한 이원수의 논의, 초기 가문소설로 유형화한 진경환의 논의가 대표적이다. 임형택, 「17세기 규방소설의 성립과 〈창선감의록〉」, 『동방학지』 57, 연세대학교 국학연구원, 1988; 이원수, 「가정소설의 작품세계와 시대적 변모」, 경북대학교 박사학위논문, 1991; 진경환, 앞의 논문, 1992.

65) 대표적으로 이승수의 논의를 들 수 있다. 그는 〈창선감의록〉을 윤리적 당위를 실현한 소설로 해석하여 등장인물을 군자와 소인으로 나눌 수 있고 군자의 충효 실현은 반드시 행복을 가져온다는 것에 주목했다. 그래서 이것이 현실을 은폐시키고 있다고 주장하였다. 〈창선감의록〉의 등장인물에 나타난 이념성 해석은 대체로 이 논의를 따른다. 이승수, 「〈창선감의록〉의 인물과 은폐된 현실」, 『한국학논총』 20, 한양대학교 한국학연구소, 1995.

66) 박일용, 「〈창선감의록〉의 구성 원리와 미학적 특징」, 『고전문학연구』 18, 한국고전문학회, 2003.

67) 이지영, 「규범적 인간의 은밀한 욕망-〈창선감의록〉의 화진-」, 『고소설연구』 32, 한국고소설학회, 2011.

68) 엄태식, 「〈창선감의록〉의 창작 지번과 서사적 특징」, 『고소설연구』 32, 한국고소설학회, 2011.

은 두 작품 간의 차이점에 주목하여 유연수의 개과가 그 과정을 상세히 묘사하고 있는 반면 화춘과 심씨의 개과는 단순한 형태로 나타나기에 〈사씨남정기〉는 심성론과 연관이 있지만 〈창선감의록〉은 오히려 후대의 통속소설과 가깝다고 보았다. 이를 이은 김수연[69]은 〈사씨남정기〉의 유연수와 〈창선감의록〉의 화춘, 심씨의 개과천선에 주목하여 개과천선이나 복선화음의 플롯이 상층 남성을 위한 것임을 주장했다. 여기에서 더 나아가 조현우[70]는 〈창선감의록〉의 복선화음 플롯에 주목하여 〈창선감의록〉의 이념성이 단순히 이념성을 드러내는 교화의 차원이 아닌 세속적 욕망을 포장하기 위한 수단으로 활용되고 있음을 주장하였다. 두 번째 항에서 논할 등장인물의 改過는 바로 이들의 논의에 기대고 있다.

정리하자면 〈사씨남정기〉와 〈창선감의록〉에 나타난 등장인물들의 대립 구도는 몹시 선명하다. 하지만 이런 대립 구도의 발견 이후의 연구 성과들은 조금 동어반복적인 면이 없지 않아 있다고 보인다. 따라서 본고에서는 앞서의 논의들을 통해 교화적 서술기법을 추적하는 한편 지금까지의 교화적 서술기법과 어떤 차이가 있는지, 그리고 소설사적으로 이런 기법이 어떤 의미가 있는지를 밝혀보도록 하겠다. 또한 최근의 연구들에서는 이들 작품들이 단순히 교화 차원의 이념성만을 목적으로 한 작품이 아님에 주목하고 있는 것으로 보인다. 따라서 변화하는 인물을 통해 이념성 차원 이면에 있는 통속적 유교이념의 의미를 밝혀보고자 한다. 그럼으로써 지금까지 논의해 왔던 이념성을 구현한 서술기법들이 이로부터 어떻게 변화하였는지를 살펴볼 수 있으리라 본다.[71]

---

69) 김수연, 「〈창선감의록〉의 '개과천선'과 악녀 무후」, 『한국고전여성문학연구』 25, 한국고전여성문학회, 2012.

70) 조현우, 「〈창선감의록〉에 나타난 天定과 承負의 의미」, 『고소설연구』 44, 한국고소설학회, 2017.

1) 공동체 표상으로서의 이념적 주인공

앞서 우리는 이전 시기들의 소설 작품들을 점검하면서 그 주인공이 점차 실천적 유교이념 서사에 나타나는 주인공의 형상과 겹쳐지고 있음을 살펴본 바 있다. 특히 〈육신전〉부터 시작한 실천적 유교이념을 수행하는 등장인물들은 오륜전, 사육신, 최생, 강도의 열녀들, 옥영 등으로 순차적으로 소설 작품에 나타나기 시작한 것이다. 그리고 이러한 이념을 수행하는 인물들이 서사에서 중요한 부분을 차지하게 되었다는 점에서 우리의 고전소설이 점차 실천적 유교이념을 중시하는 방향으로 흐르고 있음을 알려주게 한다. 이러한 점은 〈사씨남정기〉의 사씨나 〈창선감의록〉의 화진에게서도 비슷한 양상으로 전개된다. 즉 이들 주인공은 실천적 유교이념으로 무장하기도 했지만, 이와 함께 그들의 행위가 숭고함을 자아내는지를 알려준다는 점에서 그렇다.[72]

---

71) 본격적인 논의에 앞서 밝혀둘 점은 〈사씨남정기〉와 〈창선감의록〉 사이에는 차이가 존재한다는 것이다. 이 작품들은 분명 같은 장르에 귀속되어 있음에도 그 차이가 산재하고 있다. 그럼에도 이 두 작품을 묶어서 논의하려는 까닭은 필자가 이념성 측면에서 이 두 작품을 조망했을 때 이념성의 움직임이 같은 방향성을 향하고 있다는 것을 알려주기 때문이다. 그렇다면 왜 방향성이 중요한 것인가. 이것은 〈사씨남정기〉와 〈창선감의록〉으로 완비된 우리 고전소설의 전형성이 후대의 소설에도 지속적으로 같은 방향성으로 흐르도록 강제하고 있기 때문이다. 따라서 각각의 작품을 따로 분석한다면 자칫 이 방향성을 놓쳐버릴 수 있는 위험이 있다. 그러므로 〈사씨남정기〉와 〈창선감의록〉의 등장인물을 한 곳에 모아놓고 함께 설명함으로써 이들이 추구하고 있는 방향성이 무엇인지, 그래서 어떤 의미가 있는지를 구체적으로 밝힐 수 있으리라 본다.

72) 이와 비슷한 논의로 박일용의 것을 들 수 있다. 그는 傳과 소설의 경우를 비교하면서 전은 이념의 순수성이 드러나는 반면, 소설은 "이상적 이념을 실천하는 주인공이 그로 인해 겪게 되는 고난이 점차 심화되어 나가면서 비극적 상황이 고조되는 양상을 나타낸다. 소설의 독자는 이처럼 고조되어 가는 주인공의 비극적 처지에 자신을 투사시켜 노력적 우월성을 느끼는 한편, 비극적 카타르시스를 맛보기 때문"이라고 언급하여 이 글에서 논의하는 방향과 일치한다. 이에 대해선 후술할 대비 효과를 통해 이를 도출하도록 하겠다. 다만 그가 주장하는 사씨의 이념적 행위가 가부장제의 질곡을 드러내게 한다는 점에 대해선 조금 결을 달리한다. 박일용, 「고전 소설에 나타나는

하지만 그들의 면모는 〈오륜전전〉에서도 충분히 찾아볼 수 있었던 것이다. 그래서 교화적 서술기법에서 모범형 인물을 만드는 것과도 일면 비슷해 보이기도 한다. 그럼에도 오륜전과 사씨·화진의 캐릭터는 큰 차이를 가진다. 첫째는 오륜전이 가족 내부의 평안을 통해 외부 세계의 어려움을 이겨내는 것에 주목한다면, 사씨나 화진은 가족 내부의 불안을 극복하는 것에 가장 주안점이 놓여 있다는 점이다. 오륜전의 갈등은 항상 가족 밖의 비이념적인 인물들에 의해서 야기된다. 그런데 그 갈등은 결국 가족 구성원의 義가 얼마나 촘촘하게 이어져 있는지를 보여줌으로써 해결이 된다. 예컨대 오륜전 형제들이 감금되었을 때 어머니가 자신의 친자식인 오륜비를 죽이라는 것, 혹은 오륜전이 몽골에 갇혔을 때 그 형제들이 나서는 점 등에서 이를 찾아볼 수 있다.

하지만 사씨나 화진의 경우에는 교씨나 화춘, 심씨 등의 가족 내부의 인물에 의해 갈등이 야기되며 여타의 다른 가족 구성원들은 갈등 해결에 도움을 주지 못한다. 이런 점에서 오히려 〈사씨남정기〉나 〈창선감의록〉은 『소학』에서의 가족 내부의 갈등을 잘 반영하고 있다고 하겠다. 그런데 이들을 그려내는 방식은 상당한 차이가 있다. 특히 주인공이 시련을 겪을 때 형상화되는 방식이 상당히 다른데, 오륜전의 경우에는 앞서의 언급처럼 가족들에 의해 해결이 되지만, 사씨나 남채봉(혹은 화진)의 경우 이를 낭만적으로 해결하려는 경우가 있다.

> 이 자리의 여러 부인들도 모두 역대의 현부와 열녀들이라오. 다행히 서로 잊지 않고 때때로 바람과 구름을 타고 와서 이렇게 회동을 하지요. 생전의 悲歡과 영욕 같은 것이야 지금 돌이켜 생각할 필요가 무엇이 있겠소? 이로써

역설적 비극과 낭만-고전소설에 설정된 이상적 인물의 이념과 삶-」, 『국제고려학회 서울지회 논문집』 1, 국제고려학회 서울지회, 1999, 263면.

> 본다면 사람이 선을 행하지 않을지언정 하늘이 어찌 선인을 저버리겠소? 하물며 부인이 처한 경우는 옛날 불행하였던 사람들과는 다른 것이라오. 劉氏는 본래 적선한 가문으로서 성의백의 유택이 아직 끊어지지 않았소. 소사는 충정한 선비였고 한림도 역시 군자다운 사람이오. 그러나 한림은 불행하게도 너무 일찍이 벼슬길에 올라 아직 천하의 사리를 두루 알지 못한다오. 따라서 하늘이 일시 재앙을 내려 한림을 크게 깨우쳐 주려 하고 있다오. 그 때문에 부인도 함께 고통을 겪고 있는 것이지요. 한림이 허물을 고칠 때까지 기다리고 있다가 다시 부인으로 하여금 돕게 하려는 것이랍니다. 하늘이 유씨를 돕는 까닭이 결코 우연한 것이 아니지요.[73]

위는 〈사씨남정기〉에서 사씨가 자결을 결심할 때 황릉묘에서 아황과 여영을 만난 환상체험이다. 체험 중 아황과 여영이 그녀에 해준 언사를 보면 주인공의 위기는 하늘이 내려준 것이지만 선을 잘 쌓았다면 당연히 복으로 돌아올 것이라고 알려준다. 이것은 〈창선감의록〉에서 남채봉의 쓰러진 뒤 청원이라는 여승이 그녀를 구해주면서 해주었던 언사[74]에서도 동일하게 나타난다. 즉 주인공의 모범성은 위기에 처할 때 환상성을

73) 〈謝氏南征記〉. "座上衆夫人, 皆歷代賢婦烈女, 幸不相棄, 有時乘風雲而來會. 若其生前之悲歡榮辱, 今何足追論也? 由是觀之, 人惟不爲善, 天豈負善人? 况夫人所遭, 與古不幸之人不同. 劉氏本積善之家, 誠意伯遺澤未斬. 少師忠貞之士, 翰林亦君子人. 而不幸早顯, 未及周知天下之事理. 天將降一時灾禍, 以大警之, 故夫人與受其困, 而欲待其改過, 更使夫人佐焉. 此天所以佑劉氏者, 非偶然, 而夫人何獨如是褊急也? 夫人雖自謂惡名在身, 而此如浮雲之點太空. 彼讒害夫人者, 雖一時得志, 淫奢逸樂, 而天將厚其惡而誅之. 譬如蛇虺以害人爲能事, 虫豸不知糞穢之可羞. 夫人何足與彼爭曲直乎?"

74) 〈倡善感義錄〉 "夫人! 斯非達命之言也. 自古, 聖人無有不窮阨而通其道也. 吾世尊雪山之苦, 孔夫子陳蔡之厄, 是已. 夫以夫人淸明絕特之姿, 平居逸樂而無危難奇異之聞, 則無以知夫人之有無也. 故皇天欲激成夫人之德, 而著之於天下也. 是故, 古之人知禍福有時, 榮辱無常. 飽更風霜, 而膽益壯, 獨不見夫石上之孤桐乎? 氷雪交陰, 烈風吹之, 疏枝勁幹, 昂壯耐苦, 斲之爲琴瑟, 則金石奪其音. 大所謂動心忍性者, 不獨男子, 而婦人亦然也."

통해 위기를 벗어나고 그것이 좋은 방향으로 변화할 수 있다는 희망을 품게 해준다. 이것은 앞서 〈최척전〉의 장육불에게서도 동일하게 나타난 환상을 통한 해결 방식이라고 할 수 있다. 그런데 이들 작품이 〈최척전〉과 다른 점은 그 이념적 당위성을 더욱 절대적으로 재현한다는 점이다.[75]

주인공들에게 이념적 당위에 대해 의문이 생기지만 곧바로 해소시켜 주는 환상적 서사장치가 작동한 것이다. 그런데 이런 체험을 겪은 주인공들은 더 뚜렷한 이념 수행자로 변화하지 않고 때를 기다리는 소극적 존재로 되어 버린다. 이것은 옥영이 장육불을 만난 뒤 가족 회복을 위해 더 행동적으로 변화하는 것과 다르다. 사씨는 황릉묘에서 유교 이념에서 이상적이라 여겨지는 아황과 여영을 만난 후 가문으로 돌아가지 않고 오히려 水月庵이라는 절에 은거하면서 때를 기다린다. 하지만 가장 중요한 역할을 여기에서 하는데, 바로 가부장인 유연수가 위기에 처할 때 구해주면서 그녀에 대한 오해가 풀리게 되고 문제가 완벽히 풀리게 되는 것이다. 그런 면모에서 능동적으로 이념 수행을 하지는 않지만, 위기에 빠진 가부장을 직접 구해준다는 점에서 오히려 유교이념에서 보았을 때 아녀자의 도리를 더욱 절실하게 표현해 내고 있다고 할 수 있다.

둘째는 대비 효과를 생산하는 방식에서의 차이이다. 〈오륜전전〉은 개별 서사에서 등장인물 간의 대비로 그 실천적 이념성을 즉각적으로 보여줌

---

75) 특히 〈사씨남정기〉의 황릉묘 체험에 대해 강상순은 이 대목이 몽유록의 토론과 시연 장면과 흡사한 점을 들어 "이념적 문제의식을 직접적으로 토로하기 위한 서사적 장치"라고 지목했는데, 필자 역시 크게 공감하는 바이다. 강상순, 앞의 논문, 144면 각주 29번. 다만 이러한 대목이 등장하기에는 역사적 환상체험 서사에서 보았던 역사적 인물들의 소환과 그들과의 공감 및 동류의식이 바탕되었던 것이며, 또한 추후 16세기 〈원생몽유록〉에서 이것이 실천적 이념성과 융합되는 바 〈사씨남정기〉의 황릉묘 대목은 자연스럽게 이러한 이념성을 토로할 수 있는 공간으로 설정될 수 있었다고 필자는 생각한다.

으로써 '교화'의 효과에 매달렸다. 그러나 〈사씨남정기〉나 〈창선감의록〉은 이런 교화의 효과에만 매몰되지 않는다. 그들의 이념적 행위는 당연한 것으로 이해된다는 점이다. 그래서 대비를 그려낼 때도 개별 서사에서 등장인물을 제시하지 않고 고정된 '악의 무리들'을 통해 주인공의 모범성을 부각시킨다. 이것은 교화라는 목표와 관련이 없는 것으로 오히려 '당위'에 관심이 있다고 필자는 생각한다. 요컨대 이제 등장인물의 행위가 왜 모범적인지, 즉 왜 이념적인지를 굳이 알려줄 필요가 없어진 시기가 온 것이다. 그래서 〈사씨남정기〉와 〈창선감의록〉의 대비는 주인공이라면 반드시 어떤 행위를 할 것이고 그에 반대되는 인물은 반드시 어떤 행동을 할 것이라는 전제가 깔려 있다. 다음을 보자.

이것은 〈창선감의록〉에서 윤옥화가 엄세번의 아들에게 勒婚을 당하는 상황이 왔을 때 조녀가 자신의 위기를 모면하기 위해 윤옥화를 찾아가 그녀를 모욕줌으로써 스스로 목숨을 끊도록 만들려 한다는 점에서도 알 수 있다. 조녀의 계산 혹은 서술자의 계산에서는 '윤옥화라는 인물은 분명 그런 치욕을 당할 때 죽을 것'이라는 편견이 내재되어 있는 것이다. 이것은 조녀와 윤옥화를 대비한 것이긴 하지만 그 내부엔 이미 윤옥화라는 인물의 이념성을 당연해 하고 있다. 이처럼 앞서 〈강도몽유록〉에서 본 것처럼 이념의 절대화·통속화가 진행되면서 의심이 생기지 않게 된 것이라 할 수 있다.[76] 즉 17세기 후기에 들어오면서 굳이 교화할 필요성이 없어진 점에서 이러한 요건이 생기게 된 것이다.

---

76) 조현우는 이에 대해 "이념의 절대화란 그 이념의 옳고 그름이 더 이상 의심이나 숙고의 대상이 되지 않는다는 것을 의미한다."고 하며, 〈창선감의록〉에 나타난 이념성의 절대화를 언급한 바 있다. 물론 논자는 이런 절대화가 다른 것을 모두 정당화시키는 만능열쇠로 작용하고 있다는 점을 지목하고 있는데, 필자 역시 이에 동의한다. 이에 대해선 조금 더 후술하도록 하겠다. 조현우, 앞의 논문, 161면.

결국 위를 통해 봤을 때 모범을 창출하는 교화적 서술기법이 이제 이념의 절대성을 합리화하는 수단으로 변화했다는 점이 중요하다. 그런 점에서 대비적 서술기법은 주인공의 모범성을 부각시키는 것도 있지만, 오히려 그들의 이념성의 절대성을 보여주는 것처럼 변화한다. 다시 말해 주인공이라면 '반드시' 이념적 틀에서 벗어날 수 없게 된 것이다. 그러면서 동시에 이념성에서 벗어났을 때의 위험성을 알려주기도 한다. 이러한 지점은 〈사씨남정기〉나 〈창선감의록〉의 곳곳의 대비적 서술기법에서 드러난다. 다음을 보자.

> ① 아아! 옛말에 이르기를, '호랑이를 그리는 데는 뼈를 그리기 어렵고, 사람을 사귀는 데는 마음을 알기 어렵다'고 하였다. 교씨는 얼굴이 유순하고 말씨가 공손하였다. 따라서 사부인은 단지 좋은 사람으로 여겼을 따름이었다. 경계한 말씀은 오직 음란한 노래가 장부를 오도할까 염려한 것이었다. 또한 교씨를 바른 길로 인도하려는 것이었다. 본디 사랑하는 마음에서 한 말이었다. 추호도 시기하는 생각은 없었던 것이다. 그런데 교씨는 문득 분한 마음을 품고 교묘한 말로 참소하여 마침내 큰 재앙의 뿌리를 양성하였다. 부부와 처첩의 사이는 진정 어려운 관계라 아니겠는가? 한림은 교씨의 간계를 깨닫지 못했지만 사부인의 본의 또한 의심하지는 않았기에 교씨는 다시 참소를 행할 수 없었다.[77]

> ② 슬프다! 덕이 사람을 감동시킴에는 본래 楚·越의 간격이 없는 법이다. 그런데 저 화춘이라는 자는 어떤 마음인가? 화춘은 아버지의 대를 이은 이래로 난폭하고 방자했으니 연약한 누이와 병든 아우를 쥐잡듯하

---

77) 〈謝氏南征記〉. "嗟夫! 古語曰 : '畵虎畵骨難, 知人知心難.' 喬氏貌恭而言遜, 謝夫人直以爲好人. 警戒之言, 惟憂其以淫艶之聲, 迷誤丈夫, 而亦所以引喬氏於正道也. 本出相愛, 非有一毫猜忌, 而喬氏輒懷憤恨, 納之以巧讒, 遂爲大禍之本. 夫婦妻妾之間, 豈不難哉? 翰林雖不悟喬氏之奸, 亦無疑謝夫人之意, 喬氏更不得行讒焉."

여 조그마한 힘도 남아나게 하지 않았다. 그리고 비복들을 매질하여 입을 막고 위엄을 세웠으니 집안의 하인들이 그를 무서워하여 감히 성부인에게 고하지 못했다. 그러나 화춘도 성부인을 두려워했기 때문에 크게 패악한 짓을 하지는 못했다.[78]

①과 ②는 모두 작품 속 인물들의 행위를 보고난 직후에 있는 서술자의 평이다. 서술자의 평을 자세히 살펴보면 모두 주인공과 그 대비적 인물에 대한 평가와 가치관이 잘 드러나고 있다. 이처럼 서술자가 작품 속에서 빈번하게 개입한다는 사실은 독자로 하여금 그 주제를 벗어나지 못하게 하기 위한 장치라고 할 수 있겠다.[79] 그러나 더 중요한 점은 주인공들의 시련을 보고 공감하고 있다는 것이다. 이선의 교화적 글쓰기에서는 주인공의 시련 중에도 이런 공감 의식은 전혀 보이지 않았다. 〈오륜전전〉의 경우 오륜전 형제의 시련의 장면에는 보여주기만 나타날 뿐 어떠한 개입도 일어나지 않는다. 이러한 인물에 대한 서술자의 이념적 개입은 오히려 〈원생몽유록〉의 시에서 더 잘 드러난다. 사육신의 입을 빌어 그들의 감정을 얘기하고 슬며시 이어지는 어구에 서술자의 평이 개입되는 방식으로 말이다. 〈강도몽유록〉에서는 이런 서술자의 개입이 몹시 적었다. 이런 점에서 이념성을 보여주는 카메라의 역할을 했다고 생각해 볼 수 있다.

그렇다면 이런 빈번한 서술자의 개입이 의미하는 바는 무엇인가. 다시 말해 서술자가 등장인물의 행위나 그들의 시련을 보고 공감하는 것을

78) 〈倡善感義錄〉. "噫! 德之感人, 本無越楚, 而彼花瑃, 何心者也? 瑃自代父以來, 暴戾恣睢, 操切弱妹病弟, 不遺餘力. 而捶楚婢僕, 鉗口立威, 家人畏之, 不敢告成夫人, 然憚成夫人, 故不能作大悖亂也."

79) 이승수는 이에 대해 "서술자의 命名은 작품 세계뿐만 아니라 독자의 독서까지 지배하는 것"이라고 평한 바 있다. 이승수, 앞의 논문, 535면.

통해 얻어내는 것은 무엇인가 하는 점이다. 이것은 무엇보다 주인공을 자신에게 밀착시킬 수 있다는 점에서 가장 큰 효과를 얻는다. 이를테면 위의 인용문처럼 서술자는 교씨가 유연수의 집안에 들어오는 것에 대해 '재앙의 뿌리를 양성'했다고 평하면서도 그 원인 제공자인 사씨에 대해서는 변호를 하기에 급급하다. 그래서 마치 자신이 사씨가 된 것처럼 사씨가 왜 그런 행동을 했는지 왜 교씨에게 속을 수밖에 없었는지 그리고 사씨가 의도한 것은 무엇이었는지에 대해 상세히 알려준다. 기실 작품의 서술자는 등장인물에 자주 드나드는 존재이기 때문에 이러한 일체감이 형성될 수밖에 없지만, 이들 작품군에서는 이것이 몹시 빈번하고 심하다. 이것은 이외의 다양한 대비적 서술에서도 볼 수 있는바, 주인공은 더욱 이념적으로 그려내고 그와 대비되는 인물은 비이념적으로 그려내면서도 자신의 생각을 개입시킨다는 점에서 알 수 있다.

그런데 이러한 공감을 통한 주인공과의 일체감 형성은 결국 강상순이 언급한 '자아이상'과 같은 지위로 고양시킨다는 점에 있다.[80] 요컨대 주인공의 이념적 '洗淨性'을 바라보면서 자신 역시 그들과 같은 이념성을 담아내고 있다고 상상하는 것이다. 이것은 앞서 보았던 교화적 글쓰기와 사뭇 다르다. 교화적 서술기법에서는 주인공의 모범성을 제시하고 그들과 같아지길 바라는 위정자들의 교화 효과를 목적으로 한다. 그러나 이들 작품에서는 일면 교화적 서술기법을 그대로 따르고 있는 것처럼 보이지만, 오히려 그런 이념을 '즐기는 것'에 가깝다. 이것은 위정자들이 이념을 전파하려는 시도와 다르게 이념을 보고 스스로 도덕적 쾌감을 느낀다는 점에서 오히려 더 절대화되고 통속화된 이념성을 살펴볼 수 있다. 이것은 사씨나 화진에게서 느낄 수 있었던 이념이고, 반대로 교씨나 조

80) 강상순, 앞의 논문, 148~149면.

녀 등에게서 느낄 수 있었던 반대편의 이념이다.[81]

그렇다면 이런 극단적인 이념화는 무엇을 의미하는가. 필자가 생각하기에 독자들의 이런 '착함, 깨끗함, 건전함, 올바름에 대한 강박적 집착'[82]은 완전한 '나'를 만들어내려는 욕망의 산물이라 판단된다. 일종의 살균된 주체라고 할 수 있는데, 살균된 주체는 그들의 결핍을 충족시키고자 상상적으로 탄생한 것이다. 그래서 작가 혹은 서술자는 살균된 주체에게는 결핍을 느끼지 않도록 하며, 부정적인 시각을 견지하지 않고 항상 완전무결한 상태로 존재하게 한다. 반면 '나'라고 받아들일 수 없는 어떤 부분에 대해서는 혐오를 활용하여 모든 유해하고 더럽고 올바르지 않은 것들을 교씨와 같은 악인에게 몰아 비난하고 공격한다.[83]

---

81) 강상순은 교씨에 대해 "이처럼 현실의 이익을 중시하는 교씨의 인물형상은 너무나 극단적으로 이익만을 중시한다는 바로 그 점 때문에 오히려 비현실적이다. 그녀에게는 현실 속에서 이익을 추구하는 '현실적인 인간'이라면 누구나 고려할 줄 아는 타협이나 한계가 없다. 지칠 줄도 모르고 윤리적 한계나 금지도 없는 교씨의 공격적이고도 가학적인 욕망은 결국 자신의 이익을 위해 아들의 죽음조차 방조할 뿐만 아니라 가부장인 유연수를 파멸시킴으로써 봉건사회에서 여성의 유일한 존재기반인 자식과 가정조차 파괴해 버린다. 이 점에서 사씨를 가부장적 이념을 극단적으로 체현하고 있는 일종의 이념형적 인물로 볼 수 있다면, 교씨 또한 그와 반대편에서 현실의 이익만을 극한까지 추구하는 일종의 이념형적 인물이라고 보아야 할 것이다."라고 하여 필자가 제기한 논의의 방향과 일치한다. 강상순, 위의 논문, 138면.

82) 이 논문은 정치적 올바름(PC)을 비판적 시각으로 조망한 후 그것이 결국 디스토피아적인 미래를 만들어낼 것이라고 보았다. 이러한 견해에 완전히 동조하는 것은 아니나 그의 살균된 문화에 대한 시각은 어느 정도 차용하였다. 문형준, 「정치적 올바름과 살균된 문화」, 『비교문학』 73, 한국비교문학회, 2017, 124면.

83) 이러한 혐오의 기능에 대해서는 전상진의 논의를 참조했다. "타자와 그들의 무리를 적극적이고 능동적으로 혐오함으로서 나와 우리가 탄생한다. 차별이 어떤 이를 타자화함으로써 그것을 공유하는 이와 동일화하는 행위라고 할 때, 혐오를 만들어 내는 이들이 동일시하는 제3의 대상이란 한국 사회의 주류 혹은 기득권이다. 그래서 혐오는 '나'라고 받아들일 수 없는 어떤 부분에 대한 거부 반응이며 내가 염원하는 모습의 외부에 존재하는 이들은 자연스럽게 혐오의 대상이 된다." 전상진, 「극혐의 쓸모」, 『세계의 문학』 157, 민음사, 2015년 가을호, 299면.

그리고 이러한 혐오의 편견은 우리가 쉽고 간단하게 별다른 에너지의 소모 없이 옳고 그름을 빠르게 판단할 수 있게 한다. 그리고 이것은 〈강도몽유록〉에서 봤던 烈節의 행위를 하지 못한 사람들에 대한 비난과 일치한다. 혹은 옥영의 이념 수행 실패를 용납하지 않도록 장육불을 환상적으로 만들어내는 것과 같다. 그만큼 이념성이 절대적으로 변화했기 때문에 가능한 일이었다. 그 이념성을 지키지 못한 인물은 사회의 질서를 붕괴시킬 가능성을 내재한 위험한 인물로 인식하게 된 것처럼 〈사씨남정기〉나 〈창선감의록〉의 악인 역시 이러한 속성을 내재하고 있다. 결국 이 시기의 작가, 독자들은 본인들의 절대화된 이념을 상상적으로 배태시키기 위해 그와 대비적인 혐오할 악인들을 상상적으로 생산하게 만들어낸 것이다. 그러므로 이것은 교화적 서술기법과 조금 질을 달리한다.

정리하자면 〈사씨남정기〉와 〈창선감의록〉에서 보이고 있는 등장인물들의 서술기법은 분명 대비적 서술을 통해 주인공의 모범성을 부각시

한편 테리 이글턴 역시 '악'에 대해 탐구하면서 필자가 제기한 논의와 비슷하게 타자를 활용하는 주체에 대해 언급한 바 있어 소개한다. "인간은 종종 자기의 정체성을 유지하려고 꽤 잔인해진다. …… 대개 누군가를 대량 학살로 치닫게 하는 부류의 타자는 어떤 이유에서건 자기의 자아 심층부에 자리한 끔찍한 공허를 드러나게 하는 자들이다. 이 경우 그자는 이 고통스러운 부재를 물신, 도덕적 관념, 순수성이라는 환상, 광적 의지, 절대 국가, 총통의 남근 이미지로 채우려 한다. 이런 면에서 나치즘은 다양한 부류의 근본주의를 닮았다. 타자를 제거하는 도착적 쾌락은 자기의 건재를 자기 자신에게 납득시키는 유일한 방법이 된다. 정체성 중심부의 공허는 죽음의 전조다. 따라서 죽음의 공포를 물리치려면 당신의 자아에 이런 트라우마를 구현하는 자들을 일소해야 한다. 이런 식으로 당신은 심지어 이론상의 정복도 불가능한 죽음이라는 유일한 적을 지배하고 있다는 사실을 입증한다. 권력이 나약함을 질색하는 이유는 나약함이 권력의 실체가 허약함이라는 은밀한 진실을 굳이 들추어내기 때문이다. 나치에게 유대인은 끈적거리는 무나 꼴사나운 혹 따위 가장 치욕스럽고 약한 인간의 모습을 드러내는 역겨운 표식이었다. 유대인이야말로 나치라는 존재의 완전무결함을 보존하기 위해 제거해야 할 대상이었다." 테리 이글턴, 『악-우리 시대의 악과 악한 존재들』, 오수원 譯, 이매진, 2015, 125~127면.

키지만, 그에 더해 스스로가 절대적 이념의 주체로 상상하게끔 대비를 넘은 이분법을 통해 이것을 구체화시킨다고 하겠다. 그래서 여기에서의 주인공은 당시 조선인들이 상상적으로 완벽하다고 느꼈던 이념을 투입시킨 결과이며, 따라서 당시 공동체의 표상을 갖는다고 하겠다.

2) 주변인물의 改過를 통한 공동체 봉합

여기에서 살펴볼 부분은 작품에 등장하는 주변인물의 개과에 대한 것이다. 유연수와 화춘·심씨가 여기에 해당되는데, 이들은 '改過'라는 점에서는 공통점을 갖지만 조금 차이가 존재한다. 유연수는 우매한 가부장으로 그려지지만 악인이라고 볼 수 없는 존재이고 화춘이나 심씨는 주인공에게 직접 시련을 주는 역할을 맡으면서 악인이라고 부를 수 있는 존재이기 때문이다. 그러나 이들은 모두 가문 내의 인물로 차이점보다 공통점이 더 많아 보인다. 예를 들면 이들은 주인공에게 있어 '필수적인 존재'로 좌정되기 때문에 그러하다. 요컨대 앞서 언급한 주인공의 절대적 이념성을 얻기 위해선 이들의 존재가 반드시 필요하다. 사씨에게는 유연수가 아무리 혼암하더라도 자신의 가부장을 보좌할 의무가 있으며, 화진에게는 화춘이나 심씨가 아무리 사악하더라도 자신의 부형과 어머니를 포용할 의무가 있다. 그런 점에서 이들의 개과는 어쩌면 절대적 이념성이 배태한 또 다른 인물형인 셈이다.

그런데 이들의 개과는 『소학』이나 〈오륜전전〉에서 보았던 양상과는 전혀 다르다는 점에 있다. 다시 말해 교화적 글쓰기에서 보았던 주인공의 모범 행위를 통한 주변 인물의 '感化'를 통한 변화와는 다르다는 것이다. 그렇다면 어떤 점에서 다른가. 『소학』이나 〈오륜전전〉에서는 주인공의 모범 행위가 이뤄지면 그 반대급부의 인물의 변화가 몹시 즉각적으로 이뤄진다는 점에서 그 차이가 선명하다. 교화적 글쓰기에서는 교화라는 목적을 성취하기 위해서 모범적 주인공의 행위를 보여준 뒤 이들에게 감명 받는 인물을 바로 제시함으로써 가르침을 정당화한다.

그러나 〈사씨남정기〉이나 〈창선감의록〉의 주변인물의 개과는 이와 달리 즉각적이지 않다.[84] 그리고 이 개과는 오히려 감화의 구조보다 『태평광기상절』에서 보았던 반성적 구조와 더 흡사하다. 교화적 글쓰기에서는 그 주변인물이 주인공의 이념적 행위에 감화를 받고 변화하지만, 그 인물의 질적 상승이란 일어나지 않는다. 혹은 그것은 주인공의 이념적 행위를 높이기 위한 차원에서 설정된 것일 뿐 작가나 서술자는 그것에 크게 관심을 두지 않는다. 오직 감화를 '증거물'로써만 이용할 뿐이다. 이와 달리 유연수나 화춘·심씨의 경우는 작가나 서술자가 이들의 개과 과정을 면밀히 제시하고, 혹은 이에 대해 몹시 큰 관심을 갖고 있어 보인다. 이것은 작품의 서발문에서도 찾아볼 수 있는데 다음을 보자.

> ① 패관소설의 경우는 황탄하지 않으면 浮靡할 뿐이다. 그 가운데서 인륜을 돈독하게 하고 世敎를 도울 수 있는 것으로는 오직 〈남정기〉가 있을 따름이다. 〈남정기〉는 본래 우리 서포 선생께서 지으신 책이다. 그런데 그 사건은 인가의 부부와 처첩 사이에서 벌어졌던 것이다. 하지만 그 책을 읽는 사람들은 탄식하며 눈물을 흘리지 않는 자가 없다. 아마도 사씨가 환난 가운데서 지킨 정절과 한림이 과오를 고친 미덕이

84) 물론 〈창선감의록〉의 화춘이나 심씨의 개과에 대해 〈사씨남정기〉의 유연수와 달리 갑작스러운 것으로 주장한 엄태식의 논의가 있다. 그러나 필자가 보았을 때 〈창선감의록〉의 텍스트 면면을 자세히 읽어보면 화춘의 개과가 갑작스러운 것이 아닌, 점차 자신이 악인들의 덫에 걸려들었음을 '인식'하는 것에서부터 개과를 시작한다고 생각한다. 따라서 이에 대해 논자마다 관점의 차이가 있겠으나, 확실한 것은 『소학』이나 〈오륜전전〉에서 나온 감화의 개과와 비교했을 때 그 차이가 분명하다는 점이다. 엄태식, 앞의 논문, 227면.

모두 하늘에 근본을 두고 천성에 구비한 바라 그러한 것이 아니겠는가? 또한 분통을 터뜨리고 눈을 흘기는 것은 교씨와 동청의 간악함 때문이 아니겠는가? 단지 그러할 뿐만이 아니다. 범위를 넓혀 의리를 따져본다면 장차 사람들을 가르치지 않는 것이 없을 것이다. 이른바 '放臣 怨妻와 그 주인이 천성과 인륜을 서로 啓發하게 하는 점'은 『楚辭』와 같다. 이른바 '사람들의 善心을 감발하게 하고 사람들의 逸志를 경계하는 점'은 『시경』에 가깝다. 이 소설을 어떻게 다른 소설들과 같은 자리에서 논할 수 있겠는가![85]

② 유연수는 여러 일을 겪는 가운데 삼가 잘못을 깨닫는 마음이 생기고 부지런히 선으로 옮아가는 마음이 생겼다. 이는 성숙해지는 경험이 된 것이니, 재앙이 상서로움으로 바뀐 것이다. 그리고 더욱이 賢婦가 무고를 당하더니 끝내는 이름을 드높이게 되었고 간악한 무리가 남을 모함했지만 결국 자기 몸을 상하게 할 뿐이었으니 복선화음의 이치를 믿지 않을 수 없다. 다만 꿈에서 감응했다는 이야기는 사뭇 괴탄한 듯하고 기이한 만남은 부연된 것 같으나 이 또한 사람의 일이라 그럴 수 있을 것이다. 어찌 소설고담이라고 하여 맹랑한 말로 치부하겠는가? 梅月堂은 시에서 "말이 교화에 관련되면 괴이해도 해롭지 않고, 일이 사람을 감동시키면 괴탄해도 기뻐할 만하네."라고 했으니 이를 두고 말한 것인가? 이 책은 성현의 글이 아니기 때문에 감히 그릇된 것을 판별하여 지우고 고쳤다. 그 사건들에 대해 논단하여 경계로 삼았으니 권선징악의 도리에 또한 조금이나마 도움이 될 것이다.[86]

---

85) 〈謝氏南征記〉. "至稗官少說, 非荒誕則浮靡, 其可以敦民彝, 裨世敎者, 惟南征記乎! 記本我西浦先生所作, 而其事, 則以人夫婦妻妾之間, 然讀之者, 無不咨差涕泣, 豈非感於謝氏處難之節, 翰林改過之懿, 皆根於天, 具於性而然者? 其憤惋痛裂, 皆又豈不以喬董之惡哉? 不惟如是, 推類引義, 將無往而非敎者, 所謂放臣怨妻, 與所天者, 天性民彝, 交有所發, 則如楚辭. 所謂感發人之善心, 懲創人之逸志, 則又庶幾乎詩. 是烏可與他小說, 同日道哉!"

86) 李養吾, 「謝氏南征記後敍」. "劉延壽之閱歷事變處, 惕然有覺非底意, 藹然有遷善底意,

①은 〈사씨남정기〉의 서문인데, 여기에서는 사씨의 정절과 더불어 유연수의 개과가 하늘에 뿌리를 두었기 때문으로 바라본다. 이를 통해 알 수 있는 점은 〈사씨남정기〉가 유연수의 개과를 중요한 축으로 설정해 두었다는 점이다. ②는 ①보다 더욱 적극적으로 유연수의 개과에 대해 지지하고 이를 통해 큰 감명을 받았다고 한다. 즉 잘못을 저질렀지만 부지런히 선으로 오려는 '노력'을 여기에서 엿볼 수 있고, 또한 시련이라는 '경험'을 통해 성숙해질 수 있었다는 점을 알려준다.[87)]

이런 점에서 유연수나 화춘, 심씨와 같은 개과하는 존재들은 감화하는 존재들과 질적으로 다른 면모를 보인다. 자신의 잘못을 스스로 깨닫고 무엇이 안 좋은 것인지 체험(경험)을 통해 다시 본래의 선함으로 회복하는 이 구조는 『태평광기상절』에서 보았던 반성적 글쓰기의 변화형 인물에 부합한다. 요컨대 주변인물의 질적 상승의 구조는 이렇게 시간이 흐른 뒤 유교적 성선설과 합쳐지게 된 것이다. 이것은 처음을 회복한다는 점에서 '復初'의 성격을 강하게 갖고 있지만, 결국 처음의 인물보다

此其爲老成之驗, 而轉災爲祥者也. 又況賢婦之見誣, 卒得揚其名, 奸徒之陷人, 適足戕其身, 福善禍淫之理, 不可以不信也. 但夢感之說, 頗涉弔詭, 奇遇之事, 果似敷演, 然此亦人事之或然者, 豈可以小說古談, 而歸之孟浪? 梅月堂詩曰, '語關世敎怪不妨, 事涉感人誕可喜.' 其是之謂乎? 此傳旣非聖賢文字, 故乃敢卞其訛, 而抹改之, 卽其事而論斷之, 以爲世戒, 其於勸懲之道, 亦不無小補云." (무악고소설자료연구회 편, 『한국고소설관련자료집』 2, 이회, 2005, 105~106면.)

87) 이와 비슷한 논의로 이승복은 "여러 사건을 겪으면서 변화하는 인물의 내면을 포착하고 그 의미를 따진 것은 〈사씨남정기〉의 허구성이 삶의 진실성을 담고 있다는 것으로 허구에 대한 적극적이고 긍정적인 인식"을 그려내고 있다고 보았다. 이 글 역시 이에 대해 동의하는 바이다. 필자는 유연수의 개과가 교화의 글쓰기에서 그려내고 있는 수직적·수동적 변화보다는, 그 적극적·주체성에 기이한 변화로, 이것이 당시의 독자들이 작품을 이해하고 쾌락을 느끼는 데 있어 중요한 기점 중 하나라고 생각한다. 이승복, 「〈사씨남정기〉의 수용 양상과 그 의미」, 『문학치료연구』 16, 한국문학치료학회, 2010, 21면.

더 상승된 인물로 변화한다는 점에서 단순한 심성론 차원의 성선설이 아니다. 다시 말해 개과 모티프는 성선설이라는 유교이념을 포장하고 있지만, 그 내부를 살펴보면 이 개과는 유교적인 것보다 문학 내부에 있던 문화적 자장에 영향을 받은 것이라 할 수 있다.

무엇보다 이런 개과의 도식은 이념의 세계에 종속된다는 점에서 〈최척전〉의 옥영의 개과와 비슷한 면이 있다. 옥영은 장육불의 현현에 따라 삶을 포기하지 않고 이념 수행을 하는 존재로 다시 태어난다. 유연수나 화춘 역시 마찬가지다. 이들은 이전까지 질서를 유지하는 것이 아닌 해체하는 쪽에 가까운 존재들이었지만 사씨나 화진과 같은 인물들을 통해 깨달음을 얻는다. 이로써 이들은 주인공보다 더 이념적인 모습을 보이기도 한다. 다음을 보자.

> 상서[유연수]가 좌우에 호령하였다. "교녀를 결박하라. 그리고 염통을 쪼개고 간을 꺼내라!" 부인이 말렸다. "교녀는 일찍이 상공을 부인으로 모신 적이 있었습니다. 그 名位가 가벼운 것이 아닙니다. 비록 교녀를 죽이더라도 그 신체만은 온전하게 보전하도록 해야 할 것입니다." 상서는 그 말에 따라 교녀를 동쪽 행랑으로 끌고 가 목을 매 죽이게 하였다. 그리고 그 시체는 거적으로 둘둘 말아 교외로 내다 버렸다. 까마귀나 소리개의 밥이 되게 하였던 것이다.[88]

> 그 뒤로부터 형제는 함께 심부인을 모시면서 잠자리와 음식 등을 보살폈다. 그럴 때마다 심부인은 문득 진공[화진]을 먼저 어루만진 뒤에 다음으로 경옥[하춘]을 어루만졌다. 어느 날 진공은 우연히 하찮은 병에 걸린 뒤 자리

88) 〈謝氏南征記〉. "尙書喝左右: "縛喬女, 部心抽肝!" 夫人曰: "喬女曾配相公, 名位不輕. 雖殺之, 宜全其體." 侍郎從其言, 引喬女於東廂, 而縊之, 篭裹其屍, 棄於郊, 使爲烏鳶食.""

> 에 누운 채 날을 보내고 있었다. 그러자 심부인은 잠시도 병석을 떠나지 않고 진공을 간호했다. 경옥도 손수 약탕을 들고 湯材를 달여 불길에 수염을 그을리기까지 했다. 유학사가 이 광경을 보고 감탄했다. "경옥이 잘못을 뉘우치는 점은 형옥[화진]보다 오히려 낫구나."[89]

위의 인용문에서 볼 수 있듯이 개과를 한 유연수나 화춘, 심부인의 행동은 주인공보다 더 큰 이념을 수행하는 존재로 재생산됨을 볼 수 있다. 유연수는 악녀 교씨를 찾아 잔인하게 죽임으로써, 화춘은 화진보다 더 지극한 효성을 수행함으써 이를 수행한다. 이처럼 개과한 인물이 주인공보다 이념 수행을 더 뚜렷하게 하는 까닭은 이들의 개과 플롯이 사회 질서를 공고하게 만드는 데 기여하기 때문이다. 이들이 개과의 정도가 크면 클수록 이것을 읽는 독자의 독서 쾌감 역시 상승하게 되고, 또한 주인공을 중심으로 한 일원론적 세계 질서가 안정된다고 상상적으로 믿을 수 있기 때문이다.

결국 개과의 논리는 이념이 강화되면서 등장인물을 이분법적으로 뚜렷하게 나누었을 때 주인공의 이념성을 높여주는 역할도 하지만, 동시에 독자들에게 이념을 탐색해볼 수 있는 체험의 장소를 마련해준다는 점에서 스스로를 반추할 수 있는 계기가 될 수 있다. 물론 이 반추는 자신의 이념성에 대한 반추라 할 수 있음을 또한 상기해야 할 것이다. 그래서 작가는 지속적으로 유연수나 화춘, 심씨와 같은 인물의 개과 과정을 몹시 자세하게 단계적으로 제시한다.

유연수의 경우는 교씨에게 미혹되어 타락하는 모습부터 도사를 불러

---

89) 〈倡善感義錄〉. "此後, 兄弟問寢視膳於正堂, 沈夫人輒先撫晉公, 而次及於景玉焉. 一日, 晉公偶得微感, 呻吟度日. 沈夫人保護枕側, 不捨須臾. 景玉自執藥鐺, 吹火煎之. 柳學士見之, 嘆曰: "景玉之改過也, 尤賢於荊玉矣.""

자신을 미혹시킨 인형을 태우는 것에서 오해에 대해 의심을 품기 시작하지만 곧 그들에 의해서 집에서 축출 당하여 시련을 겪음으로써 모든 사건의 배후가 교씨였음을 깨닫는다. 깨달은 유연수는 곧 사씨와 해후하고 작품은 대단원을 맞는다. 화춘과 심씨의 경우 생각보다 일찍 개과의 징후를 보이고 있는데, 이는 화춘 스스로가 그의 주변인물(조녀, 범한, 장평 등)의 계책을 쓰면서 안 좋은 일이 발생하고 있음을 깨닫는 것에서부터 시작된다. 그러나 이 깨달음 이후에도 악행은 계속되며, 결국 자신의 시련을 겪어야 비로소 진정한 개과를 하게 된다. 개과 후에는 화춘은 화진보다 더 나은 행위를 하는 인물로 그려지고 있으며, 심씨 또한 그 복록을 모두 받는다는 점에서 이 개과의 플롯은 유심히 살펴볼 만하다.

마지막으로 서술자가 굳이 이들의 개과의 양상과 그들의 내면 심리를 자세히 알려주면서까지 긍정적 인물로 만들려 한 까닭은 공동체를 봉합시키려는 노력의 일환이라고 볼 수 있다. 이 지점에서 유교의 통속적 면모를 살펴볼 수 있으리라 본다. 앞서 교화적 서술기법이 점차 이분법적으로 극단화되면서 유교의 교조화 양상을 보았다면, 여기에서는 체험을 통해 변화하는 인물을 제시하면서도 이들이 점차 주인공과 닮아가고 주인공의 세계에 편입된다는 측면에서 그 통속적 면모를 살펴볼 수 있을 것이다. 그래서 사씨와 화진의 세계에 참여하고 믿는 자에겐 복이 내려진다는 믿음은 앞서 〈강도몽유록〉에서의 염라왕, 〈최척전〉에서의 장육불 같은 환상성이 측면들이 점차 현실적인 교조화와 통속화로 이어지게 된다는 점이다. 이제 사씨나 화진이라는 완벽한 이념을 갖춘 등장인물 하나로 道가 질서정연하게 돌아간다는 믿음을 지킬 수 있게 되었다. 이 방향성은 조선후기 소설을 관통하게 되는데, 이것은 16세기에서 배태한 이분법적 사고와 개과에 대한 믿음을 더욱 확장시킨 결과였다.

제7장 결론

이 책은 조선중기 소설과 관련한 '이념'에 주목하여 그 담론들을 유형화하고, 이들 이념적 담론 속 서술기법들이 소설의 등장인물에 미치는 영향 관계를 시기별로 추적하여 고전소설의 전형성이 어떻게 형성되고 있는지 논증하는 것을 목적으로 삼았다. 지금까지의 논의를 정리하고 이 연구에 대한 소설사적 의의와 추후의 전망 및 과제를 제시하는 것으로 결론을 내리기로 하겠다.

필자는 고전소설의 전형성, 즉 효제충열의 소재를 갖고 있거나 권선징악 혹은 복선화음을 갖춘 소설들이 17세기에 발발한 전쟁이라는 외적 조건에서 산출되었다는 견해를 지적하고, 전형성이 나타나기 이전의 내부적 정황과 움직임을 살펴보았다. 그래서 내부적 움직임을 살펴보기 위해 16세기에 주목하여 그 전후의 소설들을 논의의 자장으로 포섭했다. 그래서 지금까지 유교적 '이념'으로 피상적으로 인식했던 소설들을 분류하였다.

그러한 일환으로 2장에서는 16세기의 담론에 주목하여 크게 두 가지로 나눠 소설과 관련한 담론들을 분석했다. 이것은 소설과 관련된 실질적 서술기법 및 글쓰기를 분석하는 작업이었다. 이에 『소학』을 통해선 교화적 서술기법을, 『태평광기상절』을 통해선 반성적 서술기법을 도출해 내었다. 교화적 서술기법은 효제충열을 소재로 삼아 주인공과 그 대비적인 인물을 통해 주인공의 이념을 모범화하는 작업을 수행한다. 반면 반성적 서술기법은 종교적·역사적 환상체험을 통해 주인공이 깨달음을 얻고 변화하는 것을 보여줌으로써 그 교훈성을 얻는다.

상술하자면 교화적 서술기법에서는 효제와 충열을 나눠서 살펴볼 수 있는바, 효제에서는 가족 내부 구성원의 갈등이 나타나지만 결국 주인공의 이념성으로 봉합되는 것을 살펴볼 수 있었고, 충열에서는 효제의 논리와 달리 유혹적 상황이 제시되며 이에 권력에 대한 불복종과 신념의 불변성을 뛰어난 이념성으로 바라보고 있었다. 그리고 여기에서는 공통적으로 시련 속 이념을 수행하는 주인공을 발견할 수 있다. 반성적 서술기법에서는 종교와 역사적 환상체험으로 나눠 이들의 차이에 대해 논하였다. 종교적 환상체험 서사에서는 자기 내면에 있는 욕망을 얻어내고 이것이 부질없다는 깨달음과 그 욕망에 대한 경계, 그리고 이를 통한 주인공의 질적 상승이 돋보인다. 여기에서 변화하는 주인공을 찾을 수 있었다. 이와 달리 역사적 환상체험 서사에서는 역사적 인물을 소환함으로써 자신의 문재 과시라는 욕망을 드러내고, 그들과 공감함으로써 체험을 한바탕 즐거운 꿈으로 인식한다.

위에서의 이러한 서술기법과 글쓰기 문화가 우리 고전소설에 변형되어 나타난다고 논증한 것이 3장에서 필자가 주장한 것이었다. 그래서 3장에서는 『소학』의 교화적 서술기법과 관련이 깊은 〈육신전〉을 통해 그 등장인물을 대비적으로 형상화하고 있다는 것을 밝히고, 그것이 주인공의 모범성을 부각시키는 기능을 한다고 논하였다. 특히 〈육신전〉에서는 박팽년과 성삼문의 행위를 세조의 행위와 대비시킴으로써 忠이라는 이념성을 부각시키는 장치로 활용하고 있었다. 여기에서 중요한 점은 등장인물의 모범성을 부각함으로써 그들의 행동이 당위적인 것임을 입증하는 데 그 이념성이 활용된다는 점이다. 따라서 그것을 읽는 독자들은 정치적인 차원뿐 아니라 이념적 차원에서 그 서사에 동조하게 된다. 그리고 이것은 『소학』이 아직 당시에 내면화되기 전의 양상을 잘 보여주고 있기 때문에 중요하다.

한편 『태평광기상절』에 나타난 반성적 서술기법을 찾아보기 위해 〈남염부주지〉의 주인공과 그가 환상을 통해 어떤 변화를 수행하고 있는지를 조망하였다. 그것은 각각 종교적 환상체험에 대응되는바, 환상체험 내부의 서사와 이것을 체험한 후 주인공의 변화는 전등삼종에서의 서사보다 『태평광기』라는 기존의 문화적 영역과 가까움을 증명했다. 그 결과 〈남염부주지〉는 작가가 박생이라는 인물을 통해 흔들리지 않는 이념성을 제시하고자 일리론을 지었지만, 곧 염마라는 존재와 조우하게 되면서 자신이 신념 역시 교조화되고 있음을 깨우치는 것이 필사의 수상이었다. 본래 〈남염부주지〉는 비극적 성격으로 읽히는 작품이었는데 필자가 생각했을 때는 오히려 긍정적 가치를 탐색하기 위한 발로와 가깝다고 보인다.

4장에서는 본격적으로 16세기의 변곡지점을 밝히고 이를 통해 작품분석을 진행하였다. 이에 1절에서는 작품 분석에 앞서 16세기의 역사적 배경과 유교사회로의 전환 과정을 살펴보았다. 그 결과 사림의 존재 의의가 당시 그들의 문제를 해결하기 위해 성리학 근본주의로 점철되어 있었으며, 그것은 훈구와 사림으로 양분될 수 없는 시대적 요청이었음을 증명하였다. 또한 이러한 성리학 근본주의로의 전환은 점차 군자-소인 논쟁의 이분법적 사고와 改善에 대한 믿음을 강조하는 풍조가 나타나게 되있다고 언급한 바 있다. 이러한 이분법적 사고와 개선에 대한 믿음은 분명 모순적인 관계였지만 16세기 내에서는 그 필요성에 의해 묵인된 것이었다. 즉 자신의 이념적 순수성을 산출하기 위해선 타인과 다르다는 이분법적 사고가 요청되었고, 한편으로 타인을 변화시켜 바른 세상으로 만들기 위해선 개선에 대한 믿음이 동시에 요청되게 된 것이다. 이러한 이율배반적인 개념은 문학(특히 소설) 속 변화하는 등장인물이 담지하고 있던 교훈성과 밀착하여 융해되었다고 생각한다. 이를 실증하는 과정이 4장 2절에서 각 작품을 통해 알리려는 내용이다.

위의 논의를 토대로 〈오륜전전〉에서는 유교이념의 정착과 통속화 과정을 살펴보았다. 이것은 家에서 국가로의 이념의 확장을 보여준 작품으로 등장인물의 대비를 통해 오륜전의 모범성을 부각시키고 있었다. 특히 〈오륜전전〉은 한 명의 이념적 보편성을 갖춘 인물을 통해 교화를 시도했다는 점에서 의의가 있으며, 또한 이런 주인공을 보고 흥미를 느꼈을 가능성을 타진해 보았다. 한편 〈천군전〉에서는 성리 철학의 수양론에서 기인한 것으로 바라봤던 기존의 논의에 대해 이것과 더불어 개선에 대한 믿음이 16세기 사회에 내재되어 있었으며, 한편으로는 문학적 자장에서 변화하는 주인공을 그려내는 수법과 만나고 있음을 주장했다. 〈기몽〉의 경우 역시 역사적 환상체험의 서사의 큰 줄기를 따라가되, 꿈 속 문장왕국에서의 인물들과 공감하면서 자신의 역량을 마음껏 펼치고 있다고 보았다. 그러나 이것은 이념성을 드러내려는 시대정신을 담아내지 못해 곧 몽유록의 영역으로 그 자장을 넘겨준다는 점에서 그 한계성을 지적했다.

『소학』과 『태평광기』는 분명 다른 문화 영역에 있었다. 그렇기에 교화적·반성적 글쓰기는 섞이기가 쉽지 않았는데, 이것을 통합시켜준 것이 바로 소설의 영역이었다. 그 시기는 바로 16세기였고 이들 서술기법의 융합을 조망한 것이 5장에서 필자가 살펴본 것이다. 필자는 이를 증명하기 위해 〈원생몽유록〉과 〈최생우진기〉를 대상 텍스트로 삼았다. 우선 〈원생몽유록〉에서는 체험자가 제3자의 위치로 변경된다는 점, 그래서 환상 공간 내부의 역사적 인물을 소환하여 관찰할 수 있다는 점에 주목하였다. 특히 이들의 시를 자세히 살펴본 결과 시에는 각 역사적 인물의 입을 빌어 그들의 감정을 술회하되, 마지막에는 반드시 작가 혹은 서술자의 그 인물에 대한 평가가 뒤따른다는 사실을 발견하였다. 그리고 이것이 추모나 찬양의 성격이 강하다는 점을 밝혔다. 중요한 것은 이러한 모든 것이 사육신의 행위를 모범화하려는 작업과 연관이 깊다는 점이다. 무엇보다 이것을 가능케 하는 것은 〈육신전〉이라는 인접 텍스트였는데, 이것을 통해 대비적 상황을 연출하고 있었다. 또한 체험자인 원자허는 이들과의 공감을 통해 점차 인식이 변화하는 것을 살펴볼 수 있었다. 즉 슬픔에서 비분으로, 그리고 최종적으로는 세상의 道의 질서를 수행해야겠다는 신념을 재확인하는 것으로 드러난다고 필자는 보았다. 이를 통해 교화적 글쓰기와 반성적 글쓰기가 접점을 이룸으로써 유교적 이념성이 문학의 영역과 자연스럽게 섞이는 과정을 증명했다.

〈최생우진기〉에서도 마찬가지로 교화적·반성적 서술기법에 주목하여 보았다. 특히 여기에서는 증공이라는 주변인물의 기능을 밝히는 것을 통해 그 의미를 도출하고자 하였다. 그 결과 작가는 최생과 증공을 끊임없이 대비시킴으로써 최생의 행위를 모범적으로 인식하게 만들었다는 것을 알 수 있었고, 이것은 환상(이계)을 직접 체험한 최생이 변화하지 않고 오히려 교훈성을 담지한 인물로 나타난다는 특징을 살필 수 있었다. 따라서 이것은 교화적 서술기법이 문학과 접합한 것으로 바라볼 수 있겠다. 특히나 이런 최생의 면모는 후대의 소설에서 변하지 않는 이념적 주인공의 탄생을 알려준다는 점에서 중요하다. 이전 시기의 전기 장르에서는 볼 수 없었던 이념직 주인공이 등상하기 때문이다. 이와 달리 최생의 환상체험을 전해 들은 증공은 최생의 행위를 들으면서 스스로의 행위에 대해 반성하고, 이계 체험에 대한 욕망을 포기함으로써 질적 상승을 이룬, 변화하는 인물로 자리한다. 이처럼 16세기의 작품에서는 각각의 다른 문화 영역에 있었던 글쓰기가 결합하고 있었음을 증명할 수 있었다.

위와 같이 융합된 글쓰기는 조선사회가 실천적 유교이념이 강조되면서 점차 烈이나 孝와 같은 교화적 차원으로 경도하게 되는데, 이를 논한 것이 6장이다. 이에 환상체험 서사가 어떻게 변하게 되었는지를 알아보기 위해 17세기 초 〈강도몽유록〉을 살펴보았다. 이 작품에서는 환상체험이 거의 소거된 형태로 나타나게 되었음을 알 수 있었다. 즉 체험자인 청허선사는 환상 공간 내의 원귀들의 토론에 참여하지 못하고 다만 그들의 행위를 지켜보는 관찰자로 완벽히 전환되었다는 점에서 그렇다. 이것은 〈원생몽유록〉의 원자허와 질적으로 다른 것으로 실천적 이념성의 경도 현상을 보여준다고 생각한다. 특히 이는 여성들이 자신의 남편과 스스로를 대비시킴으로써 스스로가 당위적인 차원으로 올라섰음을 살펴볼 수 있었다. 그리고 그들의 節死 행위에 당위성을 부여하기 위해 '지옥'의 염라대왕을 소환하고 내세를 서사화한다. 이를 통해 유교적 이념 차원에서 설명할 수 없는 부분을 환상을 통해 해결하고 있다. 따라서 여기에서 이념의 통속화 양상을 살펴볼 수 있었다.

한편 〈최척전〉을 통해서도 여성들의 고난과 그것을 정당화하려는 당위의 논리를 살펴볼 수 있었다. 옥영은 정절과 신의를 수행하는 존재로 그녀의 행동은 결국 가족 구성원의 회복이라는 것으로 보상받게 된다. 그런데 그 의미는 당시 가족-공동체에 대한 필요성이 크게 높아졌음을 알려주고, 한편으로는 국가나 사회에서 질서를 유지하기 위해 환상을 통해 당위적 차원의 이념을 배태시킨 것이라 할 수 있다. 그 대표적인 사례가 장육불이 등장하는 것인데, 이것은 〈강도몽유록〉에서 염라대왕을 소환하여 여성들의 이념 수행을 정당화하는 것과 결을 같이 한다. 한편 장육불은 옥영에게 시련의 상황에서 이념을 지속적으로 수행하도록 변화를 유도하는 환상적 존재이기도 하다. 그래서 장육불은 옥영이 가족 회복이라는 목표를 달성하도록 이념을 수행할 수 있도록 옥영을 갱신시킨다. 이러한 가족 회복에 대한 경주는 기존 16세기 차원의 개선의 믿음에서 기인한 것임을 여기에서 알아보았다.

이러한 단계를 거쳐 2절에서는 〈사씨남정기〉와 〈창선감의록〉을 중심으로 우리 고전소설의 서술기법의 형태가 전형성을 갖추게 된다고 보았다. 여기에서는 지금까지 보았던 교화적 서술기법이 점차 이분법적으로 변화하면서, 대비를 넘어선 선/악의 극단화로 나타나고 있다고 주장했다. 특히 주인공의 행위를 당연하다고 생각하는 이념의 당위성이 짙어지게 된 것은 작가나 독자가 자신의 순수한 이념성을 표현하려는 욕망의 산물로 세정성이 강화된 이념적 주인공을 탄생하게 했다고 필자는 주장한 바 있다. 이런 완벽히 이념성으로 무장한 주인공이 탄생하자 그와 동시에 그 반대 방향에서 그와 같은 이념적 악인들이 탄생할 수 있게 된 것이다. 따라서 그간의 교화적 글쓰기가 점차 교조화되는 양상을 이 지점에서 살펴볼 수 있게 된다.

한편 이들 작품에서는 改過에 대한 플롯이 중요하게 작동되는데 이것은 심성론 차원의 성선설을 표방한 것일 뿐 그 내적인 작동 원리는 오히려 체험을 통해 변화를 겪는 변화형 인물형에 가까워 보인다. 왜냐하면 여기에서의 등장인물들은 교화적 글쓰기에서의 감화를 통해 변화한 인물과 다르게 서술자의 끊임없는 관심과 이들의 변화 과정을 세세하게 알려줌으로써 그들의 질적 상승을 담아내고 있기 때문이다. 또한 이것은 16세기 담론에서 기인한 것이었다. 개선에 대한 믿음이 변화하는 주인공과 합쳐지는 것은 앞서 16세기 작품들에서 확인할 수 있던 바이다.

거친 논의였지만, 서론에서 거론했던 기대 효과와 문제 제기에 대한 답을 여기에서 제출할 수 있을 것 같다. 첫째, 이념은 문학성을 해치는 것이 아니라 오히려 언제나 문학과 붙어 다니면서 다양한 흥미를 만들어 내고 있었다. 교화라는 목적성이 문학과 먼 것으로 인식되었지만, 그 목적성 이면에는 이것의 참맛을 즐길 수 있었던 당대의 독자들이 있었다. 둘째, 이념성은 효제충열을 그대로 수행하는 실천적 유교이념과 변화하는 주인공을 통해 흥미와 교훈을 얻는 철학적 유교이념으로 나눌 수 있다. 특히 이 중 우리의 소설은 실천적 유교이념을 조금 더 중시한 방향으로 나아가고, 철학적 유교이념은 여기에 포섭된 형태로 나타난다고 보인다. 이것은 일원론과 이원론의 차원에서도 설명할 수 있는데, 일원론적 세계관에 바탕을 둔 등장인물들이 문학 영역으로 끊임없이 들어온 결과 우리 고전소설의 형태는 일원론적 세계관 내에 이원론적 세계관을 포섭시킬 수 있었다. 셋째, 작가와 작품과의 거리를 어느 정도 둠으로써 그간 비극적 혹은 비관적 현실을 재현했다고 여겨졌던 소설들이 오히려 삶을 긍정하는 기술을 담아내고 있었음을 확인해 볼 수 있었다. 예를 들어 전기 장르의 고독한 주인공이나 그것의 결말에서 오는 비극성 등은 언제나 고전소설이 현실 비판을 담지하고 있다고 보았다. 하지만 그러한 현실 비판 이면에는 나와 그 주변의 삶을 긍정하고 변화시키려는 욕망이 담지된 것이라 할 수 있다. 마지막으로 당시 담론과 소설 기법의 내적 움직임에 주목함으로써 전형성을 갖춘 작품이 급작스럽게 탄생한 것이 아니라는 점이다. 우리 고전소설의 전형성은 단순히 교화적이라고 말하기에는 복잡한 측면이 있다. 교화적 차원과 반성적 차원의 글쓰기가 무수히 겹쳐지고, 교직된 그런 다음 새로운 장르로 실험을 해보는 과정에서 우리의 전형성이 나타났다고 할 수 있겠다. 다만 반성적 차원의 소설들은 그 힘을 잃어버리고 사장되었다기보다는 이처럼 개과라는 다른 형태로 살아남고 또한 중요한 의미를 산출하고 있음을 알 수 있었다.

이러한 움직임은 후대 소설에게도 영향을 끼친다고 생각한다. 선악의 뚜렷한 구분과 충렬로 무장한 영웅소설의 주인공, 효와 열을 통해 가문의 창달을 바라는 가문소설의 주인공들 모두 조선중기부터 시작된 이념적 주인공들을 생산하려는 글쓰기들이 끝없이 교직한 결과라고 볼 수 있겠다. 지금 우리 시대의 이야기들도 마찬가지다. 자극적인 드라마를 좋아하면서도 동시에 그 안에서 행동하는 우리 이념에 맞는 주인공을 좋아한다. 물론 지금의 주인공의 신념은 자유나 평등의 가치를 중시하기에 예전에 추구했던 것과 다르겠지만, 그럼에도 그들이 활동하는 범위 내에는 언제나 이념의 자장 안에서 움직이고 있었다. 이처럼 이념은 이야기와 떼려야 뗄 수 없는 불가분의 관계라는 점이 중요하다.

참고문헌

원전 자료·번역서

〈육신전〉 ; 『추강집』, 『한국문집총간』 16, 민족문화추진회, 1988.
〈남염부주지〉 ; 대련도서관소장본 『금오신화』
〈오륜전전〉 ; 천상종가본.
〈천군전〉 ; 『동강집』, 『한국문집총간』 50, 민족문화추진회, 1990.
〈기몽〉 ; 『대관재난고』, 『한국문집총간』 19, 민족문화추진회, 1988.
〈원생몽유록〉 ; 청야만집본.
〈최생우진기〉 ; 고려대학교 만송문고본 『기재기이』, 청구기호 : 만송 貴 287.
〈강도몽유록〉 ; 버클리대본.
〈최척전〉 ; 규장각본, 청구기호 : 일사 古813.53-J568c.
〈사씨남정기〉 ; 규장각본, 청구기호 : 가람古 813.53 G422n.
〈창선감의록〉 ; 고려대학교 만송문고본, 청구기호 :만송 C14 A10D.

김광수 역, 『천군소설』, 고려대학교 민족문화연구소, 1996.
김기동, 『(필사본)고전소설전집』 3, 아세아문화사, 1980.
김장환·박재연·이래종 역, 『태평광기상절』, 학고방, 2005.
김정녀 역, 『몽유록: 꿈속 이야기로 되살아난 기억들』, 현암사, 2015.
무악고소설자료연구회 篇, 『한국고소설관련자료집(1)』, 태학사, 2001.
무악고소설자료연구회 篇, 『한국고소설관련자료집(2)』, 이회, 2005.
박대현 역, 『추강집』, 민족문화추진위원회, 2007,
박헌순 역, 『기재기이』, 범우, 2008.
박희병·정길수 역, 『이상한 나라의 꿈』, 돌베개, 2013.
신호열·임형택 역, 『백호전집』, 창비, 2014.
심경호 역, 『금오신화』, 홍익출판사, 2000.
윤주필 역, 『윤리의 서사화』, 국학자료원, 2002.
이래종 역, 『사씨남정기』, 태학사, 1999.

이래종 역, 『창선감의록』, 고려대학교 민족문화연구원, 2003.
이상구 역, 『17세기 애정전기소설』, 월인, 1999.
장효현 외, 『교감본 한국한문소설』, 고려대학교 민족문화연구원, 2007.
정병진 역, 『앵앵전-당대소설전집』, 성균관대학교출판부, 1995.
최귀묵 역, 『김시습 「조동오위요해」의 역주 연구』, 소명출판, 2006.
최용철, 『전등삼종』, 소명출판, 2005.
최용철, 『금오신화의 판본』, 국학자료원, 2003.
한석수 역, 『몽유소설』, 개신(충북대학교출판부), 2003.

한국고전번역원 고전종합DB(http://db.itkc.or.kr)
동양고전종합DB(http://db.cyberseodang.or.kr)
『조선왕조실록』

고경리, 『창랑실적』, 고려대학교 중앙도서관 소장, 청구기호 : 대학원 D1 A1179.
김시습, 『매월당집』, 『한국문집총간』 13, 민족문화추진회, 1988.
김시양, 『부계기문』, 한국고전번역원.
김안로, 『희락당고』, 『한국문집총간』 21, 민족문화추진회, 1988.
서거정, 『사가집보유』, 『한국문집총간』 11, 민족문화추진회, 1988.
윤광계, 『귤옥졸고』, 『한국문집총간』 속11, 민족문화추진회, 2006.
이 이, 『율곡전서』, 『한국문집총간』 45, 민족문화추진회, 1989.
이승소, 『삼탄집』, 『한국문집총간』 11, 민족문화추진회, 1988.
장 유, 『계곡집』, 『한국문집총간』 92, 민족문화추진회, 1992.
홍성민, 『졸옹집』, 『한국문집총간』 46, 민족문화추진회, 1989.

성 현, 『부휴자담론』, 이래종 역, 소명출판, 2002.
유몽인, 『어우야담』, 신익철 역, 돌베개, 2006.
정민정, 『심경부주』, 성백효 역, 전통문화연구회, 2002.
주 희, 『소학집주』, 성백효 역, 전통문화연구회, 2019.
황 간, 『주희행장』, 강호석 역, 을유문화사, 1975.

저서 : 국내서

간행위원회 편, 『정규복박사 고희기념 논총: 한국 고소설사의 시각』, 국학자료원, 1996.
강명관, 『열녀의 탄생: 가부장제와 조선 여성의 잔혹한 역사』, 돌베개, 2009.
강재철, 『권선징악 이론의 전통과 고소설의 비평적 성찰』, 단국대학교출판부, 2012.
계승범, 『중종의 시대』, 역사비평사, 2014.
고소설학회 편, 『한국 고소설의 주인공론』, 보고사, 2014.
김광순, 『천군소설연구』, 형설출판사, 1980.
김기동, 『이조시대소설연구』, 성문각, 1974.
김미정, 『차이와 윤리』, 소명출판, 2014.
김 범, 『사화와 반정의 시대』, 역사비평사, 2007.
김상준 외, 『유교의 예치 이념과 조선』, 청계, 2007.
김상준, 『맹자의 땀, 성왕의 피』, 아카넷, 2011.
김일렬, 『조선전기의 언어와 문학』, 형설출판사, 1976.
김장환, 『태평광기-동아시아 이야기 보고의 탄생』, 문학동네, 2016.
김태준, 『증보조선소설사』, 박희병 校註, 한길사, 1997.
김현룡, 『한중소설설화비교연구』, 일지사, 1976.
김현화, 『기재기이의 창작 미학』, 보고사, 2014.
다곡이수봉선생회갑기념논총, 『고소설연구논총』, 1988.
민영대, 『조위한과 최척전』, 아세아문화사, 1993.
민족문학사연구소고전소설사연구반, 『묻혀진 문학사의 복원: 16세기 소설사』, 소명출판, 2007.
박일용, 『조선시대의 애정소설, 집문당, 1993.
박찬기 외, 『수용미학』, 고려원, 1992.
박태상, 『조선조 애정소설 연구』, 태학사, 1996.
박혜숙, 『한국문학사의 쟁점』, 집문당, 1986.
박희병, 『한국고전소설작품론』, 집문당, 1990.
백승영, 『니체, 디오니소스적 긍정의 철학』, 책세상, 2016.
변동명, 『고려후기 성리학 수용 연구』, 일조각, 1995.
설성경, 『한국고전소설의 본질』, 국학자료원, 1991.

성현경교수추모논총간행위원회 편, 『한국 고소설 연구의 쟁점과 전망』, 보고사, 2011.
소인호, 『한국 전기소설사 연구』, 집문당, 2005.
소재영, 『인병양란과 문학의식』, 한국연구원, 1980.
신재홍, 『한국몽유소설연구』, 계명문화사, 1994.
신해진, 『조선중기 몽유록의 연구』, 박이정, 1998.
양승민, 『한문소설의 통속성』, 보고사, 2008.
양언석, 『몽유록소설의 서술유형 연구』, 국학자료원, 1996.
엄기영, 『16세기 한문소설 연구』, 월인, 2009.
오대혁, 『『금오신화』와 한국소설의 기원』, 역락, 2007.
오탁번·이남호, 『서사문학의 이해』, 고려대학교출판부, 1999.
우경섭, 『조선중화주의의 성립과 동아시아』, 유니스토리, 2013.
우쾌제 編, 『〈원생몽유록〉 작자 문제의 시비와 의혹』, 박이정, 2002.
우쾌제 외, 『고소설연구사』, 월인, 2002.
유종국, 『몽유록소설의 연구』, 아세아문화사, 1987.
윤인숙, 『조선전기 사림과 〈소학〉』, 역사비평사, 2016.
윤채근, 『소설적 주체, 그 탄생과 전변』, 월인, 1999.
이병휴, 『조선전기 사림파의 현실인식과 대응』, 일조각, 1999
이복규, 『형차기·왕시봉전·왕시붕기우기의 비교연구』, 박이정, 2003.
이상택, 『한국고전소설의 탐구』, 중앙출판사, 1981.
이수건 외, 『16세기 한국 고문서 연구』, 아카넷, 2004.
이수건, 『영남학파의 형성과 전개』, 일조각, 1995.
이종찬, 『매월당학술논총-그 문학과 사상』, 강원대학교 인문과학연구소, 1988.
이태진, 『조선유교사회사론』, 지식산업사, 1989.
이혜순 외, 『한국 한문학 연구의 새 지평』, 소명출판, 2005.
임규찬·한진일, 『임화 신문학사』, 한길사, 1993.
임형택, 『한국문학사의 시각』, 창작과 비평사, 1984.
장덕순, 『국문학통론』, 신구문화사, 1960.
장효현, 『한국고전소설사연구』, 고려대학교출판부, 2002.
정규복 외, 『김만중문학연구』, 국학자료원, 1993.
정두희, 『조광조』, 아카넷, 2001.

정두희, 『조선시대의 대간연구』, 일조각, 1994.
정범진, 『唐代小說研究』, 성균관대학교 대동문화연구원, 1982.
정주동, 『매월당 김시습 연구』, 신아사, 1965.
정출헌, 『고전소설사의 구도와 시각』, 소명출판, 1999.
정호훈, 『조선의 『소학』』, 소명출판, 2014.
조동일, 『한국문학통사』, 지식산업사, 2011.
조동일, 『한국소설의 이론』, 지식산업사, 1977.
조동일, 『한국의 문학사와 철학사』, 지식산업사, 1996.
조현우, 『고전서사의 허구성과 유가적 사유』, 보고사, 2007.
주보돈 외, 『한국사 발전사론』, 일조각, 1992.
지촌강재철교수정년기념논총간행위원회 편, 『고전소설과 권선징악』, 단국대학교출판부, 2013.
진경환, 『고전의 타작』, 월인, 2000.
차용주, 『몽유록계 구조의 분석적 연구』, 창학사, 1979.
최귀묵, 『김시습의 사상과 글쓰기』, 소명출판, 2001.
최문규 외, 『저자의 죽음인가, 저자의 부활인가?』, 한국문화사, 2015.
최삼룡, 『한국초기소설의 도선사상』, 형설출판사, 1982.
최진아, 『환상·욕망·이데올로기-唐代 愛情類 傳奇 研究』, 문학과지성사, 2008.
한국정신문화연구원 철학·종교 연구실 편, 『惡이란 무엇인가』, 창, 1992.

저서 : 국외서

Arthur F. Wright and Denis Crispin. Twitchett, eds. *Confucian personalities*, Stanford : Stanford Univ. Press, 1962.
Gendler, Tamar, *Thought Experiment: On the Power and Limits of Imaginary Cases*, New York: Garland, 2000.
H. Fingarette, *Confucius: The Secular As Sacred*, Waveland Press, 1998.
John Gardner, *On Moral Fiction*, Basic Books; New York, 1978.
王夢鷗, 『唐人小說研究 2』, 藝文印書館; 臺北, 1973.
K. S. 케네쓰 첸, 『중국불교』 上, 박해당 역, 민족사, 1991.
牟鐘鑒, 『중국 도교사』, 이봉호 역, 예문서원, 2015.

로버트 숄즈 외, 『서사문학의 본질』, 임병권 역, 예림기획, 2007.
루샤오펑, 『역사에서 허구로-중국의 서사학』, 조미원·박계화·손수영 역, 길, 2001.
루이 알튀세르, 『재생산에 대하여』, 김웅권 역, 동문선, 1995.
리처드 왓모어, 『지성사란 무엇인가?』, 이우창 역, 오월의봄, 2020.
마르코 야코보니, 『미러링 피플』, 김미선 역, 갤리온, 2009.
마르티나 도이힐러, 『한국사회의 유교적 변환』, 이훈상 역, 아카넷, 2003.
미셸 푸코, 『감시와 처벌』, 오생근 역, 나남, 2016.
미조구치 유조 외, 『중국의 예치시스템』, 동국대학교 동양사연구실 역, 청계, 2004.
빅토르 어얼리치, 『러시아 형식주의-역사와 이론』, 박거용 역, 문학과지성사, 1983, 93면.
애덤 스미스, 『도덕감정론』, 박세일·민경국 역, 비봉출판사, 2009.
에드워드 사이드, 『오리엔탈리즘』, 박홍규 역, 교보문고, 1995.
유발 하라리, 『호모데우스-미래의 역사』, 김명주 역, 김영사, 2017.
이엔 앙, 『〈댈러스〉, 보기의 즐거움』, 박지훈 역, 나남, 2018.
제임스 탈리 편, 『의미와 콘텍스트』, 유종선 역, 아르케, 1999.
조너선 갓셜, 『스토리텔링 애니멀』, 노승영 역, 민음사, 2014.
칼 마르크스·엥겔스, 『공산당 선언』, 김기연 역, 새날, 2005.
테리 이글턴, 『악-우리 시대의 악과 악한 존재들』, 오수원 역, 이매진, 2015.
톨스토이, 『예술이란 무엇인가』, 동완 역, 신원문화사, 2007.
피터 볼, 『역사 속의 성리학』, 김영민 역, 예문서원, 2010.

논문 : 학위논문

강재철, 「권선징악 이론의 전통과 고전소설」, 인하대학교 박사학위논문, 1993.
강혜진, 「고전소설에 나타난 환상계의 형상화 원리와 의미-〈구운몽〉, 〈전우치전〉, 〈옥루몽〉을 중심으로-」, 고려대학교 박사학위논문, 2020.
권종화, 「龍泉談寂記 硏究」, 단국대학교 석사학위논문, 2009.
김인경, 「16-17세기 심성서사 연구」, 고려대학교 박사학위논문, 2015.
김일환, 「병자호란 체험의 '再話' 양상과 의미 연구」, 동국대학교 박사학위논문,

2010.

김정녀, 「몽유록의 현실대응 양상과 그 의미」, 고려대학교 석사학위논문, 1997.

김현룡, 「韓國 說話·小說에 끼친 「太平廣記」의 影響 硏究 :주로 그 素材的 關聯性에서」, 건국대학교 박사학위논문, 1976.

박상석, 「고소설 선악이야기의 서사규범 연구」, 연세대학교 박사학위논문, 2011.

서인덕, 「'龍泉談寂記' 硏究」, 영남대학교 석사학위논문, 1994.

송웅섭, 「조선 성종대 공론정치의 형성」, 서울대학교 박사학위논문, 2011.

신성환, 「死六臣 담론의 轉變과 조선후기 詩歌의 수용 양상」, 고려대학교 석사학위논문, 2010.

양승목, 「朝鮮後期 夢記 硏究」, 동국대학교 박사학위논문, 2020.

엄기영, 「『기재기이』의 창작방법 연구」, 고려대학교 박사학위논문, 2007.

유기옥, 「신광한의 기재기이 연구」, 전북대학교 박사학위논문, 1990.

유요문, 「〈운영전〉의 서술기법과 그 의미」, 고려대학교 석사학위논문, 2015.

윤인숙, 「조선전기 사림의 사회경제적 구상과 소학운동」, 성균관대학교 박사학위논문, 2011.

윤정희, 「『龍泉談寂記』 硏究」, 동아대학교 석사학위논문, 2001.

이경규, 「기재기이 연구」, 한남대학교 석사학위논문, 1999.

이래종, 「조선 필기의 전개 양상에 관한 연구-『태평광기상절』과 『태평통재』의 편간과 관련하여-」, 고려대학교 박사학위논문, 1997.

이순우, 「초기 가문소설에 나타난 夫硏究」, 이화여자대학교 박사학위논문, 1997.

이원수, 「가정소설 작품세계의 시대적 변모」, 경북대학교 박사학위논문, 1991.

이종필, 「조선중기 전란의 소설화 양상과 17세기 소설사」, 고려대학교 박사학위논문, 2013.

정용건, 「중종대 관료 문인의 학적 지향과 문학의식」, 고려대학교 박사학위논문, 2020.

정재현, 「기재 신광한 연구」, 단국대학교 석사학위논문, 1993.

정학성, 「임백호 문학연구」, 서울대학교 박사학위논문, 1985

정혜경, 「조선 후기 장편소설의 감정의 미학」, 고려대학교 박사학위논문, 2013.

정한국, 「17세기 애정류 한문소설 연구」, 성균관대학교 박사학위논문, 2000.

진경환, 「〈창선감의록〉의 작품구조와 소설사적 위상」, 고려대학교 박사학위논문, 1992.

최봉준, 「14세기 고려 성리학자의 역사인식과 문명론」, 연세대학교 박사학위논문, 2013.
謝曉敏, 「宋代詩話與唐詩藝術學」, 安徽大學 碩士學位論文, 2019.

▌논문 : 일반논문

Edward W. Wagner, 「이조 사림문제에 관한 재검토」, 『전북사학』 4, 전북대사학회, 1980.
강상순, 「〈사씨남정기〉의 적대와 희생의 논리」, 『고소설연구』 12, 한국고소설학회, 2001.
강상순, 「조선 전기 귀신 이야기에 잠복된 사회적 적대」, 『민족문화연구』 56, 고려대학교 민족문화연구원, 2012.
강진옥, 「〈최척전〉에 나타난 고난과 구원의 문제」, 『이화어문논집』 8, 이화여자대학교 이화어문학회, 1986.
강혜규, 「천군계 작품의 사적 고찰」, 『정신문화연구』 통권 110호, 한국학중앙연구원, 2008.
김경미, 「15세기 문인들의 '奇異'에 대한 인식」, 『한국고전연구』 5, 한국고전연구학회, 1999.
김근태, 「초기 서사유형의 모색과정과 『기재기이』」, 『열상고전연구』 6, 열상고전연구회, 1993.
김기동, 「불교소설 최척전 소고」, 『불교학보』 11, 동국대학교 불교문화연구원, 1974.
김덕수, 「『희락당고』 소재 한시 주석 연구」, 『장서각』 33, 한국학중앙연구원, 2015.
김명호, 「김시습의 문학과 성리학 사상」, 『한국학보』 35, 일지사, 1984.
김문희, 「〈최척전〉의 가족 지향성 연구」, 『한국고전연구』 6, 한국고전연구학회, 2000.
김 범, 「조선 전기 '훈구·사림세력' 연구의 재검토」, 『한국사학보』 15, 고려사학회, 2003.
김 범, 「조선왕조실록에 나타난 '훈구'의 용례와 그 분석」, 『동방학지』 134, 연세대학교 국학연구원, 2006.

김상규, 「『태평광기』 한국 전래시기의 재고찰」, 『중국문학연구』 54, 한국중문학회, 2014.

김상규, 「『태평통재』에 수록된 중국 인용문헌의 가치 연구」, 『중국문학연구』 59, 한국중문학회, 2015.

김성우, 「사회경제사의 측면에서 본 조선중기」, 『대구사학』 46, 대구사학회, 1993.

김성우, 「연속된 두 시기로서의 16·17세기: '조선중기론'의 입장에서」, 『내일을 여는 역사』 24, 서해문집, 2006.

김수연, 「사상전환기 지식인의 방황과 신념 모색, 〈남염부주지〉」, 『고소설연구』 33, 한국고소설학회, 2012.

김수연, 「〈창선감의록〉의 '개과천선'과 악녀 무후」, 『한국고전여성문학연구』 25, 한국고전여성문학회, 2012.

김용철, 「〈조신〉에서 깨달음의 실천지향과 변증법적 삼단구조」, 『한국학연구』 7, 고려대학교 한국학연구소, 1995.

김일환, 「숨긴 것과 드러낸 것-'변호'의 텍스트로 〈강도몽유록〉 다시 읽기」, 『민족문학사연구』 51, 민족문학사연구소, 2013.

김재수, 「최척전의 소설화 과정」, 『논문집』 26, 광주교육대학, 1985.

김정녀, 「신 자료 국문본 〈강도몽유록〉의 이본적 특성과 의미」, 『고소설연구』 27, 한국고소설학회, 2009.

김정녀, 「병자호란의 책임 논쟁과 기억의 서사-인조의 기억과 '대항기억'으로서의 〈강도몽유록〉-」, 『한국학연구』 35, 고려대학교 한국학연구소, 2010.

김정녀, 「몽유록의 공간들과 기억-'역사적 공간'을 배경으로 선택한 작품을 중심으로」, 『우리어문연구』 41, 우리어문학회, 2011.

김현양, 「〈사씨남정기〉와 욕망의 문제」, 『고전문학연구』 12, 한국고전문학회, 1997.

김현양, 「16세기 후반 소설사 전환의 징후와 〈수성지〉」, 『고전문학연구』 24, 한국고전문학회, 2003.

김현양, 「16세기 소설사의 지향과 위상: 이념의 서사, 흥미의 서사, 욕망의 서사」, 『민족문학사연구』 25, 민족문학사학회, 2004.

김현화, 「〈최생우진기〉의 선소설적 미학」, 『어문연구』 57, 어문연구학회, 2008.

김현화, 「〈최생우진기〉의 배경 묘사 양상과 기능」, 『한국언어문학』 87, 한국언어문학회, 2013.
김현화, 「〈서재야회록〉의 분위기 구현 양상과 문예적 특질」, 『반교어문연구』 36, 반교어문학회, 2014.
문범두, 「〈최생우진기〉의 구조와 의미」, 『어문학』 72, 한국어문학회, 2001.
문형준, 「정치적 올바름과 살균된 문화」, 『비교문학』 73, 한국비교문학회, 2017.
박소현, 「17세기 중국과 한국의 단편 소설에 나타난 가족의 이산과 재회」, 『중국문학』 58, 한국중국어문학회, 2009.
박우훈, 「大觀齋 沈義의 賦 試考-「대관부」·「소관부」·「달관부」를 중심으로-」, 『동아인문학』 18, 동아인문학회, 2010.
박일용, 「〈사씨남정기〉의 이념과 미학」, 『고소설연구』 6, 한국고소설학회, 1998.
박일용, 「고전 소설에 나타나는 역설적 비극과 낭만-고전소설에 설정된 이상적 인물의 이념과 삶-」, 『국제고려학회 서울지회 논문집』 1, 국제고려학회 서울지회, 1999.
박일용, 「〈창선감의록〉의 구성 원리와 미학적 특징」, 『고전문학연구』 18, 한국고전문학회, 2003.
박일용, 「〈남염부주지〉의 이념과 역설」, 『고소설연구』 22, 한국고소설학회, 2006.
박희병, 「한국 고전소설의 발생과 발전단계를 둘러싼 몇몇 문제에 대하여」, 『관악어문연구』 17, 서울대 국어국문학과, 1992.
백지민, 「〈운영전〉의 악인 형상과 그 의미」, 『어문논집』 69, 중앙어문학회, 2017.
서대석, 「몽유록의 장르적 성격과 문학사적 의의」, 『한국학논집』 3, 계명대학교 한국학연구원, 1975.
성호경, 「한국문학의 중국희곡 수용 양상 연구」, 『성곡논총』 31, 성곡언론문화재단, 2000.
소인호, 「저승체험담의 서사문학적 전개: 초기소설과의 관련 양상을 중심으로」, 『우리문학연구』 27, 우리문학회, 2009.
소재영, 「신광한의 『기재기이』」, 『숭실어문』 3, 숭실대 국어국문학과, 1986.
송병렬, 「漢文散文의 敍述方式과 修辭法에 대한 教育的 活用 研究」, 『동방한문학』 45, 동방한문학회, 2010.
송성욱, 「17세기 소설사의 한 국면」, 『한국고전연구』 8, 한국고전연구학회, 2002.
송윤미, 「唐 제도와 牛李黨爭을 통하여 본 〈周秦行紀〉 서사의 비평적 고찰」, 『중국문학연구』 32, 한국중문학회, 2006.

신상필, 「『기재기이』의 성격과 위상」, 『민족문학사연구』 24, 민족문학사학회, 2004.

신상필, 「천군류 출현의 철학적 기반과 서사문학적 지위」, 『한문학보』 23, 우리한문학회, 2010.

신상필, 「한문 고전서사의 문화적 전환과 번역-국문본 『태평광기』를 중심으로」, 『코기토』 72, 부산대학교 인문학연구소, 2012.

신은경, 「散·韻 혼합담론으로서의 〈삼강행실도〉」, 『국제어문』 4, 국제어문학회, 2009.

신재홍, 「〈사씨남정기〉의 선악 구도」, 『한국문학연구』 2, 고려대학교 민족문화연구원 한국문학연구소, 2001.

신해진, 「〈최척전〉에서의 '장육불'의 기능과 의미」, 『어문논집』 35, 안암어문학회, 1996.

신해진, 「〈안빙몽유록〉의 수제의식 고찰」, 『한국한문학연구』 20, 한국한문학연구회, 1997.

신해진, 「〈유연전〉의 악인 형상과 그 행방」, 『어문연구』 54, 어문연구학회, 2007.

신해진, 「〈사씨남정기〉 교씨의 인물형상과 의미-형상의 소종래를 중심으로-」, 『고전과해석』 11, 고전문학한문학연구학회, 2011.

심경호, 「〈오륜전전〉에 대한 고찰」, 『애산학보』 8, 애산 학회, 1989.

안세현, 「15세기 후반~17세기 전반 성리학적 사유의 우언적 표현 양상과 그 의미」, 『민족문화연구』 51, 고려대학교 민족문화연구원, 2009.

양승민, 「최척전의 창작동인과 소통과정」, 『고소설연구』 9, 한국고소설학회, 2000.

양언석, 「몽유록 소설의 연구-대관재의 〈몽기〉를 중심으로-」, 『국어국문학』 113, 국어국문학회, 1995.

엄기영, 「〈대관재기몽〉의 창작 방법 연구」, 『고소설연구』 18, 한국고소설학회, 2004.

엄기영, 「『기재기이』의 작가 신광한의 자기인식」, 『고소설연구』 32, 한국고소설학회, 2011.

엄기영, 「〈천군전〉, 남명학파의 정치적 상상력」, 『고소설연구』 39, 한국고소설학회, 2015.

엄기영, 「조선 전기 한문소설사 서술에 있어서 몇 가지 문제」, 『한국한문학연구』

65, 한국한문학회, 2017.
엄태식, 「〈창선감의록〉의 창작 저변과 서사적 특징」, 『고소설연구』 32, 한국고소설학회, 2011.
엄태식, 「〈최척전〉의 창작 배경과 열녀 담론」, 『한국고전여성문학연구』 24, 한국고전여성문학회, 2012.
엄태식, 「〈최생우진기〉의 서사적 의미와 신광한의 현실 인식」, 『민족문화』 42, 한국고전번역원, 2013.
유병갑, 「李復言〈杜子春〉硏究」, 『인문과학논총』 54, 청주대학교 인문과학연구소, 2017.
유요문, 「〈천군연의〉에 나타난 등장인물의 반성과 정치 서사로서의 의미」, 『고전과 해석』 29, 고전문학한문학연구학회, 2019.
유요문, 「〈최생우진기〉에 나타난 증공의 기능과 삶의 성찰」, 『고전문학연구』 56, 한국고전문학회, 2019.
유호영, 「조선 중종조 상소문에 관한 고찰: 상소문신의 분석을 중심으로」, 『논문집』 9, 수원대학교, 1991.
윤재민, 「傳奇小說의 인물 성격」, 『민족문화연구』 28, 고려대학교 민족문화연구소, 1995.
윤재민, 「전기 소설의 성격」, 『한국한문학연구』 19, 한국한문학회, 1996.
윤재민, 「조선 후기 전기소설의 향방」, 『민족문학사연구』 15, 민족문학사학회, 1999.
윤주필, 「수성지의 3단 구성과 그 의미」, 『한국한문학연구』 13, 한국한문학회, 1990.
윤주필, 「〈원생몽유록〉의 종합적 고찰」, 『한국한문학연구』 16, 한국한문학회, 1993.
윤주필, 「우언의 전통과 조선전기 몽유록」, 『민족문화』 16, 한국고전번역원, 1993.
윤주필, 「우언 글쓰기의 원리와 적용 자료의 범위 연구」, 『한국한문학연구』 28, 한국학문학회, 2001.
윤채근, 「『기재기이』: 우의의 소설미학」, 『한국한문학연구』 24, 한국한문학회, 1999.
윤채근, 「『기재기이』의 창작 배경과 그 소설적 의미」, 『고전문학연구』 29, 한국고전연구학회, 2006.

이경우, 「「龍泉談寂記」와 「稗官雜記」의 비교 고찰」, 『인문과학연구』 8, 서원대학교 인문과학연구소, 1999.

이기대, 「심성론의 역사적 전개와 김웅옹의 〈천군전〉」, 『한국학연구』 30, 고려대학교 한국학연구소, 2009.

이민희, 「〈천군전〉 장르 규정 및 명명에 관한 제언」, 『문학교육학』 42, 한국문학교육학회, 2013.

이상구, 「〈운영전〉의 갈등양상과 작가의식」, 『고소설연구』 5, 한국고소설학회, 1998.

이승복, 「〈사씨남정기〉의 수용 양상과 그 의미」, 『문학치료연구』 16, 한국문학치료학회, 2010.

이승수, 「〈창선감의록〉의 인물과 은폐된 현실」, 『한국한논총』 26, 한양대학교 한국학연구소, 1995.

이원수, 「〈사씨남정기〉, 가문의 운명과 규문의 역할」, 『어문학』 90, 한국어문학회, 2005.

이원주, 「大觀齋의 夢記·夢謝自然志考」, 『한국학논집』 5, 계명대학교 한국학연구원, 1978.

이종필, 「행복한 결말의 출현과 17세기 소설사 전환의 일 양상」, 『고전과 해석』 10, 고전문학한문학연구학회, 2011.

이지영, 「조성기 사유와 〈창선감의록〉 작자의식의 간극에 대하여」, 『고전문학연구』 38, 한국고전문학회, 2010.

이지영, 「규범적 인간의 은밀한 욕망-〈창선감의록〉의 화진-」, 『고소설연구』 32, 한국고소설학회, 2011.

이채연, 「오륜전전 서발을 통해 본 소설의 전교적 기능」, 『한국문화논총』 12, 한국문학회, 1991.

이희환, 「조선 전기 사대부·사류·사림의 용례」, 『전남사학』 24, 전남사학회, 2005.

임형택, 「현실주의적 세계관과 금오신화」, 『국문학연구』 13, 서울대학교 국문학회, 1971.

임형택, 「17세기 규방소설의 성립과 〈창선감의록〉」, 『동방학지』 57, 연세대학교 국학연구원, 1988.

장경남, 「병자호란의 문학적 형상화 연구-여성 수난을 중심으로-」, 『어문연구』 통권119호, 한국어문교육연구회, 2003.
장경남, 「〈천군전〉으로 본 16세기 소설사의 한 경향」, 『민족문학사연구』 25, 민족문학사연구소, 2004.
장덕순, 「몽유록 소고」, 『동방학지』 4, 연세대학교 동방학연구소, 1959.
장영희, 「16세기 筆記의 一考察 : 『己卯錄』과 『龍泉談寂記』」, 『민족문학사연구』 26, 민족문학사학회, 2004.
장영희, 「남효온 산문에 나타난 이념의 지향과 〈육신전〉의 의미」, 『한문학보』 29, 우리한문학회, 2013.
장효현, 「형성기 고전소설의 현실성과 낭만성 문제」, 『민족문학사연구』 10, 민족문학사연구소, 1997.
전상진, 「극혐의 쓸모」, 『세계의 문학』 157, 민음사, 2015년 가을호.
전성운, 「〈원생몽유록〉에 구현된 情調와 문예적 의미」, 『우리어문연구』 28, 우리어문학회, 2007.
전성운, 「〈최생우진기〉의 서사 기법과 의미」, 『어문논집』 71, 민족어문학회, 2014.
전성운, 「신광한의 삶의 태도와 소옹 지향」, 『한국언어문학』 90, 한국언어문학회, 2014.
정길수, 「〈창선감의록〉의 작자 문제」, 『고전문학연구』 23, 한국고전문학회, 2003.
정병식, 「중세 면죄부 제도와 95개조를 통한 루터의 신학적 비판」, 『신학과교회』 7, 혜암신학연구소, 2017.
정보배, 「고소설의 효행인물 형상화와 독자기대의 실현-〈창선감의록〉, 〈심청전〉을 중심으로」, 『남명학연구』 67, 경상대학교 경남문화연구원, 2020.
정용건, 「16세기 전반 노장 사유의 문학적 수용과 그 의미」, 『한국한문학연구』 74, 한국한문학회, 2019.
정용수, 「〈元生夢遊錄〉의 문학성과 조선시대 六臣의 인식」, 『동방한문학』 32, 동방한문학회, 2007.
정출헌, 「가부장제적 가족제도의 질곡과 〈사씨남정기〉」, 『배달말』 27, 배달말학회, 2000.
정출헌, 「표기문자의 전환에 따른 고전소설 미학의 변이양상 연구」, 『민족문학사연구』 23, 2003.
정출헌, 「16세기 사림파 문인의 문학사회학적 인식 지평과 문학생성 공간의 연구」, 『동양한문학연구』 24, 동양한문학회, 2007.
정출헌, 「〈육신전〉과 〈원생몽유록〉 : 충절의 인물과 기억서사의 정치학」, 『고소설 연구』 33, 한국고소설학회, 2012.
정학성, 「몽유록의 역사의식과 유형적 특질」, 『관악어문연구』 2, 서울대학교 국어국문학과, 1977.
정환국, 「17세기 소설에서 '악인'의 등장과 대결구도」, 『한문학보』 18, 우리한문학회, 2008.
조동일, 「소설의 성립과 초기소설의 유형적 특징」, 『한국학논집』 3, 계명대학교 한국학연구소, 1975.
조혜란, 「〈강도몽유록〉 연구」, 『고소설연구』 11, 한국고소설학회, 2001.
조현설, 「17세기 전기·몽유록에 나타난 타자 연대와 서로주체성의 의미」, 『국문학연구』 19, 국어국문학회, 2009.
조현우, 「「元生夢遊錄」의 리얼리티 생성 방식」, 『고소설연구』 10, 한국고소설학회, 2000.
조현우, 「〈사씨남정기〉의 악녀 형상과 그 소설사적 의미」, 『한국고전여성문학연구』 13, 한국고전여성문학회, 2006.
조현우, 「'文以載道'의 매체론적 이해」, 『동양한문학연구』 25, 동양한문학회, 2007.
조현우, 「'초기소설사'에서의 역사와 허구의 관련 양상」, 『고소설연구』 24, 한국고소설학회, 2007.
조현우, 「고소설의 악과 악인 형상에 대한 문화사적 접근-영웅소설을 중심으로」, 『우리말 글』 41, 우리말글학회, 2007.
조현우, 「〈오륜행실도〉 도상의 삽화적 성격과 그 함의」, 『한국고전연구』 20, 한국고전연구학회, 2009.
조현우, 「〈창선감의록〉에 나타난 天定과 承負의 의미」, 『고소설연구』 44, 한국고소설학회, 2017.
소희웅, 「원생몽유록 작사 재고」, 『문리대학보』 19, 서울대학교 문리대, 1963.
지연숙, 「〈사씨남정기〉의 이념과 현실」, 『민족문학사연구』 17, 민족문학사연구소, 2000.

진경환, 「김시습과 '심유적불'의 문제」, 『어문논집』 40, 안암어문학회, 1999.
차주영, 「집권세력의 갈등을 통해 본 중종대의 정치구조: 金安老의 권력 강화과정을 중심으로」, 『백산학보』 79, 백산학회, 2008.
최기숙, 「'효녀 심청'의 서사적 탄생과 도덕적 딜레마」, 『고소설연구』 35, 한국고소설학회, 2013.
최빛나라, 「『이십사효연음』의 체제와 형식」, 『고전문학연구』 56, 한국고전문학회, 2019.
최석기, 「남명의 〈신명사도〉 〈신명사명〉에 대하여」, 『남명학연구』 4, 경상대학교 남명학연구소, 1994.
최석원·김보경, 「왕안석에 대한 조선의 평가와 인식」, 『인문과학연구논총』 41-1, 명지대학교 인문과학연구소, 2020.
최 웅, 「소설이란 용어의 개념에 대하여」, 『관악어문연구』 4, 서울대학교 국어국문학과, 1979.
최 철, 「조선시대 소설의 범주에 관한 연구」, 『민족문화연구』 9, 고려대학교 민족문화연구소, 1975.
피정란, 「조선중기 성균관 유생의 언론 활동을 통한 정치참여에 대하여」, 『성대사림』 12-13, 성균관대학교 사학과, 1997.
하빙빙, 「〈오륜전비기〉의 문학적 변주와 소설적 전승」, 『인문학연구』 59(2), 충남대학교 인문과학연구소, 2020.
하윤섭, 『조선조 오륜시가의 역사적 전개 양상』, 고려대학교 민족문화연구원, 2014.
허순우, 「〈오륜전전〉의 교화서적 특징과 교육적 가치 탐색」, 『한국학연구』 41, 고려대학교 한국학연구소, 2012.
허원기, 「천군소설의 심성론적 의미」, 『고소설연구』 11, 한국고소설학회, 2001.
현혜경, 「16세기 雜錄 연구: 「陰崖日記」·「龍泉談寂記」·「遣閑雜錄」을 대상으로」, 『한국고전연구』 6, 한국고전연구학회, 2000.
황병홍, 「기이한 만남과 가족의 회복을 통해 본 〈최척전〉의 지향 의식」, 『우리문학연구』 57, 우리문학회, 2018.

康韻梅, 「成任『太平廣記詳節』之編選特色及其意義」, 『域外漢籍研究集刊』, 2015.1.
金明求, 「省察人性之本質-從結構來探討〈杜子春〉」, 『中國語文論叢』 28, 중국어

문연구회, 2005.
勞雅欽, 「試用精神分析法探析"杜子春"的行爲變化」, 『文學教育(下)』, 2019.5.
黨芳莉, 「呂洞賓黃粱夢傳說考論」, 『西北大學學報』, 2000.1.
卞孝萱, 「牛李黨爭時的四篇作品考察」, 『文史知識』, 2001.6.
盛莉, 「談本『太平廣記』三種印本考辨-以韓國藏『太平廣記詳節』爲參照」, 『南京大學學報』, 2016.4.
楊勝寬, 「也談沈亞之及其〈秦夢記〉-兼與程毅中先生商榷」, 『四川師範學院學報』, 1990.2.
王琦, 「〈杜子春〉: 欲斷不斷在人間」, 『文學教育(上)』, 2016.
王偉, 「『周秦行紀』作者及其相關問題考論」, 『西北大學學報』, 2011.6.
俞炳甲, 「中國學術要籍『太平廣記』評介」, 『中國學研究』 3, 外大中國學研究所, 1986.
周承銘, 「夢與現實疊加的怨憤-〈秦夢記〉思想主題新論」, 『汕頭大學學報』, 2019.5.

찾아보기

민족문화연구총서 출간현황(~2024.4.30)

NO	서명		저자	정가
1	총서1	19世紀 韓國 傳統社會의 變貌와 民衆意識	진덕규	9,000
2	총서2	洪武正韻譯訓의 新研究	박병채	10,000
3	총서3	고조선에 대한 새로운 해석	김정배	35,000
4	총서4	韓國 近代教育法制 研究	안기성	13,000
5	총서5	韓國 近代戲曲史 研究	서연호	11,000
6	총서6	韓國 巫俗의 綜合的 考察	김인회	9,000
7	총서7	朝鮮 後期의 詩經論과 詩意識	김흥규	8,000
8	총서8	高麗時代 佛教詩의 研究	인권환	9,000
9	총서9	韓國 現代詩意識 研究	이기서	8,000
10	총서10	道家思想의 研究	이강수	8,000
11	총서11	조선후기 군수광공업사 연구-조총·화약·연환제조를 중심으로	유승주	22,000
12	총서12	西學에 대한 韓國實學의 反應	최동희	9,000
13	총서13	朝鮮前期 制度言論 研究	목정균	9,000
14	총서14	韓國 現代詩史의 代位的 構造	오탁번	7,000
15	총서15	개정증보-金鰲新話 研究	설중환	17,000
16	총서16	韓國의 傳統婚禮 研究	박혜인	9,000
17	총서17	古小說의 原始宗教思想 研究	박용식	10,000
18	총서18	가톨릭과 朝鮮後期 社會變動	노길명	10,000
19	총서19	1920年代 韓國小說 研究	송하춘	8,000
20	총서21	朝鮮後期 天主教史 研究	조광	8,000
21	총서23	朝鮮後期 小說讀者 研究	대곡삼번	7,000
22	총서24	전면개정판-한국의 옛길 嶺南大路	최영준	28,00
23	총서25	金東仁 研究	김춘미	9,00
24	총서26	韓國古代社會의 軍事와 政治	김영하	13,00
25	총서27	古墳出土 副葬品 研究	윤세영	10,00
26	총서31	云丁散藁	김춘동	15,00

27	총서32	韓國現代詩의 意識現象學的 硏究	최동호	9,000
28	총서34	韓國 家庭小說 硏究	우쾌제	10,000
29	총서36	國語被動 硏究	배희임	8,000
30	총서37	韓國古典文學의 原典批評的 硏究	정규복	11,000
31	총서38	企齋記異 硏究	소재영	10,000
32	총서40	法을 통한 朝鮮植民地 支配에 관한 硏究	영목경부	14,000
33	총서42	국어내용연구1	배해수	14,000
34	총서43	日帝末期의 韓國小說 硏究	김종균	12,000
35	총서44	國語 體言化構文의 硏究	홍종선	8,000
36	총서45	羅末麗初의 豪族과 社會變動 硏究	김갑동	10,000
37	총서46	古代國語學 硏究	박병채	13,000
38	총서47	牧民心鑑 硏究	김성준	8,000
39	총서48	韓國傳統音樂 論究	한명희	9,000
40	총서49	漢字語系 歸化語 硏究	조세용	7,000
41	총서51	韓國近代敎育思想 硏究	차석기	11,000
42	총서53	古代國語의 語彙 硏究	천소영	9,000
43	총서54	春香傳의 辭說形成 原理	전경욱	9,000
44	총서55	近代轉換期의 言語와 文學	홍일식	9,000
45	총서56	北靑方言의 音韻論	이기동	7,000
46	총서57	韓國文學의 考證的 硏究	최강현	14,000
47	총서58	현대시·시조통합이론	민병기	15,000
48	총서59	高麗 武臣政權期 農民·賤民抗爭 硏究	이정신	10,000
49	총서60	白頭山 說話 硏究	정재호	18,000
50	총서63	朝鮮朝 畿湖學派의 禮學思想에 關한 硏究	배상현	13,000
51	총서65	栗谷李珥의 聖學硏究	장숙필	7,000
52	총서66	韓國古地名辭典	전용신	14,000
53	총서67	高麗·朝鮮時代 敍事文學 發展의 硏究	성택승	8,000
54	총서68	渤海史의 綜合的 考察	한규철	14,000

55	총서70	韓國 近代小說論 硏究	윤충의	9,000
56	총서72	韓國近世 禪家文學	서규태	8,000
57	총서73	조선 중기 정치권력구조 연구	정홍준	9,000
58	총서75	조선후기 운서 한자음 연구	정경일	11,000
59	총서77	高麗 前期 私田 硏究	윤한택	8,000
60	총서78	근대 한국 고등교육 연구	한용진	25,000
61	총서79	심능숙 문학의 연구	장효현	15,000
62	총서81	韓國 近代 文學批評論 硏究	신재기	10,000
63	총서85	한국 현대비평의 문체	이병헌	11,000
64	총서87	조선후기 시가의 현실인식	박노준	12,000
65	총서89	고구려 전기 정치사 연구	금경숙	9,000
66	총서90	독립국가연합 고려인의 생활과 의식	윤인진	10,000
67	총서91	美軍政下의 教育政策 硏究	김용일	10,000
68	총서92	조선시대 성리학의 연구	윤사순	10,000
69	총서93	朝鮮後期 中人層 漢文學의 硏究	윤재민	14,000
70	총서94	범주문법	강범모	8,000
71	총서95	조선 후기 우화소설 연구	정출헌	12,000
72	총서96	高麗後期 政房 硏究	김창현	12,000
73	총서97	토끼傳·水宮歌 硏究	인권환	16,000
74	총서100	日帝下의 朝鮮貿易 硏究	송규진	10,000
75	총서101	지리산지 농업과 촌락 연구	정치영	20,000
76	총서103	高麗時代 中樞院 硏究	박용운	14,00
77	총서104	조선초기 전세제도 연구	강제훈	13,00
78	총서106	기정진 철학사상 연구	박학래	9,00
79	총서107	조선후기 인성·물성논쟁의 연구	이애희	13,00
80	총서109	서사문법시론	강헌국	9,0
81	총서110	북간도 한인사회의 형성과 민족운동	김춘선	32,0
82	총서111	주자학에서 실학으로	김용헌	35,0

83	총서113	朝鮮初期 性理學과 歷史學-기억의 복원, 좌표의 성찰	오항녕	18,000
84	총서114	조선후기 사회변화와 시가문학	정흥모	20,000
85	총서116	판소리 유파와 명창의 세계	김기형	22,000
86	총서117	조선후기 시가사와 가곡 연행	신경숙	20,000
87	총서119	性理學 受容器 佛教 批判과 政治思想的 變容 -鄭道傳과 權近을 중심으로	이정주	13,000
88	총서122	조선후기 가집 연구	이상원	27,000
89	총서123	개정판-학교문법교육론	이관규	24,000
90	총서124	근대 동아시아와 한국 자본주의	김윤희	18,000
91	총서125	조선후기 자연학의 동향	김문용	13,000
92	총서127	한국 고전소설과 정신분석학	김상순	25,000
93	총서128	미국의 헤게모니와 한국민족주의	허 은	23,000
94	총서130	한용운과 근대성	김종인	15,000
95	총서131	大韓帝國期 民族談論과 國家構想	백동현	16,000
96	총서132	19세기 문예사와 기생의 한시	박영민	20,000
97	총서136	빈도 효과-코퍼스를 활용한 국어 문법의 기술	김일환	18,000
98	총서137	규방가사의 전통성과 근대성	백순철	20,000
99	총서138	일제 강점기 설화·동화집 연구-우리 옛이야기의 정체성 찾기	권혁래	18,000
100	총서139	신문관의 출판 기획과 문화운동	권두연	30,000
101	총서140	아동문학의 숨은 의미와 가치	노제운	16,000
02	총서142	한국의 자유민주주의와 『사상계』	이상록	24,000
03	총서143	전통연행을 보는 또 하나의 시각	허용호	35,000
04	총서144	조선조 오륜시가의 역사적 전개 양상	하윤섭	24,000
05	총서145	정약용의 철학사상과 체제개혁론-주희와의 비교를 중심으로	김성건	15,000
06	총서146	누정기를 통해 본 한국한문산문사	안세현	16,000
07	총서147	시적 정의와 시의 윤리	여태천	24,000
08	총서148	16세기 후반~17세기 전반 산문 연구	안득용	23,000
9	총서149	검열, 실종된 작품과 문학사의 복원	문한별	22,000

110	총서150 낙하생 이학규의 시문학 연구	이국진	20,000
111	총서151 방각본 영웅소설의 지역적 특성과 이념적 지향	엄태웅	22,000
112	총서152 영체와 행사에서 본 정약용의 종교적 의식	이숙희	15,000
113	총서154 19세기 상·하층 소설의 접점과 문화적 의미	장예준	30,000
114	총서156 한국 근대문학의 형성과 진화론	이만영	22,000
115	총서157 한국 근대시의 형성과 한문맥의 재구성	정기인	23,000
116	총서158 동아시아의 사신영접의례와 공연문화	민태혜	30,000
117	총서159 명사 구성 합성어의 의미 구조	김숙정	15,000
118	총서160 4·19세대 문학과 자기형성의 서사학	고지혜	15,000
119	총서161 한국어 비종결 문말 형식의 탈종속화 연구	박주원	18,000
120	총서162 고려시대 외국인 이주 연구	이바른	24,000
121	총서163 전사 자료를 통해 본 한국어 전설모음의 형성 과정	허인영	22,000
122	총서164 한국어 발화의 시간 구조	유도영	18,000
123	총서165 한국어 텍스트 단위의 비명시적 인과 접속 연구	정주연	18,000
124	총서166 조선중기 소설 속 이념형 인물의 양상과 서술기법 연구	유요문	27,000

民族文化硏究叢書 166

조선중기 소설 속 이념형 인물의 양상과 서술기법 연구

2024년 4월 30일 초판 1쇄 펴냄

저 자 유요문
발행인 허은
발행처 고려대학교 민족문화연구원

등록번호 1964년 9월 28일 제6-18호
주소 서울특별시 성북구 안암로 145
전화 02-3290-1610~4
팩스 02-926-8385
http://riks.korea.ac.kr

ISBN 978-89-7155-194-3 94810
978-89-7155-073-1 (세트)

정가 27,000원